U0448786

法学译丛

日本社会福利法制概论

〔日〕桑原洋子 著

韩君玲 邹文星 译

韩君玲 校

商务印书馆
2010年·北京

桑原洋子

社会福祉法制要说(第五版)

SOCIAL WELFARE LEGISLATION, 5th edition

by KUWAHARA Yoko

Copyright © 2006 KUWAHARA Yoko

All rights reserved.

Originally published in Japan by YUHIKAKU PUBLISHING CO., LTD., Tokyo.

Chinese (in simplified character only) translation rights arranged with YUHIKAKU PUBLISHING CO., LTD., Japan through THE SAKAI AGENCY.

本书根据日本有斐阁2006年第5版译出。

《法学译丛》编委会

主编　徐显明

编委　(按姓氏笔画排列)

　　方流芳　王利明　孙宪忠　米　健　许传玺
　　许章润　吴志攀　宋英辉　张千帆　张文显
　　张明楷　郑永流　姜明安　袁曙宏　黄　进

《法学译丛》出版理念

戊戌变法以来，中国的法治化进程伴随着频繁的政治更迭和意识形态之争，终于走完了命运多舛的百年。21 世纪的中国把依法治国，建设社会主义法治国家作为根本的治国方略，对于法学界来说，历史已经进入了前所未有的大好时期。然而利益价值多元且求和谐的世界中，中国法治社会的建设能否立足于本土资源而又有效地回应域外的种种经验与教训？这是法律学人以全球为视界所首先要思考的问题。

一方面，世界上从来没有一种整齐划一的法治模式，各国地域性知识和经验的差异性构成了法学资源的多样性。中华民族具有悠久的历史和丰厚的人文资源，因此，我们有充足的理由首先立足于中华民族的生活世界，既要对中国的传统怀着真切的关怀，又要对中国的现实和未来满怀真诚的信任，既要有入乎其内的悲天怜命，又要有出乎其外的超然冷静，让思想听命于存在的声音而为存在寻求智慧，以将存在的真理形成语言，"为天地立心，为生民立命，为往圣继绝学，为万世开太平。"

但是另一方面，世界各国法治的多样性是以某种一致性的共识为文化表现的，否则就失去了学术交往的意义。由于初始条件的不同，人类自身智识的局限性和客观环境的复杂性等因素决定了法治进程必然是一个长期的、不断试错的过程。西方国家的法治经历了漫长的演化过程，在此期间，许多制度理念和制度模式经历的试错和检验，能够保留下来的法学思想资源具有可资借鉴的合理性和科学性。他们所经历的种种曲折，可以作为我们的前车之鉴。同时全球化的步伐日益加快，整个世界已经到了几乎是牵一发而动全身的境地，任何国家，任何民族，再也不能固执于自身的理念，盲目地摸索前行。我们确信,只有用人类创造的全部有益知识财富来丰富我们的头脑,才能够建成现代化的社会主义法治社会。因此法学基础理论的译介和传播,对于转型期的中国法治建设具有基础性的理论价值。

商务印书馆素有重视法学译介、传播人文精神的传统。据不完全统计,民国时期,商务印行了全国60%左右的法律译作和著作,汇聚了150多位杰出的法律专家的优秀成果,留洋法学博士和法学教授的成名之作以及法律名著译介几乎都出自商务。这些译作和著作至今仍然有强大的学术生命力,许多作品仍然为学术界频繁引用。可以说,在半个世纪以前,商务印书馆一直是中国了解西方法学思想的窗口,是中国法学思想和现代人文精神的摇篮和重要的基地。

改革开放以后,商务印书馆秉承引进新知,开启民智的传统,翻译出版了许多经过时间检验,具有定评的西方经典法学著作,得到了学术界的好评。然而也留下了一些遗憾。许多思想活力并不亚于经典著作,对法治建设的影响甚至超过了经典著作的作品,因为不具有经典性而没有译介。故此,我们组织翻译这套《法学译丛》,希望将那些具有极大的思想影响力和活力的著作译介过来,以期为促进中国法学基础理论建设略尽微力。

曹丕云:"盖文章,经国之大业,不朽之盛事。年寿有时而尽,荣乐止乎其身,二者必至之常期,未若文章之无穷。是以,古之作者,寄身于翰墨,见意于篇籍,不假良史之名,不托飞驰之势,而声名自传于后。"尽管这套丛书不以"名著"命名,但是在选题和组织评介方面,我们一定会以对待名著的态度和标准而虔诚持之。学术成于新知,学理臻于共识,文化存于比较,哲思在于超越。中国法学正在鉴人知己中渐达成熟,组织好本译丛的工作,当是法学界共举之事。

徐显明
2004年12月

中文版序

第五版《社会福利法制概论》是以现行日本社会福利法律为体系,对必要的法条进行解释的著作。

社会福利法制的研究历史比较短,在学术上与具有传统历史的刑法、民法等学科相比尚未成熟,也难以体系化。在研究者云集的法学领域,对条文的解释一般分为积极说、消极说以及折衷说,学者们以各种学说的立场为线索可以将自己的解释理论化。但是在社会福利法制方面由于研究者的力量比较薄弱,可以说还没有达到其他法学领域的研究状况。

为了使社会福利法研究更加成熟,以案例及历史为基础的研究非常必要。近年从事社会福利法制案例研究的研究者日益增多,但另一方面,对社会福利法制历史的研究尚在艰难行进的途中。而正如"温故而知新"所言,回顾过去对解释条文很有必要。历史又是变动的,回顾过去也可以更好地展望今后社会福利法制的修改和完善。

但是历史的研究受到不少的制约。例如,由于古文和现代文的不同,对文献的检索以及条文的解读也需要付出诸多的努力。

本书穿插了历史的变迁过程和必要的判例,在体系上做了整理。

本书第一版受已故恩师谷口知平先生(院士院会员)的推荐于1976年由有斐阁出版。较其他领域的法律,社会福利法制曾经频繁地进行了修改,因此,本书也多次再版。第三版之前登载了谷口知平先生的"推荐辞"。

谷口先生推荐执笔意图在于本书不仅只是教科书,还应该成为对社会福利行政机关以及从事社会福利实务的工作人员的有益之书,因此在写作过程中努力贯穿了先生的意见。

将本书翻译成中文的韩君玲女士(中国北京理工大学人文社会科学学院)

和邹文星女士(中国福建师范大学法学院)均是在日本广岛大学研究生院受田村和之教授指导,并取得法学博士学位的研究者。她们在日本留学多年,精通日语。在翻译本书的过程中二位详细地检索了条文,解读了近代制度,我对此表示深深的敬意。我衷心地希望本书能为构建中国社会福利制度助一臂之力。

此外,韩国慎燮重教授(釜山大学名誉教授,原韩国社会福利学会会长)正在翻译本书第四版,拟由韩国首尔学术出版社出版。

日本四天王寺大学研究生院教授

桑原洋子

2008年1月

前　　言

　　本书第四版自2002年公开刊行以来,已经过去了四年时间,在这期间社会福利法制发生了较大的变革。

　　这个期间显著的修改动向可以归纳为以下四点。第一,2003年导入支援费制度,福利制度整体上朝着居家支援的方向转变。第二,根据2004年法150号、153号及2005年法25号等,儿童福利法的体系、地位、内容有了很大的变化。第三,母子及寡妇福利法中的援助对象,在条文上将以前明确使用的父子家庭这个用语删除了,用"母子家庭等"的"等"字包含了父子家庭。第四,在社会福利法领域的各法律中,非常显著地将有关罚则的内容作为独立的一章规定了下来。也就是说通过充实、完善罚则规定,规制不正当接受及福利相关者的违法行为的动向日渐显著。

　　这次在本书中虽未能收录,但以前作为悬而未决事项的《障碍者自立支援法》(2005年11月7日法123号)已获通过。该法的目的是:第一,统合了按照障碍的范畴所提供的福利服务,改为依据同一制度提供。第二,职业介绍设施、福利工厂扩大了作为障碍者职业领域的职场,促进了障碍者在一般企业的工作。第三,为了灵活运用以前闲置的地域社会资源,在规制上有一定的缓和。例如,空闲的教室虽属于文部省管辖,但使其作为福利服务站进行利用等成为可能。第四,将保障提供公平服务的利用程序、基准予以公开,并使之明确化。第五,明确国家的财政责任,另一方面构筑社会成员依据自己责任相互负担福利服务所需费用制度。该法2006年施行(4月1日施行,但部分内容10月1日施行),并据此修改了身体障碍者福利法、智力障碍者福利法、有关精神保健及精神障碍者福利法律、儿童福利法(该法第1条)。除此之外,老人福利法、社会福利法、其他社会福利法制领域中的法律也受到影响。服务的提供主体为市町村,但随着由按能力负担向按受益负担制度的转变，有可能产生因经济理由无法接受职业训练的障碍者。这意味着该法可能具有抑制障碍者自立的性质。

考虑到虐待老人的现象越来越多，因而制定了《关于支援防止虐待高龄者、养护高龄者等的法律》(2005年11月9日法124号)，并于2006年4月1日起开始施行。针对虐待儿童，进一步完善儿童福利法第28条，制定了"关于防止虐待儿童等法律"，根据这两个法律来应对虐待老人和儿童的问题。但是，关于虐待老人，在老人福利法中没有关于防止虐待老人的规定。这是由于老人福利法是将生活保护法中的老人问题特别化而制定的法律。就此而言，以虐待为焦点作为单独立法而制定的"关于支援防止虐待高龄者、养护高龄者等的法律"意义深远。

因篇幅关系，对这两个法律的阐释及随着障碍者自立支援法的制定而对各法律的修改进行的说明，本版不得不忍痛割爱。下一版拟进行如下的补充和整理。

本书由序章和七章正文构成，下一版拟加进以下三章，即第八章介护保险法、第九章障碍者自立支援法、第十章儿童补贴法。

这次修改的条文涉及各个法律，对于修改之处挂一漏万之事在所难免。对此，恳请各位读者批评和指正。

关于修改的条文、判例的检索、原稿的整理等，得到了四天王寺国际佛教大学研究生的协助，具体如下：第一章社会福利法，井出沙里；第二章生活保护法，矢野裕子；第三章儿童福利法，建部久美子；第四章母子及寡妇福利法，矢野裕子；第五章老人福利法，横山顺一；第六章身体障碍者福利法，藤田录郎；第七章智力障碍者福利法，坂田温志。

最后，借此机会向有斐阁书籍编辑第一部的田颜繁实先生表示深厚的谢意！虽说法令经过了数次修改，但田颜繁实先生对于笔者原稿进展的拖延给予了谅解，并协助检索新的法令，在编辑方面提出了有益的建议。

桑原洋子
2006年2月

目　　录

序　章 …………………………………………………………… 1
　第一节　前言 ………………………………………………… 1
　　一、社会福利法制的对象 ………………………………… 3
　　二、社会福利法制的研究 ………………………………… 4
　第二节　社会福利法制的历史 ……………………………… 5
　　一、近代以前 ……………………………………………… 5
　　二、近、现代 ……………………………………………… 8
　第三节　社会福利行政机关 ………………………………… 10
　　一、国家的社会福利行政机关 …………………………… 11
　　二、地方公共团体的社会福利行政机关 ………………… 16

第一章　社会福利法 ………………………………………… 19
　第一节　本法的理念和目的 ………………………………… 19
　　一、福利服务的基本理念 ………………………………… 20
　　二、地域福利的推进 ……………………………………… 21
　　三、提供福利服务的原则 ………………………………… 21
　　四、关于确保福利服务提供体制等的行政责任及任务 … 22
　第二节　本法的对象 ………………………………………… 23
　第三节　本法关于社会福利事业的定义 …………………… 23
　　一、第一种社会福利事业 ………………………………… 24
　　二、第二种社会福利事业 ………………………………… 26
　　三、适用除外事业 ………………………………………… 29
　第四节　福利的实施机关、专业职务者 …………………… 31
　　一、地方社会福利审议会 ………………………………… 31

二、有关福利的事务所……………………………………………32
　　三、社会福利主事………………………………………………35
第五节　社会福利法人……………………………………………36
　　一、设立…………………………………………………………38
　　二、管理…………………………………………………………39
　　三、解散…………………………………………………………42
　　四、社会福利法人的一般性监督………………………………43
第六节　社会福利事业……………………………………………46
　　一、社会福利事业的经营主体…………………………………46
　　二、社会福利事业经营的准则…………………………………46
　　三、对社会福利事业经营主体的规制…………………………49
　　四、对募集捐款的规制…………………………………………53
第七节　福利服务的适当利用……………………………………54
　　一、情报的提供等………………………………………………54
　　二、福利服务利用的援助等……………………………………56
　　三、对社会福利事业经营者的支援……………………………59
第八节　促进对社会福利从业者的保护…………………………60
　　一、基本方针等…………………………………………………60
　　二、福利人才中心………………………………………………61
　　三、福利厚生中心………………………………………………62
第九节　地域福利的推进…………………………………………63
　　一、地域福利计划………………………………………………63
　　二、社会福利协议会……………………………………………64
　　三、共同募金……………………………………………………65
第十节　罚则………………………………………………………67
　　一、罚则…………………………………………………………67
　　二、社会福利法人之董事的罚则………………………………68
　　三、名称的使用等………………………………………………68

第二章　生活保护法…………………………………………………69
　第一节　本法的目的、理念……………………………………69

一、本法的目的 ··· 69
　　二、本法的基本理念和对象 ··· 70
第二节　本法的基本原理 ·· 70
　　一、生存权保障原理 ··· 70
　　二、保护请求权无差别平等保障原理 ··································· 73
　　三、最低限度生活保障原理 ··· 75
　　四、补足性原理 ··· 75
第三节　生活保护实施上的原则 ··· 80
　　一、申请保护原则 ·· 80
　　二、基准及程度原则 ··· 82
　　三、按需要保护原则 ··· 83
　　四、家庭单位原则 ·· 84
第四节　实施机关和专业职务者 ··· 86
　　一、国家 ·· 86
　　二、地方公共团体 ·· 86
　　三、专业职务者（社会福利主事、民生委员） ······················ 87
第五节　收入认定 ·· 88
　　一、收入认定除外 ·· 88
　　二、劳动扣除（因劳动所需经费） ······································· 90
　　三、实际费用扣除（其他的必要经费） ································ 90
第六节　保护的决定、实施 ·· 91
　　一、保护的开始 ··· 91
　　二、保护实施机关所进行的调查 ·· 92
　　三、决定通知 ·· 95
　　四、保护的变更、停止、废止 ··· 97
　　五、咨询及建议 ··· 98
　　六、指定医疗机关 ·· 98
　　七、介护机关的指定等 ··· 100
　　八、本法对助产机关等的准用 ··· 101
　　九、告示 ·· 101
　　十、行政程序法的适用除外 ··· 101

第七节 保护的种类、范围、方法 …………………………………… 101
- 一、生活扶助 ………………………………………… 103
- 二、教育扶助 ………………………………………… 104
- 三、住宅扶助 ………………………………………… 105
- 四、医疗扶助 ………………………………………… 106
- 五、介护扶助 ………………………………………… 107
- 六、分娩扶助 ………………………………………… 108
- 七、就业扶助 ………………………………………… 109
- 八、丧葬扶助 ………………………………………… 109

第八节 保护设施 ……………………………………………………… 110
- 一、保护设施的种类 ………………………………… 110
- 二、保护设施的设置 ………………………………… 112
- 三、保护设施最低基准 ……………………………… 113
- 四、保护设施的指导、监督 ………………………… 114
- 五、保护设施的管理 ………………………………… 114
- 六、保护设施的义务 ………………………………… 115
- 七、保护设施的负责人 ……………………………… 116

第九节 被保护者的权利义务 ………………………………………… 116
- 一、被保护者的权利 ………………………………… 116
- 二、被保护者的义务 ………………………………… 118
- 三、禁止接受保护权的让渡 ………………………… 123

第十节 不服申诉 ……………………………………………………… 123

第十一节 罚则等 ……………………………………………………… 125

第十二节 大都市的特例 ……………………………………………… 127

第十三节 费用 ………………………………………………………… 127

第三章 儿童福利法 …………………………………………………… 129

第一节 本法的理念 …………………………………………………… 130
- 一、儿童福利的基本理念 …………………………… 130
- 二、地方公共团体及国民的责任和义务 …………… 131
- 三、儿童福利法基本理念的尊重 …………………… 132

第二节 本法的对象 ………………………………………… 132
一、儿童的年龄区分 ……………………………………… 133
二、孕产妇 ………………………………………………… 133
三、保护者 ………………………………………………… 134
第三节 儿童福利行政的实施机关和专业职员 ……………… 135
一、实施机关 ……………………………………………… 135
二、专业职员 ……………………………………………… 139
第四节 儿童福利的事业及设施 …………………………… 143
一、儿童福利的事业 ……………………………………… 143
二、儿童福利设施的设置 ………………………………… 149
三、儿童福利设施的种类 ………………………………… 154
四、儿童福利设施最低基准 ……………………………… 169
五、儿童福利设施长的入所承诺义务 …………………… 172
六、儿童福利设施长行使的亲权（代行） ……………… 173
第五节 儿童福利的措施 ……………………………………… 175
一、对需要保护儿童的措施 ……………………………… 175
二、对身体障碍儿童的措施 ……………………………… 195
三、助产、母子生活支援和保育的实施 ………………… 201
四、强化对未经认可的设施的监督 ……………………… 203
第六节 儿童福利的费用 ……………………………………… 207
一、市町村应支付的费用 ………………………………… 207
二、都道府县应支付的费用 ……………………………… 208
三、国库应支付的费用 …………………………………… 209
四、费用的征收及负担 …………………………………… 210
五、对于私立儿童福利设施的补助 ……………………… 211
第七节 阻碍培育儿童行为的管制 …………………………… 212
一、同居儿童的申报 ……………………………………… 212
二、针对成人的禁止行为 ………………………………… 213
三、针对儿童福利设施的禁止行为 ……………………… 219
四、罚则 …………………………………………………… 220

第四章　母子及寡妇福利法 ……………………………………… 227

第一节　制定的经过和基本理念、目的 ………………………… 227
一、制定的经过 ……………………………………………… 227
二、本法的目的 ……………………………………………… 229
三、本法的基本理念 ………………………………………… 230
四、朝着自立方向的努力 …………………………………… 230
五、扶养义务的履行 ………………………………………… 231

第二节　对象 ……………………………………………………… 232
一、无配偶的女性 …………………………………………… 232
二、儿童 ……………………………………………………… 232
三、寡妇 ……………………………………………………… 233
四、母子福利团体 …………………………………………… 233
五、在日外国人 ……………………………………………… 234

第三节　实施机关、专业职员 …………………………………… 235
一、国家及地方公共团体的职责 …………………………… 235
二、都道府县 ………………………………………………… 236
三、都道府县儿童福利审议会等 …………………………… 236
四、福利事务所 ……………………………………………… 236
五、母子自立支援员 ………………………………………… 237
六、儿童委员 ………………………………………………… 238

第四节　福利措施 ………………………………………………… 238
一、母子福利的措施 ………………………………………… 238
二、寡妇福利的措施 ………………………………………… 244

第五节　母子福利设施 …………………………………………… 245
一、母子福利中心 …………………………………………… 246
二、母子休养院 ……………………………………………… 246

第六节　大都市的特例 …………………………………………… 247

第七节　费用 ……………………………………………………… 247
一、市町村的支付 …………………………………………… 247
二、都道府县的支付 ………………………………………… 247

三、都道府县的补助 ······ 248
　　四、国家的补助 ······ 248

第五章　老人福利法　249
第一节　本法的目的 ······ 249
第二节　本法的基本原理 ······ 251
第三节　本法的对象 ······ 252
第四节　福利的实施机关 ······ 253
　　一、国家 ······ 253
　　二、厚生劳动大臣 ······ 254
　　三、都道府县 ······ 254
　　四、都道府县知事 ······ 255
　　五、都道府县福利事务所 ······ 257
　　六、市町村 ······ 258
　　七、市町村福利事务所 ······ 260
第五节　专业职务者 ······ 260
　　一、社会福利主事 ······ 260
　　二、民生委员 ······ 261
第六节　事业及设施 ······ 261
　　一、老人居家生活支援事业 ······ 261
　　二、高龄者生活福利中心运营事业 ······ 268
　　三、日常生活用具的给付、贷与 ······ 269
　　四、民间的居家老人服务事业 ······ 270
　　五、老人福利设施 ······ 271
第七节　老人福利计划 ······ 279
第八节　指定法人 ······ 281
第九节　收费老人院 ······ 282
第十节　费用 ······ 284
　　一、国家 ······ 284
　　二、都道府县 ······ 284
　　三、市町村 ······ 285

第十一节　罚则……………………………………………………285

第六章　身体障碍者福利法 288

第一节　本法的目的 288
一、本法的目的……………………………………………………288
二、朝着自立的努力与机会的确保………………………………288
三、国家、地方公共团体及国民的责任和义务…………………289

第二节　本法的对象和定义 290

第三节　实施机关和专业职务者 291
一、市町村…………………………………………………………291
二、都道府县………………………………………………………292
三、身体障碍者更生咨询所………………………………………292
四、身体障碍者福利员……………………………………………293
五、其他专业职务者………………………………………………294

第四节　更生援护 294
一、身体障碍者证…………………………………………………294
二、支援费制度……………………………………………………296
三、居家介护、设施入所等的措施………………………………302
四、国立设施的入所………………………………………………305
五、更生医疗、辅助用具等………………………………………305
六、社会参与的促进等……………………………………………308

第五节　事业及设施 310
一、身体障碍者居家生活支援事业………………………………310
二、身体障碍者咨询支援事业……………………………………311
三、身体障碍者生活训练等事业…………………………………311
四、介助犬训练事业、助听犬训练事业…………………………311
五、手语翻译事业…………………………………………………312
六、身体障碍者更生援护设施……………………………………312

第六节　费用 314
一、市町村的支付…………………………………………………314
二、都道府县的支付………………………………………………315

三、国家的支付 ·· 315
　　　四、费用的负担命令及征收 ······························· 316
　第七节　罚则 ·· 317
　　　一、附则 ··· 317
　　　二、罚则规定 ·· 318
　　　三、不正当接受与获利的征收 ···························· 318

第七章　智力障碍者福利法 ·· 320
　第一节　本法的目的、理念 ······································· 320
　　　一、本法的目的 ··· 320
　　　二、本法的理念 ··· 321
　　　三、国家、地方公共团体及国民的责任和义务 ········· 322
　第二节　本法的对象 ··· 323
　　　一、对象 ··· 323
　　　二、服务的定义 ··· 324
　第三节　实施机关与专业职务者 ································· 324
　　　一、市町村 ·· 324
　　　二、市町村福利事务所 ····································· 325
　　　三、都道府县 ·· 325
　　　四、智力障碍者更生咨询所 ······························· 326
　　　五、智力障碍者福利员 ····································· 327
　　　六、智力障碍者咨询员、民生委员 ······················· 328
　　　七、相关职员的协助义务 ·································· 328
　第四节　支援费制度 ··· 329
　　　一、支援费制度 ··· 329
　　　二、居家生活支援费的支付 ······························· 330
　　　三、与介护保险法规定的给付之间的协调 ·············· 332
　　　四、设施训练等支援费的支付 ···························· 332
　　　五、指定事业者及指定设施 ······························· 334
　第五节　居家介护、设施入所等的措施 ························ 336
　　　一、居家介护等 ··· 337

二、设施入所等的措施……………………………………………337
三、解除措施的相关说明等………………………………………337

第六节　事业及设施……………………………………………338
一、疗育证制度……………………………………………………338
二、智力障碍者居家支援…………………………………………339
三、智力障碍者设施支援…………………………………………341
四、其他的更生援护………………………………………………344

第七节　费用……………………………………………………345
一、市町村…………………………………………………………345
二、都道府县………………………………………………………345
三、国家……………………………………………………………346
四、费用的征收……………………………………………………347

第八节　附则……………………………………………………347
一、审判的请求……………………………………………………347
二、不正当获利的征收……………………………………………348
三、根据条例的罚款………………………………………………348

序　章

第一节　前言

所谓社会福利法制,是指将社会福利法令体系化的制度。

社会福利法制历来是基于"生存权的保障"这个理念而实施的制度。但是,伴随着社会福利事业法向社会福利法的过渡,社会福利法制转变为基于"个人的尊严"的理念,在提供福利服务事业者和接受服务利用者之间,依据能够自由决定的服务内容、时间、费用等契约而实施的制度。

"生存权"是社会权利,"个人的尊严"是自由权利。在基本人权形成的历史中,曾发生过自由权利向社会权利的转变。社会福利法中有关社会福利的基本理念从保障生存权向个人尊严的改变,可以说是与人权发展的历史逆向而行的。

随着契约制度的实施,社会福利法制领域的各种法律开始向基于个人自由意思决定的契约制度转变。依据社会福利事业法实施的措施是行政行为,因此,接受福利服务者不能选择自己所希望进入的设施和所希望接受的服务。而且,进入的设施和被提供的服务内容,即使与自己的希望不同,也必须服从措施决定。

随着社会福利法的制定以及从措施制度向契约制度的转变,服务利用者开始享有福利服务的选择权,可以根据自己的判断选择提供所希望进入的设施和希望接受服务的事业团体,同时也可以自由地决定服务的程度及内容等。

但是,利用者之所以接受福利服务,是因为有身心障碍而不得不接受服务,否则将无法维持日常生活。尽管事业者和利用者在形式上是处于对等立场的契约当事者,但实质上并非处于以契约自由原则为前提的对等当事者关系。因此，就出现了制度上的矛盾。

为了解决这种矛盾，创设了以维护服务利用者权利为目的的意见处理制度和不服申诉制度，然而，对于福利服务利用者而言，对于自己的利益能否作出准确的判断却存在着问题，因此，即使承认其选择权和自主决定权，但却不知道利用这个制度的方法，从而使制度有可能流于形式。提供福利服务的事业者，作为拥有一定的基本财产和一定数量的人员、组织，且具有丰富经验的契约专家，其与利用者之间，无法处于对等当事者的地位缔结契约。

利用者作为契约的当事者，具有缔约的自由、选择对方的自由，当然也具有契约的解除权。但是，利用者因基于契约的福利服务没有按照约定的内容实施而产生不满并解除了契约时，其结果是福利服务的提供被停止，利用者的日常生活受到了妨碍；然而，事业者只不过是失去了一个顾客而已。从这个意义上可以说，从措施到契约的转换招致了混乱，对利用者而言，契约制是一个残酷的制度。

基于1951年制定的"社会福利事业法"之措施制度，顺应了战后混乱期日本社会的需要，正因为如此，该法在当时的社会产生了实际的效果。但是，社会福利事业法制定后经过了半个多世纪的发展，人口构成比例、政治状况、财政状况、消费及景气的动向、国民的意识等构成福利制度土壤的要素已有改观，这使得依据措施的福利制度有效发挥作用的条件发生了变化。

其中条件之一是低生育和老龄社会的到来。一方面，需要社会福利服务者的人数在不断增加；另一方面，支撑其财源的能够缴纳税收和社会保险费用的人数却在减少。还有，对于提供服务的质量要求在不断提高。在这种条件下，对于福利服务的提供导入了市场原理，既要求利用者支付服务费，又进行了促进事业者之间的自由竞争、要求提供质量较高服务的改革。

倘若提供服务事业者的数量和服务利用者的数量能够均衡，那么，服务内容质量不好的事业者会被淘汰，服务质量良好的事业者将继续存在下去，这或许可以向利用者的权利让步。但是，根据契约制度，目前社会对利用防止侵害有身体障碍者权利的制度的认识正处于过渡阶段，利用者依据福利制度果真能够得到保护吗？更何况还有申请主义原则的制约。

另一方面,民间的提供福利服务事业者在措施制度之下其经营是安定的,例如根据措施费用而支付的设施整备费、人事费,对于设施内事故、因搬送业务产生的事故之国家赔偿法的适用等当属于此。然而,伴随着向契约制度的转变,事业者为防范这些风险,须缴纳较多保险费加入商业保险,对于这些事项的应对必须凭自己责任进行。倘若如此,社会福利服务的利用者和事业者双方都要随着制度的转换而不得不承担风险。

在目前国家背负巨额债务、看不到国民生产总值增加的不景气状况下,长寿社会的到来是件不幸的事。对于一度实施的福利政策所需要的费用进行削减很难得到赞同。因此,可以说,福利的基本理念追求个人的尊严,导入契约制度,据此防止福利成为经济成长的羁绊,是此次修改的目的。也就是说,取代以往将福利对象作为局外人排除在外的情况,转而要求利用者和事业者共同支付。

不过,诸如此类的苦恼并不是在现代产生的,而是长久以来因制度修改所产生的社会矛盾不断重复的结果。

因此,基于现在遗留下来的史料和资料对这个"苦恼"进行探讨,沿着前人解决问题的方略的足迹探索,将有希望解决现代社会的矛盾。为此,对正处于社会福利制度变动时期的现代,如后所述,历史性的研究将变得重要。

一、社会福利法制的对象

如前所述,定义社会福利法制时,成为其对象领域的法律如下:社会福利法、社会福利、医疗事业团法、社会福利设施职员退职补贴共济法、社会福利士及介护福利士法、民生委员法、日本红十字会法、生活保护法、灾害救助法、行旅病人及行旅死亡人处理法、儿童福利法、儿童补贴法、儿童抚养补贴法、关于支付特别儿童抚养补贴等的法律、防止虐待儿童等法律、关于育儿停业等法律、母子及寡妇福利法、关于支援母子家庭的母亲就业特别措施法、母子保健法、老人福利法、老人保健法、关于促进完善民间事业者的老年保健及福利的综合性设施之法律、关于促进福利用具的研究开发和普及法律、障碍者基本法、身体障碍者福利法、身体障碍者辅助犬法、智力障碍者福利法、障碍者福利协会法、介护保险法、防止卖淫法、关于与儿童卖淫和儿童色情画相关行为等的处罚及儿童保护法律、下一代培养对策支援法、关于支援无家可归者自立等特别措施法、犯罪者预防更生*法、更生保护事业法、消费合作社法、战伤病者及战殁者遗族等援护法、关于改善介护劳动者雇用管理法律，等等。另外，关于规定社会福利行政机关的设置、组织、作用等地方自治法、厚生劳动省设置法、厚生劳动省组织令、厚生劳动省组织规则等均包含在此法领域。

在本书中，关于这些法律中的所谓福利六法，即生活保护法、儿童福利法、母子及寡妇福利法、老人福利法、身体障碍者福利法、智力障碍者福利法以及对其进行联络协调的基本法即社会福利法，将在各章分别概述。

二、社会福利法制的研究

对于学习社会福利学的人来说，社会福利法制的研究是一个重要的基础领域。

然而，现在的社会福利法制与其他法领域相比较，其体系还未确立。例如，与刑事法、民事法这样的法体系相比较而言，社会福利法制作为学问体系还欠完善。之所以如此是因为社会福利法制并非如其他领域的法律那样，是基于一定的法理而形成，具有目的性和体系性，而是受一定时期的社会需要、福利运动等因素的强烈影响，其必要的部分呈马赛克状得以形成。此外，社会福利法制的研究历史较短，仍处于一种未成熟的状态和试验阶段。现在，学术界的前辈们一直试图摆脱这种状态，将社会福利法制作为学问体系进行完善，这也仍是今后必须探讨的研究课题。

另外，对社会福利法制领域中各种法律的解释学性的研究仍不成熟。对于刑法、民法等，围绕着各个条文的解释有各种各样的对立学说。据此，可以通过批判反对说，使自己的学说更加明确。即，在学说的对立中，以反对说为线索，有可能使自己的学说变得理论化。就这一点，在研究历史较短的社会福利法制领域的法律中，根据解释性学说的对立论争土壤还未形成。关于社

---

* 更生：意为重新做人，康复。——译者

福利法制,通过批判反对说而使自己学说理论化的线索与其他法领域相比,还处于较薄弱状态。因此,为了使社会福利法制作为解释学的研究成为可能,判例就是一个非常重要的线索。同时,如前所述,社会福利法制的历史研究变得重要起来。

所谓历史,其希腊语的语源为 Histrien,是收集情报知识之意。社会福利法制的历史研究,就是基于有关社会福利的知识、情报的收集,绵密、客观地探究现行各社会福利法制经历了怎样的变迁并不断改废而成为现行法的沿革过程。据此,可以弄清现行法的制定意图,这可以成为现行法解释的方法。并且,有可能在今后发展出完善的法律体系。正如"贤者向过去学习"这句格言所云,通过对过去的回顾可以启示未来制度的形成。

所谓判例是指有关具体争讼的法律适用之裁判先例。其作为判决不断地反复适用,形成抽象的法则,根据裁判所明确的法则,能够成为今后遵守的规范。再者,仅仅是一次判决,若具有合理性其也具有成为规范的价值。对成为判例的过程所进行的解释,将发挥着使社会福利法制的研究作为解释学而得以理论化,并使其学问体系化的作用。然而,关于社会福利法制领域之法令的判例,与其他领域的判例相比其数量较少。

不过现在,社会福利法制法领域的研究正在逐步充实,其检索也比过去变得容易。这将使作为解释学的社会福利法制的研究有可能朝着理论化、体系化的方向发展。只是判例有向一部分条文集中的倾向,由于没有实务判例的条文居多,因此,在社会福利行政实务方面,行政解释成为有关社会福利法律的解释、运用的基准的情形更多一些。

第二节 社会福利法制的历史

一、近代以前

(一) 古代律令国家的社会福利法制

古代律令国家的保护救济规定在日本最早的成文法典——律令格式中已

有所见,这属于中国的隋、唐时代制定的国家成文法的分类形式。"律"(刑事法)及"令"(民事法)以法典的形式颁布,律令的部分修改不采取法典的形式,而采取单行法颁布的形式,这种临时的单行法即为"格"。此外,为实施律令所进行的必要的细则规定称为"式"。

大化改新后所颁布的"诏敕"虽然规定了律令体制的基本原则,但为了完善国家体制,并使之确定化,因此继受了隋、唐的大陆法,并以此为模本促进了法规的法典化。法典的编纂始于令的制定,根据弘仁格式序的记载,天智元年制定了"近江令"(有人亦说此令并不存在)。据《日本书纪》有关令制度的记事,于持统三年向官府官员发布了"飞鸟净御原令"。"大宝律令"于大宝元年施行,原文并未被保存下来,但从《令义解》及《令集解》中,能大致知其内容,并被确认与后来的"养老律令"并无大的差异。"养老律令"修改了"大宝律令",于养老二年完成,天平胜宝九年(749年)实施,其中包含了可以称为现行社会福利法制原型的保护救济规定。如:关于贫民救济原则制定了"户令鳏寡条",关于老人介护制定了"户令给侍条",关于灾害救助制定了"户令遭水旱条",关于歉收荒年免租方法制定了"赋役令水旱条",关于处理行旅病人、行旅死亡人制定了弘仁十一年五月四日之格,关于孤儿制定了旨在支给其棉服和棉被的延喜大藏式之"充药悲田条",关于犯罪的幼少者特别待遇制定了"犯罪时虽未劳疾条"等。

这些规定在律令体制下被平等地适用,其后,不仅成为三百年间的保护救济规定,还成为后来日本保护救济事业的基础性立法。即使是明治七年制定的"恤救规则",也不过是其精神的复活而已[①]。特别是"户令鳏寡条",规定了对于无法自己生活者由其近亲属扶养的亲属扶养优先原则,其精神从"恤救规则"到"救护法"沿袭下来,在现行的《生活保护法》第4条第2款中也得到了明确的规定。

(二)封建国家前期的社会福利法制

在前期封建制下的镰仓、室町,以及作为后期封建制过渡期的织丰时代,体系性的救济制度至今不太明确,也就是说,关于这个时期的福利制度,人们推测:乡村的地方自治发达,贫民救济作为相互扶助制度在京都和各行政区域

---

① 富田爱次郎:《日本社会事业的发达》,第8页。

广泛实施。这个时代,没有制定统一适用于全国、全阶层的法令。公家、武家、寺社、庄园所适用的法令各不相同,此外,对不同地域、对象颁布作为临时的单行法之法令,其中的多数以适用于地域的普通契约条款形式被制定并发挥作用。即,这个时期是地方的时代,社会福利根据施政者的财政状况而进行。

法制史上,在平安后期,虽处于律令制下,但仅适用于庄园的法令正在形成,其中遵循先例的惯习得以确立。贞永元年制定的镰仓幕府法"御成败式目"也是基于武家的惯习、先例而制定,并非律令性的公家法之对立物。另外,式目法*并非在全国范围施行。室町幕府法"建武式目"一般不被认为是制定法。室町幕府的追加法**与镰仓幕府的追加法被看作具有相同性质。

在弘长元年的追加法中,规定了关于行旅病人、行旅死亡人的待遇,此外,关于禁止人身买卖、保护奴婢的养子的规定、禁止放弃孤儿的规定、犯罪儿童的特别待遇规定数次进行了式目追加。

在这个时代,幕府在将贫民救济的责任委让与地方的同时,随之转让权限,还有一个特征是,幕府对于区域的活动进行部分援助。

战国期是分国法***的时代,在这个时期,"武田信玄百条"、"今川假名目录"等包含有犯罪儿童的特别待遇规定,关于饥馑时的特别救助,只散见于"德政令"等。

(三)封建国家后期的社会福利法制

如前所述,战国时期,各战国大名独自制定并颁布了家法,其中得以确立的集大成者为德川幕府法。在德川幕府体制下,有幕府法和藩法,幕府法分为在全国范围颁布的将军法和规制直属于德川将军的旗东、后家或将军领地的德川家法。法典的编纂在中期以后较为多见,《御触书集成》、《撰要类集》等均属于此。在这些法典中有关于救济医疗制度、贫民收容制度、不良儿童特别待遇等规定。作为藩法,在《熊本藩御刑法草书》中有关于对犯罪的老人、儿童等特别处理的规定条款,还有,在《龟田藩议定书》中,有关于对行旅病人、死亡人

---

* 式目法:即成文法。——译者
** 追加法:即附加制定的法律。——译者
*** 分国法:即地方割据势力制度的法律。——译者

的处理、遗弃孩子者的处罚、未满十五岁的罪犯的待遇、关于盲人的特例事项等规定条款。

二、近、现代

日本近代从幕藩制国家向天皇制国家转变的起点可以说始于明治维新。不过,其起点的争论又分为"黑船到来时说"、"神奈川条约缔结时说"以及"大日本帝国宪法发布时说"等。本书认为德川幕府的倒台、明治政府建立统一国家的明治元年为近代的开始。

众所周知,日本近代国家的形成以"富国强兵、殖产兴业"为旗帜而进行,在此政策的推行过程中,可以说福利制度的形成是与劳动政策相互交错构筑而成的。

(一) 明治期

明治前期,可以说是社会事业立法的萌芽期,这个时期的主要立法是明治七年制定的"恤救规则"。此规则制定的契机是滋贺县(彦根藩)提出的"贫民救助实施请示",不过,此规则以根据"人民相互的情谊"之相互扶助为原则,只有据此困难之情形,方能实行以私人扶养优先的公共救济原则。此规则规定,救济对象是处于极贫状态且无法就业的障碍者、七十岁以上且无法就业的重度障碍者或老衰者、因疾病无法就业者、十三岁以下的儿童,而且上述所有人必须为单身。但是,若非单身,其他的家庭成员须在七十岁以上,或者十五岁以下,对其可以例外地进行扶助。扶助的方法是提供大米这种现物给付,不过此规则采取了严格的限制救助主义。除了依据恤救规则的一般贫民救济制度外,在此时期制定了对弃儿的养育者支付米钱的《弃儿养育米给付方法》、可以称为现行儿童补贴法的原型之《关于生产三胎的贫困者的养育费给付方法》、被现行灾害救助法继受的《备荒储蓄法》等。

明治后期,由于旧宪法的颁布,日本近代法体制得以确立。明治宪法确立了三权分立制度,帝国议会拥有了立法权。据此,与太政官制下元老院制定的法令具有本质区别的福利制度形成了。这一时期,在经历了产业革命之后,社会矛盾加深,并认识到这是"社会问题"。由于社会经济状况的变化,恤救规则越来越不适应社会的实际情况，替代该规则的《贫民救助法案》、《恤救法案》、《救贫税法案》、《救贫法案》等被立案并向帝国议会提出，其结果均以立案不成立告终。此外，这一时期还制定了若干的社会事业立法，如：以大风水害为契机取代《备荒储蓄法》而制定的《罹灾救助基金法》、有关不良儿童的《感化法》、以进行战争为目的制定的《下士兵卒家族扶助令》、《残废军人院法》等。明治三十二年制定了现行的《行旅病人及行旅死亡人处理法》。

（二）大正期

这个时期社会事业立法的背景，受到了第一次世界大战、苏联革命、劳动争议、米骚动等影响，同时，大正民主主义政治、社会连带思想等的影响也不可忽视。在此时期应注意的是，冈山县济世顾问制度、大阪府方面委员制度以及这个制度对其他府县的影响。冈山县济世顾问制度是一战时以通货膨胀为契机所造成的社会不安为开始，以普鲁士有名的工业区艾伯费尔德市的救济委员制度为蓝本而制定的制度，大阪府方面委员制度则以米骚动为背景而制定。这一系列的济世顾问制度、方面委员制度是现行民生委员法的原点。

这个时期除了免因保护事业被制度化之外，还制定了有关不良少年的《少年法》、《少年院法》、《矫正院法》等。如此看来，可以称此时期为司法福利制度的萌芽期。而且，作为军事扶助立法，制定《军事扶助法》取代《下士兵卒家族扶助令》，该法除了适用于军人的家族之外，还扩大适用于军人的遗族、伤残军人等。此外，作为行政机关的内务省新设了社会局，成为社会事业的中枢机关。

（三）昭和战前期

这个时期是从满洲事变转向中日战争、进而转向第二次世界大战的战争扩大时期（十五年战争），也可称为社会事业立法的衰退期。这个时期的社会事业法制可以看作是在向战时体制过渡的过程中制定的。还有，昭和初期遍及东北、北海道的农业恐慌等也不可轻视。这个时期的主要立法有，为了应付因农业恐慌等而增加的贫民，制定了比恤救规则更具现代救助形态并且缓和了支付要件的《救护法》。而且，还包括属于战时体制下的《军事扶助法》、有关儿童保护的《儿童虐待防止法》、《母子保护法》、《少年教护法》、中日战争开始后不久制定的以社会事业行政管理为目的的《社会事业法》等。此外，在这个时期作为社会事业行政中枢机关的内务省社会局,因其"社会"这个名称与社会主义者的"社会"相同而不确定之理由,改称为生活局、健民局等。

(四)昭和战后期

在昭和战前和战后期,日本国民的生活形态发生了巨大的变化。作为家父长制支柱的家制度在制度上已解体。农地改革使地主、佃租制解体,农村的生活发生了较大的变化,特别是劳动三法的制定使劳资关系发生了变化,劳动者的权利得到广泛的承认。同时,对于社会福利受给权的权利性认知改变了对于福利制度的意识,在战后的混乱社会中,贫困对策先行,社会福利行政根据措施* 开始实施。

这个时期,以盟军总司令部的占领政策作为出发点,其后,受世界各国特别是美国、英国、北欧等国的社会福利制度影响,日本的社会福利法制进入了飞跃性的完善和充实时期。战后不久,恢复了作为社会福利行政机关的厚生省社会局,设置了儿童局,但是,其后儿童局改为儿童家庭局,进而改为雇用均等、儿童家庭局。现在,社会局成为社会援护局。此外设置了作为老人福利行政中枢机关的老健局,厚生省则成为厚生劳动省。

1990年福利八法修改,依据社会福利基础构造改革案,2000年制定了《社会福利法》。根据该法,社会福利制度从措施转变为契约。另外,2003年导入了支援费制度,2004年末儿童福利法进行了大幅度的修改等。加之2005年1月1日开始进行了大量的条文修改,4月1日起施行的规定相当多。而且,今后仍有进一步修改的可能,如有关三种类型障碍的福利服务之统合等。对此,2005年11月制定了《障碍者自立支援法》,2006年4月1日起施行。

第三节 社会福利行政机关

日本的社会福利行政由国家的行政机关和地方公共团体的行政机关实施。所谓社会福利行政,是指为了实现社会福利之目的,建立、完善需要福利

---

* 措施:指根据法律法规,对需要援助的对象决定适用某一制度的行政行为。——译者

服务者作为社会成员能够生活的条件而进行的公共服务活动,是一种条件完善事业。因此,社会福利行政的作用在于,整备确立需要福利服务者能够作为社会人生活的条件。所谓社会福利行政机关是指,为达到上述目的而设置的公共机关。现在社会福利法制从措施过渡到契约,社会福利行政机关的作用和权限虽然缩小了,但可以说,其与社会福利协议会共同承担起了维护利用者权利的任务。

一、国家的社会福利行政机关

(一)厚生劳动省

厚生劳动省是国家的社会福利行政中枢机关。《厚生劳动省设置法》第3条明确规定,厚生劳动省以增进和提高社会福利、社会保障及公众卫生为任务。厚生劳动省还进行战争伤病者和阵亡者遗族的援助,此外,传统上属于劳动行政管辖的事项也是其任务。厚生劳动省设置法第4条所明示的国家行政事务及事业,作为社会福利行政的主要作用是,社会福利事业、灾害救助及其他有关国民生活的保护指导之行政事务、有关儿童及妇女的福利增进之行政事务等(《厚生劳动省设置法》第4条第74项~第93项)。

为了完成这些任务及行政事务,厚生劳动省设置了社会保障审议会(《厚生劳动省设置法》第6条第1款、第7条第4项)。

厚生劳动省设置了作为内部部局的大臣办公厅和十一个局(《厚生劳动省组织令》第2条1款、第2款),但是社会福利行政主要由老健局,社会援护局,雇用均等、儿童家庭局承担。

1. 社会援护局

社会援护局所掌管的事务中有关社会福利行政事务如下:①关于社会福利基本政策的计划、立案及推进事务;②关于社会福利事业的发展、改善及调整事务;③关于独立行政法人福利医疗机构的组织及运营之一般事务;④关于对生活贫困者及其他需要保护者进行必要保护之事务;⑤关于受灾者的应急救助及避难居民等的救助事务;⑥关于消费生活共同工会事业之事务;⑦关于社会福利士及介护福利士之事务;⑧关于国民生活的保护及指导事务;⑨关于增进障碍者福利之事务；⑩关于提高障碍者保健之事务；⑪关于精神保健士之事务；⑫关于增进国民精神健康之事务；⑬关于促进福利用具的研究、开发和普及以及确保适当利用之事务；⑭关于增进地域社会福利之事务(《厚生劳动省组织令》第11条第1项至第14项)。

设置在社会援护局的障碍保健福利部在前述事务中掌管⑨⑩⑪⑫⑬和有关障碍者福利事业的发展、改进调整以及有关保护指导国民生活之职业介绍事业的计划、调查、调整(同令第2条第2款、第11条第2款各项)等事项。

社会援护局设置了总务课、保护课、地域福利课、福利基础课、援护计划课、援护课、业务课七课(同令第100条第1款)。在社会援护局障碍保健福利部中，设置了计划课、障碍福利课、精神保健福利课三课(同令第100条第2款)。各课所掌管的事务在厚生劳动省组织令第101条至第111条中有所规定。

2. 老健局

老健局是老人福利行政的中枢机关，掌管以下事务：①关于增进老人福利事务；②关于提高老人保健事务；③关于介护保险事业事务；④关于老人福利、保健及介护保险事业的发展、改善及调整事务；⑤关于促进老人福利用具的研究、开发和普及以及确保适当利用事务；⑥关于完善用于老人福利及保健事业之设施事务(同令第12条)；老健局下设总务课、介护保险课、计划课、振兴课、老人保健课五课(同令112条。关于各课所掌管事务，参照同令第113条至第117条)。此外，在老健局中还设置了介护保险指导室和痴呆对策推进室(《厚生劳动省组织规则》第66条、第66条之2)。

3. 雇用均等、儿童家庭局

雇用均等、儿童家庭局掌管厚生劳动省组织令第10条所列事务。其中与儿童福利行政直接有关的规定体现在第10项至第21项。①关于儿童福利的基本政策计划、立项及推进事务；②关于培养和发展儿童身心事务；③关于儿童保育、养护及其他儿童保护和防止虐待事务；④关于提高儿童福利文化事务；⑤关于儿童补贴事务；⑥关于厚生保险特别会计计算儿童补贴的会计事务；⑦关于促进儿童、有儿童的家庭、孕产妇及其他妇女福利事务；⑧关于促进缺少福利的母子及寡妇的福利事务；⑨关于提高儿童保健事务；⑩关于提高孕产妇及其他妇女的保健事务；⑪关于改善儿童、孕产妇的营养以及预防和治疗未确立治疗方法的疾病和其他特殊疾病之事务；⑫关于发展、改善和调整有关儿童福利、母子及寡妇福利事业之事务。

在雇用均等、儿童家庭局中设有八课（《厚生劳动省组织令》第91条），但与儿童福利行政直接有关的有总务课（同令第92条）、家庭福利课（同令第96条）、培养环境课（同令第97条）、保育课（同令第98条）、母子保健课（同令第99条）五课。

（二）附属机关

在厚生劳动省，作为附属机关设置了有关社会福利的审议会和国立社会福利设施。

1. 审议会

社会保障审议会构成社会福利审议会的中心（《厚生劳动省设置法》第6条第1款）。该审议会根据儿童福利法、社会福利法、身体障碍者福利法、关于精神保健及精神障碍者福利法律、介护保险法、介护保险法施行法、健康保险法等的规定，掌管属于其权限范围内的事务（同法第7条第1款第4项）。社会保障审议会的组织、管辖范围、委员、其他职员及其他有关社会保障审议会的必要事项由政令规定（同法第7条第2款）。

2. 国立社会福利设施

厚生劳动省组织令规定了作为厚生劳动省的附属机关而设置的国立设施。其中国立社会福利设施有：①国立儿童自立支援设施；②国立光明寮*；③国立疗养所；④国立智力障碍儿童设施；⑤国立身体障碍者康复中心（《厚生劳动省组织令》第135条）。此外，⑥独立行政法人国立重度智力障碍者综合设施（《独立行政法人国立重度智力障碍者综合设施希望园法》2002年12月13日法157号，最新修改2004年6月23日法130号〈其中部分规定自2005年4月1日起施行〉）。

---

* 寮：意指宿舍。——译者

①国立儿童自立支援设施,是指在不良儿童中,根据都道府县的措施决定进入设施者(《儿童福利法》第 27 条第 1 款第 3 项),其中特别是让需要专门指导的儿童入所,对其进行自立支援。同时,还是从事有助于提高全国的儿童自立支援设施水平的自立支援事业的机关(《厚生劳动省组织令》第 145 条第 1 款各项)。现在,国立儿童自立支援设施设置了国立绢川学院和国立武藏野学院(《厚生劳动省组织规则》第 635 条)。国立儿童自立支援设施的内部组织由庶务课、调查课、教务课、医务课四课构成(同规则第 637 条)。调查课掌管有关儿童的入、退所,调查及家庭环境的调查事务;有关儿童自立支援的调查与研究、统计报告、图书编纂及有关儿童自立支援的资料收集、编纂和颁布事务;有关儿童自立支援专业人员培训所进行的业务之事务。不过,在国立绢川学院不进行儿童自立支援专业人员的培养(同规则第 639 条第 1 款各项、第 642 条第 2 款)。教务课掌管有关儿童的生活指导、职业指导、学科、文化指导及儿童的运动和娱乐事务(同规则第 640 条各项)。儿童自立专业人员培训所附设在国立武藏野学院中(同规则第 642 条第 2 款)。

②国立光明寮是厚生劳动省的附属机关,主要是为了视觉障碍者的更生而进行必要知识技能的传授和训练(《厚生劳动省组织令》第 146 条第 1 款)。1938 年为失明伤残军人设置了失明伤残军人寮,第二次世界大战结束后,随着其主管机关军事保护院的解散,失明伤残军人寮也解散了。但是,由于认识到对失明者援护事业的重要性,失明者保护协会开设的大藏光明寮继续承接了这项事业。1948 年这项事业再次国营化,移交给厚生省(现为厚生劳动省)管理,名称也改为国立光明寮。现在,在函馆、神户、盐原、福冈所设置的国立视力障碍中心即属于此(《厚生劳动省组织规则》第 643 条)。

③国立疗养所是让战争伤员或身体障碍者福利法规定的身体障碍者,即具有重度身体障碍者入所,在医学管理下使其进行疗养的机关(《厚生劳动省组织令》第 147 条第 1 款)。国立疗养所是基于 1952 年"战争伤员及阵亡者遗族等援护法",为身体有障碍的战争伤员而设置的疗养所。此后,普通的重度身体障碍者也可以入所疗养。现在,国立疗养所共有两所,即在静冈县伊东市设置了国立伊东重度障碍者中心(以东日本为入所对象地域),在大分县别府

市设置了国立别府重度障碍者中心（以西日本为入所对象地域，《厚生劳动省组织规则》第 649 条）。入所期间因身体障碍的程度而有所不同，与一般的身体障碍者更生设施相比期间较长。入所资格分为两种，属于战争伤员，应持有战争伤员手册，是根据恩给法*附表第一号表之二具有二项症状（脚关节以上两下肢欠损、两耳听力丧失等）以上的身体障碍者；属于一般的身体障碍者，应是持有身体障碍者手册，符合一级规定的身体障碍者。

④国立智力障碍儿童设施是让智力障碍程度较重的儿童，或丧失视力（包括重度的弱视）、丧失听力（包括重度的听力困难）或无法表达的智力障碍儿童，根据都道府县的措施（《儿童福利法》第 27 条第 1 款第 3 项）进入设施，对其进行保护和指导，同时，还是从事有助于提高全国的智力障碍儿童设施中的智力障碍儿童的保护和指导事业的机关（《厚生劳动省组织令》第 148 条第 1 款各号）。进入国立智力障碍儿童设施的儿童是重度的智力障碍儿童或有双重障碍的智力障碍儿童，这些儿童在能够适应社会生活以前可以住在设施里。现在，作为国立智力障碍儿童设施，在埼玉县所泽市设置了国立秩父学园（《厚生劳动省组织规则》第 655 条以下）。在国立智力障碍儿童设施中附设了智力障碍儿童保护指导职员培训所（参照同规则第 662 条各款）。

⑤国立身体障碍者康复中心是针对身体障碍者的康复，根据咨询内容，进行医学的、心理学的、社会学的、职业技能的判定，并在治疗、训练、指导的同时，进行调查研究、培养、训练康复的国立设施（《厚生劳动省组织令》第 149 条第 1 款各项）。该中心是在统合了以往的国立身体障碍者更生指导所及国立聋哑者更生指导所基础上而设置的。该中心在埼玉县（所泽市）设置（厚生劳动省组织规则第 663 条），并在其设置了管理部、更生训练所、医院、研究所、学院（同规则第 665 条）。更生训练所分为指导部、职能部、理疗教育部（同规则第 674 条），从事各自所掌管的事务（同规则第 675 条、第 680 条、第 682 条）。

⑥独立行政法人国立重度智力障碍者综合设施希望园是伴随着身心障碍

---

* 恩给法：指 1902 年制定的养老金法。该法以旧官员、军人为对象，对其年老、患病时的生活及其遗属的生活等提供保障。——译者

者福利协会的解散,继承了其一切权利义务而设置的国立设施,其主要的事务所设在群马县。这是通过对重度智力障碍者进行先行的、综合的调查研究,旨在提高其福利的设施(《独立行政法人国立重度智力障碍者综合设施希望园法》第3条、第4条、附则第2条、施行令第2条)。

二、地方公共团体的社会福利行政机关

厚生劳动省等国家的行政机关是实施社会福利行政的中央机构,但是,多数的具体社会福利行政事务委任于与一般的国民生活关系更密切的行政机关即地方公共团体。

(一) 都道府县

普通地方公共团体负责人,为了划分其所属权限的事务,可以设置必要的内部组织。负责人的直接下级内部组织的设置和其分管的事务以条令规定为准(《地方自治法》第158条第1款)。依据本款规定都道府县设置的社会福利行政担当机关的局、部数量由法律规定的旧规定被废止,改为由条令规定,担当部局的名称各都道府县称呼不一,如民生局、民生部、民生劳动部、保健福利部等。

(二) 指定都市

所谓指定都市是指政令指定的人口50万以上的市(《地方自治法》第252条之19第1款),现在,被指定的有大阪市、名古屋市、京都市、横滨市、神户市、北九州市、札幌市、川崎市、福冈市、广岛市、仙台市、千叶市、埼玉市、静冈市(关于《地方自治法》第252条之19第1款指定都市的指定政令)。指定都市在《地方自治法》第252条之19规定的事务中,可以依据政令处理、管理或执行政令规定的都道府县(知事)及其他机关依据法律或基于法律制定的政令规定处理、管理或执行事务的全部或一部(《地方自治法》第252条之19第1款)。《地方自治法》第252条之19第1款所规定事务中有关社会福利行政的事务是:有关儿童福利事务(同款第1项)、有关民生委员事务(同款第2项)、有关身体障碍者福利事务(同款第3项)、有关生活保护事务(同款第4项)、有关处理行旅病人及行旅死亡人事务(同款第5项)、有关社会福利事业事务(同款第5项之2)、

有关智力障碍者福利事务(同款第5项之3)、有关母子家庭及寡妇福利事务(同款第6项)、有关老人福利事务(同款6之2)、有关母子保健事务(同款第7项)、有关精神保健及精神障碍者福利事务(同条第11项之2)等。因此,与普通市不同,在指定都市要求设置和都道府县几乎相同的社会福利行政机构。关于其所掌管事务的具体内容及都道府县适用除外规定的内容在地方自治法施行令中予以规定(《地方自治法施行令》第174条之26、第174条之27、第<u>174条之28</u>、第<u>174条之29</u>、第174条之30、第<u>174条之30之2</u>、第<u>174条之30之3</u>、第<u>174条之31</u>、第<u>174条之31之2</u>、第<u>174条之31之3</u>、第<u>174条之36之2</u>。只有加注下画线的条文包含适用除外规定)。

(三) 中核市

中核市是指人口30万以上的市,但是,于人口未满50万之情形,是指面积在100平方公里以上的都市(《地方自治法》第252条之23各项)。中核市(长)拥有与指定都市(长)相同的权限(同法第252条之22第1款)。因此,其掌管的社会福利行政事务,包括进行有关儿童福利事务、有关民生委员事务、有关身体障碍者福利事务、有关生活保护事务、有关处理行旅病人及行旅死亡人事务、有关社会福利事业事务、有关智力障碍者福利事务、有关母子家庭及寡妇福利事务、有关老人福利事务、有关母子保健事务、有关精神保健及精神障碍者福利事务。目前,作为中核市,指定的有旭川市、岩木市、宇都宫市、新潟市、富山市、金泽市、长野市、岐阜市、滨松市、丰桥市、堺市、姬路市、冈山市、仓敷市、熊本市、鹿儿岛市、秋田市、郡山市、和歌山市、长崎市、大分市、丰田市、高知市、高松市、松山市、宫崎市、横须贺市、奈良市、川越市、相模原市、冈崎市、高槻市、东大阪市(关于《地方自治法》第252条之22第1款的中核市指定之政令)。

(四) 特例市

特例市是指政令规定的人口20万以上的市。政令可以规定由特例市处理中核市负责的事务。特例市通常服从都道府县知事的指示,但是,对于特殊事项接受大臣的指示、命令(《地方自治法》第252条之26之3)。中核市享有的设置保健所等权限不得授权特例市行使,但是,其他许多有关社会福利行政的权限可以授权特例市行使。

根据依地方分权统一法而进行的地方自治法的修改,自2000年4月开始实施特例市制度。以下40个都市为特例市,即函馆市、八户市、盛冈市、山形市、高崎市、水户市、川口市、所泽市、越谷市、草加市、平塚市、芽崎市、厚木市、大和市、小田原市、甲府市、松本市、福井市、富士市、沼津市、春日井市、一宫市、四日市市、大津市、枚方市、丰中市、吹田市、八尾市、寝屋川市、茨木市、尼崎市、明石市、加古川市、宝塚市、吴市、下关市、久留米市、佐世保市、岸和田市、前桥市。

(五)市町村

市町村的社会福利行政机关作为市町村(长)的事务部局在条例中规定可以设置必要的部课。作为市町村(长)的附属机关设置了民生委员推荐会(《民生委员法》第5条第2款)。关于福利事务所,在市为必要性设置,但在町村是任意性设置(《社会福利法》第14条第2款、第3款)。根据地方自治法第284条第1款,涉及多项事务或较大范围事务时,町村可以设置有关福利的事务所(《社会福利法》第14条第4款)。作为市町村可以任意设置的审议会有市町村儿童福利审议会(《儿童福利法》第8条第3款)。

(六)特别区

特别区是指东京都的区(《地方自治法》第281条第1款),为特别地方公共团体。就社会福利行政而言,特别区拥有与市同样的行政机构和权限(同法第283条第1款)。因此,特别区负责设置社会福利事务所,设置民生委员推荐会,设置和管理儿童福利设施、宿泊所及生活馆以及其他有关社会福利的事务。再者,从事法令规定的由市处理的生活保护、身体障碍者福利、智力障碍者福利、行旅病人及行旅死亡人的处理、母子家庭及寡妇的福利、老人福利等事务。

第一章 社会福利法

社会福利法继受了1951年3月制定颁布的社会福利事业法,《为增进社会福利部分修改社会事业法等的法律》于2000年6月颁布,其接受了1998年6月"关于社会福利基础构造改革(中间总结)"等一系列基础构造改革案。这次修改的目的是确立以个人尊严为基本原则的制度,扩大高质量的福利服务和充实地域福利等,并导入对儿童、障碍儿童(者)及高龄者福利服务的利用契约制度等,与其说是修改,毋宁说是制度的创设。因此,修改的地方不仅仅停留于名称的改变,还涉及法的对象、目的、理念等基本部分。

探讨整体上的章节构成,主要是新增加了"福利服务的适当利用"(第八章),以前的"共同募金及社会福利协议会"这一章名称变更为"增进地域福利"(第十章)。并且,新增加了第十二章"罚则"。倘若从社会福利法是规定有关社会福利法令的共通基本事项法这点来考虑,可以说这次修改表明了社会福利法制带有刑事法的性质。

在第六章到第八章中,可以看出法体系发生了从措施向契约的转变。这部分内容表明了尊重契约利用者的理念。虽说如此,从关于实施、机关的规定在法体系的构成中排在总则之后等来看,可以推定措施至今仍有残余影响。

第一节 本法的理念和目的

社会福利法的目的在于社会福利(广义)的增进(《社会福利法》第1条),并且,为达到这个目的,①制定以社会福利为目的事业的全体的、共通的基本事项;②保护福利服务利用者的利益;③推进地域福利;④确保社会福利事业公正适当的实施;⑤健全发展以社会福利为目的的事业。由于仅依靠社会福利法无法实现②～④的目的,所以必须与以社会福利为目的的其他法律配合施行。

所谓"共通的基本事项"是指,社会福利事业的范围;有关地方社会福利行政机关和目前的从业职员;经营社会福利事业的民间组织的设立和运营;有关促进社会福利事业从业者的确保事项。"以社会福利为目的的其他法律"是指,生活保护法、儿童福利法、母子及寡妇福利法、身体障碍者福利法、智力障碍者福利法、老人福利法等所谓的福利六法;除此之外,还包括儿童补贴法、儿童抚养补贴法、关于支给特别儿童抚养补贴等法律、关于精神保健及精神障碍者福利法律、介护保险法、老人保健法等福利服务相关诸法、民生委员法、社会福利、医疗事业团法、消费生活协同工会法、特定非营利活动促进法、社会福利士及介护福利士法、精神保健福利士法、关于改善介护劳动者雇用管理等法律等的社会福利相关团体、专门职业者法律等。"福利服务利用者的利益保护"主要是指,新设的第八章所规定的社会福利事业经营者等的努力义务。"推进地域福利"是指,第十章的各项规定。

从《社会福利法》第3条至第6条,规定了以社会福利为目的事业的理念。其中,第3条规定了社会福利之基本理念,这是以前的社会福利事业法所没有的规定,可以说,这使得社会福利法的新特征更加明确。

一、福利服务的基本理念

福利服务以保持个人的尊严为宗旨,其内容是:为使福利服务利用者的身心得到健康培养,能够按照其能力过上自立的日常生活,而必须提供优质且适当的服务(同法第3条)。

"个人的尊严"这个词语在《民法》第2条、《医疗法》第1条之2、《障碍者基本法》第3条中亦可以看到。这个概念融合了《宪法》第25条生存权规定所产生的"作为人的尊严"和《宪法》第13条"个人的尊重"这两个理念。也就是说,人之所以为人的最低限度的生活受到保障。同时,人享有保持作为人的尊严之基本权利。福利服务必须以保障人的尊严、个人的尊重和选择的自由为基本理念,并使之成为具体化的服务。

所谓"得到健康的培养",与《儿童福利法》第 1 条第 1 款和《母子及寡妇福利法》第 2 条第 1 款的理念具有同样宗旨。所谓"按照所具有的能力之自立支援"是指,将《身体障碍者福利法》第 2 条第 1 款、《智力障碍者福利法》第 1 条之 2 第 1 款、《老人福利法》第 3 条第 2 款等的理念所进行的总则性的表述。但是,①福利服务的理念用"得到培养"一词,依然表示利用者处于被动的地位;②在身体障碍者福利法、智力障碍者福利法中,所谓的"具有的能力"仍存在着自立障碍者要利用其自身能力之意。对此,在社会福利法中,成为问题的是,这种表述使规定支援内容的基准难以确定。

二、地域福利的推进

地域住民、以社会福利为目的事业的经营者、从事有关社会福利活动者,相互协力,为使需要社会福利的地域住民作为地域社会构成之一员能够经营日常生活,有机会参加社会、经济、文化及其他所有领域的活动,必须努力推进地域福利(同法第 4 条)。

本条所谓的"地域福利",不仅单纯地意味着提供福利服务事业,还指秉持正常的理念促进地域社会的组织化。因此,规定从事这项事业的当事者包含"地域住民"。

所谓"进行有关社会福利活动者"是指,非正式的组织或个人,对于其地域内存在的福利需求,以无偿为原则、自主地进行若干活动从而满足需求的贡献者。

进一步而言,将推进地域福利规定在第一章中,可以说明确了尊重民间主体的服务之意。

三、提供福利服务的原则

以社会福利为目的事业的经营者,对于其提供的多样化的福利服务,必须充分尊重利用者的意向,并且,为了与保健医疗服务及其他相关服务进行有机的联合,开动脑筋进行创新,以提供综合性的服务,其必须努力致力于事业的开展(同法第 5 条)。

所谓"充分尊重利用者的意向"是指,在决定利用福利服务的种类、待遇目标及制定计划时,应充分听取利用者或家属的意思和意向;保障利用者及其家属对决定上述目标、计划由谁负责的会议等的出席权和意见表明权;导入计划是否被实行、已被实行的计划是否适当等利用者事后评价机制,应按照需要进行福利服务的种类变更及目标、计划的修改等。

此外,对于支援居家介护的情形,必须加强排泄、入浴等的介护服务,进行医疗性处置的登门诊疗和看护服务,为掌握有关家属介护的知识、技术之保健服务的有机联系和提供综合性服务而进行的所谓服务管理。有机的联系主要有:共有利用者的性格、愿望、身心机能的状态等情报;适当配置每月及每周的服务;共有提供服务记录;有关利用者的联合案件会议等。

然而实际上,社会福利设施在许多情况下主要由民间经营,因此始终针对现场发生的问题并探讨实现提供综合服务和进行有机联系是件难度很大的事。为了使本条的理念成为现实,使其能够具体化的公共对策就成为必要。否则,本条将无法有效地发挥作用。但是,民间社会福利事业在多大的范围内应承担本条的责任,也是一个问题。

四、关于确保福利服务提供体制等的行政责任及任务

国家及地方公共团体与以社会福利为目的事业的经营者合作,为实现以社会福利为目的之事业的广泛及有计划地实施,必须采取有关确保提供福利服务体制的对策、有关推进福利服务适当利用的对策及其他各种必要措施(同法第6条)。

所谓"有关确保提供福利服务体制的对策"是指,根据1990年修改的福利八法,以老人保健福利计划为首的一系列福利计划及本法第10章规定的地域福利计划、设施、设备完善费补助和第9章规定的人才的培养及确保等。"有关福利服务适当利用的对策"是指,在第8章规定的情报提供、质量确保等。

在此,"与以社会福利为目的事业的经营者合作"是指,从作为那些社会福利相关政策的实施责任者的行政性立场出发,与民间开展合作。因此,国家及地方公共团体也成为以社会福利为目的事业的实施主体(同法第60条)。即,

确保服务提供体制的责任在于民间和国家、地方公共团体双方。但是,与民间的合作体制,对于贫困的偏远地区等而言,民间能否成为实施团体存在着问题,这是当前面临的课题。

第二节 本法的对象

社会福利法将"以社会福利为目的事业的全部领域"作为其对象(《社会福利法》第1条)。关于"以社会福利为目的事业"的定义,本法并未言及,但是在"中期总结"中,定义了各种各样的有关"提供帮助个人自立的福利服务"事业。在社会福利法中,"以社会福利为目的事业的经营者,关于其提供的多样性福利服务"(同法第5条),规定"以社会福利为目的事业的经营者提供的福利服务"(同法第88条),可以理解为包括适用除外社会福利事业在内的提供某些福利服务的事业。再者,其实施主体,可以列举如下:国家、地方公共团体、社会福利法人、非营利组织(NPO)等民间非营利事业者、民间企业等。然而,虽然将本法的对象从"社会福利事业"变更为"以社会福利为目的事业",但由于其具体的范围及实施主体并未明示,由此产生了与一般的服务业和顾客服务之间的界限不明确之危险。因此,在本法中应明确其范围。

第三节 本法关于社会福利事业的定义

社会福利法对于"社会福利事业"并没有进行定义,但是,列举了属于第一种社会福利事业和第二种社会福利事业的个别事业,即规定了社会福利事业的范围(《社会福利法》第2条第1款)。这是因为,对社会福利事业进行定义是非常困难的事。在社会福利事业法起草时关于该事业是否属于福利事业的基准,参考斟酌了有关社会福利事业的学说,努力与社会通常观念保持一致,并对照法律的宗旨作出了适当与否的判断。该法第2条列举的事业是限定性的列举,因此,除这里所列的事业以外,即使具备了社会福利事业的性质,在制度上也不是社会福利事业。

第一种、第二种事业的区分,从尊重个人人格的观点来看,是根据对其对象者事业的运营内容的影响轻重来决定的,而非依社会必要程度等进行区分。属于第一种社会福利事业的,主要是经营入所型设施的事业及经济保护事业。入所型设施的利用者由于介护、援护的需求较高,且终日在设施内生活,因此依事业经营的好坏而侵害入所者人权的危险性较高。此外,经济保护事业是使用公共金钱的事业,有不正当流用之虞。为此,将这些事业作为第一种福利事业,原则上由国家、地方公共团体、社会福利法人经营(同法第 60 条)。第二种社会福利事业其待遇和经营状况对利用者的影响较少,因此,第一种社会福利事业比第二种社会福利事业的行政性控制程度更高。

作为社会福利事业的共通特征,可以列举出非营利性、福利问题对应性、公共性、组织性、继续性等,然而,随着介护保险制度及身心障碍儿童(者)福利服务的利用契约制度的导入,由于有多样化的事业主体加入,因此,社会福利事业的特征依靠列举事业类型进行归纳分析将变得困难起来。再者,即使在第二种社会福利事业中,考虑到以介护和援护需求较高者为对象的事业,以及短期入所事业、痴呆对应型老人共同生活援助事业及智力障碍者、精神障碍者地域生活援助事业同时具有入所型设施的特征,因此第一种、第二种事业的区分并不明确。为了应对多样化需要,将各种事业作为社会福利事业予以列举,可以将其看成是社会福利事业制度化的过程,但仅是为此目的,就必须重新在理论上弄清社会福利事业的概念、社会福利事业的依据、第一种和第二种事业区分的根据等。

一、第一种社会福利事业

(一)生活保护事业

是指经营生活保护法中的救护设施、更生设施和其他使生计困难者免费或支付低额费用入所,以进行生活扶助为目的设施的事业及对生计困难者进行丧葬扶助的事业(《社会福利法》第 2 条第 2 款第 1 项)。这里所说的"生计困难者",不仅仅局限于成为生活保护法对象的需要保护者,也包括社会生活中可以被认为是生活贫困者的低收入阶层。"低额费用"是指,在社会通常观念上，一般被认为是必要经费以下的金额，并且是实际支出的经费以下的费用。"丧葬扶助"是指，于生计困难者死亡时根据其遗留的金钱等不能进行葬仪之情形，对举行葬仪者给付金钱。由于这是不问举行生计困难者葬仪之人有无资力而对其进行的给付，历来有其弊害，为对其进行较高程度的行政性控制，所以将其归于第一种社会福利事业。

（二）儿童福利事业

是指经营儿童福利法中的婴儿院、母子生活支援设施、儿童养护设施、智力障碍儿童设施、智力障碍儿童通园设施、盲聋哑儿设施、瘫痪儿设施、重度身心障碍儿童设施、情绪异常儿短期治疗设施、儿童自立支援设施的事业（同法第2条第2款第2项）。

（三）老人福利事业

是指经营老人福利法中的养护老人院、特别养护老人院、低额费用老人院的事业（同法2条第2款第3项）。

（四）身体障碍者福利事业

是指经营身体障碍者福利法中的身体障碍者康复设施、身体障碍者疗护设施、身体障碍者福利院、身体障碍者职业介绍设施的事业（同法第2条第2款第4项）。

（五）智力障碍者福利事业

是指经营智力障碍者福利法中的智力障碍者康复设施、智力障碍者职业介绍设施、智力障碍者福利院、智力障碍者通勤寮的事业（同法第2条第2款第5项）。

（六）妇女保护事业

是指经营防止卖淫法中的妇女保护设施（同法第2条第2款第6项）。

（七）经济保护事业

是指经营职业介绍设施的事业及对生计困难者进行无息或低息的融资事业（同法第2条第2款第7项）。"职业介绍设施"不限于生活保护法规定的职业介绍设施，也包括以一般的生活贫困者为对象的设施。因此，也包括对就业能力有限者或无就业机会者暂时提供就业机会的事业。作为"对生计困难者进行无息或低息的融资事业",有以各都道府县社会福利协议会为中心运营的生活福利资金贷付制度。

对生计困难者等的居家给付,本来属于第二种社会福利事业,但是,其之所以被纳入第一种社会福利事业,是因为将生活困难者为脱离生活保护而从事工作等就业事业包含在内。不过,由于存在着需要连带保证人等问题,因此很难发挥作用。

(八)共同募金事业

是指作为社会福利法人的共同募金会进行的事业(同法第113条第1款)。将共同募金事业作为第一种社会福利事业,是因为其属于扶助事业,但是,共同募金事业是对都道府县区域内的社会福利事业之过半数者进行扶助的重要事业,其合理运营非常必要[①]。

二、第二种社会福利事业

(一)生活保护事业

是指在生计困难者的住所内为其提供衣食及其他日常生活必需品或其所需要的金钱,并就有关生活进行咨询的事业(《社会福利法》第2条第3款第1项)。作为属于第一种社会福利事业的生活保护事业,主要是设施保护事业;与之相对应,作为属于第二种社会福利事业的生活保护事业,是居家保护事业。其内容是提供日常生活必需品或所需要的金钱给付。成为其对象的"生计困难者"不限于需要保护者,而是较之更广泛的概念。这里所谓的"生活咨询事业",是指市町村社会福利协议会运营的"问题咨询所"等。

(二)儿童福利事业

是指儿童福利法规定的儿童居家介护等事业、儿童日间服务事业、儿童短期入所事业、障碍儿童商谈支援事业、儿童自立生活援助事业、放学后儿童健全培养事业、经营儿童福利法规定的助产设施、保育所、儿童厚生设施或儿童家庭支援中心事业以及有关增进儿童福利商谈事业(同款第2项)。这里所说的助产

---

① 小川政亮:《社会事业法制》,第4版,第102页。

设施、保育所、儿童厚生设施,必须基于《儿童福利法》第 35 条得到国家、地方公共团体的认可,与儿童福利设施基准相符合。

(三) 母子及寡妇福利支援事业

是指母子及寡妇福利法规定的母子家庭等日常生活支援事业、寡妇日常生活支援事业、经营母子福利设施事业(同款第 3 项)。传统上在该事业中规定的父子家庭支援这个词语被删除了。不过,同法的"母子家庭等"中的"等"包含了父子家庭的规定(《母子及寡妇福利法》第 6 条第 5 款),这种规定虽将父子家庭作为其对象,但是否包含了强烈要求其自立之意?

(四) 老人福利事业

是指老人居家介护等事业、老人日间服务事业、老人短期入所事业、痴呆对应型老人共同生活援助事业、经营老人日间服务中心、老人短期入所设施、老人福利中心、老人介护支援中心之事业(同款第 4 项)。

(五) 身体障碍者福利事业

是指身体障碍者居家介护等事业、身体障碍者日间服务事业、身体障碍者短期入所事业、身体障碍者商谈支援事业、身体障碍者生活训练等事业、手语翻译事业、辅助犬训练事业或导盲犬训练事业、经营身体障碍者福利中心、辅助用具制作设施、导盲犬训练设施、视听觉障碍者情报提供设施事业、身体障碍者康复咨询事业(同款第 5 项)。

(六) 智力障碍者福利事业

是指智力障碍者居家介护等事业、智力障碍者日间服务事业、智力障碍者短期入所事业、智力障碍者地域生活援助事业或智力障碍者商谈支援事业、同法规定的经营智力障碍者日间服务中心事业、智力障碍者康复咨询事业(同款第 6 项)。

(七) 精神障碍者福利事业

是指经营精神障碍者回归社会设施事业、精神障碍者地域生活援助事业(同款第 7 项)。

(八) 经济保护事业

是指为生计困难者免费或以低额的费用,借贷简易住宅,或利用宿泊所及其他设施的事业(同款第8项)。这里所谓的"简易住宅"比生活保护法规定的提供宿泊设施在概念上要更广泛。"其他设施"是指简易食堂、公共澡堂、理发室等。这些事业要成为第二种社会福利事业的经济保护事业,其对象必须为生计困难者,并且,以其利用的对价是免费或低额(实际费用以下)为要件。

(九)医疗保护事业

是指为生计困难者提供的免费或低额费用的诊疗事业(同款第9项)。进行这项事业是在接受适用医疗法的医院或诊疗所。这些事业与医疗事业并行,对于一般患者进行一般的诊疗,只要在通知规定的基准内进行便无妨。

(十)老人保健事业

是指让生计困难者,免费或以低额的费用利用介护保险法规定的介护老人保健设施之事业(同款第10项)。

这里应留意的是,经营介护老人保健设施本身并非第二种社会福利事业,通所设施利用事业为第二种社会福利事业。

(十一)近邻互助事业

是指建立近邻互助馆等设施,以福利不完善地域的居民为对象,使之免费或以低额费用利用这些设施等,达到改善和提高该地域居民生活的各种事业(同款第11项)。近邻互助事业是以这些地区居民的生活改善和提高为目的的事业,被称为近邻互助馆、善邻馆、市民馆、交流会馆等。该事业包括具有相当规模的设施,原则上以职业介绍设施、保育所、集会所的经营以及各种商谈和生活的改善与提高为目的的讲习会。

(十二)福利服务利用援助事业

是指对于因精神上的原因维持日常生活有困难者,免费或以低额的费用,对有关利用社会福利事业所提供的服务回答咨询、进行建议,或者为了使其获得服务而对必要的手续经办或利用服务所需的费用支付提供便利,以及为适当利用服务而从整体上进行一系列援助的事业(同款第12项)。

(十三)联络扶助事业

是指进行有关第一种社会福利事业及第二种社会福利事业的联络或扶助的事业(同款第13项)。联络扶助事业是力图对社会福利事业经营者进行联络和协调,对这些经营者及欲经营社会福利事业者提供必要的金钱和物品以进行扶助的事业。代表性的联络事业机关是社会福利协议会。

三、适用除外事业

形式上符合如前所述的第一种社会福利事业和第二种社会福利事业,但对于只存在于一定期间的事业以及一定规模以下的事业,没有必要依据社会福利法进行规制,而且让从事这些事业者履行一定的手续也过于苛刻,因此,不适用社会福利法。再者,即使其实质上被看作是社会福利事业,但其性质为更适合其他法律规制的事业及限定利用者范围的事业,因而被排除在社会福利法的适用范围之外。这些事业为如下所述的适用除外事业。适用除外事业的列举并非限定性列举,而是被视为例示性列举(《社会福利法》第 2 条第 4 款)。

(一)更生保护事业

更生保护事业法规定的更生保护事业(同款第 1 项,《更生保护事业法》第 2 条),与传统的司法保护事业不同,从刑事政策的观点来看,是对被释出狱者在被释后 6 个月内进行特别保护的事业。从事这项事业的更生保护会具有国家的代行机关之性质,因此,其内容是生活的保护,即使为职业介绍,也被排除在社会福利法的适用之外。不过,更生保护会是公共募金的受领设施(《社会福利法》第 112 条),并参加市町村、地区、都道府县社会福利协议会(同法第 109 条第 1 款、第 2 款、第 110 条第 1 款)。参议院曾经指出,更生保护会作为共同募金的受领设施参加社会福利协议会,其性质不明确,希望对其予以明确①。在战后窘迫的财政状况下,对处于司法过程者的福利等根本不予以考虑,受过刑罚的人即使生活贫困,以其为对象的更生保护会也未将其作为措施的对象,为此,才有第 2 条第 4 款的规定。但是,处于免因保护事业发展过程的更生保护事业,在实践中,不能无视对被释出狱者的生活保护。因此,更生保护事业虽未被纳入社会福利事业法的对象范围,但却是共同募金

---

① 木村忠二郎:《社会福利事业法的解说》,第 2 版,第 66 页。

这种民间筹款资金之受领对象,因此使其成为社会福利协议会的成员也是不得已之事。

(二) 短期事业

实施期间不超过6个月(联络扶助事业为3个月)的事业,若接受社会福利法的规制,将损害其灵活的运营,因此,不包括在社会福利法所规定的社会福利事业之内(同法第2条第4款第2项)。

(三) 社团或工会为社员或工会成员所进行的事业

这是相互保护事业,限定了利用者的范围,其利益接受者为特定的人(同款第3项)。这类事业因缺乏公共性,不包括在社会福利法所规定的社会福利事业之内。

(四) 小规模事业

对以下所述小规模的事业,适用社会福利法将抑制其灵活运营,将其排除在规制对象之外,其实质性的影响不大,因此,这些事业不适用社会福利法。

1. 关于让生活困难者利用介护老人保健设施事业、近邻互助事业、联络扶助事业、共同募金事业以外的第一种、第二种社会福利事业,且为入所保护事业,是指接受经常性保护者未满5人的事业、经营身体障碍者、智力障碍者、精神障碍者职业介绍设施的事业中未满10人的事业、其他事业中接受经常性保护者未满20人的事业(同款第4项、施行令第1条)。

2. 属于联络扶助事业且扶助金额每年度未满500万日元或接受扶助的社会福利事业的数量每年度未满50件的事业(同法第2条第4款第5项)。

另外,对于小规模事业,有观点认为,"有效、合理的设施经营以具有一定规模为条件自不待言,但从目前福利需要的多样化和财政上的问题来看,既然以适当的社会福利服务给付为前提,那么小规模事业的适用除外就成为一个值得研究的问题"①。在一刀切处理成为问题的今天,小规模事业本来恰恰是具备了社会福利事业实态的事业,所以将其作为适用除外有欠妥当。今后,设施的小规模化将成为需求。

---

① 佐藤进:《社会事业法的理念及其问题点》,载于《月刊福利》第64卷第7号。

第四节 福利的实施机关、专业职务者

一、地方社会福利审议会

除了有关儿童福利及精神障碍者福利的事项,为了调查审议关于社会福利整体的事项,在都道府县、指定都市、中核市设置了有关社会福利的审议会及其他合议制的机关(《社会福利法》第7条第1款)。这些机关总称为地方社会福利审议会。地方社会福利审议会由都道府县知事或指定都市、中核市的市长进行监督,回答其提出的咨询,或向相关行政机关表明意见(同条第2款)。中央社会福利审议会曾经是厚生大臣的咨询机关,现在只剩下地方社会福利审议会。再者,以前在中央社会福利审议会进行的"为增进社会福利,推荐文艺、出版物等,对于制作、表演或贩卖文艺、出版物者等,提出必要的建议",这现在成为了厚生劳动大臣的咨询机关即社会保障审议会的权限(同法第125条)。

地方社会福利审议会由地方委员35人以内构成,于调查审议特别事项之情形,可以设置临时委员(同法第8条第1款、第2款)。所谓"特别事项"是指,例如对身体障碍者的身体障碍程度的判断等。

地方委员、临时委员从都道府县、指定都市、中核市的议员、社会福利工作者、有学识经验者中,由知事、指定都市或中核市的市长任命(同法第9条)。另外,选任什么样的人为委员虽在本法中未予明确规定,但由各福利法规定。例如,在障碍者基本法中规定了障碍者作为当事人委员被任命的宗旨(《障碍者基本法》第25条第2款)。从审议会的委员中,互选出总管会务的委员长(《社会福利法》第10条)。审议会设置了有关审查民生委员适任与否事项的民生委员审查专门分科会、调查审议身体障碍者福利相关事项的身体障碍者福利专门分科会(同法第11条第1款、第2款)。

民生委员审查专门分科会从有地方议会议员选举权的地方社会福利审议会的委员中,由委员长指定的10人以内的委员构成(议员的人数为不满3

人)。其决议被看作是地方社会福利审议会的决议(《施行令》第2条第1款、第3款)。

在身体障碍者福利专门分科会设置审查部会,调查审议有关身体障碍者的身体障碍程度(《施行令》第3条第1款),审查部会的所属成员由委员长从身体障碍者福利专门分科会中的医师委员及临时委员中指定(《施行令》第3条第2款)。

地方社会福利审议会在接受有关身体障碍者身体障碍程度的咨询时,可以将审查部会的决议作为地方社会福利审议会的决议(《施行令》第3条第3款)。此外,还可以根据需要设置老人福利专门分科会及其他专门分科会(《社会福利法》第11条第2款)。并且,若用条例进行规定,可以设置委员人数在50人以内的、调查审议有关儿童福利事项的儿童福利专门分科会(同法第12条第1款、第2款)。将儿童福利专门分科会的委员人数从35人以内扩大到50人以内的理由是,有关儿童的问题涉及不良行为、抚育、母子保健、虐待、智力障碍儿童、身体障碍儿童等,较为复杂,其专门领域的范围广泛。

二、有关福利的事务所

有关福利的事务所是地方福利行政的现场工作机关,在其他的福利法及通用名上,称为"福利事务所"。福利事务所是将根据1951年社会保障制度审议会劝告导入的民生安定所在社会福利事业法中制度化的产物。制度创设的宗旨是:①作为社会福利行政的单位设定行政地区,创设社会福利行政专门窗口,确保合理、有效的行政运营;②与社会福利主事制度相联系,目的在于确立专门的社会福利行政运营。

(一)设置主体

都道府县、市、特别区根据条例,在设定了管辖区域的基础上,必须设置福利事务所。这是必要性设置(《社会福利法》第14条第1款、第2款)。

町村依据条例可以设置以其所在区域作为管辖区域的福利事务所。这是任意性设置(同法同条第3款)。并且,根据需要,设立部分事务行会或大地区联合组织,两个以上的町村可以联合设置福利事务所(同条第4款)。町村设置福利事务所时,须 6 个月之前与都道府县知事协商,并得到其同意。另外,设置的时期必须为会计年度的始期或终期。这个程序亦适用于废止的情形(同条第 7 款、第 8 款)。

(二) 管辖事务

都道府县福利事务所在有关生活保护法、儿童福利法、母子及寡妇福利法中规定的援护、培养或更生措施的事务中,将都道府县处理的事务作为其事务来进行(同法第 14 条第 5 款)。以前,有关依智力障碍者福利法的措施事务也包括在其中。伴随着 2003 年障碍者福利服务的利用契约制度的过渡(支援费制度),智力障碍者福利法所规定的事务原则上成为市町村福利事务所的管辖事务。

市町村及特别区的福利事务所在有关生活保护法、儿童福利法、母子及寡妇福利法、老人福利法、身体障碍者福利法及智力障碍者福利法规定的援护、培养或更生措施的事务中,从事除政令规定之外的市町村处理的事务(同条第 6 款)。

总之,具体的事务内容由各自的福利法进行规定。

(三) 组织

在福利事务所中,福利事务所长为必要的设置,除此之外还必须设置进行指挥监督的所内工作人员、从事现场工作的人员及从事事务工作的所内工作人员(同法第 15 条第 1 款)。但是,福利事务所长在不妨碍其执行职务、兼任指导监督人员的情形下,也可以不设置进行指导监督的人员(同款但书)。此外,从事指导监督、现场工作的所内人员必须为社会福利主事(同条第 6 款)。

福利事务所长接受都道府县知事或市町村长、特别区的区长的指挥监督,掌管处理所里事务(同条第 2 款)。所长是管理、统筹福利事务所全体行政事务者。

从事指挥监督的所内工作人员,在福利事务所长的指挥监督下,进行现场工作行政事务的指挥和监督(同条第 3 款),即具有管理人作用的监察指导员。因此,作为适任者不仅要掌握有关福利行政程序等业务内容,准确把握地域的福利问题,还应具有经专门知识和经验所证明的技术。

从事现场工作人员是指,在福利事务所长的指挥监督下,对需要援护、培养或更生措施者进行家庭访问、接见,进行资产和生活环境的调查、保护及采取其他措施必要与否及其种类的判断,以及进行生活指导等事务的社会福利工作者(同条第4款)。

进行指导监督的所内工作人员及从事现场工作人员负有专门从事其职务之义务,但是,在对其职务无妨碍的情况下,可以进行其他有关的社会福利、医疗保健事务(同法第17条)。

从事事务工作的所内工作人员,进行有关保护金和物品的公布、保护金的会计管理、接见与访问等事件记录的整理、统计资料的整理等杂务(同法第15条第5款)。

此外,福利事务所还设置了负责老人福利的社会福利主事(《老人福利法》第6条)、身体障碍者福利员(《身体障碍者福利法》第11条之2)、智力障碍者福利员(《智力障碍者福利法》第13条)。

但是,在实际的咨询业务中,引导工作者(接待咨询员),在此阶段主要是根据咨询,为解决问题而努力,因此不太受理事件。这虽是出于抑制公共支出的目的,但却存在着有可能导致抑制来所咨询者接受福利服务权利之危险。

特别是,福利事务所的职员并非一定是社会福利或心理学专业人员,从事一般行政职务的公务员因人事调动而成为社会福利工作者居多,因此,其是在不具备足够的专门知识的情况下,不得不从事福利事务所事务的。

(四)所内工作人员的数量

所内工作人员的数量由各都道府县及市町村的条例进行规定,但是,都道府县福利事务所的工作人员数量应按如下标准设置:接受适用生活保护法的被保护家庭数为390户以下时,设置6名,接受保护的家庭数每增加65户时,随之增设1名(《社会福利法》第16条第1款第1项)。此外,市设置的福利事务所的工作人员数量在被保护家庭数为240户以下时,设置3名,被保护家庭数每增加80户,随之增设1名。町村福利事务所的工作人员数量在被保护家庭数为160户以下时,设置2名,接受保护的家庭数每增加80户,随之增设1名(同法同条同款第2项、第3项)。问题是,偏僻地区登门访问更花费时间,但社会福利工作者的人数却相对较少。

根据地方分权，以前国家、都道府县的行政事务移交转让给市町村。与此相适应，现在的市町村福利事务所成为实施全部社会福利的福利行政实务机关，其事务量变得庞大起来。然而，关于所内工作人员的数量，仍规定在社会福利事业法制定当初的人员数量水平。加之顺应规制缓和的动向，以前照理按最低人员数规定之本条，只不过成为了提示标准人员数量的规定。据此，按照各都道府县、市町村的实际情况，为实现财政合理化之目的，试图削减定员。因此，从事现场工作的所内工作人员的人均工作量增大，且产生了地域之间工作量的差距，这对需要援护者的利益会产生不利的影响。

三、社会福利主事

设置从事社会福利行政专门职业的社会福利主事制度之必要性，在第二次世界大战刚结束后得到了当局者的认可，1950年随着生活保护法的修改，确立社会福利行政的事务处理组织成为必不可缺之事。为此，制定颁布了"关于设置社会福利主事的法律"（1950年5月15日法182号）。根据该法，创设了社会福利主事制度。该法随着社会福利事业法的制定被其吸收，现在，又被社会福利法所继受。

社会福利主事对于都道府县、市及设置福利事务所的町村是必要的，但是，对于未设置福利事务所的町村，则是任意性设置（同法第18条第1款、第2款）。都道府县的社会福利主事，在都道府县福利事务所从事有关生活保护法、儿童福利法、母子及寡妇福利法所规定的援护、培养或更生措施的事务（同条第4款）。未设置福利事务所的町村的社会福利主事，以前从事老人福利法和身体障碍者福利法规定的有关援护或更生措施的事务，但现在（2003年4月1日以后）以从事老人福利法、身体障碍者福利法、智力障碍者福利法规定的有关援护、更生措施的事务为职务（同条第5款）。

并且，都道府县知事、指定都市及中核市的市长，对于本法及生活保护、儿童福利法、母子及寡妇福利法、老人福利法、身体障碍者福利法及智力障碍者福利法的施行中有关社会福利主事从事的事务，必须制定、实施进行指导监督的计划(同法第 20 条)。另外,都道府县知事对所属的社会福利主事及市町村的社会福利主事,指定都市及中核市的市长对所属的社会福利主事,应以提高素质为目的对其进行必要的训练(同法第 21 条)。所谓"提高素质"是指将本来所具有的能力提高,这是最理想之事,但是,对于制定怎样的课程计划、进行何种程度的训练及训练期间多长并没有作出规定,这就要求今后出台以提高素质为目的的具体实施方策。

任用的社会福利主事为该地方公共团体的事务职员或技术职员,其年龄在 20 岁以上,人格高尚,思想成熟,具有增进社会福利的热情,且必须符合以下条件之一:①在大学已修完厚生劳动大臣指定的有关社会福利的科目并毕业者;②已修完厚生劳动大臣指定的培养机关或讲习会的课程;③参加厚生劳动大臣指定的从事社会福利事业者考试合格者;④厚生劳动省令规定的被认可为与上述人员具有同等以上的能力者(同法第 19 条各项)。

所谓"人格高尚"是指具有优秀的人品,即,作为道德性行为的主体具有自立的意思。所谓"思想成熟"是指因积累了经验而具有思考判断能力。对于社会福利主事的资质没有涉及,但对其取得资格的条件进行了明确的规定。大学毕业生通过了厚生劳动大臣指定的"关于社会福利主事资格的科目指定"中三科目以上者,可以获得社会福利主事的资格。与其他的基础资格相比,该资格可以轻而易举地获得。这是需要进行重新探讨的事项。或许是因为社会福利主事制度创设当初,培养机关和大学毕业生的数量较少,由于社会需要大量从事福利工作的人,因此对其资格要件规定得不严。

第五节 社会福利法人

社会福利法人是指,以进行社会福利事业为目的,根据社会福利法的规定设立的法人(《社会福利法》第 22 条)。法人是自然人以外的,具有法人格,享有权利、承担义务的团体(社团),以及为一定目的而被提供的财产(财团)。以前,将以进行社会福利为目的而设立的法人,限定为民法上的公益法人,但是,为了在尊重民间社会福利事业的自主性并发挥其特色的同时,进一步提高其公共性，以便能够得到社会的信赖，创设了社会福利法人制度。

社会福利法人是比民法上的公益法人具有更高公益性的特别法人。考虑到社会福利法人需要经营安定，应具备实现设立目的的基础，因此，从事以此为目的的社会福利事业必须要具备必要的资产（同法第 25 条）。另外，为了防止将其他法人与社会福利法人混同，社会福利法人以外者，其名称中不允许使用"社会福利法人"或与之易混淆的文字（同法第 23 条）。违反者将被处以 10 万日元以下的罚款（同法第 135 条）。

社会福利法人作为社会福利事业的主要承担者，为了使其进行确实、有效、适当和与之相适应的事业，在自主地强化其经营基础的同时，还必须提高其所提供的福利服务的质量，确保事业经营的透明性（同法第 24 条）。社会福利法人具有上述努力义务。社会福利法人从事以公益为目的的社会福利事业（公益事业），与此同时，可以进行以收益为目的的事业（收益事业），但是，①不能妨碍作为目的的社会福利事业之经营；②收益事业的收益应用于作为目的的社会福利事业之经营；③关于公益事业或收益事业的会计，有必要从社会福利事业的会计中区分开来，作为特别会计管理（同法第 26 条第 1 款、第 2 款）。事业的种类很多，有物品贩卖业、金钱贷付、出版业等。

社会福利法人的住所，与民法上的法人相同，以其主要事务所的所在地为准（《社会福利法》第 27 条，《民法》第 50 条、第 21 条）。

> **住所** 人以其为生活据点的场所。
> **居所** 虽为一定期间居住的场所，但与土地的紧密程度未达到住所的程度。住所不明时或在日本无住所时，以居所为住所。

关于社会福利法人的权利能力、不法行为能力，准用民法的规定。社会福利法人在章程（社团法人的基本条款）规定的目的范围内，享有权利、承担义务。理事及其他代理人在职务上对他人造成损害时，该社会福利法人承担其损害的赔偿责任。但是，理事及其代理人因目的范围之外的行为对他人造成损害时，赞成议决事项的理事及履行了其事项的理事和其他代理人负连带赔偿责任，社会福利法人自身不承担责任（《社会福利法》第 29 条，民法第 43 条、

第44条)。

一、设立

社会福利法人设立的程序分为三个阶段,即章程的制定、管辖机关对章程的认可、设立的登记。

(一) 章程的制定

章程是指规定团体和法人的组织、活动的基本规则之条款。包括营利法人在内的所有法人于设立时必须制定。

社会福利法人的章程中,作为必要的记载事项,必须记载以下事项:①目的;②名称;③社会福利事业的种类;④事务所的所在地;⑤有关董事之事项;⑥有关会议事项;⑦有关资产事项;⑧有关会计事项;⑨有关设置评议员会之情形事项;⑩从事公益事业的种类;⑪从事收益事业的种类;⑫有关解散事项;⑬有关章程变更事项;⑭公告的方法(《社会福利法》第31条第1款各项)。在制定章程时,必须具体规定设立社会福利法人时的董事(同条第2款)。

在规定有关解散事项中的剩余财产的归属者时,其归属者必须从社会福利法人及其他从事社会福利事业者中选定(同条第3款)。以上为章程的必要记载事项,在必要的情形下,即使是其他事项,也可以在法令的范围内任意规定(任意性记载事项)。但是,即使为任意性的记载事项,一旦规定在章程中,关于其变更,要遵守章程变更的程序(同法第43条)。

(二) 章程的认可

拟设立社会福利法人者,应根据以下的程序制定章程,并必须得到管辖机关的认可(同法第31条第1款)。所谓"管辖机关"是指都道府县知事。但是,对于主要事务所在指定都市的,其从事事业的范围不超过该指定都市的范围以及作为地区社会福利协议会的社会福利法人,其管辖机关为指定都市的市长。另外,对于主要事务所在中核市的社会福利法人,其事业范围不超过该中核市范围的,管辖机关为中核市市长;关于事业范围跨两个以上的都道府县的,管辖机关为厚生劳动大臣(同法第30条第1款、第2款)。

以厚生劳动省大臣为管辖机关时的章程认可的申请,应根据法令的规定,准备申请书及附加资料，并必须经由其法人住所地的都道府县知事进行。该都道府县知事对此申请可以进行必要的调查，附上意见（同法第31条第4款、施行规则第2条各款）。管辖机关接受认可的申请时，必须审查该社会福利法人的资产是否足够从事社会福利事业、章程的内容及设立程序是否违反法令等，在此基础上决定该章程的认可（同法第32条）。此后社会福利法人进行章程的变更时，认可也是必要的（同法第43条第1款）。但是，关于事务所的所在地、资产事项、公告的方法，不受此限制，申报即可（《施行规则》第4条）。

> "认可"是指，在行政机关不同意，一定的法律行为便无效的情形下，公共机关给予的同意。这个意义上的认可，是补充一定法律行为效力的行为。
>
> "许可"是指，行政机关在特定的场合解除根据法令一般被禁止的行为，使其能够适当地进行。
>
> "认定"是指，公共机关判断决定特定事实和资格的有无及是否受当等。

（三）设立登记

社会福利法人接受章程的认可时，必须从认可之日起二周以内，在主要事务所的所在地进行设立登记（同法第28条第1款、组合等登记令第3条第1款）。设立登记是社会福利法人的成立要件（同法第34条）。因此，社会福利法人从登记时取得法人格，产生权利能力、责任能力，根据生前处分捐赠的财产从此时起归属于社会福利法人（同法第35条、《民法》第42条第1款）。

二、管理

由于强烈要求社会福利法人的公共性，对其董事有以下的限制：①董事的人数必须为理事3名以上（于民法上的公益法人之情形，1名即可），监事1名以上（《社会福利法》第36条第1款）。②董事的任期必须为2年以内。但是不妨碍连任（同条第2款）。③董事的配偶、三亲等内的亲属为董事时，其董事与配偶、三亲等内的亲属的总人数，不得超过董事总数的二分之一（同条第3

款)。这主要是为了防止因同族的支配而与社会福利法人的公共性要求相违背的情况出现。

属于以下情形之一者,不能成为社会福利法人的董事,即所谓"董事的不适格事由":①成年被监护人或被保佐人(同条第4款第1项);②违反生活保护法、儿童福利法、老人福利法、身体障碍者福利法或社会福利法的规定被处以刑罚,其执行终结,或不再接受执行者(同款第2项);③处以禁锢以上的刑罚,其执行终结,或不再接受执行者(同款第3项);④根据管辖机关的解散命令被解散的社会福利法人解散当时的董事(同款第4项)。

社会福利法人的理事或监事中,若章程规定的人数有超过三分之一缺员,法人必须尽快补缺(同法第37条)。若理事均缺员,因补充不及时而产生损害之虞时,应根据利害关系人的请求,或依据职权,由管辖机关选任临时理事(同法第45条、《民法》第56条)。关于"理事的代表权",对于全部的社会福利法人的业务,理事代表社会福利法人。但是,根据章程可以只对特定的理事限制代表权(《社会福利法》第38条)。

关于民法上的公益法人,即使限制代表权,对善意的第三人(不知代表权被限制之事者)亦不能产生对抗(《民法》第54条),根据组合等登记令的规定,若进行登记,社会福利法人理事之代表权的限制,可以对抗所有的第三人(《社会福利法》第28条第2款、《组合等登记令》第2条第4项、第6项、附表1)。

关于这点,若社会福利法人的理事长辞任,在进行了辞任的变更登记后,对于以理事长名义发出的票据支付,社会福利法人是否负有责任这个问题,通常认为登记后也可以对抗善意的第三人,不适用表见代理和类推[①]。即社会福利法人不承担对于此票据的责任。

> "表见代理"是指,于无代理权者实施了代理行为之情形,无代理权者与本人之间有一定的关系,对方误信代理者为本人的正当代理人而使交易等成立时,则代理者虽无代理权,但其代理行为被认为有效的制度。

---

① 大阪地方法院判决,1989年12月25日,载于《判例时代》第732号,第265页。

享有代表权的理事,在依据章程未被禁止的情形下,可以将代表权委任给其他人(《社会福利法》第 45 条、《民法》第 55 条)。章程中记载的享有代表权的理事不在时,关于代表权的行使,在章程所规定的职务代行者缺员的情形下,各理事有无代表权,判例认为各理事享有各自的代表权[①],即承认了法人的责任。

关于享有代表权的理事与社会福利法人的利益相反事项,该理事不享有代表权。于此情形,若没有其他享有代表权的理事,所辖机关应根据利害关系人的请求,或依据职权选任特别代理人(《社会福利法》第 45 条、《民法》第 57 条)。社会福利法人的业务决策方法通常由章程进行规定,但若章程无特别规定,则以理事过半数决定(《社会福利法》第 39 条)。"过半数"应解释为理事规定人数的过半数,还是现有理事人数的过半数,对此有争论,不过,由于若按照规定人数的过半数解释,当理事缺员多时,将无法进行业务决策,所以,应解释为现有理事的过半数。

再者,对此判例的判决是,解任、解雇养护设施(现为儿童养护设施)园长的职务时,根据运营该设施的社会福利法人的章程,为解雇作为园长的工作人员,理事会的议决是必要的,其理事会的议决召集时,存在着对部分理事没有通知召集的瑕疵,由于不能得出没有得到通知的理事即使出席也不影响议决结果的结论,因此理事会解雇园长的议决是无效的[②]。

"监事"监察理事的业务执行状况及社会福利法人的财产状况,若发现有不正当之处,应向评议员会或在无评议员会时向作为管辖机关的都道府县知事、指定都市及中核市的市长或厚生劳动大臣报告。为进行报告,于有必要之情形,向理事请求召集评议员会。监事对于理事的业务执行状况或社会福利法人的财产状况,向理事陈述意见(《社会福利法》第 40 条各项)。为此,监事不能兼任理事、评议员、社会福利法人的职员之职务(同法第 41 条)。此外,可以在社会福利法人中设置评议员会(同法第 42 条第 1 款)。评议员的人数不

---

① 东京地方法院判决,1966 年 2 月 18 日,载于《判例时代》第 189 号,第 172 页。
② 和歌山地方法院判决,1991 年 9 月 10 日,载于《劳动关系民事裁判例集》第 42 卷第 5 号,第 689 页。

得超过理事规定人数的两倍(同条第2款)。关于社会福利法人业务的重要事项,依据章程,可以评议员会的议决为要件(同条第3款)。

> "重要事项"是指,需要评议委员会同意的事项(预算、决算、章程变更等);接受管辖机关许可、认可的事项;有关章程细则、管理规定等的制定、变更、董事报酬事项等。

三、解散

(一)解散

社会福利法人于以下情形进行解散:

1. 自主解散。在理事三分之二以上同意及章程规定需要经评议员会议决的情形下,根据其议决(《社会福利法》第46条第1款第1项)解散。自主解散无管辖机关的认可或认定,不发生效力(同条第2款)。

2. 章程规定的解散事由发生。解散事由限于客观事由,即目的事业的完成、期限到来等(同法第46条第1款第2项)。解散事由发生时,该社会福利法人解散,但在这种情况下,清算人必须尽快地向所辖机关申报(同条第3款)。

所谓"清算人"是指,法人解散进行清算时,负责其清算事务者。

3. 作为目的的事业不可能成功。这是指客观上发生了导致目的事业不可能成功的事件(供该社会福利事业利用之土地、建筑物因天灾等灭失,没有再建的希望等)。只是处于一时的经营困难或理事无经营的积极性等,不属于此类情况。在这样的情况下,应依据自主解散进行。再者,导致目的事业不能成功的事件即使客观上变得明确化,但并不产生当然解散的效果,此种情形下的解散,以管辖机关的认可或认定为必要(同法第46条第1款、第2款)。

4. 合并。依据法定程序两个以上的社会福利法人合并为一个,或者,一个社会福利法人被其他的社会福利法人所吸收(同法第48条)。

5. 破产程序开始的决定。对于作为解散事由的破产程序开始的决定,法院作出的开始破产程序的决定是必要的(同法第46条第1款第5项)。若作出了破产程序开始的决定,于作出时当然产生解散的效果,不过,在此情形下,清算人必须尽快地将该决定向管辖机关申报(同条第3款)。

6. 管辖机关的解散命令。社会福利法人违反命令时或无正当事由一年以上不进行作为其目的的事业时,管辖机关有权作出解散命令(同法第56条第4款)。根据该命令,社会福利法人当然解散,其本来的活动停止。关于这部分在援助及监督中详述。

(二) 社会福利法人的清算

即使发生解散的效力,社会福利法人在清算的目的范围内仍继续存在(同法第55条、《民法》第73条)。于此情形,社会福利法人成为清算法人,除依据破产解散的情形,理事成为清算人(《社会福利法》第55条、《民法》第74条)。

四、社会福利法人的一般性监督

(一) 一般性监督

1. 报告征收、入内调查权。厚生劳动大臣或都道府县知事或指定都市或中核市的市长,若认为有必要确认社会福利法人是否遵守法令、基于法令所为的行政机关处分及章程,有权向社会福利法人要求其报告有关业务或会计状况,或者让相关职员检查社会福利法人的业务及财产状况(社会福利法第56条第1款)。

2. 董事的解职劝告。管辖机关若认为社会福利法人违反法令、基于法令所为的行政机关处分或章程,或者其运营存在着明显不当时,对于该社会福利法人有权规定期限,责令其采取必要的措施(同法第56条第2款)。社会福利法人不服从其命令时,管辖机关有权对该社会福利法人规定期限,命令其在该期限内停止业务的全部或一部分,或劝告解除董事的职务(同条第3款)。但是,在劝告解除董事的职务时,要求应给予其事前向该社会福利法人辩明的机会(同条第5款)。

社会福利法人的管辖机关为都道府县知事。但是,主要事务所在指定都市内的,其所进行的事业不超过该指定都市的范围,以及同法第109条第2款规定的作为地区社会福利协议会的社会福利法人,其管辖机关为指定都市市长。并且,主要的事务所在中核市内的,其所进行的事业不超过中核市的范围,其管辖机关为中核市市长。社会福利法人及其进行的事业跨二个以上的都道府县的区域时,不拘于前款的规定,其管辖机关为厚生劳动大臣(同法第30条第1款、第2款)。

作为行使这项权限的事例如下。在A社会福利法人经营的特别养护老人院,从1991年到次年秋的一年多时间里,作为措施费被汇入的钱款,转账划入了同法人理事长B的个人账户,出现了约1500万日元的使用用途不明钱款。对此,县根据第56条第2款要求其公布理由,但是由于未提出被认为是正当的理由,依据同条第3款,1993年10月,对A社会福利法人作出了理事长B的"解职劝告"。A社会福利法人接受劝告后解除了理事长B的职务。因解职劝告而进行的解职的例子在实务中为数不多。

> "劝告"是指行政机关提出的意见。作为对私人行政指导的一种方法,或者对其他行政机关的参考意见而提出。虽无法的拘束力,但事实上具有一定程度的强制力。

3. 解散命令。管辖机关在社会福利法人违反法令、基于法令所为的行政机关处分或章程时,可以命令解散社会福利法人。但是,由于这项权限必须慎重行使,因此要符合以下要件:①用其他的方法无法达到监督的目的时;②无正当事由经过一年以上未从事目的事业时(同法第56条第4款)。

4. 公益事业或收益事业的停止。管辖机关承认有以下事由时,可以命令停止事业:①进行公益事业或收益事业的社会福利法人从事章程规定事业以外的事业时;②该社会福利法人将从该收益事业中产生的收益用于该社会福利法人进行的社会福利事业及公益事业以外的目的时;③该事业的继续对该社会福利法人进行的社会福利事业有妨碍时(同法第57条各项)。

5. 都道府县对社会福利法人的会计业务及财产状况的监督责任和损害赔偿义务。关于这个问题有以下的判例。智力障碍者更生设施贪污了同设施的入所者原告A的障碍基础年金。A对经营设施的社会福利法人B和作为监督机关的北海道向札幌地方法院提起了损害赔偿诉讼①,但札幌地方法院驳回了A的请求②。A对此立即提起了上诉。札幌高等法院命令B社会福利法人赔偿845万日元,但驳回了对北海道的请求③。这样使都道府县的监督责任形同虚设。

(二)对社会福利法人的援助、监督

为了使社会福利法人在财政上健康地发展,该法人除了可以根据共同募金制度、社会福利、医疗事业团的融资制度接受援助外,在税制方面还可以享受许多优惠措施。此外,在社会福利法人认为必要时,可以按照规定的程序得到国家或地方公共团体的援助(同法第58条第1款)。这点与《宪法》第89条有所抵触。

《宪法》第89条规定,公金及其他公共财产,对于不属于公共支配的慈善、博爱事业,不得支出或提供其利用。由于社会福利事业可以解释为慈善、博爱事业,只要社会福利事业不属于"公共支配",照理说原则上国家或地方公共团体不得对其进行援助。是否属于公共支配,由国家、地方公共团体和社会福利法人,就人事、会计、预算等社会福利事业的基本事项是否确立了监督与被监督的关系来决定。因此,社会福利法对于接受了公共援助的社会福利法人,尤其可以行使较强的监督权。这样一来,就规避了与《宪法》第89条的抵触,使对社会福利法人的公共援助成为可能,即:国家或地方公共团体认为必要时,可以根据省令或条例规定的程序,向社会福利法人支出补助金,或者也可以依据通常的条件以有利的条件支出贷付金、让渡或借贷其他财产(《社会福利法》第58条第1款)。

对于接受了这类援助的社会福利法人,为确保有效地达到援助的目的,厚生劳动大臣或地方公共团体负责人有权在有关事业、会计的状况报告的征收、预算的情形下进行预算变更劝告;有权在社会福利法人的董事违反法令或基于法令所为的行政机关的处分或章程时行使董事解职劝告的特别监督权(同

---

① 札幌地方法院2002年(1)第851号甲事件。
② 札幌地方法院判决,2004年3月31日。
③ 札幌高等法院判决,2005年10月26日。

条第 2 款各项）。因此，社会福利法人在接受公共援助的同时，其付出的代价是对其自主性、独立性的限制。

第六节　社会福利事业

一、社会福利事业的经营主体

由于社会福利事业是公共程度较高的事业，其经营必须适当、公正地进行。社会福利法以第一种社会福利事业的经营主体是国家、地方公共团体、社会福利法人为原则（《社会福利法》第 60 条）。关于这点，厚生省的通知中指出："第一种社会福利事业原则上之所以由地方公共团体或社会福利法人经营，是因为对个人的人格影响较大，易产生较多的弊害。"（《关于社会福利事业法的施行》，1951 年 6 月 4 日厚发社 56 号）如前所述，第一种社会福利事业主要是入所设施，根据其运营状况，有侵害入所者权利的可能性。为此，原则上必须由得到社会信赖的地方公共团体和社会福利法人为经营主体。但是，作为例外，即使是其他人，若得到都道府县的许可，也可以成为第一种社会福利事业的经营主体（同法第 62 条第 2 款），但是若违反了这个条件，将被处以 6 个月以下的徒刑或 50 万日元以下的罚金（同法第 131 条第 2 项）。第二种社会福利事业的经营主体不受限制，只要提出申请，即使为国家、地方公共团体、社会福利法人以外者（例如只要满足 NPO 法的基准，即使是事业者、事业所等），也可以经营第二种社会福利事业（同法第 69 条）。也就是说，关于第二种社会福利事业，经营主体的规制有所缓和。然而目前，居家福利事业正成为社会福利事业的重点，或许对于第二种社会福利事业也可比照第一种社会福利事业，有必要进行公共监督。

二、社会福利事业经营的准则

可以说，战前日本的社会福利事业是由民间有志于从事社会福利事业的活动家而得以推进的。即使在战后，也有这种倾向，但是随着新宪法的颁布，明确了国家对社会福利事业的责任,根据各社会福利立法,在国家及地方公共团体的责任下进行社会福利事业的范围日益扩大。然而,民间的社会福利事业的活动范围并未受到限制,民间社会福利事业发挥了民间独有的灵活性,常常开拓新的领域。现在的情况可以说是,公私社会福利事业互相协力,发挥各自的特点,从而增进社会福利事业。随着从措施向契约的转换,现在民间社会福利事业的作用越来越受到重视。社会福利法在反省战前社会事业的基础上,为了今后公私社会福利事业的更大发展,特别制定了"经营事业的准则"(《社会福利法》第61条),将公私责任明确化。

(一)禁止转嫁政府责任的准则

国家及地方公共团体不得将法律赋予的责任向其他经营社会福利事业者转嫁,或者要求其提供财政援助(同条第1款第1项)。此即所谓禁止转嫁政府责任的准则。其宗旨是,基于生活保护法、儿童福利法及其他各种社会福利关系法的政府责任,应由各自所规定的公共组织发挥作用,因此支出的费用也必须由公费承担。

这意味着,对民间事业的委托,是以政府方面支付正当的对价而进行的,国家及地方公共团体只是为履行其责任而从民间购入服务,但不得向民间转嫁政府责任[1]。不过,对此却仍存有疑问。因基础构造改革致使社会福利事业法向社会福利法转变,内容的重点也放在了个人的尊严和地区福利上。再者,民间的社会福利事业经营者所发挥的作用和责任也越来越大。事实上,社会福利事业仅依靠公共财源已不能发挥作用。但是,关于这一点,小川政亮认为,"国家和地方自治体将法律上规定的,其应以政府责任进行的'有关需要援护者等的收容及其他措施'向民间社会事业经营者委托,而不问以委托费为首的委托条件如何,毫无疑问是政府责任的转嫁。……从法律上如何进行规制是今后的研究课题"[2]。

与禁止转嫁政府责任的准则相比,出现问题的是社会福利事业团。所谓

---

[1] 木村,前引《事业法》,第76页。
[2] 小川政亮:《福利法制的构造和动向》,载于《法学家》第537号,即《临时增刊特集·现代的福利问题》,第105页。

社会福利事业团是指,由地方自治体设置,接受地方自治体的委托而运营社会福利事业的特殊法人,其目的是同时发挥公共社会福利事业和民间社会福利事业各自的特色。但是,小川认为,"公立设施完全委托给民间经营的方式,从《社会福利事业法》第5条第2款(现为《社会福利法》第61条第2款)即仅以措施委托为合法的宗旨来看,存有疑义","从1971年的厚生省通知赞美'设施经营的效率化'来看也如所明示的那样,'是合理的',倘若从现阶段占支配地位的上下文关系来看,充其量不过是'省钱'的政策"[1]罢了。

更进一步讲,尽管根据基础构造改革进行了大幅度的修改,但在社会福利法中,旧法第5条规定的政府责任,在现行法第61条中予以保留规定,从这点上可以说,政府的责任是社会福利法制的根本。现在,虽出现了重视民间社会福利事业责任的动向,但社会福利法中关于政府责任的规定仍被保留,这说明从社会福利法的本质上说,社会福利事业具有作为政府责任仅仅在政府的管理下发挥作用的构造。在这个意义上可以说,向契约制度的转变与禁止政府责任转嫁的原则是矛盾的。

(二)尊重民间社会福利事业自主性的准则

国家及地方公共团体对于其他社会福利事业的经营者,应重视其自主性,不得进行不当干预(同法第61条第1款第2项)。此即所谓尊重民间社会福利事业自主性的准则。这个准则意味着,为了使民间社会福利事业健康发展,国家及地方公共团体应专心致力于其责任领域,对属于民间的领域不进行非正当的干预,对民间的创意和自主性充满期待。然而,基于尊重民间自主性的宗旨有可能减轻包含公共性支出的"政府的责任"。

(三)维持民间社会福利事业独立性的准则

经营社会福利事业者不得非正当地请求国家及地方公共团体的财政性、管理性援助(同款第3项)。此即所谓维持民间社会福利事业独立性的准则。这个准则的依据是《宪法》第89条的规定,对不属于公共支配的慈善、博爱事业不得向其支出或利用公共资金及其他公共财产。也就是说,正如《社会福利

---

[1] 前引《法学家》第537号,第106页。

法》第 61 条第 1 款第 3 项的规定,国家及地方公共团体应尊重民间社会福利事业的自主性,不得进行不正当的干预。然而,另一方面,即使是民间社会福利事业也应遵守不支持、不控制的原则,不请求超过法律规定的公共援助范围的援助,确保其独立性的义务。但是,正因为防止的是"不正当地"干预,因此并没有抑制其自主性,并且只要政府责任明确,并不妨碍其接受公共援助[①]。

三、对社会福利事业经营主体的规制——关于开始、废止和变更程序的规制

（一）设置设施进行第一种社会福利事业的情形

市町村(包括特别区)或社会福利法人欲设置设施经营第一种社会福利事业时,在其事业开始前,必须向其设施所在地的都道府县知事报告以下事项:①设施的名称及种类;②设置者的姓名或名称、住所、履历及资产状况;③条例、章程及其他基本约款;④建筑物及其他设备的规模和构造;⑤预计事业开始的年、月、日;⑥设施的管理者及负责实务的干部职员的姓名和履历;⑦关于需要福利服务者的待遇方法(同法第 62 条第 1 款各项)。关于生活保护设施、儿童福利设施、身体障碍者更生援护设施、作为老人福利设施的养护老人院及特别养护老人院,设施的设置、开始之许可、认可、申报,不适用《社会福利法》第 62 条至第 71 条及第 72 条第 1 款和第 3 款,而是按照各相关法律的规定进行(同法第 74 条)。

对此,国家、都道府县、市町村、社会福利法人以外者设置设施经营第一种社会福利事业时,在事业开始前必须得到都道府县知事的许可(同法第 62 条第 2 款)。但是,日本红十字会在经营设施中被看作是社会福利法人(《日本红十字会法》第 35 条第 1 款、第 2 款,《生活保护法》第 41 条,《老人福利法》第 35 条)。此外,生活保护设施、作为老人福利设施的养护老人院、特别养护老人院,私人不能提出设立许可申请。

为获得许可,除了上述的申报事项之外,还必须向该都道府县知事提出记

---

① 木村,前引《事业法》,第 76 页。

载以下事项的申请书:①为经营该事业的财源筹措及其管理方法;②设施管理者的资产状况;③建筑物及其他设备使用的权限;④管理的方针;⑤事业的经营者或设施管理者发生事故时的处置方法(《社会福利法》第 62 条第 3 款各项)。

都道府县知事审查该许可申请,若认为其符合以下标准,则必须给予许可(同条第 5 款)。许可之时,为确保该事业的正当运营,承认知事具有附加必要条件的权限。

所谓设施设置的标准是指,该设施符合厚生劳动大臣规定的社会福利设施的最低标准。而且必须满足以下要件:①有经营该事业的必要经济基础;②该事业的经营者有社会信誉;③负责实务的干部职员有社会福利事业的相关经验、热情及能力;④该事业的管理与其他事务的管理可以分离等,其性质与社会福利法人相称;⑤不是以偷税漏税及其他不正当的目的经营该事业(同法第 62 条第 4 款各项)。

如此看来,社会福利法人以外的社团、财团、其他法人等设置设施进行第一种社会福利事业时,比市町村、社会福利法人进行此事业的情形规制更严格。

但是,由国家、地方公共团体进行的这样严格的行政控制有何必要?社会福利法强调个人的尊严,以依个人契约利用服务为根本。设施和利用者之间一旦订立利用契约,照理说利用者的权利保护问题首先会在当事人之间出现困难。这是基于个人尊严的契约自由原则,申报事项和设置标准是为保护利用者权利的最低线。关于这点,严格进行审查和认可之行政性管理是否正确也是个问题。

关于事业开始后申报事项的变更,市町村或社会福利法人为经营主体时,变更后一个月以内,将该项变更向都道府县知事报告即可(同法第 63 条第 1 款)。对此,国家、都道府县、市町村、社会福利法人以外者,进行建筑物及其他设备的规模、构造、事业开始预定年月日、对需要福利服务者的待遇方法、经营的财源筹措、管理方法、管理的方针、事业经营者、管理者有事故时的处置等许可申请事项的变更时,必须事前得到都道府县知事的许可(同条第 2 款)。

关于事业废止情形的规制，市町村或社会福利法人也和其他法人一样，须在废止之日的一个月前，将该情况向都道府县知事报告(同法第64条)。社会福利法人以外的其他法人等设立设施时，如前所述，有着严格的规制，而废止之时，与国家、都道府县、市町村、社会福利法人所设立的设施相同，一个月前提出即可。

但是，在废止时，关于其事后的处理程序有必要建立严格的规则。之所以如此，是因为存在着首先将已入所者转移至何处，以及财产的处分、福利工作者的身份保障等问题。

(二)不以设施为必要条件的第一种社会福利事业之情形

市町村或社会福利法人经营不以设施为必要条件的第一种社会福利事业时，无事前限制，但自事业开始一个月以内，必须向该事业经营地的都道府县知事申报以下事项：①经营者的名称及主要事务所的所在地；②事业的种类及内容；③条例、章程及其他基本约款(同法第67条第1款)。

对此，国家、都道府县、市町村及社会福利法人以外者欲经营不以设施为必要条件的第一种社会福利事业时，在其事业开始前，必须得到都道府县知事的许可(同条第2款)。此时，除前述事项之外，必须向都道府县知事提出记载以下事项的申请书：①为经营该事业的财源筹措及管理方法；②管理的方针；③事业的经营者或设施的管理者发生事故时的处置(同法第67条第3款、第62条第3款第1项、第4项、第5项)。

都道府县知事审查该许可申请，认为符合以下的标准时必须给予许可：①有经营该事业的必要经济基础；②该事业的经营者有社会信誉；③负责实务的干部职员有社会福利事业的相关经验、热情及能力；④该事业的管理与其他事务的管理可以分离等，其性质与社会福利法人相称；⑤不是以偷税漏税及其他不正当的目的经营该事业(同法第67条第4款、第62条第3款第1项、第4项、第5项)。此时，都道府县知事有权为确保该事业的正当运营而附加其认为必要的条件(同法第67条第4款、第5款、第62条第4款～第6款)。

另外，在不以设置设施为必要条件的第一种社会福利事业的情形下，关于其事业开始后的申报事项、许可申请书中所记载的事项之变更及其事业的废止,无论经营主体是市町村还是社会福利法人,均应在该事由发生后一个月内,将该项变更向都道府县知事申报即可。其事业在废止时亦同(同法第68条)。

(三)第二种社会福利事业之情形

关于第二种社会福利事业,因其经营主体的规制没有差异,一律负有简单地事后申报的义务,即:国家及都道府县以外者从事第二种社会福利事业时,在事业开始后一个月以内,必须向事业经营地的都道府县知事申报以下的事项:①经营者的名称及主要事务所的所在地;②事业的种类及内容;③条例、章程及其他基本约款(同法第69条第1款、第67条第1款各项)。

关于申报事项的变更和事业的废止,因其经营主体的规制没有差异,一律在一个月以内将其宗旨向都道府县知事报告即可(同法第69条第2款)。但是,儿童居家生活支援事业(《儿童福利法》34条之3第2款、第3款)、母子家庭日常生活支援事业(《母子及寡妇福利法》第17条)、智力障碍者居家生活支援事业(《智力障碍者福利法》第18条)、老人居家生活支援事业(《老人福利法》第14条)、身体障碍者居家生活支援事业(《身体障碍者福利法》第26条)等,根据各相关福利法有必要向都道府县知事事前申报。另外,关于保育所、儿童厚生设施的设置,有必要得到知事或指定都市、中核市的市长认可(《儿童福利法》第35条第4款)。

社会福利法和有关社会福利的各法律之程序有不少差异。社会福利法规定一般的、共通的基本事项,所以,由于与之相异内容的规定而产生竞合时,各福利法的规定优先(《社会福利法》第74条)。

(四)对于社会福利事业的一般性监督

对于社会福利事业的一般行政监督,由知事进行。为此,社会福利法规定了都道府县知事有以下的权限:

1. 调查权。即要求社会福利事业的经营者提出其认为必要事项的报告,或者让有关职员检查设施、账簿、资料等,以及调查其他事业经营状况的权限(《社会福利法》第70条)。

2. 改善命令权。市町村、社会福利法人根据报告或许可合法经营的第一种社会福利事业的设施,若被认为不符合厚生劳动大臣规定的设施最低标准,都道府县知事(指定都市、中核市的市长)有权命令该事业经营者为符合标准而采取必要措施(同法第71条)。

3. 限制、停止、取消权。都道府县知事对提出报告,或得到许可经营第一种及第二种社会福利事业者,符合下述事项时,可以限制该经营者经营社会福利事业,或命令其停止,或取消其许可:①违反了许可社会福利事业开始时所附加的条件;②关于报告事项或许可申请书记载事项的变更,没有提出变更报告;③对知事的报告要求置之不理或提出虚假报告;④拒绝、妨碍、回避都道府县职员的入室检查或调查;⑤违反改善命令;⑥对该事业谋求不当的营利,或对接受福利服务者的待遇进行了不当的行为(同法第72条第1款)。

另外,都道府县知事(指定都市、中核市的市长),在无许可、无申报的社会福利事业经营者对该事业谋求不当营利,或对接受福利服务者的待遇进行了不当行为时,对其可以限制事业的经营,命令停止,或者根据社会福利法和其他的福利法取消许可、认可(同法同条第2款、第3款)。就形式而言,似乎尊重了事业经营者的自主性,但是,在这些行政性的规制中,是通过临场实务进行规制活动,福利现场的灵活性有受到制约之虞。

(五) 社会福利事业之行政性管理的适用除外

以上的社会福利事业的开始、废止的程序及一般性监督,对于根据其他法律受到规制的社会福利设施不适用(同法第74条),即,由于根据有关保护设施的生活保护法、有关儿童福利设施的儿童福利法、有关养护老人院、特别养护老人院的老人福利法、有关市町村设置的身体障碍者更生援护设施的身体障碍者福利法进行认可、许可等的规制,按照他法优先的原则,不适用社会福利法的规定。

四、对募集捐款的规制

为筹集经营社会福利事业所必要的资金而进行的募捐,全部按共同募金制度而进行是最为理想的,在特别情形下,有必要不按共同募金而进行个人募捐。因此,社会福利法对于这种个别的募捐,虽进行了严格规制,但却予以认可。因筹措资金所进行的募捐,为了防止借社会福利之名予以滥用,辜负对社会福利事业的一般社会信赖,因此有必要进行监督。所以,对一般的、个别的募捐要进行规制。为此,社会福利法禁止一般性的募捐,尤其是只对得到许可者进行这种规制,这已成为原则。

经营社会福利事业或欲经营者,为获得因经营事业所必需的资金而进行募捐时,必须得到欲募集资金地的都道府县知事(在两个以上的都道府县募捐时为厚生劳动大臣)的许可。为得到此许可,在着手进行募捐的一个月前,必须向有关行政机关提交明确记载募集的期间、地域、方法及捐款用途等书面材料(《社会福利法》第73条第1款)。在此许可中,可以附加记载关于募集的期间、捐款的用途及因捐款所取得的财产之处分等条件(同条第2款)。还有,得到许可者必须在其募集期过后及时地(募捐期间经过后二周内)向颁发许可的行政机关报告募捐的结果(同条第2款、《施行规则》第14条第3款)。都道府县知事或地方厚生局长(跨二个以上的管辖区域时,厚生劳动大臣)在颁发募捐的许可时,对从事该募捐实务者,颁发募集从事证(《施行规则》第15条第1款)。要求募集者在从事其业务时,应携带募集从事证。另外,相关者有请求时,必须立即出示之(施行规则同条第2款)。

第七节 福利服务的适当利用

随着介护保险法的施行以及向障碍儿童(者)福利服务之利用契约制度的过渡,社会福利法追加了"第八章 福利服务的适当利用"。在这章里,大致规定了以下内容:①关于情报提供等契约程序利用者的利益保护;②关于福利服务开始后之利用援助的利益保护;③对经营社会福利事业者的支援。

一、情报的提供等

(一) 情报的提供

社会福利事业经营者为使欲利用福利服务者能够适当、顺利地利用福利服务,对该事业负有提供情报的努力义务(《社会福利法》第75条第1款)。此外,国家及地方公共团体,为使欲利用福利服务者能够容易地获得必要的情报,负有采取必要措施的努力义务(同条第 2 款)。

(二)利用契约申请时的说明

社会福利事业经营者,在欲利用福利服务者提出申请时,对欲利用者负有向其说明利用该福利服务的契约内容及其有关履行事项之努力义务(同法第76 条)。

(三)利用契约成立时的书面公布

社会福利事业经营者,于利用福利服务契约成立时,对其利用者负有及时交付契约书的义务(同法第 77 条)。该福利服务是根据利用契约而作出利用决定,从而开始的事业(《施行规则》第 16 条第 1 款)。正因此缘故,不包含基于行政措施而作出利用决定之事业。

在契约书中,必须记载以下事项:①该社会福利事业经营者的名称及主要事务所之所在地;②该社会福利事业经营者提供的福利服务内容;③关于提供该福利服务利用者应支付金额的事项;④开始提供福利服务的年月日;⑤接受有关福利服务的意见之窗口(同法第 77 条第 1 款各项、《施行规则》第 16 条第2 款各项)。

(四)提高福利服务质量的措施等

社会福利事业经营者负有通过对其提供的福利服务进行自我质量评价及采取其他措施,经常站在接受福利服务者的立场,提供良好质量和适当福利服务的努力义务(《社会福利法》第 78 条第 1 款)。国家为了帮助社会福利事业经营者实行高质量的福利服务措施,负有为公正恰当地评价福利服务质量而采取措施的努力义务(同条第 2 款)。

为了实施福利服务质量评价事业,厚生省设立了有关福利服务质量的研讨会,儿童福利设施等评价标准研讨委员会,障碍者(儿)设施的服务评价标准研讨会,探讨各自的评价标准及评价体系。此外,于此之前,东京都、神奈川县、大阪府等都道府县,也独自实施福利服务评价事业。福利服务质量的评价事业(第三者评价事业),由于和行政监督、调查产生相乘效应,因此使福利服务的质量得以维持、提高,进而作为保障利用者权利实施策略的一个步骤而受到期待。

（五）禁止夸大广告

社会福利事业经营者对其提供的福利服务做广告时,关于以下事项,即：①广告的福利服务内容,②提供的服务质量及其他有关内容事项,③有关利用者应向事业者支付对价的事项,④有关契约解除事项,⑤有关契约事业者的资力或信用事项,⑥有关事业者事业的实际成绩事项,不得显示出与事实明显相违背的内容,或者比实际之物显著优良或有利,从而使人产生误解（同法第79条、《施行规则》第19条各项）。即,随着向利用契约制度的过渡,能够自由地对事业者设施进行广告宣传,但是,"明显地与事实相违背"、"显著优良"这样的用语表示,若只是稍微与事实相违背或多少有一些夸大的广告内容,还是可以允许的。另外,由于未规定违反本条禁止规定的罚则,因品质恶劣的事业者所做的劝诱广告等,对欲利用者和利用者有产生不利影响的危险。

而且,在这里,限定了第一种和第二种福利事业的福利服务。倘若本法的对象是"以社会福利为目的的事业"（同法第1条）,第八章就应将社会福利事业以外的"以社会福利为目的的事业"的福利服务利用者、对象者包括在内,并规定其利益保护。虽规定了以利用契约制度为前提的利用者的利益保护,对于儿童福利设施的入所等,由于利用者为儿童,所以仍存在着根据措施的入所、利用服务等问题。因此,应对依据利用契约制度的社会福利事业的福利服务利用者、依据措施的社会福利事业的福利服务利用者、社会福利事业以外的以社会福利为目的事业的福利服务利用者作出区别,并规定其各自的利益保护。

二、福利服务利用的援助等

（一）福利服务利用援助事业

所谓福利服务利用援助事业是第二种社会福利事业,即对于因精神原因而导致日常生活有困难者,免费或以低额费用,回答其有关福利服务利用的咨询并提供建议,同时为接受福利服务而在有关必要手续或利用福利服务所需费用上给予方便,以及其他为适当利用福利服务而从整体上进行的一系列援助事业

(《社会福利法》第2条第3款第12项)。

进行此事业者(主要事业者为市町村社会福利协议会),必须在充分尊重利用者意向的前提下,站在利用者的立场,采取公正且适当的方法进行(同法第80条)。都道府县社会福利协议会在区域内为普遍实施该事业,在从事必要事业的同时,进行为提高该事业的从事者资质的事业以及有关该事业的普及和启发工作(同法第81条)。将该事业及与之相关联的事业总称为地域福利推进事业(《关于地域福利推进事业的实施》,2001年8月10日社援发1391号,最新修改2003年5月9日社援发509006号)。

此事业的对象为高龄痴呆者、精神障碍者、智力障碍者等判断能力有缺陷者,并且是被认为对有关该事业支援计划的内容有判断能力者(根据"契约缔结判定指南",前引《关于地域福利推进事业的实施》另附43,《福利服务利用援助事业》注3来决定判定)。针对对象者,制定基于本人的意向的支援计划,由生活支援员实施其计划。

与民法上成年监护制度的不同在于,家庭法院是否参与及处理财产的金额等。此事业所处理的金额为50万日元以下,因此有关房产的变卖等法律行为按成年监护制度进行。

(二)意见的解决

社会福利事业经营者,必须经常就其提供的福利服务,妥当地解决来自利用者等的意见(同法第82条)。但是,在事业者和利用者之间无法解决的情形下,由都道府县社会福利协议会设置的运营公正化委员会进行解决(同法第83条)。

首先,关于社会福利事业经营者之意见解决,事业经营者在事业所内设有意见解决责任者、负责意见受理者、第三者委员。所谓意见解决责任者是指,意见解决的责任主体由设施长、理事等担任。所谓负责意见受理者是指,接受来自福利服务利用者等的意见之职员,由事业经营者从职员中任命。所谓第三者委员是指,为确保意见解决的社会性和客观性,在进一步对利用者的立场和特质进行妥善考虑的前提下设置的,第三者委员在事业经营者的责任范围内从理事以外的评议员、监事或监查董事、社会福利士、民生或儿童委员、大学教授、律师等中选任。

在意见解决的过程中,首先,负责意见受理者或第三者委员可随时受理来自于利用者的意见。受理意见后,负责意见受理者书面记录意见的内容、意见提出人的希望等,并向意见提出人进行确认。其次,负责意见受理者向意见解决责任者及第三者委员报告所受理的意见。第三者委员将接受意见之事通知意见提出人。还有,意见解决责任者应与意见提出人进行谈话,为解决问题而努力。此时,根据需要可以征求第三者委员的意见。解决和谈话的结果以报告书等形式公示(《关于社会福利事业的经营者有关福利服务的意见解决之体系指导方针》,2000年6月7日障452号、社援1352号、老发514号、儿发575号)。

在实施福利服务第三者评价事业时,按照《关于福利服务第三者评价事业指导方针》(2004年6月7日雇儿发607001号、社援发607001号、老发607001号)进行。

意见解决制度因地域、设施、事业所而有差距,所以,如何解决是今后需要研究的课题。

(三) 运营公正化委员会

运营公正化委员会是以确保福利服务利用援助事业的公正运营和福利服务利用者意见的妥当解决为目的的组织,是由人格高尚、具有社会福利方面的知识,并且具有社会福利、法律或医疗方面的相关学识经验者构成的合议体(同法第83条、《施行令》第11条第1款)。但是,这里存在着背负社会名誉者是否具有解决意见的能力这个问题。体验过人世烦恼、苦涩、失意者才是适当的人选。为此,有必要对人选的问题再作进一步探讨。

运营公正化委员会对于进行福利服务利用援助事业者有权进行必要的教导或劝告,接受劝告的福利服务利用援助事业实施者必须予以尊重(同法第84条第1款、第2款)。运营公正化委员会对于有关福利服务的意见,在申请要求解决时,应回答咨询,并向申请人提出必要的建议,调查有关意见的情况。征得申请人和福利服务事业者的同意,可以进行以解决意见为目的的斡旋(同法第85条第1款、第2款)。

意见解决的实施方法,首先由福利服务利用者和其家属、代理人等意见提出人向运营公正化委员会提出申请。对已受理的意见,应采取如下措施,即调查情况、向申请人建议、通过申请人和事业者的谈话解决斡旋等。进行斡旋时,运营公正化委员会的委员为斡旋人(《关于运营公正化委员会的福利服务之意见解决事业》,2000年6月7日社援1354号)。

运营公正化委员会在解决意见时,认为福利服务利用者有进行不当行为之虞时,必须及时地将其意旨向都道府县知事报告(同法第86条)。

事业所内的意见处理体制根据方针所表明的内容,可以期望其保障利用者的意见表达权,有助于维持和提高服务质量。但是,负责意见受理者、第三者委员由事业经营者和理事长任命,其能否真正符合站在利用者的立场解决意见的人才条件,存在疑问。再者,为了以真挚的态度使意见朝着解决的方向发展,包括事业经营者和理事长在内的理事,有必要熟知解决意见的目的。运营公正化委员会的作用并不在于解决意见本身,而是对意见提出人进行建议及解决的斡旋等,这些说到底是为解决意见而进行的支援。并且,都道府县社会福利协议会是作为纷争当事者的一方即社会福利事业经营者而参加的,因此,能否站在作为意见提出人的利用者的立场解决意见,仍存在问题。

三、对社会福利事业经营者的支援

都道府县社会福利协议会为了社会福利事业的健全发展,负有代替社会福利事业经营者对其提供福利服务所需的费用向地方公共团体进行请求的义务,以及支援以社会福利为目的的事业经营者能够顺利进行其事业之义务(《社会福利法》第88条)。但是,对社会福利事业经营者的支援只有本条的规定,其所规定的事项也仅仅是关于都道府县社会福利协议会的事务性费用代行请求和支援社会福利事业顺利实施的努力义务,其作为具体的支援对策仍是不充分的。

为了维护利用者的权利,也必须对社会福利事业经营者的支援问题进行探讨。这是因为,对社会福利事业经营者来说,设施的经营若变得困难,其必然会反映到利用者的待遇内容。只有社会福利事业顺利地运营,利用者才能够接受到适当的服务。可以说,对社会福利事业经营者的支援是今后需要深入研究的课题。

第八节　促进对社会福利从业者的保护

根据《社会福利事业法及社会福利设施职员退职补贴共济法部分修改的法律》(1992年6月26日法81号,最新修改2000年法111号),追加了第九章"促进对社会福利从业者的保护",该章由"基本方针等"、"福利人才中心"和"福利厚生中心"三节构成。

一、基本方针等

所谓基本方针,是指由厚生劳动大臣制定的为确保社会福利事业的公正进行,以促进对社会福利从业者的保护及国民参加社会福利活动为目的的相关措施的基本方针(《社会福利法》第89条第1款)。其内容如下:①有关社会福利从业者的就业动向事项;②有关社会福利事业经营者实施的有助于改善社会福利事业从业者的待遇和提高资质及确保新录用的社会福利从业者之措施,以及其他有助于确保社会福利从业者措施之内容事项;③为进一步公正且有效地实施①、②规定的措施内容而必要的相关措施内容;④为加深国民对社会福利事业的理解、促进其参加有关社会福利的活动而必要的相关措施内容事项(同条第2款各项)。此外,厚生劳动大臣制定或变更基本方针时,在事先与总务大臣协商的同时,必须听取社会保障审议会及都道府县的意见(同条第3款)。再者,制定或变更基本方针后,必须及时地向国民公布(同条第4款)。

基于这个基本方针,社会福利事业的经营者必须为有助于改善社会福利从业者的待遇、提高资质及采取保护从事者的措施而努力,并且对采取属于其措施内容的实施者,必须努力进行必要的协力(同法第90条第1款、第2款)。

国家为确保社会福利从业者和促进国民参加社会福利活动,必须努力采取必要的财政及金融上的措施及其他措施(同法第92条第1款)。地方公共团体为确保社会福利从业者和促进国民参加社会福利活动,必须努力采取必要的措施(同条第2款)。

国家及都道府县对社会福利事业经营者正确实施有关社会福利从业者待遇的改善、资质的提高及其确保之措施,应进行必要的指导和建议(同法第91条)。

基于第89条的《关于为确保社会福利从业者之措施的基本方针》(1993年4月14日厚告116号,最新修改1999年3月25日厚告53号)及《关于为促进国民参加社会福利活动之措施的基本方针》(1993年4月14日厚告117号,最新修改2000年12月28日厚告470号)这两个基本方针已经公示。

二、福利人才中心

福利人才中心分为都道府县福利人才中心和中央福利人才中心。都道府县福利人才中心是通过进行社会福利事业的联络、援助等以确保社会福利从业者为目的而设立的社会福利法人,根据其申请,知事在都道府县可以指定一个福利人才中心(《社会福利法》第93条第1款)。其业务内容为:①关于社会福利事业的启发活动;②关于确保社会福利从业者的调查研究;③关于有助于对社会福利事业经营者实施改善社会福利从业者的待遇、提高资质及其确保措施之技术性事项的咨询及其他援助;④关于社会福利从业者及欲从事者对社会福利事业之业务的进修;⑤关于确保社会福利从业者的联络;⑥对欲从事社会福利事业者的就业援助;⑦其他关于为确保社会福利从业者而进行的必要业务(同法第94条各项)。

中央福利人才中心是通过进行有关都道府县福利人才中心业务的联络、援助,以谋求都道府县福利人才中心的健全发展和社会福利从业者为目的而设立的社会福利法人,根据其申请,厚生劳动大臣在全国可以指定一个中央福利人才中心(同法第99条)。其业务内容为:①有关都道府县福利人才中心业务的启发活动;②有关两个以上福利人才中心的都道府县的社会福利从业者的确保之调查研究;③关于都道府县福利人才中心的业务从事者对社会福利事业业务的进修;④关于社会福利从业者对社会福利事业之业务的进修;⑤关于都道府县福利人才中心业务的联络调整、指导及其他援助;⑥关于都道府县福利人才中心业务的情报与资料收集及其对相关者的提供；⑦其他为都道府县福利人才中心的健全发展及社会福利从业者的确保而进行的必要业务(同法第100条)。

三、福利厚生中心

福利厚生中心是以增进社会福利从业者的福利厚生为目的而设立的社会福利法人，根据其申请，厚生劳动大臣在全国可以指定一个(《社会福利法》第102条)。其业务内容为：①对社会福利事业经营者有关社会福利从业者的福利厚生之启蒙活动；②关于社会福利从业者的福利厚生之调查研究；③基于与社会福利事业经营者相关的福利厚生契约，为增进社会福利从业者的福利厚生之事业的实施；④有关社会福利从业者的福利厚生，与事业经营者的联络及扶助；⑤为增进社会福利从业者的福利厚生而进行必要的业务(同法第103条各项)。

福利厚生中心在实施基于福利厚生契约的事业之前，必须规定与之相关的约款，向厚生劳动大臣提出申请并接受认可。在变更时亦同(同法第104条第1款)。

都道府县知事及厚生劳动大臣必须公示指定的都道府县福利人才中心、中央福利人才中心及福利厚生中心的名称、住所及事务所所在地。各中心变更名称、住所或事务所所在地时，必须向指定者提出报告。接受报告的都道府县知事及厚生劳动大臣，必须公示相关事项(同法第93条第2款～第4款、第101条、第106条)。

都道府县福利人才中心、中央福利人才中心及福利厚生中心制作每事业年度的事业计划书及收支预算书，及每事业年度结束后的事业报告书及收支决算书，都道府县福利人才中心必须将上述文件向都道府县知事提出，中央福利人才中心必须将上述文件向厚生劳动大臣提出。至于福利厚生中心，对此必须得到厚生劳动大臣的认可(同法第96条各款、第101条、第106条)。

都道府县知事关于都道府县福利人才中心的业务、厚生劳动大臣关于中央福利人才中心和福利厚生中心的业务，可以在监督方面作出命令(同法第

97条、第101条、第106条)。

都道府县知事及厚生劳动大臣,于①各中心被认为不能公正且切实地实施法律规定的业务时,②关于指定有不正当行为时,③违反法的规定或基于规定的命令、处分时,再者,在福利厚生中心不按照约款,实施了为增进基于福利厚生契约的社会福利从业者的福利厚生事业时,可以取消指定。在这种情况下,都道府县知事及厚生劳动大臣必须公示之(同法第98条第1款、第2款各项、第101条、第106条)。

本章的规定仍存在着以下问题,即,暂且不论有关行政性管理的规定多为任意性规定;就国家及地方公共团体采取的措施而言,其中启发活动、调查、进修、咨询等成为主要的活动业务,而关于人才确保的具体责任却没有明确;仅向事业经营者要求改善社会福利从业者的待遇;正如基本方针中指出的"促进国民参加社会福利活动"(同法第89条),启蒙活动成为其重点;社会福利从业者的确保要求依靠民间力量并予以灵活运用;以事业主和从事者的契约为基础形成的制度等还不完善。

第九节 地域福利的推进

一、地域福利计划

地域福利的推进分为市町村地域福利计划和都道府县地域福利支援计划。这是社会福利基础构造改革的主要内容。

(一)市町村地域福利计划

市町村按照为了实现经议会的议决而制定的有关其地域的综合性、计划性的行政运营之基本构想,策划制定有关一体化规定推进地域福利事项的市町村地域福利计划(《社会福利法》第107条、《地方自治法》第2条第4款)。关于地域福利的推进事项是指:①关于推进地域福利服务的适当利用事项;②关于地域内以社会福利为目的的事业的健全发展事项;③关于促进住民参加地域福利活动的事项。欲策划制定该计划或变更之时,为反映地域住民、以社会福利为目的的事业经营者及其他进行社会福利活动者的意见,在采取必要措施的同时,将其内容进行公布(《社会福利法》第107条各项)。

(二)都道府县地域福利支援计划

都道府县为有助于市町村地域福利计划的实现,从综合考虑各市町村情况的大视角下,策划制定将有关市町村地域福利支援事项进行一体化规定的都道府县地域福利支援计划。有关地域福利支援事项是指:①关于支援市町村的地域福利推进的基本方针事项;②关于以社会福利为目的的从业者的确保或资质提高事项;③关于为推进福利服务的妥当利用及以社会福利为目的的事业的健全发展之基础完善事项(同法第108条各项)。制定或变更该计划时,为召开听证会等反映住民及其他人意见的会议,应在事先采取必要措施的同时,将其内容公布(同条)。

二、社会福利协议会

社会福利协议会是以推进地域福利为目的的民间团体。本法将其明确地分为市町村及地区社会福利协议会的事业内容和都道府县社会福利协议会的事业内容,市町村及地区社会福利协议会为地域福利事业的实施主体,都道府县社会福利协议会为推进事业的主体。所谓"地区"是指在指定都市设置的"区"(《社会福利法》第109条第2款、《地方自治法》第252条之20各款)。

(一)市町村及地区社会福利协议会

市町村及地区社会福利协议会是进行以下事项的民间团体:①计划和实施以社会福利为目的的事业;②为住民参加有关社会福利活动进行援助;③关于以社会福利为目的的事业之调查、普及、宣传、联络、调整及扶助;④其他为实现以社会福利为目的的事业之健全发展而进行的必要事业(《社会福利法》第109条第1款各项)。

这里所谓的"以社会福利为目的的事业"不仅限于提供福利服务的事业,而且应作为地域社会组织化活动全体来看待。因此,其中包含当事者组织、志愿者组织的活动支援、联络、调整等。此外,所谓"有关社会福利活动",可以认为是对地域内的福利问题,由个人或非正式组织以无偿、自发为原则进行的活动。

市町村社会福利协议会及地区社会福利协议会,由其区域内以社会福利为目的的事业经营者及进行社会福利活动者参加,并且,其半数以上(于指定都市为地区社会福利协议会的过半数)为该区域内的社会福利事业或更生保护事业的经营者(同法第109条第1款各项、第2款)。

(二)都道府县社会福利协议会

都道府县社会福利协议会为都道府县区域内进行以下事项的团体:①市町村及地区社会福利协议会进行的事业,并且是从综合考虑各市町村情况的角度进行的适当事业;②以社会福利为目的的事业从事者的培养、进修;③关于以社会福利为目的的事业经营的指导、建议;④进行市町村社会福利协议会的相互联络及事业调整(同法第110条第1款各项)。

相关行政机关的职员可以成为市町村及地区社会福利协议会或都道府县社会福利协议会的董事,但不得超过总数的五分之一(同法第109条第5款、第110条第2款)。再者,以社会福利为目的的事业经营者或进行有关社会福利活动者提出参加申请时,无正当理由不得拒绝(同法第109条第6款、第110条第2款)。这里所谓的正当理由是指,以选举为目的的沽名钓誉行为,为广告、宣传效果等其他目的而申请参加,即,以社会福利以外的目的申请参加。

(三)社会福利协议会联合会

都道府县社会福利协议会为进行相互之间的联络及事业的调整,可以全国为单位设置社会福利协议会联合会(同法第111条第1款)。相关行政机关的职员可以成为联合会的董事,但不得超过董事总人数的五分之一(同法第109条第5款、第111条第2款)。

三、共同募金

所谓共同募金是指,以都道府县所辖区域为单位,每年一次在厚生劳动大臣规定的期间内,普遍进行的募捐。其目的在于,为推进其区域内的地域福利,将捐款分配给区域内的社会福利事业、更生保护事业及其他除国家、地方公共团体之外的以社会福利为目的的事业经营者(《社会福利法》第112条)。"捐款"归根到底是捐赠者因自发性协力进行的,并非强迫收取。这是基于地域住民的主体性相互扶助精神而进行的民间自主性活动,在全国范围内发展,并在旧社会福利事业法中予以定位的事业。国家及地方公共团体对于捐款的分配之所以不能干涉,目的为了防止不正当地侵犯这类民间自主组织的活动领域(同法第117条第4款)。

由于共同募金需要处理现金捐款,并进行公平的分配,因此必须在严格的行政监督下运营。因此,共同募金事业在同法第2条中没有规定,但被作为第一种社会福利事业对待(同法第113条第1款)。此外,能够从事共同募金事业的只有社会福利法人共同募金会(同法同条第2款、第3款)。共同募金会为进行相互之间的联络及事业的协调,可以全国为单位设立共同募金联合会(同法第124条第1款)。

(一)分配委员会

为了公正地分配捐款,在共同募金会设置了分配委员会。无法成为社会福利法人的董事者,即成年被监护人、被保佐人,违反生活保护法、儿童福利法、老人福利法、身体障碍者福利法、社会福利法规定者,被处以禁锢刑以上刑罚者,被命令解散的社会福利法人解散时的董事等,不能成为分配委员(同法第115条第1款、第2款、第36条第4款各项)。违反智力障碍者福利法规定者为何没有被排除在分配委员之外,原因不明。再者,共同募金会的董事虽可以成为分配委员,但不得超过分配委员总数的三分之一(同法第115条第3款)。分配委员的任期在两年以内,由章程具体规定,连任是可能的。分配委员有缺员时,必须及时地选任补缺委员(《施行令》第15条第1款、第2款)。

从分配委员会的委员中选举委员长,委员长总管会务。分配委员会有过半数以上者出席时可以举行会议,并以出席委员的过半数议决议事。通过与反对的票数相同时,由委员长决定(《施行规则》第36条各款)。

(二)共同募金事业

共同募金会在听取都道府县社会福利协议会的意见,并得到分配委员会的认可后,决定共同募金的目标额、被分配者的范围及分配方法,并将之公告

(《社会福利法》第 119 条)。其次,在厚生劳动大臣规定的期间内(10 月至 12 月者居多),进行共同募金。共同募金期间结束后,经分配委员会的认可,共同募金会向以社会福利为目的的事业的经营者分配捐款。此时,在共同募金期间届满日所属的会计年度之翌年最后一日前,必须结束捐款分配(同法第 117 条第 1 款~第 3 款)。捐款分配结束时,共同募金会必须在一个月内,将募金总额、接受分配者的姓名或名称及分配额等予以公告(同法第 120 条第 1 款)。

接受共同募金分配者在其后的一年里,不得为得到事业经营所需的必要资金,募集捐款(同法第 122 条)。

第十节 罚则

一、罚则

符合以下条件之一者,处以 6 个月以下的徒刑或 50 万日元以下的罚金(《社会福利法》第 131 条):①从事公益事业或收益事业的社会福利法人,虽被命令停止其事业,但违反停止命令,继续进行事业者(同法同条第 1 项、第 57 条);②国家、都道府县、市町村及社会福利法人以外者设置社会福利设施,欲经营第一种社会事业时,或者上述主体违反欲经营不以设施为必要的第一种社会福利事业时的设置条件而经营社会福利事业者(同法第 131 条第 2 项、第 62 条第 2 款、第 67 条第 2 款);③虽因拒绝、妨碍、回避都道府县知事的调查,被命令限制、停止经营社会福利事业或取消其许可等,但继续经营其社会福利事业者(同法第 131 条第 3 项、第 72 条各款);④未得到根据募捐的要件规定的许可,或者违反要件规定的许可条件募捐者(同法第 131 条第 4 项、第 73 条第 1 款、第 2 款);⑤违反募捐要件规定的条件而使用捐款,或者据此处分已取得的财产者(同法第 131 条第 5 项)。

另外,不按照募捐的规定进行报告或者进行虚假报告者,处以 20 万日元以下的罚金(同法第 132 条、第 73 条第 3 款)。

法人的代表人或法人、自然人的代理人、雇员及其他从业者,对于其法人或自然人的事业有违反前述设施的条件或募捐规定的行为时,除了处罚行为者之外,对其法人或自然人也应按照各自法条的规定,科以罚金(同法第133条、第131条、第132条)。

二、社会福利法人之董事的罚则

在符合下列情形之一时,对社会福利法人的理事、监事或清算人处以20万日元以下的罚款(同法第134条):①没有按照基于本法的政令规定进行登记,或者进行了虚假登记的(同法第134条第1项);②怠于依财产目录及职员名簿规定的财产目录备置财产的,或者应记载的事项没有记载,或者进行了虚假记载时(同法第134条第2项、第35条,《民法》第51条第1款);③违反章程的变更规定,没有申报,或者进行了虚假申报的(《社会福利法》第134条第3项、第43条);④怠于事业报告书、财产目录、借贷对照表和收支计算书以及与之相关的记载监事意见的文件的备置,资料中没有记载应记载的事项,或者进行了虚假记载的(同法第134条第4项、第44条第4款);⑤违反对涉及合并手续的债权者之异议申请等规定的(同法第134条第5项、第50条第2款、第51条第2款);⑥怠于开始关于法人、清算法人根据破产规定之破产程序的申请(同法第134条第6项、第55条、民法第70条、第81条第1款);⑦怠于开始关于清算法人债权申请公告及破产程序的申诉公告,或者作出了不正当的公告的(《社会福利法》第134条第7款、第55条,《民法》第79条第1款、第81条第1款)。

三、名称的使用等

社会福利法人以外者,若违反了禁止在其名称中使用"社会福利法人"或者与之易混淆的文字的规定;共同募金会及其联合会以外者,若违反了禁止在其名称中使用"共同募金会"或者与之易混淆的文字的规定;均处以10万日元以下的罚款(《社会福利法》第135条、第23条、第113条第4款)。

第二章 生活保护法

第一节 本法的目的、理念

一、本法的目的

在社会福利的基本理念从措施向契约转换的今天，生活保护法是基于《宪法》第 25 条的理念，即国家对生活贫困的全体国民应按照其贫困程度进行必要保护的公共扶助而制定的。公共扶助是与私人扶养相对应的概念，不过，就生活贫困状态的缓解、消除而言，私人扶养与公共扶助具有相同的性质。但是，私人扶养根据扶养义务者的扶养能力、相互之间的身份关系，其程度和形态不一，这在夫妇、父母子女以外的私人扶养情形则更为显著。与之相对应，公共扶助是对生活贫困者，按照其生活贫困的事实，由公共机关在政府责任的范围内实行最低生活保障的制度。因此，在公共扶助中，扶助本身也与扶助的客体、主体一同被定位在公共组织和公共秩序中。

一直以来，有关接受生活保护的申诉案件较少，而且，即使是进入审理程序的案件，撤诉的情况也较多。但是最近，生活保护争讼案件出现了普遍增加的倾向[1]，这是因为接受保护权作为权利已得到广泛的认可。不过正如甲府保护申请事件所揭示的那样，关于拒绝生活保护申请处分的撤销诉讼由原告撤诉（1995 年 11 月 16 日）这种情况即使在今天也时有发生[2]。

---

[1] 尾藤广喜：《生活保护争讼的特征和今后的课题》，载于《法律时报》第 71 卷第 6 号，第 79 页。

[2] 尾藤，前引论文，第 81 页。

二、本法的基本理念和对象

（一）基本理念

生活保护法在前四条中规定了生活保护法的基本原理。这些规定将宪法与生活保护法的关系明确化,体现了生存权保障理念的具体内容。另外,这些原理规定对生活保护法的其他规定来说,是上位规定,生活保护法的解释和运用必须完全基于这些基本原理来进行(《生活保护法》第5条)。这些规定是原理性规定,与原则不同,不允许存在例外,并在有关生活保护法的争讼中具有实效性,违反这些基本原理的法令解释及行政处分是违法的,成为不服申诉的对象。

（二）对象

本法的对象为依靠自己的能力不能维持最低限度生活的需要保护者,对这些需要保护者应实施保护。需要保护者包括现在正在接受保护者,即被保护者,以及处于需要保护的状态但未受到保护者(同法第6条第1款、第2款)。

第二节　本法的基本原理

一、生存权保障原理

《生活保护法》第1条规定:"本法基于日本国宪法第25条规定的理念,国家对生活贫困的所有国民,按照其贫困的程度,进行必要的保护,以保障其最低限度的生活,并以帮助其自立为目的。"此条规定明确揭示了生存权保障的原理。这意味着国家对生活贫困者负有保护的直接责任,国家不得向他人转嫁该责任。因此,生活保护事务本来就是国家的事务。若将生活保护看作是地方公共团体的责任,国家只不过是在进行财政的援助,那么这种制度就达不到保护的目的。因为,在能够用于实施生活保护的财源不足的地方公共团体的行政区域内,居住着大量的需要保护者,且这种情形也存在于在该地方公共团体的财政能力较强的情况下,另外,保护的内容在地方公共团体间不允许存在差距。不过,决定实施的有关生活保护的事务,由都道府县知事、市长及管理社会福利法规定的社会福利事务所之町村长进行(同法第19条第1款),都道府县知事可以将法律规定的职权委任给其辖下的行政机关(同法第20条)。实施保护所需要费用的四分之三由国家负担(同法第75条第1款第1项)。

生活保护法适用于日本国民。法的对象之所以限定于日本国民,是因为既然承认了保护请求权,就不得不将其限定于日本国民。

判例认为,"……生活保护法的适用对象为日本国民,外国人排除在适用对象之外"[①]。但是,对于不能得到本国援助的生活贫困的在日外国人,作为行政上的特例措施进行保护。特别是第二次世界大战后,从日本独立的朝鲜人、台湾人以前是日本国民,但是其国籍的改变却与本人的意思无关。现在,这些人成为了在日外国人,其在日常语言及其他社会生活上与日本国民无异,而且即使其回国,也会在社会生活方面存在着语言及其他障碍,因此在相当一段时间内,对这些人比照日本人适用生活保护法。由于上述情况,对这些人与对其他外国人进行保护的开始程序不同。①生活贫困的外国人为朝鲜人和台湾人时,对于根据外国人登录法登录了管辖该生活贫困者的居住地的保护实施机关,在提出明确记载了申请者及需要保护者国籍之保护申请书的同时,应呈示有效的外国人登录证明书。保护实施机关应对照提出的申请记载内容和呈示的登录证明书记载内容,在对申请书记载事项进行确认后,实施其认为必要的保护。②关于其他外国人,进行与①相同的程序,承认得到确认的外国人处于需要保护状态时,保护实施机关应及时地将申请书的复印件及明确记载申请者和需要保护的外国人之登录号码的资料向都道府县知事报告。接受报告的都道府县知事,确认该需要保护者不能从其所属国的代表部、领事馆或者与这些机构斡旋的团体等处得到保护或援护后,应将其结果通知保护实施机关。接到通知后,实施机关应进行必要的保护。但是,紧急情形不受此限(《关于对生活贫困的外国人之生活保护措施》,1954年5月8日社发382号,最新

---

① 东京地方法院判决,1978年3月31日,载于《行政事件裁判例集》第29卷第3号,第473页。

修改 1982 年社保 1 号）。

另外，根据 1982 年发出的社会局长通知，除了正在定居促进中心和临时收容所的入所者，或者因临时庇护被允许入国者，对难民也适用生活保护（《关于对难民的生活保护措施》，1982 年 1 月 4 日社保 2 号）。

如上所述，对外国人的保护措施是行政上的特例措施，外国人没有保护请求权及不服申诉权。对此，从国际人权规约、难民条约、宪法第 14 条来看，有学者持批判的观点①。

居住于神户市的 X 因蜘蛛膜下出血需要医疗。X 申请了医疗扶助，N 福利事务所根据《关于对生活贫困的外国人之生活保护措施》，作为行政上的特例措施对其适用医疗扶助。但是，厚生省（现为厚生劳动省）认为该通知仅可适用于出入国管理法另表第一表所规定的永久居住的外国人，神户市的福利事务所向 X 适用的医疗扶助是不当支出，因此拒绝从国库负担金中支出。其结果是作为 X 的医疗扶助费而支付的费用由神户市全额支付。由于神户市对于此项负担金未向国家请求，市民根据《地方自治法》第 242 条之 2，代位神户市向法院提起诉讼，要求国家支付其应负担的金额。这就是所谓的格德威诉讼。法院以诉讼要件欠缺为理由，驳回了诉讼②。不过，不同观点认为，基本人权适用于居住在日本的外国人，但《宪法》第 25 条第 1 款只不过是规定了国家的责任，具体的权利依据生活保护法取得，同法第 1 条、第 2 条将其对象限定为日本国民。因此，非永久居住型的外国人不具有接受生活保护权，但是，希望法律对如何保护外国人的生存权作出规定。"特别重大的伤病等紧急治疗，是对生命本身的救济措施，所以应与国籍、在留资格无关，这是极为妥当的"，这是国家的立法政策问题③。这就是说对以留学生为首的非永久居住型外国人，不仅是社会福利行政机关，司法机关也要求立法机关承担责任，否则

---

① 佐藤敬二:《外国人和生活保护法的适用》，载于《社会保障判例百选》，第 2 版，第 174 页。
② 神户地方法院判决，1995 年 6 月 19 日〈诉讼驳回〉；大阪高等法院判决，1996 年 7 月 12 日〈上诉驳回〉；最高法院判决，1997 年 6 月 13 日〈上告驳回〉。
③ 高藤昭:《对外国人适用生活保护法判例的问题性》，载于《法律时报》第 71 卷第 6 号，第 101 页；尾藤，前引论文，第 83 页。

就是坐视不救。还有,关于将非法滞留的外国人排除在生活保护制度适用之外的问题,东京高等法院支持原审判决没有违反《宪法》第 25 条、第 14 条或社会权规约①,驳回了上诉②。也就是说,为所得保障制度所抛弃的外国人因非法滞留也被排除在生活保护制度之外。

二、保护请求权无差别平等保障原理

《生活保护法》第 2 条规定,"全体国民只要符合本法规定的要件,根据本法可以享受无差别的平等保护",该规定明确了保护请求权无差别的平等保障原理,明确了国民向国家请求保护是一种权利的思想。关于这点,相关案例的判决是,"生活保护法第 2 条对于国民而言,应理解为不仅仅是享受因国家事实上的保护行为之反射性利益,而是赋予其享有积极地要求国家保障能够维持其健康的、具有文化意义的生活水准的最低限度生活的权利。"③即保护请求权是一种权利。

该保护请求权是根据现行生活保护法而创设,还是在旧生活保护法中也是作为权利而被承认?这在学说上存在着争论。关于这一点,小川政亮指出:"从宪法将生存权规定为基本人权这点看,旧法当时也是承认有接受保护的权利,这与现行法无异,但是由于旧法规定的方法不明了,应认为只不过是允许行政解释为没有权利而已"④,也就是说,其主张保护请求权即使在旧生活保护法中也已经被承认。对此,明山和夫主张,"……按照生存权规定是纲领性规定的解释,国民个人的保护请求权不包含在生存权保障的宪法规定中,其创立依据的是将其具体化的生活保护法的规定,……即使按照是法的权利的解释,根据生存权保障的宪法规定,国民有要求国家在立法及其他国家政务方面履行其责任的抽象性权利,那么认为每个国民当然具有具体的保护请求权这

---

① 东京地方法院判决,1996 年 5 月 29 日,载于《行政事件裁判例集》第 47 卷第 5 号,第 421 页。
② 东京高等法院判决,1997 年 4 月 24 日,载于《判例时报》第 1611 号,第 56 页;山田省三:《对非定住外国人的生活保护适用》,载于《社会保障判例百选》〈第 3 版〉,第 170 页。
③ 东京地方法院判决,1960 年 10 月 19 日,载于《行政事件裁判例集》第 11 卷第 10 号,第 2921 页。
④ 小川政亮:《社会事业法制》,第 4 版,第 252 页。

种观点并非通例,该权利还是必须得到使之具体化的法令的确认才行"①,即认为保护请求权是根据现行法第 2 条而创设的。

关于这一点,在违反粮食管理法一案中,判例认为,"……宪法第 25 条第 1 款,……宣告了作为国家责任,国政的运营应使全体国民能够维持健康的、具有文化意义的最低限度生活。……即:国家虽对一般国民负有概括性的责任,并将之作为国政上的任务,但对于各个国民不负有具体的、现实的义务。换言之,根据这个规定(《宪法》第 25 条第 1 款),各个国民对于国家并不具有直接具体的、现实的权利……"②此外,在朝日诉讼最高法院判决中,引用了具有统领性地位的关于违反粮食管理法案件的最高法院判决,即:"……这个规定(《宪法》第 25 条第 1 款)只是宣告了国家应将全体国民能够维持健康的、具有文化意义的最低限度生活作为国政运营之事,并以此为国家的责任,但该规定对于各个国民并没有赋予具体的权利。作为具体的权利,应该说,根据为实现宪法规定的宗旨而制定的生活保护法,才开始被赋予"③,表明了保护请求权是根据《生活保护法》第 2 条而创设的见解。

各个国民为了取得保护请求权,就必须得到根据将《宪法》第 25 条的规定明确化和具体化的法令的确认,所以,保护请求权可以被理解为是根据现行生活保护法而创设的。

享有保护请求权者为日本国民,但是,其必须生活贫困,并在有效利用其资产能力等(《生活保护法》第 4 条第 1 款)的基础上,才可以根据本法要求扶助,这成为接受保护的要件。因此,保护请求权被认为是一种附有停止条件的权利④。正因为如此,判例否定了保护的溯及力,即:"根据生活保护法的保护是对现在生活贫困者进行的最低限度生活的保障,该保障不包含对溯及申请前的过去贫困状态而进行的给付"⑤。

---

① 明山和夫:《生活保护》,第 49~50 页。
② 最高法院判决,1948 年 9 月 29 日,载于《最高法院刑事判例集》第 2 卷第 10 号,第 1235 页。
③ 最高法院判决,1967 年 5 月 24 日,载于《最高法院民事判例集》第 21 卷第 5 号,第 1043 页。
④ 小山进次郎:《社会保障关系法Ⅱ》,第 14 页。
⑤ 神户地方法院判决,1996 年 9 月 26 日;片桐由喜:《判例回顾》,载于《社会保障法》第 13 号,第 244 页。

所谓"可以无差别地、平等地受到"保护是指，不以陷入需要保护状态的原因为何及人种、信条、性别、社会身份、门第等而予以优先或差别地对待。这是对宪法第 14 条法律面前人人平等的规定在适用生活保护法时的具体确认。另外，本法第 2 条是保护请求权无差别平等保障之规定，不意味着现实给付的保护内容是同一的。保护的种类、程度、方法根据基准及程度原则（《生活保护法》第 8 条）和按需要保护原则（同法第 9 条）来决定，现实的给付内容是有差距的。

三、最低限度生活保障原理

根据生活保护法保障的最低限度生活必须是能够维持健康的、具有文化意义的生活水准的生活（同法第 3 条）。在这里，保障的最低生活是最低限度（minimum）的生活水准，并非最低（lowest）之意。因此，不是指人为了生存所必需的最低条件的最低生活水准，而是指健康的、具有文化意义的最低生活水准。如何解释最低生活水准具体是何种水准，这是非常困难之事，但至少应解释为不单是满足衣食住等需要，而是在精神生活、营养状态、体格等方面也能够大致达到一定的水准，在文化的、社会的生活方面也能够享受作为人的生活的最低限度水准。这是伴随着一般国民的生活水准、文化水准的提高而变化的相对水准。

所谓最低限度，这是从中世纪的个体论 Minima Theory 发展而来的。Minima Theory 是 Minima Naturalia 的译语，在希腊语中为最小体之意[①]。因此，本法第 3 条的最低限度保障，应理解为是人的必不可缺的最少保障。

四、补足性原理

生活保护法规定的保护，是希望接受保护者为维持自己的生活，在穷尽了个人所有可能的手段，仍不能维持最低限度的生活时，最终作为补充其不足部分而适用的（《生活保护法》第 4 条）。这称为补足性原理，这个原理是生活保

---

① 泽泻久敬：《医学的伦理》，第 128 页。

护法实施的前提要件。生活保护是以国民缴纳的税金为财源而实施的,因此,基于平衡的理念,要求接受保护者进行上述努力。补足性原理由资产能力等有效利用原则、亲属扶养优先原则、他法优先原则构成,不过,关于补足性原理,《生活保护法》第 4 条规定,于有急迫事由的情形下,承认保护的紧急实施。

(一) 资产能力等有效利用原则

保护的实施以生活贫困者为维持最低限度的生活而有效利用其能够利用的资产、能力及其他所有物为要件(同法第 4 条第 1 款)。所谓"资产"是指,包括金钱、存款、年金等动产,土地、房屋等不动产,赊款等债权、著作权、专利权、商标权等无形财产权在内的全部积极财产。"资产"必须是"能够利用"的东西。"能够利用"是指,贫困者具有现实的资产使用、收益、处分权。"能力"是指,本人的劳动能力。尽管有劳动能力和就业的场所,但不劳动者欠缺补足性的要件。"其他所有物"是指,虽未成为现实的资产,但本人依一定的程序可以使之成为资产,如社会保险给付请求权、继承权等。"有效利用"是指,为维持最低生活,使资产、能力及其他物发挥积极的作用。资产的有效利用以变卖为原则,但是若被认为与为维持最低生活而现实地有效利用并处分相比,保有该资产对维持生活更有实效时,以及现在没有有效利用,但将来肯定会有效利用,与其现在处分不如保有该资产对维持最低生活更有实效时,可以承认其保有[1]。

在加藤诉讼中,法院将节衣缩食省下来的保护费作为原资而进行储蓄的存款认定为收入,作出了减少保护费的保护变更处分为无效的判决,即承认了生活保护受给者在国民一般的常识范围内可以保有为以防万一而储蓄的存款[2]。不过当时的厚生省在该案作出判决后发出了通知,指示加藤诉讼为特例,以不承认保有存款为原则。就是说,加藤诉讼不能成为先例。

对于交通事故的损害赔偿请求权是否包含在"能够利用的资产"范围内这个问题,有过争论。在这个案件中,厚生省社会局长们这些保护当局者的见解

---

[1] 《关于生活保护法的保护实施要领》,1961 年 4 月 1 日发社 123 号,最新修改 2004 年 3 月 25 日社援发 325012 号。

[2] 秋田地方法院判决(确定),1993 年 4 月 23 日,载于《诉务月报》第 40 卷第 2 号,第 332 页。

是,"在《生活保护法》第 4 条第 1 款规定的'能够利用的资产'中,因事故已得到的赔偿金暂且不论,也包括期待得到的赔偿收入"。对此,该案的判决是,"名义上的观念性权利即使存在,暂且不论因对方无偿付能力而不可能实现,假使在将来可以期待接受给付,但现在与对方因范围、数额等存在争议,尽快实现有困难,以脱离目前贫困状态为目的的资产完全起不到作用,应从前述法条所说的可以利用的资产中排除。……遭遇交通事故的被害者……即使有损害赔偿请求权,但因对责任的范围、数额产生争议在实际获得赔偿金之前……理应具有接受保护的资格"[1]。作为上告审的最高法院判决认为,"……关于损害赔偿的责任、范围等产生争议,不能立即获得赔偿时,……根据第 4 条第 3 款的规定,虽有可以利用的资产,但符合有急迫事由之情形,可以例外地受到保护"[2]。此后,根据当时的厚生事务次官通知[3],"在因灾害等受到损害而临时接受的补偿金、保险金或慰问金,能够充当该被保护者家庭用于自力更生的金额"不包括在"能够利用的资产"之内。这个通知发出的时间是当时的首相田中角荣所倡导的"福利元年"(1973 年)之翌年。到这个时候为止,福利行政已有了这样的动向,即"这是为了解决和消除高度增长所产生的社会不公平政策"[4]。

　　住所不确定的靠打短工维持生计者 X 因失业和疾病没有收入,因而申请保护。福利事务所曾暂时提供过医疗扶助、生活扶助和住宅扶助,但是基于医生开具的具备劳动能力的诊断证明认为其仅能运用门诊医疗扶助,对其生活扶助和住宅扶助的申请没有批准。为此,X 向名古屋地方法院提起了要求取消处分和赔偿因此产生的损害之诉讼。第一审法院认可了 X 的部分请求[5]。假使 X 有劳动挣钱的能力,有将其有效利用的意思,但若无实际能够有效利

---

[1] 东京高等法院判决,1967 年 8 月 17 日,载于《下级法院民事裁判例集》第 18 卷第 7、8 号,第 881 页。
[2] 最高法院判决,1971 年 6 月 29 日,载于《最高法院民事判例集》第 25 卷第 4 号,第 650 页。
[3] 《关于生活保护法的保护实施要领》,1974 年 5 月 9 日社 473 号,最新修改 2004 年 3 月 25 日社援发 325012 号。
[4] 副田义也:《生活保护制度的社会史》,第 216 页。
[5] 名古屋地方法院判决,1996 年 10 月 30 日,载于《判例时代》第 933 号,第 109 页。

用的场所,就不能说没有有效利有可以利用的能力。但是,上诉审认为,X没有真实地按照自己的劳动能力程度努力寻找就业的机会和场所,所以没有满足补足性的要件,为此,上诉审法院驳回了X的全部请求①。也就是说,上诉审作出了将无实际收入和居住场所者坐视不管的判决。本案上诉到最高法院,在上告审的审理中,X死亡,F继承了诉讼。上告审引用了具有统领性地位的朝日诉讼判决,即生活保护请求权是专属于人身的权利,因此不承认F作为当事者是适格的,作出了因X的死亡而诉讼终结的判决②,回避了对诉因的判断。

（二）亲属扶养优先原则

"民法规定的扶养义务者的扶养……应优先于本法的保护进行"(《生活保护法》第4条第2款)。亲属扶养优先原则明确了基于保护补足性的原理,在进行生活保护的申请之前应有效利用亲属扶养的思想。需要保护者有扶养义务者时,必须优先于生活保护而要求扶养义务的履行。旧生活保护法第3条将扶养义务者的存在作为欠缺保护资格的要件进行规定,而现行法将有关接受生活保护的亲属扶养优先作为顺序问题而规定。因此,扶养义务者即使有扶养能力,但现在并没有进行扶养时,生活贫困者可以请求生活保护。但是,有扶养能力的扶养义务者不履行其义务时,保护实施机关可以向其征收已支付费用的全部或一部分(同法第77条第1款)。关于生活贫困者请求有扶养能力的扶养义务者进行扶养而被拒绝时应如何处理在认识上存在着分歧。有一种意见认为,从保护费中减去被认为是抚养所需的金额③,但是,另一种意见认为,"就算是未履行扶养义务,对生活贫困应实施相应的保护,此后对被保护者按规定进行指示,当其违反服从指示的义务(同法第62条)时应采取保护变更的处置"④。后者似乎更为妥当。

---

① 名古屋高等法院判决,1997年8月8日,载于《判例时代》第969号,第146页;木下秀雄:《林诉讼》,载于《法律时报》第71卷第6号,第104页。
② 最高法院判决,2001年2月13日,载于《工资和社会保障》第1294号,第21页。
③ 小山进次郎:《生活保护法的解释和运用》,第118～132页。
④ 明山和夫:《生活保护》,第86～87页。

所谓"民法上的扶养义务者"是指,夫妇(《民法》第 752 条)、未成年子女的亲权者、其他直系亲属、兄弟姐妹(《民法》第 877 条第 1 款)。但是,在特别情况下,上述以外的三亲等内亲属根据家庭法院的审判也负有扶养义务(同条第 2 款)。

夫妇相互间及未成年子女的亲权者之扶养义务为生活保持义务,其他负有扶养义务者之扶养义务为生活扶助义务。承担生活保持义务必然与其身份相关,生活保持义务者负有即使降低自己的生活水准也要使配偶和未成年子女过上与自己相同程度的生活之义务。与之相对应,因负有生活扶助义务进行的扶养,是在与自己的社会地位相对应的生活有富余的情况下,未降低自己的生活程度而可以给予的经济性援助。因此,扶养义务者根据其负有的扶养义务种类不同,其扶养的顺序、程度和方法会有所不同。

(三) 其他法律、政策优先原则

"……其他法律规定的扶助应优先于本法的保护进行"(《生活保护法》第 4 条第 2 款)。所谓"扶助"是指,"因国家或地方公共团体的公权力行使,不具有对价意义的单方性救济"[①]。因此,以缴费为基础的社会保险给付不是这里所谓的扶助。

所谓"其他法律规定的扶助"是指,儿童福利法、母子及寡妇福利法、老人福利法、身体障碍者福利法、智力障碍者福利法及其他有关社会福利的法律中规定的给付,老人保健法、预防结核法、精神保健及有关精神障碍者福利的法律等规定的公费负担等。由于必须是法律规定的扶助,根据地方公共团体的条例进行的扶助其性质上虽为公共扶助,但不适用本款。此外,社会事业团进行的私人扶助、属于内部规则的国立疗养所的医疗费减免等规定也不属于这里所谓的扶助[②]。

(四) 急迫保护

保护的要件虽然欠缺,但于生活贫困者有急迫事由之情形,不得妨碍必要

---

① 小山,前引《解释和运用》,第 122 页。
② 小山,前引《关系法Ⅱ》,第 19 页。

保护的进行(《生活保护法》第4条第3款)。所谓"急迫的事由"是指,威胁到生活贫困者的生存,或者属于其他社会通常观念上认为难以置之不管的紧迫状况。仅仅是不能维持最低限度的生活不一定就被认为是属于急迫的事由。若有"急迫的事由",即使形式上欠缺保护的要件,也可以实施保护。但是,若判明因急迫事由而接受保护的被保护者有资产及其他财产时,接受保护者在给予保护的金钱和物品的范围内,日后必须返还保护实施机关规定的金额(同法第63条)。

第三节　生活保护实施上的原则

生活保护法必须基于上述的四个基本原理进行解释和运用(第5条),不过,在具体实施时,要依据以下四个原则。这些原则说到底是实施上的原则,与不允许有例外的基本原理相比,承认例外。

一、申请保护原则

《生活保护法》第7条规定:"保护之开始基于需要保护者、其扶养义务者或者其他同居亲属的申请。"之所以以申请主义为原则,是因为根据《生活保护法》第2条的规定,国民具有保护请求权,保护应基于需要保护者权利的行使而实施。有保护申请权者为需要保护者本人、其扶养义务者或其他同居的亲属。这是限定性的列举规定,除此以外者不能成为有申请权者。因此,友人、熟人自不待言,即使有亲戚关系者均属于上述列举者之外,不具有申请权。

关于保护的申请是否为要式行为,《生活保护法施行规则》第2条规定,保护的开始或变更的申请,必须提出记载一定事项的书面材料。在这一点上存在不同见解。对此,小川政亮认为,"这只是为了方便而进行的规定,在法律上并非一定要根据文书进行"[①],小山进次郎也认为,"这个法律并未在任何地方对该事项作出规定,并且,从法律的宗旨来看,应解释为非要式行为"[②]。明山

[①] 小川,前引《法制》,第264页。
[②] 小山,前引《解释和运用》,第164页。

和夫的结论与上述观点相同,但是其论据是,"从法令的阶段构造来看,本来法律没有规定要式行为,而根据没有个别委任依据的行政命令将之要式行为化,并以此制约国民,这是不行的"①,保护的申请为非要式行为。因此,只要申请的意思客观上是明确的,可以认为口头申请、信件形式的申请也是有效的。

但是,《施行规则》第 2 条明确规定了在申请书中应记载的事项,对此仍存在着疑问。就是说,口头申请在法的解释上是有效的,但在现实中,不按照规定的程序提出申请书,将不予以受理。因此,在社会福利行政实务中,是否可以说申请应为要式行为?

此外,在需要保护者处于急迫状况时,作为例外,即使没有申请,依据职权可以进行必要的保护(《生活保护法》第 7 条但书、第 25 条第 1 款)。所谓"急迫的状况"是指,不仅仅限于无法维持最低限度的生活状况,还包括如果置之不管,将威胁到保护对象的生存,因此在社会通常观念上,不得已依据职权介入的状况。1989 年在札幌市一对母子家中发生的母亲饿死事件,就属于需要依据职权介入的"急迫的状况"。

申请不以行为能力(能够单独进行有效的法律行为之能力)为必要,只要有意思能力(为作出自由的意思决定而具有的必要的判断能力)足矣②,所以,即使是小学生和被保佐人,也可以申请。

关于保护的溯及效力,有以下的判例。重度障碍者 A 于 1996 年 4 月 1 日为了在家能自立生活,向福利事务所申请了居家的生活扶助。但是,由于亲属扶养的意思未被确认,所以福利事务所没有向 A 交付申请书。同年 4 月 15 日,A 要求福利事务所回答不交付申请书的理由。此时,福利事务所交付了申请书,但没有关于以前不交付理由的答复说明书。为此,A 没有提出申请书。因为这个原因,保护在大约一年左右的时间里没有开始。A 以已作出申请保护的口头意思表示,应从要求交付保护申请书的 1996 年 4 月 1 日起开始实施保护为理由,将福利事务所列为被告,向大阪地方法院提起了诉讼,主张应从

---

① 明山,前引《生活保护》,第 103 页。
② 小山,前引《解释和运用》,第 164 页。

1996年4月1日起实施保护。这个案件最后上诉到最高法院,但是,结果没有承认保护的溯及效力①。

二、基准及程度原则

所谓保护是指,在按照厚生劳动大臣规定的基准确定需要保护者的需要后,对使用需要保护者的金钱或物品充当生活费后仍不能满足的部分进行补充(《生活保护法》第8条第1款)。所谓"基准"是指,确定需要保护者为维持最低限度生活需要的尺度,必须准确且具体地表示。所以,因对最低生活水准如何解释有所不同,基准的计算方式也会有所不同。曾经依据的是差距缩小方式,在一般国民的消费生活水准增长率以上提高生活扶助基准,采用了使一般国民和接受生活保护者的消费生活水准差距缩小的方式。然而,1983年全国社会福利协议会表明了以下见解,即:在将来修订基础时,依据民间消费支出增长率的"消费水准比例方式"较妥当。现在,已依据这个方式进行修订(1983年12月23日)。

保护基准由厚生劳动大臣决定,厚生劳动省以告示形式公布。从基准所具有的重要性来看,应由法律进行规定,但是,现行法从迅速修订的宗旨出发,不由法律规定基准,仅为表明责任之所在,因而由厚生劳动大臣决定。

保护的程度是在该基准所确定的需要范围内,以补足使用该需要保护者的金钱和物品不能满足的部分为限度。关于何种范围的生活需要使用被保护者自身的金钱和物品能够满足之认定,在保护的实施要领(1963年4月1日社发246号,最新修改2005年3月31日社援331002号)中进行了规定。厚生劳动大臣规定的基准,必须按照需要保护者的年龄、性别(目前,男女间的差距在保护基准中已废止)、家庭构成、所在地域及其他保护的种类,予以综合考虑的。并且,不得超过为充分满足最低限度生活需要的基准(《生活保护法》第8条第2款)。现行的保护基准根据厚生劳动省告示,按八种类型并遵照基准及程度原则予以确定。但是,于有特别事由之情形,可以另外个别地设定特别

---

① 最高法院判决,2002年6月13日,载于《工资和社会保障》第1360号。

基准。

关于保护基准的判例,在朝日诉讼中,判决的观点是,"何为健康的、具有文化意义的最低限度生活"的认定判断,"委托于厚生大臣进行的合目的性裁量,除了其判断方法脱离了法的宗旨、目的,超越裁量权的界限之情形或者滥用裁量权之情形,不产生适法、违法的问题",基于以下理由,1956年8月,对于当时正在住院的需要保护患者,作出了规定日用品费最高月额为600日元的生活扶助基准不违法的判决,即:依据生活保护法的保护要求应基于厚生大臣(现为厚生劳动大臣)设定的保护基准实施,这必须是符合宪法第25条的宗旨的,"但是,作为健康的、具有文化意义的最低限度生活,是抽象的、相对的概念,其具体内容随着文化的进步、国民经济的发展而提高自不待言,综合考量多数的不确定要素之后方可决定。因此,关于何为健康的、具有文化意义的最低限度生活的认定判断,基本上委托给厚生大臣进行合目的性裁量,其判断即使作为当与不当的问题有追究政府的政治责任之事,也并不直接产生违法的问题"[1]。这就明确说明了厚生大臣(现为厚生劳动大臣)的保护基准设定行为与司法审查无关。

在要求取消驳回家庭成员以外的介护费的支给申请处分诉讼中,对根据生活保护法之保护基准中附表规定的"因配置介护人所需费用情形",在解释上发生争议的是岩田诉讼,这个案件以下两个期间,即不设定特别基准的期间和不进行依据一般基准之支给的期间,要求取消。一审仅认可了原告对后者的主张,高等法院和最高法院也承袭了同样的观点[2]。

三、按需要保护原则

在考虑需要保护者的年龄、性别、健康状态等个人或家庭的实际需要差异的基础上,保护应有效且适当进行(《生活保护法》第9条),此即所谓的按需要保护原则。这个原则设立的目的是为了避免机械地运用有关保护的内容、方

---

[1] 最高法院判决,1967年5月24日,载于《最高法院民事判例集》第21卷第5号,第1043页。
[2] 东京地方法院判决,1996年7月31日,载于《判例时报》第1597号,第47页(部分胜诉),东京高等法院判决1997年5月29日,最高法院判决,1998年4月30日(上告驳回)。

法等,在判定保护的方法、是否需要家庭分离时必须加以考虑。确认这个原则的必要性之契机是,盟军总司令部关于育有婴幼儿母亲的待遇之劝告。1949年,根据旧生活保护法,曾经的厚生省(现为厚生劳动省)当局在实施生活保护时,采取了以下的指导方针,即除了因障碍及健康上的理由不能劳动者以外,任何人只要能劳动就要参加劳动,即使为获得部分的生活帮助也必须努力。对此,总司令部劝告指出,对于育有婴幼儿的母亲来说,其最重要的事情是养育婴幼儿,在实施生活保护时,应采取能够使母亲专心养育婴幼儿的方法,将其置之不理而一味地奖励或者强制劳动的现行方针有必要进行再斟酌①。接受了该劝告的现行法,考虑了需要保护者生活条件的差异,为避免机械地适用生活保护制度,遵守分配正义实施保护,将按需要保护原则训示性地规定下来。作为运用这个原则的基本方针,现行法制定后立即发出了厚生省通知《关于生活保护法的施行》,采用了总司令部的劝告宗旨,即"……对于有劳动能力的需要保护者,按照其才能适用就业扶助,促进其就业,这自不待言,是必要的,但是对于育有婴幼儿的母亲,为了能够使其专心养育婴幼儿应决定保护……"(1950 年 5 月 20 日发社 46 号)。

这个原则是关于保护内容的实质性平等规定,因此,在实施保护时,必须避免机械、划一的运用,重视每个需要保护者的个别需要,并且考虑家庭的生活条件差异。但是,这并不是允许无限制地自由裁量之意,保护实施机关必须遵守厚生劳动大臣设定的保护基准,在其范围内,考虑各个人、各个家庭的生活条件差异,认定最低限度的生活费。

四、家庭单位原则

是否需要保护及保护的程度,规定以家庭为单位进行考虑(《生活保护法》第 10 条正文),此即所谓家庭单位原则。这是因为以同一家庭来经营生活,存在着家具、什物、水费、电费、取暖费等消费生活方面的共通部分,家庭成员的资产收入将此合算作为家庭收入,并且最低限度的生活需要也以其家庭的需

---

① 小山,前引《解释和运用》,第 209 页、第 218 页。

要进行认定,因此,应对比二者来决定是否需要保护以及保护的程度是否妥当。若以个人为单位计算,就会无视共通部分,因此是不合理的①。所谓"家庭"是指,将消费生活收入及支出合二为一的生计上的一个单位。其认定时,在生活保护制度的本质上,不是根据住民登录所作的形式判断,归根结底是根据实际状态所作的判断。对于同一家庭是否需要包括生计上的同一性在内的居住上的同一性存在着争议,对此,小山进次郎认为,"一起居住并不是必要的"②,《实施要领》也持同一立场,认为仅有生计的同一性足矣。

关于这一点,判例认为,"《生活保护法》第10条将是否需要保护及保护的程度应以家庭为单位决定之宗旨的规定,与属于同一家庭者相互间是否有法律上的扶养义务无关,事实上,在生计方面通常存在着互相依存帮助的关系,所以,其宗旨应被理解为,应以这个事实为基础决定是否需要保护及保护的程度。从这个宗旨来看,即使相互之间没有扶养义务之情形,被认为在同一家庭居住或共同生计者,原则上应理解为属于同一家庭"③。判决的结论是,对于同一家庭,生计及居住的同一性是必要的。在藤木诉讼中判决也站在相同的立场,即"家庭是指生计及居住合在一起的一个单位"④。在实施要领中,自藤木诉讼后,居住的同一性要求逐渐有所缓和。

作为家庭单位原则的例外,遵守此原则有困难时,可以以个人为单位决定是否需要保护及保护的程度(同法第10条但书),此即所谓家庭分离。这是指将家庭的所有成员认定为同一家庭,对此适用家庭单位原则在社会通常观念上有欠妥当的情形。于家庭成员中有欠缺保护要件者而其他成员属于需要保护的情形,从家庭的帮助自立之必要性看,可以将该人从其家庭中分离出来。

《生活保护法》第59条规定,"被保护者不得让渡接受保护的权利",明确了接受保护权是专属于其人身的权利,所以不得让渡的宗旨。判例也以第59

---

① 明山,前引《生活保护》,第124页。
② 小山,前引《解释和运用》,第220页。
③ 东京地方法院判决,1963年4月26日,载于《行政事件裁判例集》第14卷第4号,第910页。
④ 东京地方法院判决,1972年12月25日,载于《行政事件裁判例集》第23卷第12号,第943页。

条为理由,否定其继承性,作出了接受保护权是其个人的权利之判决。但是,尽管如此,关于是否需要保护及保护的程度,与以家庭为单位判断这点存在着矛盾。

第四节　实施机关和专业职务者

一、国家

本来,生活保护事务是以国家的责任来进行的国家事务(《生活保护法》第1条)。但是,生活保护的实施,与地域住民的生活有直接的关系,由详知其实情的地方公共团体进行较为妥当。因此,生活保护法将有关保护的决定、实施事务作为国家机关的委任事务,让地方公共团体(负责人)来执行(《地方自治法附表1》、《生活保护法》第19条第1款～第5款)。

二、地方公共团体

保护的决定、实施机关是需要保护者居住地的都道府县知事、市长及管理社会福利法规定的福利事务所的町村长(《生活保护法》第19条第1款第1项)。于需要保护者无居住地,或居住地不明,或有急迫事情之情形,现住所地的都道府县知事、市长或管理福利事务所的町村长负有进行保护的决定、实施义务(同条第1款第2项、第2款)。但是,进入救护设施、更生设施,或其他适当设施接受生活扶助的保护实施责任,由负责管理进入这些设施前的居住地或者现住所地的知事、市长及管理福利事务所的町村长承担(同条第3款)。

都道府县知事及市町村长可以将有关保护的决定及实施事务的全部或一部向仅属于其管理的行政机关(福利事务所长)委任(同法第19条第4款、第20条)。

此外,保护实施机关认为适当时,可以将有关保护的决定及实施事务之一部分委托给其他实施机关(同条第5款)。未设置福利事务所的町村长,在无暇向福利事务所通报处于急迫状况的需要保护者时,应对其应急处置,进行必要的保护(同条第 6 款)。再者,未设置福利事务所的町村长通过需要保护者的发现和通报,保护申请书的受理送付,保护金钱和物品的交付、调查等,协助作为保护实施机关的福利事务所长执行保护事务(同条第 7 款各项)。

需要保护者居住地的福利事务所长接受知事、市町村的委任,进行保护的决定实施。无居住地或居住地不明,或有急迫事情时,现住所地的福利事务所长接受现在地的知事、市长或管理福利事务所的町村长的委任进行保护的决定实施。

所谓居住地是指,客观地具有居住事实的继续性和期待性的场所。继续性是指,从过去至现在在一定的场所居住;期待性是指,社会通常观念上能够期待从现在至将来,在一定的场所继续居住。

关于这一点,判例在藤木诉讼中指出,"所谓居住地,应理解为具有客观的居住事实的继续性及期待性的场所,即社会通常观念上可以期待现在进行日常起居和将来继续进行起居的场所,但是,于可以期待现在即使未在该场所进行起居,为方便在其他场所进行起居,随着一定期限的到来又回到该场所继续起居之情形,本来的住居不过是一时的中断,所以这样的场所也包含在居住地内"[①]。判例认为具有客观居住事实的继续性和期待性之场所为居住地。在此基础上,该判例的判决结论是,对于长期住院的妻子的居住地,其出院的时间并不明确,原告和丈夫的婚姻关系出现了实质破裂,由于不得不认为原告处于不能期待回到居住地,且将来应居住的场所也无法确定的状况,因此管辖现住所地的实施机关应承担实施保护的责任。

三、专业职务者(社会福利主事、民生委员)

关于生活保护法的实施,社会福利法规定的社会福利主事,承担辅助都道府县知事或市长、村长执行事务的责任(《生活保护法》第 21 条)。

关于生活保护法的施行,民生委员法规定的民生委员协助市町村长、福利

---

① 东京地方法院判决,1972 年 12 月 25 日,载于《行政事件裁判例集》第 23 卷第 12 号,第 946 页。

事务所长、社会福利主事执行事务(同法第22条),即通过相互之间的协力,使保护工作得以运营的重要的专业职务者。

第五节 收入认定

需要保护家庭接受及领取金钱和物品时,其收入如劳动收入、借款、汇寄的生活补贴、贷款、养老金等,不问其种类,原则上均将其作为收入来认定,此即所谓的收入认定。不过,虽是收入,但例外地有不作为收入处理的部分,这被称为收入认定除外。之所以承认例外,是因为有些类型作为收入认定在社会通常观念上是不妥当的。

一、收入认定除外

成为收入认定除外对象的收入,根据厚生劳动事务次官通知《关于生活保护法的保护实施要领》(1961年4月1日发社123号,最新修改2005年3月31日社援发331003号)如下:

① 社会事业团体等临时惠赠的具有慈善性质的金钱,在社会通常观念上不适宜作为收入对待;

② 因分娩、就职、结婚、丧葬等受赠的金钱,在社会通常观念上不适宜作为收入对待;

③ 以自力更生为目的,依据其他法律、实施政策等给予贷款的资金;

④ 以自力更生为目的接受惠赠的金钱之中,相当于该被保护家庭用于自力更生的金额;

⑤ 因灾害等蒙受损失而临时接受的补偿金、保险金、慰问金之中,相当于该被保护家庭用于自力更生的金额;

⑥ 根据保护实施机关的指导、指示变卖动产或不动产所得的金钱之中,相当于该被保护家庭用于自力更生的金额;

⑦ 因死亡临时接受的保险金之中,相当于该被保护家庭用于自力更生的金额;

⑧ 在高中学校等边学习边接受生活保护者的收入之中,用于学习之必要的最低限度金额;

⑨ 身心障碍儿童(者)、老人等在维持社会生活方面,特别是为谋求有社会性障碍者的福利,地方公共团体或其长官基于条例的规定定期支给的福利性给付金之中,在一定金额以下的金额(一个人月额8千日元以内);

⑩ 根据独立行政法人福利医疗机构法规定的身心障碍者扶养共济制度,地方公共团体支付的年金;

⑪ 作为敬老日、儿童日的活动之一,地方公共团体或其长官基于条例的规定支付的金钱;

⑫ 属于义务教育范围内的就学儿童因工作得到的收入,将其作为收入认定不适当的;

⑬ 国家对战争伤病员或阵亡者者遗族等为表示吊唁支给的吊唁金或特别吊唁金;

⑭ 根据关于失踪人员特别措置法之吊唁金;

⑮ 对受到原子弹爆炸伤害者国家支给的医疗特别补贴之中36170日元及原子弹小头症补贴、健康管理补贴、保健补贴、丧葬费;

⑯ 向阵亡者、战争伤病员之妻、父母等交付的国债偿还金;

⑰ 根据有关公害健康被害补偿等法律支给的疗养补贴、损害补偿费、遗族补偿费等。

在高诉讼* 中,判决认为,将接受生活保护者取得的身心障碍扶养共济年金作为收入认定的保护变更决定是违法的,应予以撤销①。高等法院、最高法院也都作出了相同的判决②。也就是说,身心障碍者扶养共济年金的支付额是以"为减轻保护者对于障碍者的将来的担心为目的"之金钱,应作为收入认定除外。

根据最近的判例,对于正在接受生活保护者以充当子女的高中学习费用

---

* 高诉讼:"高"指姓,在诉讼前加姓,如我国的"某某案"。——译者
① 金泽地方法院判决,1999年6月11日,载于《判例时报》第1730号,第11页。
② 名古屋高等法院判决,2000年9月11日,最高法院判决,2001年7月17日。

为目的而加入的学资保险之期满保险金,判例认为将其作为收入认定而减少保护费的变更决定处分是违法的[①]。该判决指出,"符合生活保护法的目的与状态,以保护费等作为原资所储蓄的存款等,不属于应作为收入认定的对象资产",而且,"被保护家庭一边维持最低限度的生活,一边努力将年少者的高中入学费用储存起来的做法"没有违反生活保护法的宗旨。对于收入认定的规制有所缓和是最近判例的动向。

二、劳动扣除(因劳动所需经费)

接受生活保护者中有劳动收入、农业收入和自营业收入者,因工作有置装费、交通费、交际费、饮食费等特别需要,因此,将这些收入直接认定为收入有欠妥当,为了增强其劳动愿望,应从收入中将上述必要经费扣除,"实施要领"作为行政上的措施,承认了①基础扣除;②新参加工作扣除;③未成年者扣除;④特别扣除。

三、实际费用扣除(其他的必要经费)

为了获得收入,因上下班所需的交通费、保育费等必要经费是不可少的。除此之外,关于不得已的费用,在认定收入时应作为实际费用扣除。根据"实施要领",具体如下:

① 打工、经商、船舶服务、寄宿等所需的一般生活费或住宅费的实际费用;

② 因工作产生的托儿费;

③ 依据以自力更生为目的的其他法律、实施政策等给予贷款资金的偿还金;

④ 住宅金融合作社贷款金的偿还金;

⑤ 地方税等公共租税;

⑥ 健康保险的任意续保费;

[①] 最高法院判决,2004年3月16日,载于《判例时报》第1854号,第25页。

⑦ 为取得国民年金的受给权所必需的任意入保费。

第六节 保护的决定、实施

一、保护的开始

生活保护以申请开始为原则(《生活保护法》第7条正文)。但是,于判明要保护者处于急迫的状况之情形,即使未进行申请,保护实施机关亦具有及时依据职权开始保护的义务(同条但书、第25条第1款)。如前所述,申请是将记载有《施行规则》第2条所列举的必要记载事项的保护申请书向保护实施机关提出。在对申请进行需要保护性的调查、决定、实施的程序后实施保护。申请由享有申请权者向对需要保护者有管辖权的保护实施机关提出,但是,即使错误地向无管辖权的实施机关提出申请,该实施机关不得拒绝申请而应予以受理,然后移送给有管辖权的实施机关。但是,在实务中,尽管受理了生活咨询,向需要保护者交付了申请书,但由于手续迟延,使需要保护者还未等到接受保护就饿死的事件曾有发生①。关于这类事件,也存在不能追究保护实施机关在法律上的责任这个矛盾。

关于保护开始的时间,生活保护法并无明文规定。对此,可以认为有三个时期:①需要保护状态发生时;②申请时;③保护实施机关作出保护开始决定时。

关于这一点,明山和夫援用扶养法所规定的扶养义务的具体发生时期之法理论,进行了如下的阐述,即:保护请求权是绝对的定期债权,随着时间的流逝,随时会丧失其权利性,因此,若将这个时间理解为作出保护开始决定的时间,那么由于保护实施机关迟延作出了保护开始决定,因而导致需要保护者义务的免除,这是不合理的。因此,需要保护者将申请之意思客观地明确作出时,就是说,可以理解为将申请的时间作为保护开始的时间②。

---

① 生井洁:《母子饿死事件和生活保护行政》,载于《福利广场》第68号〈1996年10月〉。
② 明山,前引《生活保护》,第104~107页。

"实施要领"指出,"保护的开始时间,除了急迫需要保护的情形,原则上,以自申请之日后判明要保护状态之日为准"。对此,小川政亮认为,"通常向保护实施机关明确作出希望行使保护请求权的意思表示之日,即申请日应为保护开始之日",并认为,"申请日以前已经确认存在需要保护的状态时,可以溯及到需要保护状态发生时进行保护,特别是属于急迫的事态,为此,不能在需要保护状态发生的同时进行申请,在急迫状态解除后的阶段提出溯及保护开始申请时,当然应进行溯及保护"[1],即持可以开始保护的时间溯及到需要保护状态发生时的态度。

但是,申请是保护开始的前提要件,即使之前产生了需要保护的状态,但是需要保护者的保护请求权行使的意思,若没有明确地向作为义务者的保护实施机关呈示,就没有使之具体化。换言之,保护请求权既然是权利,其行使和放弃根据个人的自由而定。因此,对于需要保护者而言,也许有些过分,保护的开始时间以申请之日为准,在此之前即使处于需要保护的状态,但对于那段时间不承认溯及保护。决定是否开始保护基于对需要保护者状态的调查、确认而进行。对于过去状况的调查、确认,由于存在着使生活保护行政复杂化等实务上的问题,没有承认其溯及效力。

二、保护实施机关所进行的调查

保护实施机关于有保护申请之情形,应掌握需要保护者的生活状况,为了明确是否需要保护及保护的程度,可以进行调查(行政调查)。即:为了调查需要保护者的资产状况及其他事项,可以进入其居住场所,进行调查;并且,为了调查其健康状况,可以命令其应接受保护实施机关指定的医师、牙科医师的诊察(同法第28条第1款)。为了公正实施保护,防止滥给和漏给,保护实施机关有必要知悉需要保护者的生活状态,为此,明确了可以拥有进行必要的调查之权能[2]。所谓"其居住的场所"是指,与居住地不同,有具体的居住事实的场

---

[1] 小川,前引《法制》,第270～271页。
[2] 木村,前引《生活保护法》,第267页、271页。

所,继续的、期待的关系并不是必要的。通过过去、现在,包括一切有居住事实的情况,即使有数个这样的场所也无妨①。

　　进行入室调查的公务员,须携带厚生劳动省令规定的表明身份的证件,并应相关人(包括管理员)的请求予以出示(同条第2款)。若需要保护者或其同居人要求入室调查的公务员出示证件未果,则需要保护者可以正当地拒绝其入室检查。将此拒绝作为申请退回的理由是裁量权的滥用,因而是违法的②。这个证件是格式一号的证件(《施行规则》第4条)。进行入室调查的公务员,要求是社会福利主事。入室调查权是为决定、实施保护而被认可的权力,所以,不能理解为是因犯罪调查而被认可的权力(同法第28条第3款)。因此,需要保护者不在家时不允许进行入室调查。因为需要保护者不在家时,其不能确认入室调查公务员的证件,并且,需要保护者无法向入室调查公务员说明情况③。

　　保护实施机关所拥有的行政调查权没有强制力,不过,需要保护者拒绝、妨碍或回避入室调查,或者不服从应接受医师、牙科医师的诊察命令时,可以驳回保护的开始或变更申请,或者决定保护的不利变更、停止或废止(同条第4款)。需要保护者以外的人拒绝、妨碍或回避入室调查或诊察时,处以30万日元以下的罚金(同法第86条第1款)。之所以将需要保护者除外,是因为对需要保护者科以刑事责任过于严酷。所谓"拒绝、妨碍或回避",不以暴行、胁迫的存在为要件,只要存在与此相当的作为或不作为即属此类情况④。

　　保护实施机关所进行的调查内容包括家庭调查(家庭状况调查、生活费的调查、收入调查)、扶养义务者的调查(有无扶养义务者、扶养能力、扶养的履行)、民生委员的意见及其他有必要进行的调查。为了实施保护,获得必要且确实的基本情报,保护实施机关于必要之情形,对于需要保护者或其他扶养义务者的资产、收入状况,可以嘱托官公署进行调查,或者要求银行、信托公司、

---

① 小山,前引《解释和运用》,第418页。
② 园部逸夫、田中馆照橘、石本忠义编:《社会保障行政法》,第575页。
③ 小川,前引《法制》,第266页。
④ 木村,前引《保护法》,第290页。

需要保护者或其扶养义务者的雇主及其他相关人员提出报告(同法第29条)。此处不是限定性列举,而是例示性列举,调查的对象包括农协、信用组合、邮局(现为日本邮政公社)等①。

通知指示,进行这些调查时,"根据生活保护法第28条的规定赋予市町村长调查及诊察的权限,是为达到保护的公正实施之目的而被认可的强大权限,行使其权限时,需要慎重地注意不要侵害需要保护者的人权,为达到目的应在必要的最小限度内行使其权力,要特别指导监督"保护实施机关②。因此,进行入室调查时,不得穿鞋进入,或向衣橱壁柜里窥望,或调查有关需要保护者的隐私事项③。

调查应在保护的决定及实施的必要范围内进行,不允许超越此目的范围。如前所述,入室调查权不具有强制力,所以,需要保护者即使无正当理由也可以拒绝。若需要保护者拒绝,调查者无视其要求进行入室调查,在产生具体损害的情形下,其结果是作为行使公权力的公务员违法对他人造成的损害,国家或地方公共团体负有赔偿责任(《国家赔偿法》第1条第1款)④。对此能否适用住居侵入罪将成为研究的课题(《刑法》第130条)。

因保护实施机关的入室调查方法而引起争议的是米子生健会的茄克衫给付案件。这个刑事案件发端于"米子保卫生活和健康会"的会员、接受保护者Y要求作为临时扶助给付茄克衫的申请一事。为了判断有无支给的必要性而进行入室调查的福利事务所工作人员M,在Y不在家时进入其家内,让Y的妻子挨个拉开衣橱的每个抽屉将其中的衣物取出检查,并让其打开壁橱详细地检查蚊帐、被子,连对放有其儿子衣物的纸箱也进行检查,找到一件旧茄克衫时讽刺说"还可以穿"、"要是在吃上节约点买个茄克衫之类的没问题",可怜的Y妻叫着说"不要了,别检查了"。在抗议这样的入室调查方法,并与福利事务所进行交涉的过程中,生健会书记长U因打了福利事务所的主任,而被

---

① 小山,前引《解释和运用》,第423页。
② 《关于生活保护法的施行》,1950年5月20日发社46号。
③ 小川,前引《法制》,第266页。
④ 园部等编,前引书,第57页。

妨害公务执行罪受到起诉。在这个案件中,法院认为,"在本案中,虽是茄克衫支给的申请,但并不局限于茄克衫,考虑到只要是外出时可以穿的上衣均可,不能说没有调查的必要性,进行入室调查这事本身不能解释为不当。但是让调查时在场的 Y 妻说出'不要了,别检查了'之话的前述 M 的言行、检查与茄克衫无直接关系的蚊帐、被子之类的东西(……这超出了调查的范围,是明显的不当)等,不能否认调查方法有超过限度的地方",在此基础上,判决指出,"是否需要调查及调查方法因具体的事例各有不同,所以虽说进行了有欠妥当的调查,但让实施机关保证以后绝对不得进行类似于打开衣橱那样的调查,等于否定法所认可的入室调查本身,不能认为是正当的要求",U 殴打主任之事,"其被伤害的程度……比较轻微",但"即使综合考虑与本案相关的事情,说这是阻却其违法性程度的轻微且不得已的行为……无论如何不能认可",因此判决其有罪[①]。

三、决定通知

保护实施机关对提出的保护开始的申请,作出是否需要保护以及保护的种类、程度和方法的决定,该决定以附理由的书面形式作出,且必须自申请之日起 14 日内通知和送达申请者(《生活保护法》第 24 条第 1 款、第 2 款、第 3 款正文、《民法》第 97 条第 1 款)。之所以书面决定附加理由,是因为明示保护实施机关的判断理由保证了决定程序的公正透明,并且在申请者对决定的理由有争议时向其提供了第 64 条以下规定的不服申诉机会。因此,在决定保护通知书或保护申请退回通知书中,对于是否需要保护及保护的程度必须具体、明确地说明保护实施机关进行判断的根据。

原则上有关保护决定的通知书在 14 日以内送达申请人,不过,于有调查扶养义务者的资产需要时日等特别理由之情形,作为例外可以延长至 30 日。在上述情况下,有关决定的通知书中必须明示其理由(《生活保护法》第 24 条

[①] 鸟取地方法院米子支部判决,1972 年 8 月 29 日,载于《刑事裁判月报》第 4 卷第 8 号,第 1475 页。

第 3 款但书)。若提出保护申请 30 日后仍无通知,申请者可以视为保护实施机关退回申请(同条第 4 款)。这是因为,保护实施机关对于申请悬而不决,因保护实施机关的不作为造成行政处分的不存在,没有应争议的对象,从而无法提起不服申诉的局面。其结果是默认了保护实施机关决定的迂延,决定通知的法定期间也只是具有训示性意义,且不服申诉制度缺乏实效性。为此,即使行政处分不存在,但可以拟制这个存在,据此保证决定通知期间的实效性,并为能够提起不服申诉开辟了道路①。

但是,若保护申请退回通知中没有明示具体的理由,这种不服申诉制度便成为有名无实之物。

在决定通知的法定期间内,因保护实施机关没有作出"有关决定的通知"之不作为,而存在着要求确认其违法性的判例。这个案件的大致经过是,在法定期间内,保护实施机关向申请者送达保护申请退回通知书,但是,在因申请者不在而无法送达这个期间,法定期间白白经过了。申请人(原告)以此为理由提起了要求确认保护实施机关不作为的违法性诉讼。但是,在第一次口头辩论期内,被告在法院内与原告相遇,告诉其自己的职务名称和决定通知书的内容,要求其受领,而原告拒绝了受领。对此,判例认为,"原告对于被告作出的前述文件的受领催告,这可以说虽知晓记载的内容,却拒绝受领,在这种情况下,可以理解为生活保护法第 24 条第 1 款规定的书面决定通知已经作出。由此可见,应该说对于原告所作的上述保护申请,被告已作出了应答,原告要求确认在相当期间内未作出决定的违法性之本诉请求,缺乏诉的利益",因此,不予受理②。

关于能否将告诉通知书的内容并要求受领行为视为有书面通知,其中存在着问题。对此,园部逸夫的主张是,本案的通知是送达场所以外的送达,是相遇送达。相遇送达以本人不拒绝或无异议为要件。所以,于本案原告拒绝受领之情形,可以认为相遇送达无法进行,并且引用过去有关行政行为发生的判例③,即使认为"在与本人实际相遇,并告诉其通知书内容的情况下,本人已实际

---

① 小山,前引《关系法Ⅱ》,第 51~52 页。
② 东京地方法院判决,1970 年 6 月 25 日,载于《判例时报》第 601 号,第 51 页。
③ 最高法院判决,1954 年 8 月 24 日,载于《最高法院刑事判例集》第 8 卷第 8 号,第 1372 页。

知晓了通知书的记载内容,据此,行政行为的效力已经发生",也不违法①。

然而,相遇送达于应接受送达者在日本有无住所、居所、事务所、营业所不明确,或者于符合上述条件者不拒绝送达之情形进行(《民事诉讼法》第 105 条、第 103 条、第 104 条),像本案这样拒绝送达的,不能成为有效的送达。因此,应理解为无决定通知。

四、保护的变更、停止、废止

保护实施机关必须经常调查有关被保护者最低限度生活保障的状态,当其有变动时,应及时作出保护的变更、停止和废止决定,并将其附上理由书面通知被保护者(《生活保护法》第 25 条第 2 款、第 26 条、第 24 条第 2 款)。"保护的变更"有已经接受扶助者接受其他扶助种类的变更、扶助额度的变更、金钱给付或实物给付的方法变更。停止、废止也是广义的变更,所谓"停止"是指,虽可确保暂时的收入增加,但无法据此认为这种增加会继续下去,若必然预见到当一定时期到来时,收入来源将会枯竭而有保护必要,而在当前进行的保护实施的临时中断。停止必须明示停止的期间。所谓"废止"是指,明显不需要保护,基于固定的事实进行的保护终局性断绝。停止和废止的差异在于,其基础性事实的不同。再者,即使处于保护停止阶段,由于作为被保护者的事实并没有变化,因此被保护者仍负有义务②。

保护的变更分为依申请之变更和依职权之变更。在依申请进行保护变更的情形下,保护实施机关必须决定是否变更、变更的程度及方法。变更的申请也可以经由町村长提出。町村长必须在 5 日之内附上进行保护决定时所参考的扶养义务者有无、资产状况等书面资料,并将其移送给保护实施机关(同法第 24 条第 5 款、第 6 款)。对被保护者进行有利变更时可以期待申请主义。但是,关于包括停止、废止等在内的广义的不利益变更,很难期待被保护者进行申请,于此情形应适用职权主义③。不过,对于被保护者,无正当理由,就已

---

① 《社会保障判例百选》,第 35 页。
② 小山,前引《关系法Ⅱ》,第 53~54 页。
③ 明山,前引《生活保护》,第 142 页。

经决定的保护不得进行不利的变更(同法第 56 条)。所谓"正当的理由"是指,被保护者不需要保护时(同法第 26 条),需要保护者拒绝、妨碍和回避入室检查,或不服从诊察命令时(同法第 28 条第 4 款、)、被保护者不服从保护设施的入所决定,或不服从指导、指示时(同法第 27 条第 1 款、第 62 条第 1 款、第 3 款),利用保护设施的被保护者不服从保护设施管理规程时(同法第 62 条第 2 款、第 3 款),等等。被保护者符合法律明文规定的各要件,是保护实施机关按照规定程序进行变更的依据。

五、咨询及建议

需要保护者提出请求时,保护实施机关为帮助需要保护者自立,可以回答需要保护者提出的咨询,并给予必要的建议(同法第 27 条之 2)。

六、指定医疗机关

医疗扶助的给付作为实物给付由接受委托的指定医疗机关进行。在伤病占到保护开始原因约七成以上的今天,为了医疗扶助的正当实施乃至生活保护制度的适当运用,医疗的给付向何种机关委托,其内容如何规定,显得尤为重要。关于医疗机关的指定,厚生劳动大臣对于国家开设的医疗机关即医院、诊疗所、药局,在得到其主务大臣的同意后指定(例如,国立大学附属医院由文部科学大臣),关于其他医疗机关,知事得到开设者或本人的同意后指定(同法第 49 条)。关于指定医疗机关,与社会保险医疗机关的指定方式不同,没有采取双重指定方式。因此,指定医院、诊疗所、药局,对于在那里工作的医师、牙科医师、药剂师,原则上向厚生劳动大臣或都道府县知事申报即可(《施行规则》第 10 条、第 14 条)。

关于指定医疗机关的法律的性质,小山进次郎认为,"在进行指定时一般不应承认都道府县知事和医疗机关之间的特别权力关系,医疗机关根据其自由意志作出同意表示,当双方意思完全一致时,才产生其效果","指定效果的发生时期只要无另外的意思表示,以当事者双方有效的意思达到完全一致时"

第二章　生活保护法　99

为准①，指定不是单独行为，而是公法上的契约。关于这一点，岸野骏太及神长勋也持相同的观点②。但是，指定是指行政机关根据法令的规定，在调查的基础上给予一定的资格。可以认为，这是以医疗机关一方的同意为要件的单独行为。

指定医疗机关根据厚生劳动大臣的规定，诚恳耐心地负责被保护者的医疗工作，对于被保护者的医疗事务，负有服从知事（指定都市、中核市市长）指导之义务（《生活保护法》第50条第1款、第2款）。指定医疗机关于该指定医疗机关的名称及其他厚生劳动省令规定的事项有变更时，或者废止、休止或重新进行该指定医疗机关的事业时，根据厚生劳动省令的规定，必须在10日之内将其宗旨向作出第49条指定（医疗机关的指定）的厚生劳动大臣或都道府县知事申报（同法第50条之2）。于指定医疗机关违反第50条规定之情形，厚生劳动大臣或都道府县知事（指定都市、中核市市长）可以取消指定（同法第51条第2款）。"违反第50条的规定之情形"是指，对委托患者未进行诚恳认真的指导；违反生活保护法第52条规定的诊疗方针进行不正当的诊疗报酬请求；进行过度诊疗；不遵守知事（指定都市、中核市市长）进行的指导事项或者拒绝指导检查等情形。厚生劳动大臣或都道府县知事（指定都市、中核市市长）为调查诊疗内容及诊疗报酬请求是否适当，于有必要之时，可以命令指定医疗机关的管理者报告其认为必要的事项，或者让该机关的职员或福利事务所的社会福利主事进行入室检查（同法第54条第1款）。之所以承认厚生劳动大臣和知事（指定都市、中核市市长）对于指定医疗机关具有报告要求权和入室调查权，目的是为了使据此在指定医疗机关进行的诊疗适当化，同时使知事的审查权具有实效性。

关于保护实施机关对指定医疗机关的入室检查和指导，有如下的判例。本案的主要内容是，经营"银色诊疗所"的原告以石川县知事和厚生大臣（现为厚生劳动大臣）为被告，主张原告经营的"银色诊疗所""即使拒绝被告进行入

---

① 小山，前引《保护法》，第86~87页。
② 岸野骏太：《新社会福利行政》，第167页，园部等编，前引书，第589页。

室检查,根据《生活保护法》第 86 条规定的罚则,也没有理由接受取消医疗机关指定的处分"。但是,法院判决认为,被告的指导检查是与入室检查同时进行的实地指导,尽管被告再三劝告,原告最终加以拒绝,因此,作为不服从同法第 50 条第 2 款规定的指导,接受同法第 51 条(现为第 51 条第 2 款)的取消处分就是必须的,指定医疗机关根据生活保护法第 54 条第 1 款拒绝县知事的入室检查和同法第 50 条第 2 款的指导,并且,在进行细致诊疗的倾向显著的情形下,基于同法第 51 条(现为第 51 条第 2 款)的指定取消处分是合法的[①]。所谓"细致诊疗"是指进行耐心精细的诊疗,与诚恳细心的医疗有关联。因此,与认为将其作为指定取消的理由是正确的判决正好相反。

七、介护机关的指定等

厚生劳动大臣对于国家开设的介护老人福利设施、介护老人保健设施或介护疗养型医疗设施,应得到其主务大臣的同意;知事对其他的介护老人福利设施、介护老人保健设施或介护疗养型医疗设施或作为其事业进行居家介护者或作为其事业制定居家介护支援计划者,应得到开设者或本人的同意,并在此基础上指定上述设施或人员担当依据生活保护法之介护扶助的居家介护或居家介护支援计划的制定或设施介护的机关(同法第 54 条之 2 第 1 款)。此外,于老人福利法规定的特别养护老人院被指定为依据介护保险法支给设施介护服务费的指定介护老人设施之情形,可以被视为具有同样的指定(同条第 2 款、《老人福利法》第 20 条之 5、《介护保险法》第 48 条第 1 款第 1 项)。被指定为介护机关的介护老人福利设施,可以有一个月以上的预告期间将该指定辞退。于有指定取消的情形,作为基于生活保护法的介护机关的指定失去效力(《生活保护法》第 54 条之 2 第 3 款、《介护保险法》第 91 条、第 48 条第 1 款第 1 项、第 92 条第 1 款)。对于接受作为介护机关的指定或被视为接受指定的介护机关等,准用《生活保护法》第 50 条至第 54 条的各规定(《生活保护法》第 54 条之 2 第 4 款)。

---

① 金泽地方法院判决,1957 年 9 月 20 日,载于《行政事件裁判例集》第 8 卷第 9 号,第 1690 页。

八、本法对助产机关等的准用

本法关于医疗机关的指定（同法第 49 条）、指定医疗机关的义务（同法第 50 条）、变更申报（同法第 50 条之 2）、指定的辞退及取消（同法第 51 条）之规定，准用于因分娩扶助而担当指教的助产师、因医疗扶助而负责实施按摩、推拿、正骨、针灸等技术的按摩推拿指压师及柔道整复师。此外，关于诊疗方针及诊疗报酬（同法第 52 条）、医疗费的审查及支付（同法第 53 条）的规定准用于医疗保护设施（同法第 55 条）。

九、告示

厚生劳动大臣或知事在进行下列事项时，必须将其要旨告示：①指定生活保护法的指定医疗机关时及指定介护机关时；②对指定医疗机关进行变更、废止、休止、重新开始的申报时；③在 30 日以上的预告期间内有指定的辞退时；④无法依据国民健康保险的诊疗方针支付报酬，或依据此方针有欠妥当，因而取消了对指定医疗机关的指定时（同法第 55 条之 2 各项）。

十、行政程序法的适用除外

关于保护的决定、实施之处分，不适用有关行政程序法第三章不利益处分的规定。但是，适用同法第 12 条不利益处分的基准及第 14 条不利益处分的理由之提示（《生活保护法》第 29 条之 2）。

第七节　保护的种类、范围、方法

所谓"保护"是指，可以接受根据生活保护法实施的一种或两种以上的扶助状态之总称。

生活保护法规定的保护包括以下八种扶助：生活扶助、教育扶助、住宅扶助、医疗扶助、介护扶助、分娩扶助、就业扶助、丧葬扶助八种扶助（同法第 11 条第 1 款）。这些扶助既可以根据需要保护者的需要仅实施一种（单给），也可以实施二种以上（并给）（同条第 2 款）。保护的主要方法有金钱给付或进行贷款的"金钱给付"方法，物品给付或贷与，医疗给付，劳务提供及以其他金钱给付以外的方法进行保护的"实物给付"方法（同法第 6 条第 4 款、第 5 款）。但是，除医疗扶助和介护扶助以外，原则上是金钱给付（同法第 31 条第 1 款、第 32 条第 1 款、第 33 条第 1 款、第 34 条第 1 款、第 34 条之 2 第 1 款、第 35 条第 1 款、第 36 条第 1 款、第 37 条第 1 款）。

需要保护者有收入，并将其充当维持最低限度的生活时，其扶助顺序原则上如下：第一为生活扶助；第二为住宅扶助；第三为教育扶助；其后依次为医疗扶助、介护扶助、分娩扶助、就业扶助、丧葬扶助，对其不足部分规定应适用的扶助种类实施保护。

在第二次藤木诉讼中，原告方面主张律师费用应从生活保护费中支付。在口头辩论期间证人小川政亮提出，"在从保护费中给付律师费用的情况下，律师费用属于现行生活保护法的七种（现为八种）扶助中的哪种？若哪种都不属于应该怎么办？"[①]但是，东京地方法院驳回了原告的请求，判决认为，诉讼费用不属于一般人的日常生活费，所以不属于宪法第 25 条所谓的最低限度的生活。并且，为接受保护而支出的费用并非保护本身，因此，生活贫困者为了取消生活保护申请退回的处分而支出的律师费用不能成为生活保护的对象[②]。

据此，生活贫困者行使接受审判的权利受到制约，此外，还表明了当时的七种扶助是限定性列举规定。恤救规则仅规定了生活扶助，救护法在此基础上增加了医疗扶助、分娩扶助、就业扶助。旧生活保护法在救护法的基础上，又增加了丧葬扶助。在现行法中，增加了教育扶助和住宅扶助，成为七种扶助。伴随着介护保险法的施行，新增加了介护扶助，目前共有八种扶助。但是，从将保护分为八种扶助是为了"便利"、旧生活保护法修改为现行法时将五种扶助增加为七种扶助均说明了社会情势的变化[③]。从最低限度的生活内容

---

① 小川政亮编：《社会保障审判》，第 362 页。
② 东京地方法院判决，1979 年 4 月 11 日，载于《行政事件裁判例集》第 30 卷第 4 号，第 714 页。
③ 小山，前引《解释和运用》，第 231～232 页。

具有可变性等理由来看,关于现行的八种扶助是否可理解为例示性列举规定,扶助的种类这样规定是否合理等问题,应有必要重新探讨。

一、生活扶助

生活扶助在各种扶助中是最基本的扶助,对于因贫困而无法维持最低限度生活者,为满足其衣食及其他日常生活的需要而给付必要的物品(《生活保护法》第12条各项)。按现行的保护基准,作为个人经费计算饮食费、衣物等日用品的维持购入费;作为家庭经费计算电、暖、水费,家具什物的维持购入费等。生活扶助的范围,还包括移送(同条第2项),此即指被保护者搬家时的交通费等。不过,有学者批判指出,"移送"这个用语将需要保护者作为物品对待是不妥当的,其称呼有着强烈的救贫色彩[①]。生活扶助以居家保护为原则,但是,据此难以达到保护目的时,或者被保护者提出要求时,可以让其进入救护设施、更生设施及其他适当的设施[②],或以委托进入这些设施,或向私人家庭委托养护等方式进行保护(同法第30条第1款但书)。但是,进入这些设施或委托私人家庭不得解释为可以违反被保护者的意志强制入所或养护(同条第2款)。

就这一点产生争议的是佐藤诉讼。流浪者S因高龄(当时65岁)且听力衰减不能工作而申请了生活保护。S希望获得居家生活扶助,更生商谈所作出了进入更生设施(《生活保护法》第38条第1款第2项、第3款)的入所保护决定。S因有听力障碍,与他人的交流有问题,为此提起诉讼要求对其实施居家保护。大阪地方法院认为,生活保护以居家保护为原则,因此判决取消入所保护决定。对此,更生商谈所提起上诉。上诉审以收容保护是现实的居家保护无法实施时采取的保护,本案不属于此情况为理由,维持第一审判决[③]。

生活扶助以金钱给付为原则,但是,不能依据此原则,或者依据此原则不适当时,为达到保护的目的而有必要时,作为例外,可以进行实物给付(同法第31条第1款)。社会福利行政事务,有关衣物、寝具的临时扶助等临时需要较

---

① 明山,前引《生活保护》,第132页。
② 养护老人院、特别养护老人院,同法第84条之3。
③ 大阪高等法院判决,2003年10月23日,载于《工资和社会保障》第1358号,第10页以下。

多费用的生活必需品的支给及移送费等,由保护实施机关购买,以实物给付的方式向被保护者交付。

生活扶助的金钱给付,原则上以一个月以内的保护费用为限度提前支付(同条第2款正文)。这是因为保护金钱和物品的支给若不采取提前支付的方法,每个月的生活将无法有计划地进行安排,因而很难达到保护的目的。但是,依据此原则有困难时,可以将超过一个月的保护费用提前支付(同款但书)。所谓"依据此原则有困难时"是指,被保护者居住在交通不便的孤岛、冬季积雪的地方等定期给付有困难的情形。

保护金钱和物品的支给,于居家保护之情形,以家庭为单位计算,原则上向户主或相当于户主者交付。

所谓"户主或相当于户主者"是指,相当于被保护者的法定代理人地位者。因此,保护实施机关向户主等交付保护金钱和物品的行为,直接对被保护者发生效力①。在进行设施保护或养护的委托保护时,保护费向被保护者本人、设施长或接受养护委托者交付(同条第5款)。向在介护老人福利设施、介护老人保健设施、介护疗养型医疗设施接受设施介护的被保护者提供的生活扶助,为达到保护目的,在必要情形下,可以向设施长或设施管理者交付(同条第4款)。

现行法规定的被保护家庭,在家族成员有必要由家族以外的人员进行介护时,对于介护的必要费用在何种要件下可以加算到保护费中这个问题,产生争议的是岩田诉讼②。

仅就这个判例看,不仅是福利行政机关,司法机关也过于贯彻规范性解决,对生活保护家庭加算介护费这个问题采取了消极的态度。

二、教育扶助

教育扶助是针对与义务教育有关的必要费用而进行的扶助。义务教育是

---

① 小山,前引《关系法Ⅱ》,第60~61页。
② 最高法院判决,1998年4月30日;前田雅子:《岩田诉讼、高诉讼》,载于《法律时报》第71卷第6号,第108页。

指,《义务教育法》第 4 条所规定的九年制初等、中等普通教育,在盲人学校、聋人学校、养护学校进行的教育也包含在内。因此,高中、大学、幼儿园等的就学费用不能成为教育扶助的对象。教育扶助的范围,包括教科书及其他学习用品费、通学用品费、学校伙食费及义务教育所必需的其他费用(《生活保护法》第 13 条各项)。所谓"教科书"是指,"关于教科书发行的临时措施法"第 2 条所列的项目,不包括参考书、课外读物之类。所谓"学习用品"是指文房用具,也包括参考书、字典、障碍儿童教育所必需的盲文板、触感玩具。所谓"通学用品"是指学生帽、学生服、书包、雨具等。所谓"义务教育所必需的其他费用"是指,因通学所需要的交通费、实验、实习、参观费等。但是,私立中、小学教育的学费不包括在内[①]。

教育扶助的方法以金钱给付为原则。但是,为达到保护目的,于有必要之情形,可进行实物给付(同法第 32 条第 1 款)。因教育扶助产生的保护金钱和物品应向被保护者、亲权者、未成年人监护人或被保护者就学学校的校长交付(同条第 2 款)。接受教育扶助的被保护者是义务教育中的儿童,所以,除了有特别必要时之外,若向本人直接交付有欠妥当,则可以向亲权者或未成年人的监护人交付。不过,若向亲权者等交付可能会产生挪用生活费之情形,则向本人就学的学校校长交付。关于扶助费的受领学校校长和被保护者的关系准用法定代理,但学校校长在法律上并不是当然处于这样的地位,所以,关于受领有必要得到学校校长的同意[②]。

三、住宅扶助

住宅扶助是针对住宅费、住宅的修补费及其他为维持住宅所必需的费用而实施的(《生活保护法》第 14 条),即:房租,房间费,权利金,拥有房产时为支付地租、固定资产税等所需的住宅维修管理费及房屋修补费均为扶助的对象,但规定有一定的基准额。住宅扶助的方法以金钱给付为原则,为达到保护的目的,有必要时,可进行实物给付(同法第 33 条第 1 款)。作为住宅扶助的实

---

① 小山,前引《关系法Ⅱ》,第 61 页。
② 同上,第 62 页。

物给付,方法是使其利用宿所提供的设施(同条第2款)。住宅扶助费向户主或相当于户主者交付(同条第4款)。

关于在从事免费低额宿泊事业的设施(免费低额宿泊所)生活之情形的住宅扶助的适用,基于"关于支援无家可归者特别措施法"(2002年8月7日法105号)第8条,出台了"关于对无家可归者适用生活保护"(2003年7月31日社援保发731001号),同时,制定了"关于无家可归者自立支援等基本方针"(2003年7月31日厚劳、国交通告1号)。据此,考虑到隐私权的保护,规定居室在开门部位以外用硬质地的墙壁隔开等,于一室一户使用的情形,只要属于生活保护法的保护基准范围内,认定提供住宅扶助(《关于生活保护法的住宅扶助之认定》,2003年7月31日,社援保发731002号)。

四、医疗扶助

医疗扶助是对无法维持最低限度生活者,主要进行因疾病、受伤的治疗所必需的医疗给付。其范围包括:诊察、药剂或治疗材料、医学处置、手术、其他的治疗及按摩、推拿、正骨、针灸、居家疗养的管理及因疗养所需的帮助和其他看护、医院及在诊疗所住院及其因疗养所需的帮助和其他看护、移送等(《生活保护法》第15条)。也有在一般的医疗机关无法实施的柔道整复术、按摩、针灸等作为医疗扶助实施的情况(同法第34条第3款)。于此情形实施按摩、推拿、正骨、针灸的人员可以比照指定医疗机关接受诊疗报酬(《关于按摩推拿指压师、针师、灸师等法律》第5条)。医疗扶助向指定医疗机关委托进行,以实物给付为原则(《生活保护法》第34条第1款、第2款)。若以金钱给付,则所付现金有可能被用于医疗以外的目的,另外,若采取金钱给付,如果没有现金则可能无法得到医疗,因此采取了实物给付的原则[1]。

因医疗扶助产生的给付,适用国民健康保险的诊疗方针及诊疗报酬的范例,给付与社会保险大致相同的医疗。因此,在医疗扶助和社会保险给付中,

---

[1] 泷泽仁唱:《生活保护的种类、方法、保护设施》,载于古贺昭典编:《现代公共扶助法论》,第188页。

就诊疗方针、报酬而言,没有太大的差别,不过,二者有如下不同,即:依据社会保险给付的医疗,于被保险者有伤病之情形,按照事先规定的方式机械地给付。与之相对应,医疗扶助不只是凭据关于该伤病治疗的必要性进行给付,而是由保护实施机关对需要治疗者是否满足接受保护的要件进行个别认定,于有必要之情形,作出保护开始决定,并实施医疗扶助。因此,与本人在医疗机关的窗口只要出示被保险证就能得到医疗给付的社会保险之医疗给付不同,关于医疗扶助,初次希望接受医疗扶助的情形自不待言,即使是在已经接受其他扶助的情形下,也必须向保护实施机关提出保护申请,若非得到医疗扶助的开始决定后,原则上不能享受医疗扶助。这是否意味着,开始决定作出之前只能忍受病痛之苦?

关于取消医疗扶助的废止决定而引起争议的是柳园诉讼[①]。Y因糖尿病和肝硬化接受医疗扶助而住院。但是,因有必要进一步治疗白内障,暂时转院住进了其他医院。治疗完白内障后,由于以前的医院已经满员,不能重新住院,于是决定从朋友家每天去医院治疗。但是,福利事务所以"伤病治愈"为理由作出废止医疗扶助的决定。治愈的只是白内障,糖尿病和肝硬化依然需要治疗,只不过是医院满员不能住院而已。Y提起诉讼要求取消医疗扶助的废止决定,并要求赔偿在废止期间内因不能接受治疗所受到的损害。Y的诉讼请求被认可。

五、介护扶助

介护扶助是对因贫困而无法维持最低限度生活的需要介护者(《介护保险法》第7条第3款)及需要支援者(同条第4款)在以下所载事项的范围内进行的扶助:①基于居家介护支援计划进行的居家介护;②福利用具;③住宅改修;④设施介护;⑤移送(《生活保护法》第15条之2第1款)。所谓居家介护是指,基于介护保险法的访问介护(《介护保险法》第8条第2款)、访问入浴介护(同条第3款)、访问看护(同条第4款)、访问康复(同条第5款)、居家疗养管

[①] 京都地方法院判决,1993年10月25日。

理指导(同条第6款)、通所介护(同条第7款)、通所康复(同条第8款)、短期入所生活介护(同条第9款)、短期入所疗养介护(同条第10款)、认知症对应型共同生活介护(同条第18款)、特定设施入所者生活介护(同条第11款)、福利用具贷与(同条第12款)及与之相当的服务(《生活保护法》第15条之2第2款)。

所谓居家介护支援计划是指,为保障居家维持生活的需要介护者、需要支援者能够适当地利用居家介护及其他为维持居家日常生活所必要的保健医疗服务及福利服务(居家介护等),而制定的有关居家介护的种类、内容等计划(同条第3款)。

所谓设施介护是指,有关介护保险法规定的介护福利设施服务、介护保健设施服务、介护疗养型医疗设施的介护疗养设施服务(同条第4款、《介护保险法》第8条第24款～第26款)。

介护扶助以实物给付为原则,但是,实物给付不能或实物给付不适当时,以及为达到保护目的而有必要的其他情形,可以进行金钱给付(《生活保护法》第34条之2第1款)。实物给付中,居家介护及设施介护,委托给接受厚生劳动大臣或都道府县知事指定的介护机关进行(同条第2款、第54条之2第1款)。

若事态紧急或有其他不得已的情形,可以接受没有受到指定的介护机关及施术者的介护扶助。因介护扶助产生的保护金钱和物品,向需要保护者交付(同法第34条之2第3款、第34条第4款、第5款)。

重度障碍者A因认为生活保护所认定的月额12万1千日元的介护费过低而提起诉讼,这就是前述的"高诉讼"①。

六、分娩扶助

分娩扶助原则上是居家保护,在生活贫困者分娩时,提供分娩的介护和帮助,分娩前、后的处置及脱脂棉、纱布等其他卫生材料(《生活保护法》第16条

---

① 最高法院判决,2001年7月17日。

各项)。关于孕产妇产前产后的营养补充,在生活扶助的给付中,应加入孕产妇加算* 这个给付项目。所谓"分娩的介护和帮助"是指,从阵痛到排出胎盘后所进行的必要介护和帮助。在此介护和帮助中,也包括流产及死产情形的介护和帮助。"分娩"不问是否基于法律上的婚姻。"分娩前、后的处置"并不局限于即将分娩或分娩之后不久的处置。因此,新生儿的沐浴费也包含在其中。

分娩扶助的方法原则上是金钱给付,但金钱给付无法达到保护的目的时,以实物给付进行(同法第35条第1款)。实物给付中的分娩给付,于居家分娩有困难之情形,委托给接受指定的助产师进行(同条第2款)。但是,于有先兆流产、剖腹产、异常分娩等急迫事情的情形,随之产生的费用由医疗扶助给付(同条第3款、第34条第4款、第5款)。

七、就业扶助

就业扶助限于对无法维持最低限度生活者,或者有无法维持最低限度生活之虞者,在其因接受该给付而收入增加、有自立希望之情形下进行的扶助。即以脱离被保护者状态、走向自立为目的的制度。其范围如下:①为就业所必需的资金、器具或资料(就业费);②学习技能费;③就职准备费(交通费、被服费)(《生活保护法》第17条)。

就业扶助原则上是金钱给付,但是,也有支给物品、使其利用职业介绍设施或以训练为目的的设施等实物给付方法。因就业给付产生的保护金钱和物品,以向被保护者交付为原则。但是,因设施的提供、使用或技能的传授所必需的金钱和物品,可以向职业介绍设施的负责人交付(同法第36条第1款~第3款)。

八、丧葬扶助

丧葬扶助是于被保护家庭的成员死亡之情形,进行有关死亡鉴定、尸体的

---

* 预产妇加算:是指对以孕产妇为对象的特别给付。——译者

搬运、火葬或埋葬，安放骨灰及其他因丧葬所需的必要费用的扶助(《生活保护法》第18条第1款)。"所谓鉴定"是指，非医师诊疗中的患者死亡时，或者医师诊疗中的患者在经过最后诊疗后24小时以上死亡时，对于其尸体进行死因及其他医学性检查(《医师法》第20条)。"尸体"包括妊娠4个月以上的死产儿的死胎(关于墓地、埋葬等法律第2条第1款)。所谓"因丧葬所需的必要费用"是指，死亡诊断书费用、死产证明书费用、棺材费用、尸体搬运费用、骨灰罐、位牌、祭坛、读经所需要费用等。丧葬扶助的方法原则上是向举行丧葬者交付金钱(《生活保护法》第37条第1款、第2款)。丧葬扶助于单身的被保护者死亡时无扶养义务者之情形，以及非被保护者死亡时无扶养义务者，用死者遗留的金钱和物品仍不能支付丧葬费之情形，可以对举行丧葬的第三者(邻人、友人)进行扶助(同法第18条第2款)。于此情形，实施丧葬扶助和举行丧葬者的资力无关。还有，于无举行丧葬者之情形，根据"关于墓地、埋葬等法律"第9条的规定，市町村长必须进行埋葬或火葬。

根据判例，无依无靠的精神分裂病者A其生活费、医疗费由生活保护提供，其死后，由于无举行丧葬者，X市为其举行了丧葬。后日，判明A有遗产。为此，X市作为特别关系人(《民法》第958条之3)申请继承A的遗产，被法院认可[①]。换言之，X市接受了从X的遗产中返还的举行丧葬仪式所需要的费用。

第八节 保护设施

生活保护以居家保护为原则，但是，无法进行居家保护，或居家保护难以达到保护目的，或被保护者提出希望时，可以通过使其进入设施或者使其利用设施的方式进行保护。

一、保护设施的种类

所谓保护设施是指，为实现保护目的而以进行必要事业为目的之设施。

---

① 浦和家庭法院秩父支部判决，1990年6月15日，载于《判例时报》第1372号，第122～123页〈许可〉。

保护设施有救护设施、更生设施、医疗保护设施、职业介绍设施、宿所提供设施五种(《生活保护法》第 38 条第 1 款)。在保护设施中,曾经占据最重要地位的是养老设施,不过,随着 1963 年 8 月老人福利法的制定施行,养老设施成为该法的养护老人院。关于特别养护老人院,根据《关于特别养护老人院的设备及运营基准》(1999 年 3 月 3 日厚令 46 号)之《部分修改的省令》[①]。在该基准的第 3 章中创设了保障入所者自律生活的单人房间和提供数量较少的入所者边相互交流边经营共同生活的空间——小规模生活单位型特别养护老人院[②]。

(一)救护设施

所谓救护设施是指,使因身体上或精神上有显著障碍、经营日常生活有困难的需要保护者入所,进行以生活扶助为目的之设施(同条第 2 款)。成为救护设施入所对象的"经营日常生活有困难者"是指,有着显著的身心障碍,无治疗的余地,即使养护、辅导也没有希望回归一般社会生活者。

(二)更生设施

更生设施是指,以生活扶助为目的,对因身体或精神原因,有养护和辅导必要的需要保护者进行入所扶助的设施(同条第 3 款)。更生设施曾经在战后的混乱期以收容流浪者为目的,但现行法规定的,成为更生设施入所对象的需要保护者是指,虽以其现有状况不能适应日常的社会生活,但为此进行必要的养护和生活指导有可能回归社会者。更生设施在以有可能回归社会者为对象这一点上与救护设施不同。

(三)医疗保护设施

医疗保护设施是对需要医疗救治的需要保护者进行以医疗给付为目的之设施(同条第 4 款)。所谓医疗保护设施是指,"医疗法"中规定的医院或诊疗所,与指定医疗机关一起进行以医疗扶助为目的的给付的设施。在一般的医院、诊疗所等作为指定医疗机关进行需要保护者的医疗实物给付的今天,其必要性正在减少,但是,需要住院治疗的流浪者、行旅病人等住院时,没有准备日

---

① 2002 年厚生劳动省令 107 号,该基准的第 4 次修改。
② 《关于生活保护制度的小规模生活单位特别养护老人院等的处理》,2003 年 3 月 31 日社援保发 331002 号。

用品和换洗衣物者居多①。因此,对于接收这些人,包括对其进行入院准备的医疗机关,医疗保护设施有其存在的意义。例如,大阪医疗中心作为露宿者的医疗保护设施发挥着其作用。

(四)职业介绍设施

职业介绍设施是指,对因身体、精神或家庭状况等原因而就业能力有限的需要保护者,为其提供就业或学习技能的必要机会和便利,以帮助其自立为目的之设施(同条第 5 款)。职业介绍设施以进行就业扶助为目的,但有资格利用者是因身体、精神、家庭的原因(有婴幼儿或病人)等,与其他人相比劳动能力及劳动条件受到制约的需要保护者。无此种制约者即使是需要保护者,也应利用一般的职业训练机关,而不能利用职业介绍设施。在这点上,职业安定所、职业辅导所与职业介绍设施不同②。职业介绍设施分在设施内介绍职业和在家庭介绍职业两种。

(五)宿所提供设施

宿所提供设施是对无住居的需要保护者家庭,以住宅扶助为目的进行保护的设施(同条第 6 款)。宿所提供设施的利用,是住宅扶助的实物给付,需要保护者住在设施内,这是为了使其利用设施。因此,宿所提供设施不是入所设施。

二、保护设施的设置

保护设施具有实现保护目的的重要意义,特别是入所设施,其运营如何很大程度上涉及入所者的人权,所以,保护设施的设置主体限于都道府县、市町村、地方独立行政法人(《地方独立行政法人法》第 2 条第 1 款、《生活保护法》第 40 条第 1 款、第 2 款)、社会福利法人及日本红十字会(同法第 41 条第 1 款)。都道府县可以设置保护设施(同法第 40 条第 1 款)。市町村欲设置保护设施时应事先向知事申报厚生劳动省令规定的事项(同条第 2 款)。都道府县

---

① 明山,前引《生活保护》,第 149 页。
② 小山,前引《关系法 II》,第 70 页。

及市町村进行的保护设施的设置必须适用条例规定(同条第 4 款)。

社会福利法人、日本红十字会欲设置保护设施时,事先必须将记载生活保护法第 41 条第 2 款规定的各项事项的申请书向知事提出,并得到认可。都道府县知事(指定都市、中核市市长)于有认可申请之情形,认为该设施符合保护设施之最低基准,并且设置者确实有经济基础,其在该地域有设置保护设施的必要性,且干部职员具有厚生劳动大臣规定的资格时,必须予以认可(同法第 41 条第 3 款各项)。知事认可时,可以限定该保护设施的存续期间,或者附加为实现保护目的所必要的条件(同条第 4 款)。保护设施进行的事业,是《社会福利法》第 2 条规定的社会福利事业,所以,社会福利法人欲设置保护设施时,《社会福利法》第 31 条以下规定的申报和生活保护法第 41 条规定的申报相竞合。于此情形,《生活保护法》第 41 条的规定优先,基于社会福利法的申报则没有必要(《社会福利法》第 74 条)。关于保护设施的设备、运营的变更、事业的缩小及休止、废止如下:即,对都道府县、市町村为设置主体的设施,只要对现在已入所的被保护者的保护无妨碍,可以根据条例的规定废止该设施,缩小或休止其事业(《生活保护法》第 40 条第 3 款、第 4 款)。对社会福利法人、日本红十字会为设置主体的保护设施的休止、废止等,应事先明确理由,对已入所的被保护者的保护措施及财产处分的方法等,若已经接受的交付金、补助金有余额时,应将其返还。关于休止或废止的时期必须接受都道府县知事(指定都市、中核市市长)的认可(同法第 42 条)。

三、保护设施最低基准

保护设施的设备、运营和有关设施中被保护者的人数及其与设施利用者的总数之比例,必须在厚生劳动大臣规定的最低基准以上(《生活保护法》第 39 条)。这里所谓的"设备"是指物之设备,所谓"运营"是指有关保护实施的机能。职员与其说是人之设备,不如看作是运营的内容。因此,所谓保护设施不是指建筑物,而是包括设备、运营在内的综合体[①]。所谓"利用者"是指保护

---

① 小山,前引《解释和运用》,第 481 页。

设施的入所者和利用者双方。所谓"厚生劳动大臣规定的最低基准"是指,《有关救护设施、更生设施、职业介绍设施及宿所提供设施的设备及运营的最低基准》①。

四、保护设施的指导、监督

关于保护设施的运营,都道府县知事(指定都市、中核市市长)有进行必要指导的义务,但是,对社会福利法人、日本红十字会为设置主体的保护设施的指导,市町村(特别区的)长应予以辅助(《生活保护法》第 43 条第 1 款、第 2 款)。为此,知事(指定都市、中核市市长)可以要求保护设施的管理者提出报告,或者入室进行检查(同法第 44 条第 1 款)。

厚生劳动大臣可以命令都道府县(指定都市、中核市),知事(指定都市、中核市市长)可以命令市町村(特别区)改善、停止、废止保护设施(同法第 45 条第 1 款)。知事对社会福利法人、日本红十字会因第 45 条第 2 款各项的事由命令其停止事业、取消认可时,必须举行公开的听证(同条第 3 款～第 5 款)。关于知事(指定都市、中核市市长)的保护设施监督权,神长勋认为,"不能停留于一般行政的义务水平上,而应从确保有关委托扶助的保护设施中的被保护者的生命、身体安全这个至高命题考虑,该权力体的具体行使是法律规定的义务","知事未能有效、恰当地行使其权限,随着时间流逝,倘若因火灾事故导致被保护者死亡的,由于怠于行使法所要求的都道府县知事的适当权限,即因违法地不行使公权力并导致损害(《国家赔偿法》第 1 条第 1 款)这个理由,可以说国家及都道府县的国家赔偿责任成立"②,知事的保护设施监督权法的义务相伴而生,其不行使相关权限时将承担国家赔偿法所规定的责任。

五、保护设施的管理

保护设施的设置者于其事业开始之前,必须制定明确记载有《生活保护

---

① 1996 年 7 月 1 日,厚令 18 号,最新修改 2004 年厚劳令 48 号。
② 园部等编,前引书,第 595 页。

法》第 46 条第 1 款规定的各项必要记载事项的管理规程。管理规程制定义务是为了保护设施的合理运营、防止设施运营的恣意,并对设施入所者进行适当的保护,而向所有保护设施设置者规定的义务。都道府县(指定都市、中核市)以外的设置者制定或欲变更这个管理规程时,必须及时地向都道府县知事(指定都市、中核市市长)申报。都道府县知事(指定都市、中核市市长)认为管理规程的内容不适当时,可以命令将其变更(《生活保护法》第 46 条第 2 款、第 3 款)。这样一来,申报义务使得知事对于保护设施的指导、监督权得到切实行使,同时还包含着使管理规程的内容适当化之意图。

六、保护设施的义务

保护设施接受保护实施机关的保护委托时,无正当理由不得拒绝(《生活保护法》第 47 条第 1 款)。可以拒绝保护实施机关的入所委托之"正当理由"是指:①没有能力接受进入该设施的人员;②接受委托的被保护者有传染性疾病,有传染其他入所者之虞;③从该设施的种类及固有性质看,不能接受委托等[1]。

保护设施对需要保护者的入所或待遇,不得因人种、信条、社会身份或门第,采取差别待遇(同条第 2 款)。本款是基于《宪法》第 14 条法律面前人人平等的理念而规定的。由于生活保护法以日本国民为对象,由此产生的问题是,在拥有日本国籍者中禁止区分人种优劣。所谓"信条"是指宗教上的信仰、思想上的主义。"社会身份"则包含人在社会中所占地位的全部。因此,"如具有加入国籍者、破产者、有前科者等之类的意思,因此无论如何也难以使之固定的地位属于此类情况自不待言,雇主的地位、劳动者的地位、职业……等也应包含在内"[2]。所谓"门第"是指原华族、士族等名门。

对于利用者,保护设施不得强制其进行宗教上的行为,强制其参加宗教上的庆祝典礼、仪式或活动(《生活保护法》第 47 条第 3 款)。本款是基于《宪法》

---

[1] 小山,前引《解释和运用》,第 513 页。
[2] 《日本国宪法解释》,第 350 页。

第 20 条信教自由的理念而制定的。保护设施不限于公立设施，社会福利法人、日本红十字会经营的民间设施也具有较高程度的公共性，所以，即使是宗教团体经营的设施，对于其利用者也不允许进行这样的强制。所谓"宗教上的行为"是指，礼拜、祈祷、其他宗教上的庆祝典礼、仪式、活动等[①]。设施入所者任意进行或加入这样的行为，是自由的。因此，其宗旨并非是在设施内禁止进行这样的行为本身，而是不能强制设施利用者参加这些活动[②]。此外，保护设施不得拒绝保护实施机关公务员进行的入室检查（同条第 4 款）。

七、保护设施的负责人

保护设施的负责人对于利用其设施者，可以按照管理规程进行必要的指导。这个指导应是为了利用设施者生活的提高及更生而进行的，都道府县知事（指定都市、中核市市长）认为必要时，可以限制或禁止设施领导的指导（《生活保护法》第 48 条第 1 款～第 3 款）。

另外，若因赠与、继承而收入增加，导致停止或减少支付保护费而废止保护之情形；或因疾病需要医疗扶助之情形；或因死亡废止保护之情形等，而有必要变更、停止、废止对设施利用（入所）者的保护时，必须向保护实施机关申报（同条第 4 款）。

第九节　被保护者的权利义务

一、被保护者的权利

基于生活保护法的保护，由于是维持最低限度的生活所必不可少的，因此其必须优先于其他保障进行。为此，生活保护法将以下三项作为被保护者的权利予以规定。

[①] 前引《解释》，第 411 页。
[②] 木村，前引《保护法》，第 334 页。

（一）禁止不利的变更

对于被保护者，若无正当理由，就已决定的保护不得进行不利的变更(《生活保护法》第56条)。本条是明示不得因保护实施机关的恣意，对已决定的保护进行变更之规定，保障了被保护者法律地位的安定性。所谓"被保护者"是指，除正在接受保护者外，还包括正在申请保护但还未接受保护者。所谓"正当的理由"是指属于生活保护法规定的保护变更事由，并且保护实施机关按照生活保护法规定的程序进行变更之理由(同法第24条第5款、第25条第2款、第26条、第28条第4款、第62条第3款、第4款)。"已决定的保护"包括保护的种类、程度和方法。何谓"不利"，应基于社会的通常观念进行客观的判断，不得依被保护者的主观判断认定。这里所谓的"变更"，是包含保护的停止、废止之广义的变更。禁止不利变更是被保护者的权利，但同时也包括实施机关承担不得进行不利变更的义务，违反此规定的变更决定将成为第64条以下规定的不服申诉的对象。

（二）禁止课税

对于被保护者，不得以保护金钱和物品为标准课以租税及其他公税(同法第57条)。生活保护法的给付根据的是给付基准及程度原则(同法第8条)以及按需要保护原则(同法第9条)，目的是足以维持被保护者最低限度的生活，但同时不得超过这一限度。在这个性质上，由于不应课征公税，因此明示了禁止规定。"以保护金钱和物品为标准"是指，将保护金钱和物品看作是被保护者的资产和收入。"租税"是指，国税和地方税。"其他公税"是指，地方公共团体课征的分担金、赋役实物，特别公法人(例如水害预防公会)课征的公会费、赋役实物①。另外，公税不得以保护金钱和物品为标准课税，因此，对于保护金钱和物品以外的资产和收入不适用本条。

（三）禁止查封

对于被保护者，不得对其已接受的保护金钱和物品或者接受保护金钱和物品的权利进行查封(同法第58条)。所谓"禁止查封"是指，在法律上或裁判

---

① 小山，前引《解释和运用》，第628页。

上禁止将债务者的一定财产作为强制执行的标的物查封。民事执行法列举了禁止查封的一定动产及债权(《民事执行法》第131条、第152条第1款第1项),但其他法律个别规定禁止查封的情形也不少,其中之一是《生活保护法》第58条规定的禁止查封。生活保护法规定禁止查封有以下理由,即:生活保护法对被保护者的给付,目的是足以维持被保护者最低限度的生活,因此给付应在这个限度内进行,而不包括偿还被保护者的债务。因此,因强制偿还债务而查封保护的金钱和物品,侵害了被保护者的最低限度生活,因而无法达到保护目的,所以,从公共福利的角度考虑,应将此予以禁止。本条明示了禁止查封不仅包括已接受给付的保护金钱和物品,而且还包括虽未给付但请求接受保护金钱和物品的权利在内。另外,违反禁止查封规定而进行的查封是违法的查封,对此承认救济。

二、被保护者的义务

(一)生活上的义务

被保护者必须根据自己的能力始终辛勤劳动,节约支出,并努力维持和提高生活(《生活保护法》第60条)。本条规定被保护者有以下义务:①根据能力辛勤劳动;②考虑节约支出;③谋求生活的维持和提高。所谓"辛勤劳动",从因高龄、疾病、儿童等理由而无劳动能力者,到即使有劳动愿望但无劳动机会者,生活保护法并不是要求上述人员谋求伴随收益的劳动,而是为使无劳动能力者也能够以同样的心态生活而作出的训示性规定。对于本条,明山和夫认为,"根据自己的能力辛勤劳动已包含在前述资产、能力等有效利用的义务之中,对于能够被认定为最低限度的生活者来说,将节约生活支出作为义务规定下来,就意味着不承认其最低限度的生活,这是不合理的。对此,应解释为本条只不过是劝戒被保护者不要因自己生活态度上的过失(浪费性消费、借款等)而扩大和加重需要保护的原因"[①]。对此,木村忠二郎指出,生活保护法第4条第1款的资产能力等有效利用的规定,是从

---

① 明山,前引《生活保护》,第154页。

成为被保护者的积极要件这个方面进行规定的,对此,虽承认本条的意义是从消极的义务方面进行的规定,但"此生活上的义务规定是精神性规定"①,其具有训示性的性质。若违反本条规定,由于训示性规定的性质,没有罚则。但是,当违反超过一定程度时,保护实施机关对被保护者,可以进行为实现维持和提高生活及其他保护目的的指导、指示(同法第 27 条第 1 款)。若被保护者不服从时,保护实施机关可以进行保护的不利变更、停止和废止处分(同法第 62 条第 3 款)。

(二)报告的义务

被保护者在其收入、支出及其他生计状况有变化时,或者居住地、家庭构成有变动时,必须及时向保护实施机关或福利事务所提出相关报告(同法第 61 条)。所谓"收入"是指,除去保护金钱和物品,被保护家庭所有的全部金钱和物品。所谓"其他生计状况"是指,包括家庭成员的就职、失业、入学、疾病等影响生计的所有事项。关于伴随收入变化的"保护变更决定处分取消请求事件",福冈地方法院判决指出,被保护家庭的父母为使子女升入高中而从保护费中支付缴纳学资保险的保险费,保护实施机关认定学资保险期满时得到的期满保险金为收入,从而作出保护费减额处分,这是裁量权的滥用②。上诉审的福冈高等法院对于这点也几乎作出了同样的判决③。在这里规定报告义务的"变动"是指,限于和保护决定实施有实质性关联的事项。"报告"无论是采用书面或口头形式、直接或间接形式均可。被保护者认识到应进行报告,以使保护实施机关等能够了解,而不问其手段和方法。

关于被保护者的报告义务之性质,判例认为,"承认生活保护法的接受保护权是作为裁判上能够请求的法律上的权利,另一方面,根据同法第 61 条,规定了对于被保护者,当收入、支出及其他生计状况有变化时,课以及时地将其

---

① 木村,前引《保护法》,第 361 页。
② 福冈地方法院判决,1995 年 3 月 24 日,载于《判例地方自治》第 137 号,第 67 页。
③ 福冈高等法院判决,1998 年 10 月 9 日,河野正辉:《中嶋诉讼》,载于《法律时报》第 71 卷第 6 号,第 96 页。

内容自主地进行报告的义务……，这是在现行生活保护制度下，为了公正地适用申请保护原则而采取的必然措施"①。另外，作为行政上的特例措施，对接受生活扶助费给付的外国人是否负有《生活保护法》第61条的报告义务，判例认为，"对于根据行政措施接受生活扶助费给付的外国人，应理解为准用《生活保护法》第61条的规定，道理上作为当然的被保护者负有类似于报告义务的告知义务"。其理由是，"本来生活保护法规定的保护是为了保障被保护者的最低限度生活，按照其贫困的程度在必要的限度内进行的，为了谋求保护的公正实施，要求保护实施机关经常掌握被保护者的实际生活状况，因此，保护实施机关的职权调查是非常重要的；同时，与之相对应，当然要求被保护者向保护实施机关告知其实际的生活状况，……为了谋求保护的公正实施，被保护者的报告义务在日本国民根据生活保护法接受保护的情形和作为外国人的朝鲜人基于日本国民的生活保护法准用生活保护决定实施的办法接受保护的情形不应有异同，应是被保护者平等负担的义务，……道理上应解释为是当然被课加的义务"②。另外，收入的报告义务不单是道义上的训示性义务，而是法律上的义务，若借保护实施机关的错误认定而接受保护费，不作为的诈欺罪即会成立③。这是否等同于忽视福利行政机关的过失而处罚被保护者？

（三）服从指导、指示义务

被保护者有服从保护实施机关指导、指示的义务（同法第62条第1款）。应服从的指导、指示事项是：①使被保护者进入救护设施、更生设施或其他适当的设施，或者委托进入这些设施，或者向私人家庭委托养护的决定（同法第30条第1款但书）；②为实现维持、提高生活及其他保护目的之必要的指导、指示（同法第27条第1款）；③入室调查、诊察（同法第28条第1款）。此外，利用保护设施的被保护者必须服从保护设施的管理规程（同法第62条第2款）。被保护者违反这些义务时，保护实施机关可以作出保护的不利变更、停

---

① 高松高等法院判决，1971年9月9日，载于《刑事裁判月报》第3卷第9号，第1130页。
② 东京高等法院判决，1956年12月27日，载于《高等法院刑事判例集》第9卷第12号，第1362页。
③ 东京地方法院判决，1972年8月4日，载于《刑事裁判月报》第4卷第8号，第1443页。

止、废止处分(同条第3款)。但是,倘若并非是不服从第27条第1款规定的保护实施机关书面进行的指导、指示,则不能进行这些不利处分(施行规则第19条)。进行这些处分时,保护实施机关应事先通知该处分的理由,解释的时间、场所,必须向被保护者提供解释的机会(同法第62条第4款)。由于提供了解释的机会,即给予了被保护者履行义务的机会,而且,保护实施机关就此可能探讨被保护者的义务违反是否为不可避免之事。由此保护实施机关可以避免错误地进行不利处分①。另外,《生活保护法》第27条规定的指示也可以对被停止保护者适用②。

关于服从指导、指示义务,有如下判例。接受生活保护者X因孩子有急病及交通条件不好、上下班困难等理由,向亲戚、朋友临时借用汽车使用。知道此事后的福利事务所长Y以被保护者违反"服从指导、指示义务"为理由作出了保护废止处分。X不服本案处分提出了审查请求和再审查请求,均被驳回。为此,X向福冈地方法院提起诉讼要求取消Y的这个处分。法院判决认为,本案指示具有生活保护法第27条的指示性,并且其判断有一定的合理性,没有超出裁量权。再者,借用物不包括在生活保护法第4条第1款的资产中,若只要是被保护者无处分权的借用物,无论何物均被解释为被保护者能够利用之物,则违反了满足最低限度生活需要并在不超过这个范围内进行保障的法的宗旨。因此,福利事务所长Y的指示有一定的合理性。但是,于以违反指示为理由对被保护者进行不利处分之情形,有必要考虑对被保护者保护的必要性,特别是保护的废止处分,由于其是剥夺被保护者最低限度生活保障的重大处分,因此违反指示的程度必须与处分的重大程度相当,对于未达到如此重大程度的违反行为,应选择保护的变更、停止等较轻的处分。所以,本案保护废止处分在处分的相当性这点上,超出了保护实施机关被赋予的裁量权范围内的处分,应予以取消③。

---

① 小山,前引《关系法Ⅱ》,第106页。
② 东京地方法院判决,1978年3月31日,载于《行政事件裁判例集》第29卷第3号,第473页。
③ 福冈地方法院判决,1998年5月26日,载于《判例时代》第90号,第157页〈确定〉;阿部和光:《增永诉讼》,载于《法律时报》第71卷第6号,第92页。

（四）费用返还义务

被保护者虽有资产能力,但于急迫情形下接受了保护时,对已支付保护所需费用的都道府县或市町村,必须按照保护实施机关规定的金额,及时返还与接受的保护金钱和物品相当的金额(同法第63条)。这里所谓的"被保护者",不仅包括正在接受保护者,也包括曾经接受过保护者。所谓"急迫情形"一般理解为,除了事情急迫之情形外,还包括因调查不充分导致虽有资力但误认为无资产、无能力而实施保护之情形,或者错误认定保护的程度而作出不当的超额决定之情形。对此,神长勋认为,于具有接受保护资格者"所不恰当领取的高额保护是因行政机关过失之情形,原则上不产生费用返还的义务"[①]。因保护实施机关的过失造成保护程度的差错,不能成为本条规定的返还义务的对象。也有判例持同样观点[②]。

"与保护金钱和物品相当的金额"是指,对于接受实物给付之物,也将其换算为金钱返还之意。返还额"以保护实施机关所规定的金额"为准,由于存在全额返还给付不可能或者不适当之情形,因此返还金额的多少委托给能够知悉被保护者状况的保护实施机关裁量。被保护者负有的费用返还义务中,包含保护实施机关作出返还额指示以前的要求返还义务,以及应服从保护实施机关的返还命令义务两种[③]。

关于急迫保护情形下的被保护者负有的费用返还义务,有如下的判例。X因交通事故住院治疗,其费用由医疗扶助支付。支付时X被福利事务所告知有关损害赔偿费案件判决后应返还已支付给其的医疗扶助费。最高法院判决认为,本案的医疗扶助是根据《生活保护法》第4条第3款开始的,规定了接受保护者在其资产、能力能够予以现实利用时的费用返还义务,交通事故的被害者与加害者之间就损害赔偿的责任和范围发生争议,在不能直接获得赔偿时可以例外地接受保护,并不一定具有接受保护的资格。因此,直到接受保护

---

① 园部等编,前引书,第585页。
② 松山地方法院宇和岛支部判决,1968年12月10日,载于《行政事件裁判例集》第19卷第12号,第1896页。
③ 小山,前引《解释和运用》,第650页。

者能够获得赔偿时,才达到能够现实利用其资力的状态,所以,可以理解为根据同法第63条的规定,X应承担费用返还义务①。

三、禁止接受保护权的让渡

被保护者不得让渡接受保护的权利(《生活保护法》第59条)。这是被保护者接受保护的权利,属于人身专属权,不具有让渡性。因此,接受保护权不得成为继承的对象。对此,朝日诉讼从相同的观点出发作出判决,"关于生活保护处分裁决的取消诉讼,因被保护者的死亡而当然终止"。因为"……生活保护法规定的需要保护者或被保护者接受国家的生活保护,这并非仅仅是国家的恩惠或伴随社会政策实施所产生的反射性利益,而是法之权利,也可称之为接受保护权。但是,应该说,这个权利是为维持被保护者自身最低限度的生活而赋予该人的人身专属权利,不能向其他人让渡(参照第59条),也不能成为继承的对象。另外,关于要求给付被保护者扶助即已经迟延的扶助之权利,医疗扶助的情形自不待言,即使是以金钱给付为内容的生活扶助之情形,其是以满足被保护者最低限度的生活需要为目的,不允许流用于法的预定目的之外,所以,因该被保护者的死亡而当然消灭,不能成为继承的对象"②。另外,在这个朝日诉讼的判决中,有奥野健一法官的补充意见及田中二郎法官的反对意见。

这个判决与生活保护法以家庭为原则考虑是否需要保护及保护程度的规定是相互矛盾的。但是,在此后有关生活保护请求权的继承判例中,该判例作为统领性的案例而被一直援引。

第十节 不服申诉

由于保护的决定实施处分是直接关系到国民生存权的重大处分,所以必

---

① 最高法院判决,1971年6月29日,载于《最高法院民事判例集》第25卷第4号,第650页;高仓统一:《损害赔偿请求权和费用返还义务》,载于《社会保障判例百选》,第3版,第176页。
② 最高法院判决,1967年5月24日,载于《最高法院民事判例集》第21卷第5号,第1043页。

须公正进行。为此,生活保护法通过上级行政机关的指挥、监督、事务监查等规定保障行政机关能公正实施保护。另一方面,保护实施机关进行违法、不当的处分时,对接受保护者设立了作为救济程序的不服申诉制度,以谋求保护的公正实施。

根据不服申诉制度,保护请求权可以成为具有实效性的权利。取消保护实施机关作出的决定处分诉讼,必须经过对有关该处分的审查请求作出裁决后方可提起(《生活保护法》第69条)。这被称为审查请求前置主义。其目的是在给予行政机关反省的机会而使事件得到妥善处理的同时,减轻法院的负担。为此,对保护实施机关的决定处分提出的不服申诉,生活保护法针对行政复议法的规定进行了特例规定。1962年施行的行政复议法,为行政处分开辟了不服申诉的广阔道路,但生活保护法自其制定之初,便为具体保障接受保护的权利而另外单独规定了不服申诉制度。这个不服申诉制度因行政复议法的施行而进行了全面修改①。现在,根据行政复议法和生活保护法的特例规定,对于保护实施机关进行的有关保护决定有以下的不服申诉制度,即,对作为保护实施机关的福利事务所长作出的保护处分不服者,可以向管辖该福利事务所的都道府县知事提出审查请求(《生活保护法》第64条、《行政复议法》第5条第1款各项)。审查请求原则上必须自知道该决定次日起60日内提出(同法第14条第1款)。对于该审查请求,都道府县知事必须在50日以内作出裁决(《生活保护法》第65条第1款)。对知事的裁决不服者,原则上可以自知道该裁决次日起30日内(《行政复议法》第53条),向厚生劳动大臣提出再审查请求(《生活保护法》第66条第1款)。若知事在50日以内未作出裁决,视为审查请求被驳回,这时可以向厚生劳动大臣提出再审查请求(同法第65条第2款、第66条第1款、《行政复议法》第8条第1款第1项、第2款)。

关于在何种情形下《生活保护法》第65条第2款中规定的审查请求可以被视为驳回,判例认为,"关于根据《生活保护法》第65条第2款规定的视为裁

---

① 一部分被行政复议法所吸收,删除了《生活保护法》第67条、第68条。

决，该裁决本身固有的瑕疵，即裁决未在规定期间内作出、裁决理由的欠缺、未告知不服申诉程序等并非被视为裁决性质上的问题，只不过是视为驳回审查请求的结论是否合适与恰当的问题"①。

厚生劳动大臣对再审查请求，必须在 70 日内作出裁决(《生活保护法》第 66 条第 2 款)。如前所述，要求取消福利事务所长作出的保护处分的诉讼，必须经知事对该处分的审查请求作出裁决后方可提起。对知事的审查请求裁决不服者，以及虽向知事提起了审查请求，但经过 50 日还未得到裁决者，可以向法院提起取消诉讼。能够提起取消诉讼的期间，为自知道该裁决之日起 3 个月以内(《行政诉讼法》第 14 条第 1 款)。

第十一节　罚则等

关于返还的免除、对采取不正当手段接受的保护征收费用、遗留金钱和物品的处分等，以下分别述之。

(一) 返还的免除

因保护的变更、废止或停止，被保护者应返还此前已给付的金钱和物品的全部或一部分，此时，若保护实施机关认为被保护者对上述金钱或物品的消费和丧失有不得已的事由，则可以免除返还(《生活保护法》第 80 条)。因保护的变更、停止或废止，此前给付的金钱和物品，超过给付必要限度的部分，作为不当得利必须返还(《民法》第 703 条)，但关于不当得利部分一律要求其返还过于苛刻，且妨碍被保护者自立，因此，当被保护者因将其消费或丧失而无法返还时，只要被认为有不得已的事由，福利事务所长根据裁量可以免除其返还。所谓"不得已的事由"不是消费、丧失的事由，而是关于不能返还的不得已的事由②。

(二) 对采用不正当手段接受的保护征收费用

费用的征收于用不正当的手段使保护得以实施之情形，以及扶养义务者

---

① 东京地方法院判决，1964 年 11 月 25 日，载于《行政事件裁判例集》第 15 卷第 11 号，第 2188 页。

② 小山，前引《解释和运用》，第 828 页。

不履行扶养义务之情形发生。

　　1. 若某人通过伪造的申请及其他不正当手段接受保护或者使他人接受保护，已支付保护费的都道府县知事或市町村长可以向其征收费用的全部或一部分（《生活保护法》第 78 条）。所谓"伪造的申请"不仅包括积极地进行歪曲或隐瞒事实之情形，而且包括用不作为的方法消极地进行上述行为之情形。所谓"不正当的手段"是指未达到刑法上的欺诈罪之程度的不正当手段，即：尽管不处于能够接受保护的状态，但为达到接受保护之情形使用了的一切手段。例如，故意伤害自己的身体接受医疗扶助，在入室检查中对于来访人员的调查有错误之事默认等①。所谓"接受保护"是指自己接受保护之事，"使他人接受"是指虽然自己以外的第三者无接受保护的资格，但使其接受保护之事，不问其是善意还是恶意，只要接受保护或使其接受之事与伪造的申请或不正当手段之间有因果关系即可。对于通过伪造的申请及其他不正当的手段接受保护者，处以 3 年以下的徒刑或 30 万日元以下的罚金。但是，刑法中有规定时，依据刑法（同法第 85 条）。

　　关于不正当接受保护，东京高等法院判决认为，上诉人（被告人）的行为是行使保护请求权，但是用欺罔这种违法的手段得到过度的保护费之事，不能看作是正当的权利行使，在法律上认定上诉人无欺罔的意思是困难的，结果是支持原审对于不正当接受适用欺诈罪的判决②。另外，同样支持原审认定虚假收入申报书和保护费的接受之间有因果关系，对不正当接受适用欺诈罪的高松高等法院判决指出，"作为与权利相伴而生的社会义务，对通过不正当手段接受保护的刑事惩罚，结合案件的情况，提高到作为反社会行为的自然犯，依据刑法予以处罚，并非不当，……就本案来看，对于以刑法上的欺诈罪进行处罚，无任何违法"③。作为违反《生活保护法》第 85 条之罪的成立要件，最高法院判决指出，伪造的申请与接受保护之间有因果关系是必要的④。

　　2. 于虽有应履行扶养义务的扶养义务者，但实施了保护之情形，已支付

---

① 小山，前引《解释和运用》，第 823 页。
② 1974 年 12 月 3 日，载于《高等法院刑事判例集》第 27 卷第 7 号，第 687 页。
③ 1971 年 9 月 9 日，载于《刑事裁判月报》第 3 卷第 9 号，第 1130 页。
④ 最高法院判决，1991 年 3 月 29 日，载于《最高法院刑事判例集》第 45 卷第 3 号，第 143 页。

保护费的都道府县知事或市町村长,可以向扶养义务者在扶养义务的范围内征收其已付费用的全部或一部分。征收额由保护实施机关和扶养义务者的协议决定,但协议不成时,由保护实施机关请求家庭法院作出决定(同法第77条第1款、第2款)。

(三) 返还命令

已接受补助金或负担金交付的保护设施,①违反交付条件时;②用欺诈、伪造及其他不正当的手段接受交付时;③有营利行为时;④违反法律和命令进行处分时,国家或都道府县对设置者可以命令返还已交付金额的全部或一部分(同法第79条各项)。

(四) 遗留金钱和物品的处分

单身且无扶养义务者的被保护者死亡时,应埋葬被保护者的邻人、友人,进行丧葬扶助。不过,于此情形,保护实施机关可以将死者的遗留金钱及有价证券充当保护费,仍不足时,可以用变卖遗留的物品的价款充当保护费(同法第76条第1款)。此时,国家或地方公共团体的国税、地方税或私人的债权等,可以确保优先于所有的一般优先受偿权(同条第2款)。

第十二节　大都市的特例

本法规定由都道府县处理的事务,在指定都市及中核市,根据政令的规定,由指定都市或中核市处理(《生活保护法》第84条之2第1款)。在这种情况下,关于都道府县的规定适用于指定都市等。关于再审查请求(同法第66条第1款)的规定,也适用于不服指定都市市长等所作处分的申诉(同法第84条之2第2款)。

第十三节　费用

关于费用的负担划分如下:

生活保护事务是国家以其责任实施的国家事务,其费用原则上国家负担。

与此同时,都道府县及市町村也应对其区域内住民的福利承担责任,并且,作为委任给国家机关执行的事务,地方公共团体也应执行生活保护事务,所以,关于其费用地方公共团体也应负担部分责任。因此,关于生活保护施行所需的费用,由国家、都道府县、市町村按其责任大小负担。

生活保护法所谓的费用,有保护费、保护设施事务费、委托事务费、设备费、人事费、行政事务费(同法第70条各项)。关于"保护费、保护设施事务费、委托事务费",都道府县或市及设置福利事务所的町村暂时全额行付(同法第72条第2款),尔后由国家负担其四分之三(同法第75条第1款第1项)。但是,关于无居住地、居住地不明的被保护者或居住在宿所提供设施或儿童福利法规定的母子生活支援设施中的被保护者(从利用这些设施前居住在该市町村内的被保护者除外),对于市町村已支付的保护费、保护设施事务费、委托事务费,都道府县负担四分之一(同法第73条第1项、第2项)。因此,该市町村没有负担。关于"保护设施设备费",于都道府县(指定都市、中核市)设置该保护设施的情形,国家负担其二分之一(同法第75条第1款第2项)。于指定都市、中核市以外的市町村设置的情形,国家负担二分之一,都道府县负担四分之一(同法第75条第1款第2项、第73条第3项)。关于社会福利法人或日本红十字会设置的保护设施,新设的费用不予补助,但若该设施能够对其辖区内的被保护者实施有效保护,其辖区内又无公立保护设施,或者即使能够提供入所保护但能力有限的,就修理、改造、扩大、完善等费用,都道府县(指定都市、中核市)可以补助其四分之三以内的份额,国家对于都道府县(指定都市、中核市)可以补助其补助额三分之二以内的份额。(同法第74条第1款、第75条第2款)。关于"人事费"及"行政事务费",有关国家的负担或补助没有规定,但实务中,行政事务费已被列入预算,关于人事费,都道府县或指定都市、中核市则在生活保护主管课中配置了生活保护指导员。

于国家或地方公共团体认为必要时,按照厚生劳动省令或条例的规定程序,对社会福利法人设立、运营的生活保护设施等进行援助之情形,由厚生劳动大臣或地方公共团体负责人对于该法人设置、运营的设施进行监督(同法第74条之2,《社会福利法》第58条)。

第三章 儿童福利法

　　儿童福利法是以第二次世界大战前制定的防止虐待儿童法、少年教养法、母子保护法、救护法以及其他相关的法律为基础,根据《宪法》第 25 条生存权的理念制定的关于儿童福利的综合性基本法。上述战前的有关法律是对需要保护的儿童提供保护,而儿童福利法的目的是增进儿童福利,防止儿童陷入需要保护的状态,满足儿童的身心需要,积极促使儿童健康成长。有关基本原则规定的第 1 条、第 2 条以及尊重基本原则的第 3 条明确了以上的精神。当初拟定法律草案时,对于是否和宪法、教育基本法一样制定前言的问题曾经展开了讨论。但是,最后没有采用制定前言的意见,而是代之以在第一章总则中,设置了不独立于各章节的基本原则规定。所以,这些规定介于宪法、儿童福利法以及其他有关儿童的法令之间,是对这些法令具有约束力的上位规定(同法第 3 条)。

　　儿童福利法制定后不久,就开始着手对其进行修改。这是因为各省厅需要调整各自所管辖的有关事项。比如,不良行为少年的安置由厚生省(现为厚生劳动省)进行还是由法务省管辖,幼儿的保育是属于厚生省管辖还是由文部省(现为文部科学省)管辖等。但是由于对保育和教育的理念和目的存在不同争论,且就法务省和厚生省所管辖的事项没有达成共识,因此儿童福利法是在以上问题没有得到调整的情况下制定的。

　　根据 1997 年法 74 号,儿童福利法做了大幅修改。此次修改是迫于特殊统计出生率的低下,而将保育所入所的措施变更为契约。同时,根据《关于调整精神薄弱者用语的有关法律的部分修改》(1998 年法 110 号)的规定,儿童福利法中使用的精神薄弱(儿)这个用语变更为智力障碍(儿)。

　　此后根据地方分权总括法的修改(1999 年 7 月 16 日法 87 号)以及"为增

进社会福利部分修改社会事业法等的法律"(2000年6月7日法111号),儿童福利法也随之做了相应的修改。

另一方面,作为单独立法制定了关于防止虐待儿童等法律(2000年5月2日法82号,最新修改2004年法30号)。本法详细规定了虐待儿童的定义、地方公共团体的防止虐待儿童义务、通告及保密义务等。本法将部分内容和儿童福利法做了整合,同时也从民法和刑法的关系考虑,从而完善了防止虐待儿童的制度。

2001年11月30日《儿童福利法》第60次修改(法135号)的要点是:①强化对许可外保育设施的监督;②保育士资格的法定化;③儿童委员职务的明确化等。

在2003年《儿童福利法》的修改(法121号)中,新增加了育儿支援事业、市町村保育计划以及都道府县保育计划的制定等有关规定(2005年4月施行)。

在2004年12月的修改中,儿童福利法的体系有了大幅度的变动,条文位置做了重大变更。同时,2005年法25号的修改以及2006年4月1日施行的规定等,都将引起儿童福利法今后多方面的修改。

第一节 本法的理念

一、儿童福利的基本理念

《儿童福利法》第1条规定,"所有的国民必须努力保证儿童身心健康地出生以及成长。所有儿童的生活必须平等地受到保护和爱护",其表明了保障儿童生存权的理念。第1款规定了国民教育儿童的义务和责任,第2款规定了儿童权利。

在第2款中,由于只规定了"所有儿童",没有规定"所有日本儿童",因此产生了在日本居住的外国儿童是否适用儿童福利法的问题。具体地说,外国儿童能否进入儿童福利设施,《儿童福利法》第34条有关禁止行为的规定是否适用于外国儿童等,有关儿童福利制度的规定能否按同一顺位适用于日本儿童和外国儿童等，均成为问题。

和歌山家庭法院在一起奸淫韩国儿童的案件中判决："……（成为儿童福利法为保护儿童的禁止行为之对象的）儿童当然包括外国以及无国籍的儿童在内。"[1]但是，由于该判决属于下级法院的判决，禁止行为的规定是否当然适用于外国儿童仍有异议。关于儿童设施的入所、培育医疗的给付、辅助用具的交付、疗育的给付等，还遗留着对外国儿童和日本儿童能否按照同一标准和顺位进行支援的问题。

儿童福利法制定之初，日本正处于战后混乱期，如何对待大量的孤儿和流浪儿是儿童福利行政面对的课题。在这种情况下，由于当时有关儿童的观念中还没有萌芽出儿童权利的意识，所以不可能明确使用"儿童权利"一词，只是在本法草案和立法中规定了儿童作为健全培育对象应该予以保护。

1997年法74号的修改中虽然没有这个内容，但在儿童福利法制定后经过了半个世纪，并且批准了儿童权利条约的今天，有必要将儿童福利法第1条"爱护"等用语，修改为"儿童权利"。

二、地方公共团体及国民的责任和义务

《儿童福利法》第2条规定，"国家和地方公共团体与儿童的保护者共同负有培育儿童身心健康地成长的责任"。关于"与儿童的保护者共同"的解释，存在着保护者的责任和国家责任是否同位的意见分歧[2]。但是，作为一般保护者的亲权者、未成年人监护人，享有《民法》第820条以下的权利，负有与此权利相对应的培育儿童的义务。因此，可以说保护者对谋求儿童福利承担首要责任，国家以及地方公共团体承担补充性责任。

然而，尽管如此，并不因此就允许国家和地方公共团体逃避国家责任。国家和地方公共团体在保护者谋求儿童福利的前提下，应当排除障碍，努力完善使保护者的责任得以充分履行的社会环境。如果保护者不关心儿童身心健康

---

[1] 和歌山家庭法院判决，1956年2月2日，载于《家庭裁判月报》第8卷第5号，第111页。
[2] 井垣章二：《儿童福利》，第4版，第85页；田村和之：《保育法制的课题》，第195页。

的培育,没有充分履行责任,国家和地方公共团体要对保护者进行必要的援助和指导,协助保护者充分履行其应有的责任。原则上只有在这些援助仍不能达到培育目的时,国家和地方公共团体才代替保护者为儿童提供有关的保护。这样的顺位明确了保护者承担培育的首要责任。

三、儿童福利法基本理念的尊重

《儿童福利法》第3条规定:"前两条规定是保障儿童福利的基本原则。所有有关儿童法令的实施必须尊重基本原则的规定。"即《儿童福利法》第1条、第2条属于上位规定,该规定的内容在施行所有有关儿童的法令时必须得到充分的尊重。

第1条、第2条有关基本原则的规定是训示性规定,可以认为第3条明示了这两条规定是形而上的规定。因此,违反以上的规定理所当然应受到处罚,因而法律中就没有特别设置相关罚则的规定。

立法当初,如何摆脱战后的混乱状况是儿童福利政策的中心问题,当时关于儿童福利法的理念规定虽然有局限性,但实属无奈之事。不过,该法制定后经过了半个世纪,而今天的社会状况、儿童状况以及有关儿童的观念都发生了变化,国家也加入了儿童权利条约,但并没有修改这三条条文,还只是简单将其视为训示性规定。我们认为在1997年所谓的"法律大修改"中应明确儿童的权利,将其作为请求权规定下来,为此应修改总则前三条。然而,一直到2004年12月3日的多次修改中,可以说对总则基本部分的内容依然没有涉及,而始终只修改分则的部分。

第二节　本法的对象

儿童福利法的对象是处于成长过程、未满18岁的儿童。考虑到胎儿福利的保障,孕妇也被列为其保障的对象。另外在本节中,还阐述了虽不属于儿童福利的对象但却为儿童福利法上重要概念的"保护者"的定义。

一、儿童的年龄区分

所谓儿童福利法调整对象的"儿童"是指未满 18 岁者(《儿童福利法》第 4 条)。儿童根据年龄段可以区分为婴儿(未满 1 岁者)、幼儿(满 1 岁至符合小学就学年龄者)、少年(从符合小学就学年龄开始至满 18 岁者)。所谓小学就学年龄起始期是指满 6 岁后的第一个 4 月 1 日(《学校教育法》第 32 条第 1 款)。之所以规定儿童为未满 18 岁者,是考虑到当时劳动基准法已经规定将未满 18 岁者作为年少者进行保护。但是,由于目前这个年龄的少年大多数已升学至高中,所以,应当把这个期间的少年认定为满 18 岁但生日在满 18 岁后的第一个 3 月 31 日之前者。

此外,儿童年龄的区分,因有关儿童的法律规定的不同而有所差异。母子及寡妇福利法规定的儿童是指未满 20 岁者(同法第 6 条第 2 款)。而儿童补贴法将儿童定义为从出生至满 18 岁后且生日在满 18 岁后的第一个 3 月 31 日之前者(同法第 3 条第 1 款)。儿童抚养补贴法规定的儿童是指从出生至满 18 岁后且生日在满 18 岁后的第一个 3 月 31 日之前者,以及未满 20 岁符合《施行令》附表 1 规定的障碍状况者(同法第 3 条第 1 款)。

关于婴儿,儿童福利法(第 4 条)、母子保健法(第 6 条第 2 款)均规定是未满 1 岁者。关于幼儿,儿童福利法(第 4 条)、母子保健法(第 6 条第 3 款)也均规定是满 1 岁至小学就学前出生者。可见这些法律关于儿童年龄的规定是一致的。

关于少年,儿童福利法规定为小学就学后未满 18 岁者,而少年法则定义为未满 20 岁者(同法第 2 条)。

以上法律对于儿童、少年的年龄区分的规定虽然不同,儿童福利法却是从人的身体以及精神成长的角度出发,将儿童定义为具有劳动能力但未满 18 岁者。

二、孕产妇

所谓"孕产妇"是指怀孕以及分娩后一年内的妇女(《儿童福利法》第 5

条)。母子保健法对孕产妇的定义与此相同(《母子保健法》第6条第1款)。所谓"怀孕期间"是指不管是否进行怀孕登记现在处于怀孕状态之中。所谓"分娩后一年内"是指分娩后未满一年,包括流产、死胎。儿童健康的培育开始于胎儿期。儿童福利法根据儿童福利理念的规定,将孕产妇规定为本法的对象。

三、保护者

所谓保护者是指行使亲权者、未成年人监护人以及其他相关的目前对儿童进行监护的人(《儿童福利法》第6条)。"行使亲权者"是指作为亲权者的父母(《民法》第818条、第819条)、未成年人的亲权代理人(同法第833条)、对无亲权者以及未成年人监护人的入所儿童实施监护的儿童设施长(《儿童福利法》第47条第1款)。"未成年人的亲权代理人"是指代理未成年人对未成年人非婚生子女行使亲权者。一般是非婚生子女的祖父母或外祖父母。"未成年人监护人"则是指未成年人没有行使亲权人或者亲权人不享有财产管理权(《民法》第838条),为了未成年人的权益对该未成年人实行监护的人(同法第853条以下)。此外,未成年人监护人代替未成年被监护人行使亲权(同法第867条第1款)。未成年人监护人包括指定监护人(同法第839条)及选定监护人(同法第840条)。未成年人指定监护人是指对未成年人享有亲权者在遗嘱中指定的未成年人监护人;未成年人选定监护人是指未成年人没有监护人而由家庭法院选任的监护人。"目前对儿童进行监护者"是指亲权者、未成年人监护人以外的具有监督保护的持续性和监督保护的意思表示者,未必就是和该未成年人同居并提供生活费者。儿童福利法基于保护、养育事实关系规定儿童监督保护者的立法宗旨而对保护者作出如上定义。所以,即使是亲权者、未成年人监护人,现委托他人监督和保护儿童者,也不属于本法所规定的保护者。此外,保护者未必就是与其地位相适应并具有权利义务者。其被称为目前对该儿童实行监督和保护者,也就是说,其地位是以有关社会福利法的"尊重实际状态"这个原则为基础,并不产生权利的行使和义务的履行问题。居于如此立场者果真能够履行对儿童健全培育的首要责任吗?倘若如此,其不能称之为真正对儿童进行监督和保护者。

第三节 儿童福利行政的实施机关和专业职员

一、实施机关

日本儿童福利的实施机关是市町村(长)、都道府县(知事)、儿童咨询所、保健所、儿童福利审议会。

(一)市町村

关于儿童福利法的施行,市町村必须进行以下事务。这些事务一直以来由福利事务所承担：①努力把握有关儿童、孕产妇福利的必要实情；②提供有关儿童、孕产妇福利的必要信息；③答复有关儿童、孕产妇福利的家庭及其他人员的咨询,并进行必要的调查和指导(《儿童福利法》第10条第1款各项)。此外,市町村还要努力完善必要的体制,并采取必要的措施确保从事该事务的职员及提高其素质(同条第4款)。

(二)市町村长

市町村长对家庭咨询、调查、指导事务中需要专业技术知识的事务应该要求儿童咨询所提供有关的援助和建议(《儿童福利法》第10条第2款)。此外,在市町村进行家庭咨询、调查、指导时,于需要作出医学、心理学、教育学、社会学、精神保健等方面认定之情形,市町村长还应该要求儿童咨询所予以认定(同条第3款)。

(三)都道府县

都道府县进行以下的事务：(1)在上述市町村进行的事务中,关于儿童、孕产妇福利之实情的把握、信息的提供、咨询、调查及指导,协调市町村相互间的联络、提供信息及进行其他从属的必要援助(《儿童福利法》第11条第1款第1项)。(2)有关儿童、孕产妇福利：①从广域的角度努力把握跨市町村地域的实际情况；②提供儿童咨询中需要的专业技术知识；③提供有关儿童和家庭咨询中需要的医学、心理学、教育学、社会学、精神保健等方面认定的服务；④基于对儿童和保护者的调查和认定,进行必要的指导;⑤对儿童进行临时保护(同款第2项)。

(四) 都道府县知事

都道府县知事的职责是把握市町村负责的有关儿童、孕产妇福利的实际情况,提供必要信息,对家庭咨询、调查和指导提供必要的建议(《儿童福利法》第11条第2款)。此外,都道府县知事还可以将其负责的全部或者部分事务委托其所管辖的行政机关负责处理(同条第3款)。

(五) 儿童咨询所

儿童咨询所是专门负责儿童福利的第一线专门行政机关。都道府县(指定都市、中核市)必须设置儿童咨询所(必要设置,《儿童福利法》第12条第1款),但在市町村为任意设置。儿童咨询所负责处理都道府县承担的市町村相互间的联络协调、信息提供及其从属事务、有关儿童的家庭及其他人员的咨询中需要提供专门知识和技术的事务,还对儿童及其家庭进行必要的调查及医学、心理学、教育学、社会学、精神保健方面的认定,指导儿童及其保护者,对儿童实施临时保护(同条第2款)。另外,以上的咨询、调查、认定和指导事务可以根据情况巡回进行(同条第3款)。并且,儿童咨询所所长可以委托其辖区内的福利事务所所长进行必要的调查(同条第4款)。

临时保护一般在紧急情况下进行。在家庭法院作出决定前,临时保护可以在违背儿童的意愿、限制甚至剥夺儿童行动自由的情况下实施,且儿童咨询所可以在违背儿童的抚养人或者未成年人监护人意愿的情况下实施(《儿童咨询所管理准则》,2005年2月14日雇儿发2140003号)。为了保证临时保护的实施,可以根据需要在儿童咨询所设置临时保护设施(同法第12条之4)。临时保护设施虽然不是儿童福利设施,但由于两者的性质相似,关于临时保护设施的设备及运营基准,可以准用有关儿童养护设施的最低基准(《施行规则》第35条)。一般认为,实施临时保护的期间原则上应是为了进行调查和诊断而设定的必要期间。

1. 儿童咨询所的机构

根据行政指示,儿童咨询所设置总务部门,咨询、判定、指导及措施部门,临时保护部门,即三部制①。但是这种三部制只表明了儿童咨询所的业务部门。作为实际的组织,在实务中,最大的 A 级儿童咨询所②设置了总务部门、咨询和指导部门、认定和指导部门、措施部门、临时保护部门等。

2. 儿童咨询所的职员

儿童咨询所设有所长和职员(同法第 12 条之 2 第 1 款)。所长、实施认定的职员及从事咨询和指导的职员,由于其职务的专门性,要求具备一定的资格。即:对所长的要求是:①为医师且具备有关精神保健知识和经验;②在大学修完心理学或者与心理学相当的课程且毕业;③为社会福利士;④作为儿童福利员工作两年以上或者取得儿童福利员资格在儿童咨询所工作两年以上;⑤被认为具有与上述人员同等能力并符合厚生劳动省令的规定(同法第 12 条之 3 第 2 款各项)。在实施认定的职员中必须配备一名医师,该医师在精神保健方面有一定的学识经验或者具有相当于此类型资格者,以及大学心理学专业或者与之相当专业的一名毕业者(同条第 4 款)。从事咨询和调查的职员必须具备儿童福利员的资格(同条第 5 款)。儿童咨询所还可以配备必要的职员(同法第 12 条之 2 第 4 款)。

(六)保健所

保健所是都道府县、指定都市、中核市以及其他政令规定的市或者特别区为了保障和增进所辖地区居民的健康而设置的第一线行政机关(参照《地域保健法》第 1 条和第 2 条)。保健所在儿童福利、母子保健以及身体障碍儿童福利等领域发挥重要的作用。其中有关儿童福利的主要事务如下:①关于儿童保健,普及正确的卫生知识(《儿童福利法》第 12 条之 6 第 1 款第 1 项);②回答儿童健康咨询,或进行健康诊断和检查,并根据情况实施保健指导(同款第 2 项);③指导身体障碍儿童以及因疾病需要长期疗养的儿童(同款第 3 项);④向儿童福利设施提出改善营养和卫生方面的必要意见(同款第 4 项)。儿童咨询所所长为了答复儿童、保护者、孕产妇的咨询,可以要求保健所给予保护

---

① 前引《儿童咨询所管理准则》。
② 儿童咨询所分三级,其中 A 级儿童咨询所指人口 150 万人以上的地方公共团体设置的中央儿童咨询所,人口未满 150 万人的地方公共团体设置 B 级儿童咨询所,其他的为 C 级儿童咨询所。

指导以及提供其他协助(同条第 2 款)。

保健所作为公共卫生活动的中心部门,在预防疾病、增进健康、保持环境卫生等方面发挥重要的作用。

1994 年制定的地区保健法完善了有关保健所的规定,强化了都道府县设置的保健所的职能,使之成为具有广泛性、专门性、技术性的机构。虽然保健所以一般市民为对象进行指导、提出意见,对地区保健发展作出了一定的贡献,但是,在现实中由于受到对象居民的绝对人口的多少以及低生育水平的影响,保健所在涉及儿童问题的许多方面能否充分发挥作用仍有一定的疑问。

(七) 儿童福利审议会

在都道府县,为了调查审议属于其权限范围的有关事务,设置了有关儿童福利的审议会或者其他合议制机构。这样的审议会或者其他合议制机构称为都道府县儿童福利审议会。但是,设有负责调查审议有关儿童福利事务的地方社会福利审议会的都道府县可以不设置儿童福利审议会(《儿童福利法》第 8 条第 1 款,社会福利事业法第 12 条第 1 款)。而所谓的"属于其权限范围的有关事务"是指:①为了推进儿童以及智力障碍者的福利,必须推荐有关文艺作品、出版物、玩具、游戏等,并向有关的制造商、发行商、演出商以及销售商提出必要的意见(《儿童福利法》第 8 条第 7 款);②实施、解除、停止、变更知事作出的训诫、提出的誓约书、指导、儿童福利设施的入所及领养委托等措施,让重度身心障碍儿童及身体不自由儿童进入指定医疗机关接受治疗的委托措施等时,要听取有关意见(同法第 27 条第 6 款);③听取有关设施的设备及管理是否达到最低基准的意见(同法第 46 条第 4 款);④对于不认可设施的情况,要听取有关意见(同法第 59 条第 5 款)。此外,儿童福利审议会还可以调查审议儿童、孕产妇以及身体障碍者福利的有关事务(同法第 8 条第 2 款)。

为了调查审议有关儿童、孕产妇以及障碍者福利的事务,市町村①可以设置有关儿童福利的审议会及其他合议制机构(同条第 3 款),并将之称为"市町村社会福利审议会"。

---

① 包括特别区,以下同。

都道府县儿童福利审议会和市町村社会福利审议会分别由都道府县知事和市町村长(包括特别区的区长)管理,可以各自回答咨询以及向相关的行政机关呈报意见(同条第4款)。儿童福利审议会认为有必要时,可以要求有关行政机关的职员出席会议说明情况并提供有关的资料(同条第5款)。另外,儿童福利审议会以及社会保障审议会应根据需要互相提供资料,并经常保持密切的联系(同条第6款)。

二、专业职员

(一)儿童福利员

儿童福利员是指在儿童咨询所从事儿童福利的专业职员。各都道府县根据儿童福利法的规定任命具备一定资格的人员为儿童福利员(《儿童福利法》第13条第1款第2项),并根据需要保护的儿童人数、交通状况等,依照大约10万到13万人配备1名儿童福利员的比例,决定其负责的区域所需要配置福利员人数(施行令第2条)。儿童福利员的职能是,接受儿童咨询所的命令,就保护儿童以及其他有关儿童福利事务,答复咨询,根据专业知识进行必要的指导等,努力增进儿童的福利(《儿童福利法》第13条第3款)。儿童福利员在履行职能时可以要求其所负责地域的市町村长予以协助(同条第4款)。而对于保护儿童以及其他有关儿童福利的事务,市町村长可以要求儿童福利员报告必要的情况,提供相关资料以及采取必要的援助(同法第14条第1款)。此外,儿童福利员必须向所辖的儿童咨询所所长或者市町村长报告其负责区域内儿童的有关情况并陈述意见(同条第2款)。

儿童福利员的任用资格如下:①毕业于厚生劳动大臣指定的儿童福利员或儿童设施职员培训学校,或者参加厚生劳动大臣指定的讲习会课程并结业者;②在学校教育法规定的大学以及旧大学令规定的大学,修完心理学、教育学、社会学以及与之相当的课程,且在厚生劳动省令规定的设施答复有关儿童和其他福利事务的咨询,从事一年以上的建议、指导以及其他援助事务者;③医师;④社会福利士;⑤作为社会福利主事从事两年以上儿童福利工作者;⑥相当于以上①至⑤者,作为儿童福利员具备必要的学识和经验者(同法第13

条第 2 款各项)。此外,除本法的规定外,儿童福利员的任用等级和顺序以及其他有关儿童福利员的必要事项由命令规定(同法第 15 条)。

(二)民生委员、儿童委员

各市町村设有儿童委员,民生委员兼任儿童委员(《儿童福利法》第 16 条第 1 款、第 2 款)。这是因为民生委员和儿童委员作为具有相同职能的不计报酬的民间服务者,对于同一家庭没有必要一人负责儿童福利而另一人负责生活问题。因此,在推荐民生委员时,应当考虑民生委员还必须同时为儿童委员的合适人选(《民生委员法》第 6 条第 1 款)。由于儿童委员由民生委员兼任,其委托行为在民生委员之外不再另行进行,而是根据民生委员法由厚生劳动大臣根据知事的推荐进行委托(同法第 5 条)。推荐时,知事及民生委员推荐委员会必须在被推荐的人选中明确指定主任儿童委员(同法第 6 条第 2 款)。

厚生劳动大臣在儿童委员中指定主任儿童委员。指定是根据民生委员法第 5 条的推荐规定进行(《儿童福利法》第 16 条第 3 款、第 4 款、《民生委员法》第 5 条)。儿童委员的职能是:①作为地区儿童福利的主要活动者,准确掌握所负责地区的儿童、孕产妇的生活以及周围环境;②为了能准确地提供服务,对儿童、孕产妇的保护、保健以及其他福利,提供必要的信息并给予其他援助和指导;③与从事有关儿童、孕产妇社会福利事业的经营者或者从事儿童健全培育活动的人员密切协作,支援其工作和活动;④协助儿童福利员或者福利事务所的社会福利主事的工作;⑤努力营造儿童健全培育的环境;⑥根据需要开展增进儿童、孕产妇福利的有关活动(《儿童福利法》第 17 条第 1 款第 1~6 项)。

主任儿童委员负责联络协调儿童福利行政机关和各儿童委员之间的工作,并协助儿童委员的工作(同条第 2 款)。儿童委员要接受知事的指挥和监督(同条第 4 款)。儿童委员的任期为三年(《民生委员法》第 10 条)。最近,在虐待儿童现象增加的社会背景下完善了儿童委员的相关规定。

根据儿童委员以及主任儿童委员的有关职能,市町村长可以要求儿童委员报告必需的情况并提供资料,还可以作出必要的指示。另一方面,儿童委员要将其负责地区的儿童、孕产妇的情况通知所管辖的儿童咨询所所长或者市町村长,并提出建议(《儿童福利法》第18条第1款、第2款)。

都道府县知事根据厚生劳动大臣规定的基准,必须制定出儿童委员的培训计划并予以实施(同法第18条之2)。

制定儿童福利法之初,儿童委员的主要职责是协调和解决儿童生活问题,所以由民生委员兼任是合适的。但是今天,儿童问题日益多样化,而大多数民生委员又是高龄老人,因此有必要进一步探讨民生委员和儿童委员兼任的现行儿童委员制度。

(三) 保育士

保育士是指具备一定资格,在保育士登记簿中注册登记了姓名、出生年月以及其他厚生劳动省令规定的有关事项,使用保育士的名称,具备专业知识和技术,从事儿童保育以及指导儿童保护者进行保育的专业职员(《儿童福利法》第18条之4、第18条之18第1款)。

保育士的资格是:①毕业于厚生劳动大臣指定的保育士培训学校或者其他有关学校;②通过保育士考试合格(同法第18条之6第1项、第2项)。以下人员不能成为保育士:①成年被监护人或者被保佐人;②被处以监禁以上的刑罚,自执行期结束或者自执行完毕之日起未到两年者;③根据有关儿童福利法律规定的政令规定受到罚金处罚,自执行期结束或者自执行完毕之日起未到两年者;④由于虚假或者不正当的注册登记而被取消注册登记,从取消之日起未满两年者;⑤由于损害保育士信用的行为而被取消注册登记,从取消之日起未满两年者;⑥无正当理由违反保育士保密义务而被取消注册登记,从取消之日起未满两年者(同法第18条之5各项、第18条之19第1款、第2款)。都道府县知事对已注册登记保育士者属于上述①至④之情形,必须取消其注册登记。此外,若违反了⑤和⑥义务,可以取消其注册登记,或者规定期限命令其停止使用保育士的名称(同法第18条之19第1款各项及第2款)。此外,非保育士人员不得使用保育士或者与保育士名称相混淆的名称(同法第18条之23),即保育士名称的垄断被制度化了。保育士的义务包括,上述提到的禁止损害保育士信用的行为(同法第18条之21)及保密义务(同法第18条之22)。对于违反保育士的名称垄断规定或者在禁止使用保育士名称期间擅自使用保育士名称者,可以处以30万日元以下的罚金(同法第62条第1款第1项、第2项)。

172　在保育所工作的保育士,必须答复有关婴儿、幼儿等的保育咨询,进修学习必需的知识和技能,努力开展保育工作(同法第48条之3第2款),即法律明文规定了在保育所工作的保育士的努力义务。

为了加强对指定保育士培训设施的监督,确保对保育士的培训得到切实实施,厚生劳动大臣认为必要时,可以在一定的限度内,要求指定保育士培训设施的负责人报告有关教育方法、设备的情况以及其他有关事项,也可以指导或者要求有关人员检查其账簿资料及其他物品。检查时,该检查人员必须携带表明其身份的证件,于相关人员请求出示之情形,必须出示其身份证件。这种检查的权限不能理解为犯罪搜查(同法第18条之7各款)。因此,对设施负责人的这些权限没有强制力。

随着保育士资格的法定化,儿童福利法关于保育士资格考试做了如下规定:

根据厚生劳动大臣规定的基准,都道府县知事每年举行一次以上有关保育士知识和技能的资格考试。考试的评判原则上由都道府县的保育士考试委员进行(同法第18条之8第1～3款)。在切实保证实施有关保育士考试事务(考试事务)的前提下,知事可以根据厚生劳动省令的规定,将全部或者部分考试事务委托给作为公益法人的、由相关都道府县知事指定的"考试机构"实施。指定考试机构干部的任免决定必须得到知事的认可,否则无效(同法第18条之9第1款、第18条之10第1款)。指定考试机构就保育士是否具备必要的知识和技能的评判,必须交由保育士考试委员负责认定。保育士考试委员的选任及解任也必须得到知事的认可,否则无效(同法第18条之11第1款、第2款、第18条之10第1款)。

173　保育士考试的考试委员或者曾经担任过考试委员者不得泄露知悉的保育士考试秘密(同法第18条之8第4款),违者处以1年以下的徒刑或50万日元以下的罚金(同法第61条之3)。此外,考试机构的干部违反本法或考试事务规则,或在有关考试事务方面明显实施了不当行为,知事可以命令该指定考试机构解除该干部的职务(同法第18条之10第2款)。

考试机构的干部、职员或者曾经担任过这些职务者不得泄露其知悉的、与考试事务有关的秘密(同法第18条之12第1款)。违反者处以1年以下的徒刑或者50万日元以下的罚金(同法第61条之3)。指定考试机构的干部或者职员,在适用刑法及其他罚则方面,被视为公务员(同法第18条之12第2款,《国家公务员法》第100条第1款、第109条第1款第12项,《地方公务员法》第34条第1款、第60条第1款第2项等)。为了确保考试事务得到切实的实施,知事认为必要时可以要求指定考试机构提出报告,让相关职员质询有关人员,并进入其事务所检查账簿资料及其他物品(《儿童福利法》第18条之16第1款)。于无正当理由不提出报告或提出虚假报告,不作答复或作虚假答复,拒绝、妨碍、逃避入室检查之情形,对作出上述违反行为的指定考试机构的干部及职员,可以处以30万日元以下的罚金(同法第61条之5)。

第四节　儿童福利的事业及设施

一、儿童福利的事业

障碍儿童的福利政策,一直以来是以设施的入所措施为中心而完善其制度的。根据正常化理念,为了支援障碍者和健全人一样在地区、家庭中生活,对于障碍儿童的福利服务要考虑居家福利服务和设施福利服务的平衡。《儿童福利法》第6条之2关于儿童居家生活支援事业等的规定明确了居家福利服务的种类和定义。

儿童居家生活支援事业等是指,儿童居家介护等事业、儿童日间服务事业、儿童短期入所事业、障碍儿童咨询支援事业以及儿童生活自立援助事业(《儿童福利法》第6条之2第6款)。

(一)儿童居家介护(家庭帮助服务)等事业

儿童居家介护等事业是指,对无法维持日常生活的有身体障碍的儿童或者有智力障碍的儿童,于必要时,根据政令规定的基准,在该儿童的家里提供入浴、排泄、进食等介护，提供做饭、洗衣及打扫等家务服务，进行有关生活方面的咨询及建议，以及给予其他厚生劳动省令规定的为维持日常生活所必要的服务事业。

175　　儿童居家介护等事业中的"等"包括转移以及向导服务等(《儿童福利法》第6条之2第2款、第21条之10第1款、施行规则第19条)。本事业的实施主体为市町村(同法第21条之10第1款、第21条之12)。2003年后随着支援费制度的实施，本事业纳入其对象范围之内。

（二）儿童日间服务事业

儿童日间服务事业是指，于必要时，根据政令规定的基准，让身体障碍儿童或者智力障碍儿童来往于家庭和市町村长认为合适的设施，指导其日常的基本活动，训练其适应集体生活等，以及提供厚生劳动省令规定的服务事业(《儿童福利法》第6条第2款第3项、第21条之10第1款)。

本事业包括支援费事业及措施事业。《儿童福利法》第21条之25、《儿童福利法施行令》第26条第2款规定了措施事业。本事业的实施主体是市町村。考虑到事业的性质，儿童日间服务由与福利对象关系密切的地方公共团体市町村实施。措施事业根据儿童的身体、精神状况及所处的环境，选定能提供相应服务的设施进行(施行令第26条第2款、施行规则第20条)。

（三）儿童短期入所（短期居住）事业

儿童短期入所事业是指由于保护者患病或者其他原因，身体障碍儿童或智力障碍儿童在家庭中难以得到介护，根据政令规定的基准，在认为必要的时候，可让该儿童短期进入身体障碍儿童设施、智力障碍儿童设施及其他厚生劳176　动省令规定的设施，以提供必要保护措施的事业(《儿童福利法》第6条之2第4款、第21条之10第1款)。

从2003年度开始，本事业实施主体为市町村，且向儿童保护者和市町村签订契约的制度转变①。关于特定入所费用，与儿童短期入所有关的厚生劳动省令规定包括：①伙食材料费；②日常生活用品费用；③儿童短期入所所需

---

①　2003年7月16日法第121号(2005年4月1日施行)，同附则第1条但书。

要的,应当由利用者负担的其他日常生活费用(《施行规则》第 19 条第 2 款各项)。

(四) 障碍儿童咨询支援事业

障碍儿童咨询支援事业是指,针对地区内的身体障碍儿童或者智力障碍儿童的各种福利问题,提供以下综合性事业,即:在答复居家日常生活的儿童及其保护者的咨询,并提供必要的信息和建议的同时,促使儿童及其保护者接受儿童福利员、智力障碍者福利员、社会福利主事、儿童委员、都道府县设置的儿童家庭支援中心或者障碍儿童咨询支援事业职员的指导,联络、协调以上职员和市町村、儿童咨询所、儿童居家生活支援事业实施者以及儿童设施等之间的联系与协调,并实施其他厚生劳动省令规定的援助。都道府县可以让儿童及其保护者接受儿童福利员或者儿童委员等的指导,也可以委托都道府县以外者设置的儿童家庭支援中心或者该都道府县以外的实施障碍儿童咨询支援事业者对其进行指导(《儿童福利法》第 6 条之 2 第 10 款。参照同法第 26 条第 1 款第 2 项、第 27 条第 1 款第 2 项)。

(五) 儿童生活自立援助事业

儿童生活自立援助事业是指,对接受完义务教育并被解除了委托领养措施,或者被解除了儿童养育设施、情绪障碍儿童短期治疗设施或者儿童自立支援设施的入所措施的儿童,以及其他都道府县知事认为有必要援助的儿童,答复其有关共同生活的咨询,提供其他生活上的援助、生活指导与就业支援,以及答复被解除措施者的咨询及提供其他援助的事业(《儿童福利法》第 6 条之 2 第 6 款、第 11 款、第 27 条第 7 款)。

本事业实施的基准是为了使儿童能自立生活,根据儿童的身体和精神状况以及所处环境给予切实的援助和生活指导。事业的实施主体为都道府县。事业的目的是在深刻理解儿童的苦恼、生长环境及目前状况的基础上,与儿童建立信任关系,并给予援助和生活指导(《关于因儿童福利法等的部分修改法律的实施而完善相关政令的政令等之施行》,1997 年 9 月 25 日儿发第 596 号)。

作为该措施对象的儿童年龄可以延长至 20 岁(同法第 31 条第 2 款,《施行令》第28条,《关于已离开儿童养护设施等儿童自立指导事业的实施》,1997年4月9日儿发第274号)。对于离开儿童养护设施或者儿童自立支援设施等后约1年内的儿童(包括18岁以上未满20岁者),根据儿童设施长的申请,都道府县知事或者指定都市、中核市之市长对于其认为有需要的儿童,可以进行家庭或者工作单位的访问或者给予适当的咨询援助,实施有助于该儿童在社会上自立的援助。该事业的实施主体虽为都道府县,但也可以采取将该事业向都道府县以外者委托的措施(《施行令》第36条第1款)。

1988年制定的《自立咨询援助事业实施纲要》规定了对接受过义务教育,离开儿童养护设施或者儿童自立支援设施的就业儿童给予咨询援助,以促进其社会自立的自立咨询援助事业(《关于自立咨询援助事业的实施》,1988年5月20日儿发第464号)。但是,随着《关于儿童自立生活援助事业的实施》(1998年4月22日儿发第344号,最新修改2004年4月28日雇儿发第428004号)的颁行,建立了新的咨询援助事业,1988年儿发第464号通知被废止。

(六)放学后儿童健全培育事业

放学后儿童健全培育事业是指,为保护者白天工作的家庭中的小学低年级儿童,提供放学后可以利用的儿童游乐园、儿童馆以及儿童中心等儿童厚生设施,以及提供适合儿童游玩和生活的安全卫生场所的服务,以促进儿童健全成长的事业(《儿童福利法》第6条之2第12款、第40条,《关于儿童馆的设置管理》,1990年8月7日儿发第123号,最新修改2004年3月26日雇儿发第326006号)。

市町村必须负责答复本事业的咨询,提出建议,实施符合地区实际情况的事业,促进福利部局、教育委员会等有关行政机关以及儿童馆和实施地区儿童、青少年培育事业之团体间的联系,并促进目标儿童利用本事业(《儿童福利法》第34条之7、第56条之6第2款,《关于创建儿童环境基础整备事业的实施》,1997年6月5日儿发第396号,最新修改2005年3月31日雇儿发第331031号)。

1991年4月以后,以作为地区组织的儿童俱乐部为中心,开始进行放学后儿童对策事业。根据 1997 年的通知，为了培养健全的小学生，开始综合推进完善儿童环境基础建设，进一步重新明确了以地区社会为基础培养健全儿童的必要性(《关于实施放学后培养健全儿童事业》，2004 年 9 月 21 日儿发第 921001 号)。在此基础上，还推动了允许障碍儿童(包括发育不良儿童)加入地区放学后儿童俱乐部的规定(《关于实施放学后培养健全儿童事业》，2005 年 4 月 14 日雇儿发第 414001 号)。

(七) 育儿短期支援事业

育儿短期支援事业是指，对由于保护者患病或者其他原因，儿童在家接受养育出现暂时困难的情况，根据厚生劳动省令的规定，让该类儿童进入儿童养护设施或者其他厚生劳动省令规定的设施，并给予必要保护的事业(《儿童福利法》第 6 条之 2 第 13 款)。随着《母子及寡妇福利法部分修改的法律》(2002 年 11 月 29 日第 119 号)的实施，原先的育儿支援短期利用事业改称为"育儿短期支援事业"(《关于母子及寡妇福利法部分修改法律的施行》，2003 年 3 月 31 日雇儿发第 331020 号)。此外，从事业的普及以及促进事业利用的角度，进一步探讨了事业的内容，于 2003 年 4 月 1 日开始实施《关于育儿短期支援事业的实施》(2003 年 6 月 18 日雇儿发第 618004 号)。

育儿短期支援事业的实施主体是市町村(包括特别区)，其部分事业可以委托社会福利法人实施。

社会福利法第 69 条规定，实施育儿短期支援事业的市町村必须办理申报手续。关于费用：①市町村将实施该事业所需的经费以及委托所需的经费向从市町村接受委托的社会福利法人等实施设施支付；②保护者承担为实施本事业所需的必要经费或其委托所需的经费的一部分。但是，生活保护家庭以及与之类似的家庭根据市町村的认定可以减免费用。对获得都道府县知事补助的市町村实施的事业以及指定都市、中核市实施的事业，国家可以另行规定给予补助《关于育儿短期支援事业的实施》(2003 年 6 月 18 日雇儿发第 618004 号)。

(八) 日常生活用具给付等事业

市町村对于日常生活有障碍的儿童，在认为必要的时候，可以提供或者出借厚生劳动大臣规定的为日常生活提供便利的用具,或者委托该市町村以外者提供或者出借(《儿童福利法》第21条之25第2款)。

为日常生活提供便利的用品种类包括:视力障碍者使用的便携式录音机、盲文打字机、盲人用体温计、视力障碍者使用的放大读书机、盲文图书、延长步行时间信号用的小型信号发送机、视力障碍者用的印刷字读取器、听力障碍者使用的通信装置、听力障碍者使用的收信装置、浴缸、淋浴器、便器、个人电脑、特殊垫子、训练椅子、特殊便器、训练床铺、特殊尿器、入浴担架、体位变换器、便携式对话辅助器、入浴辅助用具、移动升降机、步行辅助用具、重度障碍者意思传达器、居家生活行动辅助用具、透析液加温器、喷雾器、电动吸痰器、头部保护帽、火灾警报器、自动灭火器、电磁烹饪器以及视力障碍儿童使用的专门文字自动处理机(《厚生劳动大臣根据儿童福利法第21条之25第2款规定的方便日常生活的用品》,1991年4月12日厚告第84号,最新修改2004年3月31日厚劳告第167号)。

为了使身体障碍儿童的日常生活更加便利,减少其因身体的损伤或身体机能的缺陷所带来的不便,市町村对持有身体障碍证件的身体障碍儿童,可以提供盲人安全拐杖、助听器、假肢、辅助用具、轮椅以及其他厚生劳动大臣规定的辅助用具,或给付修理这些用具所需要的费用(《儿童福利法》第21条之6第1款)。

日常生活用具是包括辅助用具在内的为方便日常生活的用具,其给付、出借的事务和辅助用具一样,均属于该市町村的事务。

此外,为智力障碍儿童提供的日常生活用具,因其障碍的性质其范围自然受到限定,因此种类较少,其给付、出借事务一概为市町村的事务。由于对智力障碍儿童提供的用品限定为头部保护帽、火灾警报器以及电磁烹饪器等,从支援生活的角度看保障很不充分。这说明对难以主张自己权利的智力障碍儿童的保障事业需要进一步完善(《关于辅助用具给付事务的处理方针》,2000年3月31日障290号,最新修改2004年8月24日障发第824009号)。

(九)事业的开始和委托等

儿童居家生活支援事业分别由市町村(居家介护事业、日间服务事业、日常生活用具给付事业)或都道府县(短期入所事业)负责实施。但市町村和都道府县(指定都市、中核市)可以委托其他其认为适合实施本事业者进行(《儿童福利法》第21条之25)。

国家及都道府县以外者在实施儿童居家生活支援事业时,必须事先向知事申报厚生劳动省令规定的事业(《儿童福利法》第34条之3各款,《施行规则》第34条之3、第36条之2第1款第6项、第2款)。

都道府县知事为了实现儿童的福利,在认为必要时,可以要求民间儿童居家生活支援事业实施者提交报告,让相关职员质询有关人员,或者入内检查设备、账簿资料及其他物品(同法第34条之4第1款)。如果儿童居家生活支援事业者违反本法或依本法作出的命令以及依据这些命令作出的处分,或者在事业中谋求不当营利,或者对儿童的待遇有不正当行为时,可以命令限制、停止其事业(同法第34条之5)。实施儿童居家生活支援事业或者儿童自立生活援助事业者,无正当理由不得拒绝知事、市町村的委托(同法第34条之6)。

对于知事指定的培育医疗机构、指定疗育机构进行的报告征收、实地检查,对于实施居家生活支援事业者进行的报告征收、检查、事业的限制、停止命令,对儿童福利设施设置者进行的为维持最低基准保护的报告征收、改善命令,对有关未受到认可的设施的调查、事业停止命令等,若涉及保护儿童利益的紧要事情,厚生劳动大臣和知事在密切联系的基础上由二者之一进行(同法第21条之3、第21条之9、第59条之5第1款)。

二、儿童福利设施的设置

儿童福利法第35条规定,国家、都道府县(必要设置)根据政令,市町村(任意设置)根据厚生劳动省令设置儿童福利设施。同条将儿童福利法总则中明确的国家和地方公共团体的儿童健全培养责任予以明确化。

(一)国家设置的儿童福利设施

《儿童福利法》第35条第1款规定:"国家根据政令的规定,设置儿童福利设施(助产设施、母子生活支援设施以及保育所除外)。"这里所指的政令是厚生劳动省组织令。厚生劳动省组织令规定国立儿童自立支援设施和国立智力障碍儿童福利设施是国家必须设置的儿童福利设施(《厚生劳动省组织令》第145条、第148条)。国立儿童自立支援设施和国立智力障碍儿童福利设施的名称、位置、内部组织由厚生劳动省组织规则作出规定(《厚生劳动省组织规则》第635条以下、第655条以下)。

国立儿童自立支援设施有国立武藏野学院(琦玉市)和国立绢川学院(栃木县盐谷郡氏家町)(同规则第635条)。其内部组织包括总务课、调查课、教务课、医务课(同规则第637条)。各课根据规则的规定负责有关事务(同规则第638条~第641条)。各国立儿童自立支援设施设有设施长,国立武藏野学院设有设施次长。设施长负责掌管设施事务,次长协助设施长管理设施事务(同规则第636条各款)。

(二)都道府县(指定都市、中核市)设置的儿童福利设施

儿童福利法第35条第2款规定:"都道府县根据政令的规定,必须设置儿童福利设施"。该款规定都道府县(指定都市、中核市)负有设置儿童福利设施的义务。到目前为止,都道府县负有设置义务的儿童福利设施只有儿童自立支援设施(《施行令》第36条第1款)。但是,都道府县(指定都市、中核市)根据条例的规定可以任意设置其他儿童福利设施(《地方自治法》第244条之2第1款)。都道府县设置的儿童福利设施由都道府县知事管理(施行令第37条)。于都道府县将事业的经营委托其他地方公共团体及社会福利法人之情形,由于设置者是都道府县,因此知事负有管理责任。

(三)市町村及其他人设置的儿童福利设施

市町村根据厚生劳动省令的规定,事先向知事申报厚生劳动省令规定的事业后方可设置儿童福利设施(《儿童福利法》第35条第3款)。此外,"国家、都道府县以及市町村以外者,根据厚生劳动省令的规定,在得到都道府县知事的认可后,方可设置儿童福利设施"(同条第4款)。

对于上述者,之所以将向知事申报(市町村)和获得知事的认可作为儿童福利设施的设置条件,是因为儿童福利设施的目的旨在培养儿童,但是,根据设施的设备和管理方法,由于有可能产生不仅无法达到此目的,而且将会对儿童福利造成阻碍的情况,因此须由知事事先了解并审查该设施的设备及管理

方法，然后才能作出认可。经知事许可设置的儿童福利设施如果违反了儿童福利法或依法作出的命令或处分，知事可以取消其认可（同法第58条）。

由于向知事申报和获得知事认可是儿童福利设施的成立要件，对没有申报的儿童福利设施或者没有取得认可的设施（包括被取消认可的设施），知事在掌握了实际情况后可以要求设施的设置者或者管理者提供有关报告，或者让相关职员进入事务所或设施进行入室调查或者质询有关人员（同法第59条第1款）。在此基础上知事对不听劝告的设施设置者，可以劝告该设施的设置者改善设备或者管理（同条第3款）。如果设置者不服从劝告，知事可以予以公布（同条第4款），或者听取都道府县儿童福利审议会的意见后，命令其停止事业或者关闭设施（同条第5款）。

知事为了确保儿童生命和身体的安全，在紧急情况下，若事先来不及听取都道府县儿童福利审议会的意见，可以不经有关程序直接命令设施停业或者关闭（同条第6款）。同时，知事也应该通知该设施所在地的市町村长（同条第7款）。设施若违反此命令，可以处以6个月以下的徒刑、监禁或50万日元以下的罚金（同法第61条之4）。

"国家、都道府县以及市町村以外者"可以是法人、团体及一般个人。未取得法人资格、没有权利能力的社会团体也可以成为设置主体。一般个人也不限定于日本人，外国人也可以成为设置主体。但是，社会福利法第2条第2款第2项规定的属于第一种社会福利事业的婴儿院、母子生活支援设施、儿童养护设施、智力障碍儿童设施、智力障碍儿童通园设施、盲聋哑儿童设施、身体障碍儿童设施、重度身心障碍儿童设施、情绪障碍儿童短期治疗设施、儿童自立支援设施的设置主体原则上是国家、地方公共团体以及社会福利法人（《社会福利法》第60条）。没有权利能力的社会团体以及一般个人原则上不能成为属于第一种社会福利事业的儿童福利设施的设置主体。其他设施最合适的设置主体应为市町村或者社会福利法人，特别是儿童自立支援设施的设置主体原则上应是都道府县（《施行令》第36条第1款）。

根据厚生劳动省令的规定，市町村要设置儿童福利设施，必须事先向都道府县知事申报记载有下列六项内容的书面材料：①名称、种类、场所；②建筑物以及其他设备的规模、构造和图纸；③管理方式；④经营负责人以及从事福利实务的干部及职员的姓名及简历；⑤收支预算表；⑥预计事业开始的年月日（《儿童福利法》第35条第3款、《施行规则》第37条第1款各项）。

此外，于设置儿童福利设施的法人、团体、一般个人需要取得都道府县知事认可之情形，除向知事提交附有上述六项内容的申请书外，还须提交明确记载儿童福利设施设置者的简历、资产状况的资料，法人和团体需附加提交章程、捐助行为以及其他的规约。此外，计划设置保育所的设置者如果是法人，必须提交证明其法人资格的书面材料（《施行规则》第37条第2款、第3款各项）。收到儿童福利设施认可申请的都道府县知事，认为申请符合要件且满足儿童福利设施最低基准的，应当批准认可。

市町村在设置儿童福利设施时，必须制定条例（《地方自治法》第244条之2第1款）。市町村设置的儿童福利设施的经营管理责任由该市町村长承担。委托给其他地方公共团体或社会福利法人等的事业经营管理责任也应由市町村长承担。国家、都道府县以及市町村以外者设置的儿童福利设施，如果变更建筑物以及其他设备的规模、构造、图纸、管理方式、经营负责人、从事福利实务的干部及职员，须事先向知事申报变更事项（《儿童福利法施行规则》第37条第6款）。因为这些内容的变更会给儿童福利设施的运营带来重大影响。如果变更的是设施的设置目的（如将婴儿院变更为儿童养护设施等），则不须依据上述变更程序，而应废止之前的设施，按照新的设施设置程序进行。此外，将以前由一般个人经营的设施改由社会福利法人经营的形式时，也需要办理个人儿童福利设施废止手续和社会福利法人的儿童福利设施设置手续，这属于设置主体的变更。由于这种变更违反了最低设置基准等，因此在与认可的要件不符合时，知事可以发出改善命令和停业命令（《儿童福利法》第46条第3款、第4款）。但是知事可以不承认其变更，取消该儿童福利设施的设置认可（同法第58条）。

（四）儿童福利设施的废止和休止

《儿童福利法》第35条第6款规定："市町村废止或者休止儿童福利设施时，在废止或者休止日的一个月之前，必须向都道府县知事申报厚生劳动省令规定的事项。"儿童福利设施的"废止"是指，从此以后终止儿童福利设施的设置。"休止"是指，暂时停止儿童福利设施的经营。于此情形，要充分考虑到正在设施中的儿童的处境，不得阻碍和损害儿童的福利。此外，对地区内必要的相关儿童福利设施不得仅以财政方面的理由等废止和休止。

法人、团体及一般个人废止和休止儿童福利设施时，必须提供明确记载以下内容的材料并取得都道府县知事的认可：① 废止和休止的理由；② 确保现在设施内的儿童有可接收的设施；③ 废止的日期以及财产的处分；④ 休止的预定期间(《施行规则》第 38 条第 1 款、第 2 款，《儿童福利法》第 35 条第 7 款)。知事在收到儿童福利设施废止、休止的申请时，可以附加必要的条件进行认可(《施行规则》第 38 条第 3 款)。

废止和休止的儿童福利设施，最理想的是由该设施所在地的地方公共团体、法人、团体及一般个人继续经营，但如果无法继续经营，知事要保证现在设施内的儿童转至其他设施，或者告知有入所决定权的市町村必须采取上述措施。此外，都道府县计划废止其设置的儿童福利设施，以及都道府县知事计划对在设备方面得到国库补助的儿童福利设施的废止予以认可，必须事先和得到补助的当事人协商后再进行(《关于儿童福利设施的认可等》〈废止的认可〉，1965 年 9 月 13 日儿发第 786 号，最新修改 1995 年 4 月 1 日社援企第 54 号，儿发第 365 号)。

关于保育所的废止以及民营化问题，有一个因横滨市市立保育所民营化方针而修改条例的判例。横滨市不顾入所儿童父母的反对于 2003 年修改了有关条例，次年 4 月 1 日废止了四所市立保育所，但却利用同样的地点和建筑物设置了四所私立保育所。其中三所保育所的入所儿童的父母认为，单方要求儿童离开已经入所的市立保育所的行为(退所)是违法的，并根据条例规定提起了取消市立保育所废止处分决定的诉讼，同时申请停止该处分决定的效力(包括停止执行)。保护者提出的理由如下：第一，被告的行为侵害了保护者的保育所选择权(包括上学前在特定的保育所接受保育的权利)。根据《儿童福利法》第 24 条的规定，"缺少保育"的婴幼儿的保护者选择特定的保育所并办理了入所申请(同条第 1 款、第 2 款)，市町村应对该保育所作出入所决定并向保护者送达《保育所入所承诺书》。承诺书中不仅记载了保育所的名称,还记载了各婴幼儿截止于上小学前的"保育实施期间"事项。由于入所婴幼儿享有在上小学前选择保育所并接受保育的权利,因此废止保育所侵害了其权利,是违法的。第二,《儿童福利法》第33条之4规定,市町村长及福利事务所所长如果解除"保育的实施",必须事先向保护者说明理由并听取意见,但是本案没有经过这些程序。判决的结果是驳回停止执行的申请,其理由是,本案不能被认定为《行政诉讼法》第25条第2款所规定的"难以恢复的损害"之情形。此外,该判决认为,横滨市关于保育所废止的裁量权优先于保育所利用者接受保育的权利[①]。

(五)儿童福利设施职员培训设施

《儿童福利法》第35条第5款规定,"儿童福利设施可以附设儿童福利设施职员的培训设施"。把职员的培训设施设置在设施内部有利于学生实习,也可以在设施之外单独设置职员的培训设施。

"儿童福利设施的职员"包括保育士、母子指导员、儿童指导员、儿童游乐指导员、儿童自立支援专业职员、儿童生活支援员等在儿童福利设施工作的所有职员。"儿童福利设施的职员培训设施"是培训这些职员的设施,其管理由设置者厚生劳动大臣、知事、市町村长负责(《施行令》第37条)。

三、儿童福利设施的种类

儿童福利法规定的儿童福利设施目前包括助产设施、婴儿院、母子生活支援设施、保育所、儿童厚生设施、儿童养护设施、智力障碍儿童福利设施、智力障碍儿童通园设施、盲聋哑儿童设施、身体障碍儿童设施、重度身心障碍儿童设施、情绪障碍儿童短期治疗设施、儿童自立支援设施、儿童家庭支援中心共14种(《儿童福利法》第7条)。

(一)助产设施

助产设施是指,为有保健需要但由于经济原因无法住院生产的孕产妇设

---

① 东京高等法院裁定,2004年3月30日(驳回上诉、确定);一审横滨地方法院裁定,2004年3月22日;田村和之:《保育所的民营化》,第27页以下。

置的入所生产设施(《儿童福利法》第 36 条)。"保健(住院生产)需要"除了包括有非正常分娩之虞的情形外,还包括由于家庭条件有限而在家分娩有困难的情形。

"由于经济原因无法住院生产"是指,无法自行负担住院生产所必需费用的全部或部分。将助产设施设置为儿童福利设施是为了遵照《儿童福利法》第 1 条第 1 款的立法宗旨,保证安全卫生地生产,以使儿童健康出生。助产设施包括医疗法规定的属于医院的第一种助产设施以及医疗法规定的属于助产所的第二种助产设施(《最低基准》第 15 条各款)。

(二)婴儿院

婴儿院是指让婴儿住院进行养育(为了确保生活环境的安定等,在特殊必要情况下,也包括幼儿)以及对退院者提供咨询和其他援助的设施(《儿童福利法》第 37 条)。婴儿是指未满 1 岁者(同法第 4 条第 1 项)。进入婴儿院的婴儿是无保护者或者被认为不适合由保护者养育的婴儿。婴儿院是以婴儿为对象的儿童养护设施,由于婴儿的发病率和死亡率高,养育时必须给予医学上的特殊照顾。因此,规定在一般的儿童养护设施之外设置婴儿院。婴儿院必须配备具有小儿科医疗经验的专职医师或者非专职医师、护理师、营养师以及厨师。护理师的人数大致为婴儿人数除以 1.7 所得的数字(婴儿人数未满 7 名的按 7 名计算)以上。其中部分护理师可以由保育士或者儿童指导员代替,但有一定的限制(《最低基准》第 21 条各款、第 22 条各款)。以往要求婴儿入所人数为 50 名以上的婴儿院必须配备药剂师,1998 年后废除了该要件,即对婴儿保健相关职业种类的要求也有所降低。

(三)母子生活支援设施

母子生活支援设施是指,以保护没有配偶的妇女或者有类似情形的妇女以及应受这些妇女监护的儿童,支援帮助他们生活自立,以及对已离开设施者提供咨询和其他援助为目的的入所设施(《儿童福利法》第 38 条)。根据 1997 年法第 74 号,其名称由母子寮改为母子生活支援设施,儿童在满 20 岁之前可以和其母亲进入母子生活支援设施(同法第 31 条第 1 款)。"没有配偶的妇女"是指丧偶、离婚的妇女以及未婚的母亲。"类似情形的妇女"是指配偶生死不明、失踪、配偶长期丧失劳动能力、因夫妇关系不合而分居或者受到家庭暴力侵害等的妇女。此外,根据儿童家庭局长的通知,受到丈夫暴力而离家出走的母子也包括在入所对象之内(1982年6月17日儿发第514号),承认把母子寮(现为母子生活支援设施)作为"帮助出走妇女的寺院"。随着《关于防止配偶暴力以及保护被害者的法律》(2001年4月13日法第31号,最新修改2004年6月2日法第64号)的实施,开展了对受害妇女的自立支援活动。

"应受这些妇女监护的儿童"是指,这些妇女对于儿童负有民法规定的监护、保护义务,但未必是对现正在身边的儿童进行监护。作为保护者的妇女,一般担负着社会和经济的压力,在精神和经济上其生活处于不安定的状态,她们对儿童的养育容易产生问题。为此,让这些母子进入母子生活支援设施从而对其予以保护。因此,这些受保护的母子不一定是生活贫困者。

此外,根据1998年对法的修改,废除了母子指导员必须是妇女的限制规定。对于母子生活支援设施的生活指导,是根据每个母子家庭生活以及劳动的情况提供就业、家庭生活、有关儿童养育的咨询、建议及支援,以促使母子生活自立。生活指导必须尊重个人的私生活(《最低基准》第29条)。

母子生活支援设施长必须和福利事务所、母子咨询员、儿童家庭支援中心、母子福利团体、公共职业安定所、儿童通学的学校、儿童咨询所等有关机构保持密切的联系,致力于母子的保护和生活支援(《最低基准》第30条之2)。

(四)保育所

保育所是指由于父母工作、疾病及其他原因,每日接受保护者的委托,对缺少保育的婴儿或幼儿提供保育的儿童福利设施(《儿童福利法》第39条第1款)。保育于特别必要时,也可以对缺少保育的其他儿童提供保育(同条第2款)。"缺少保育的其他儿童"是指,父母为双职工的小学低年级儿童,即所谓脖子上挂着钥匙的儿童。这样的儿童保育称为学童保育,学童保育所一般附设于小学,或单独设置。但是目前,学童保育所已作为"放学后儿童培育事业"予以实施(《关于实施放学后儿童培育事业》,1998年4月9日儿发第294号,2004年3月31日雇儿发第331021号最新修改),因此,我们认为应该删除《儿童福利法》第39条第2款的规定。

作为保育所入所条件之一的"缺少保育"状态是指,作为一般家庭应该受到保护养育而没有得到的状态。这种情形和家庭的经济条件无关。所以,即使家庭的经济状态在一定的水准之上,但父母在一定时期内无法照顾孩子的,也属于缺少保育状态。"每日接受保护者的委托"是指,将保护者的每日委托作为事实行为接受。保育所对双职工家庭的孩子的保育负有社会责任。而保育的时间,可以根据保护者的需要伸缩。保育所的入所儿童原则上是精神和身体上没有障碍的儿童,身体障碍程度中度以下的儿童如果适合保育的也可以进入保育所,国家对这类保育所给予国库补助。

针对重度身体障碍儿童是否适合保育,不能进行集体生活的儿童是否属于《儿童福利法》第24条第3款所规定的"不得已的事由",以及是否属于同法同条第1款但书规定的"其他适当的保护"等问题而引起诉讼的,有"川越市重度身体障碍儿童保育所入所"一案。这是一起由于对重度身体障碍儿童不适合保育所的集体保育而作出的"不予实施保育的决定"不服,当事人儿童及其父母起诉川越市的国家赔偿诉讼案件。判决认为,被告对身体障碍儿童作出的"不予实施保育的决定"是合理的,并不违法,然而,川越市只是拒绝儿童进入保育所,没有实施儿童福利法规定的"其他适当的保护",是违反代替性保护义务的行为[①]。

1998年2月公布的《关于儿童福利法施行令等部分修改的政令》(1998年政令第24号)完善了有关规定,保姆改称为"保育士",保育士的职业改为"男女均可"从事的职业,保姆考试改称为"保育士考试"等(同政令第1条第2款)。在保育所工作的保育士必须努力学习必要的知识和技能,为婴幼儿保育提供更好的咨询和建议(《儿童福利法》第48条之3第2款)。

关于幼儿园和保育所一体化的讨论已经有很长一段时间。目前,幼儿园是学校教育法第1条规定的学校,属于文部科学省管辖,而保育所是属于厚生劳动省管辖的儿童福利设施。现实中两者已经失去了其固有的特征,职能上的差异越来越小,根据《关于幼儿园和保育所设施共用等问题的方针》(1998

---

① 埼玉地方法院判决,2004年1月28日,载于《判例地方自治》第255号,第78页以下〈确定〉。

年 3 月 10 日文初幼第 476 号,儿发第 130 号)的规定,两者趋于一体化。

此外,2003 年 3 月制定的《关于当前努力培养支援下一代的方针》中也提出幼儿园应该积极利用课后儿童俱乐部(《关于幼儿园实施放学后儿童健康培养事业》,2003 年 5 月 15 日初幼稚教第 2 号)。今后,在包括支援养育儿童的设施和设备方面,幼儿园和保育所应该互相协作。

(五) 儿童厚生设施

儿童厚生设施是指,以提供儿童有益娱乐,增进儿童健康,丰富儿童情操为目的的儿童乐园、儿童馆等设施(《儿童福利法》第 40 条)。儿童厚生设施作为儿童福利法总则规定的积极增进儿童健康培养的设施,具有重要的意义。儿童厚生设施分为儿童乐园等室外设施和儿童馆等室内设施。为了和社区建立密切联系,儿童厚生设施必须配备指导儿童玩乐的职员(《最低基准》第 37 条、第 38 条第 1 款)。

1. 儿童馆

目前,所有的都道府县均设有儿童馆。儿童馆是地区内进行培养健全儿童的活动的基地。《儿童馆设置管理纲要》(《关于儿童馆的设置管理》,1990 年 8 月 7 日儿发第 123 号,最新修改 2004 年 3 月 26 日雇儿发第 326006 号)规定,要完善让儿童在大自然中住宿和野外活动的新型儿童馆,重新构建儿童馆的体系。儿童馆有以下几种类型:①以较小地区的儿童为对象的小型儿童馆;②在小型儿童馆职能的基础上增加了兼具有关增进儿童体力的特别指导职能的儿童中心(大型中心);③原则上以都道府县或者较大范围的儿童为对象的大型儿童馆(包括 A 型、B 型、C 型);④其他类型的儿童馆。儿童馆的职能包括:给儿童提供有益于身心的娱乐,增进儿童的健康,培养儿童丰富的情操,促进母亲俱乐部及儿童会等地区组织活动的发展,帮助儿童养成运动的习惯以增强儿童的体质,指导、联络并协调都道府县内的小型儿童馆、儿童中心以及其他儿童馆,促使儿童投宿大自然、进行野外活动,附设艺术、体育、科学等设备,给儿童提供多样化、综合性的帮助和服务等。儿童馆的设置主体是市町村(包括特别区)、公益法人及社会福利法人。大型儿童馆的设置主体是都道府县(包括指定都市和中核市)(前引《关于儿童馆的设置管理》)。另外,在儿童馆等室内儿童厚生设施中设置聚会室、游乐室、图书馆及卫生间(《最低基准》第37条第2项)。

2. 儿童乐园

儿童乐园是指,为全面发挥根据城市公园法的规定而设置的儿童公园("城市公园")的作用,作为公园设施,配备有秋千、滑梯、沙坑以及政令规定的其他游乐设施(《城市公园法》第2条第2款第4项)。儿童乐园是对都市公园起补充作用的儿童厚生设施。

儿童乐园主要设置在住宅密集地带、交通事故多发地带、繁华地带等。儿童乐园主要以幼儿和小学低年级儿童为对象,包括附设于儿童馆的设施和单独设置的设施。在儿童乐园等室外的儿童厚生设施中设有广场、游玩用具、卫生间(《最低基准》第37条第1项)。

(六)儿童养护设施

儿童养护设施是指,"让无保护者的儿童、受虐待的儿童以及其他因生活环境需要给予养护的儿童(婴儿除外)入所,以养护和帮助上述儿童自立为目的的设施"(《儿童福利法》第41条)。即儿童养护设施的目的在于,让没有精神和身体障碍但缺少较好家庭环境的儿童入所养护,并帮助其自立,以培育其成为健全的社会一员。现实中,入所的也有精神和身体有障碍的儿童、行为不良的儿童、失学儿童、体弱儿童、被虐待儿童等。儿童养护设施是适用对象最广的儿童福利设施。"无保护者的儿童"是指父母双亡或者生死不明的儿童、被父母遗弃的儿童、父母身心长期有障碍的儿童、虽有单亲但与上述情况有类似情形的现无监护人的儿童。"受虐待的儿童以及其他因生活环境需要给予养护的儿童"是指,虽有保护者但受其虐待的儿童、受到《儿童福利法》第34条第1款规定的禁止行为侵害的儿童、由于保护者的无知、不关心、放任以及生活环境上的原因没有得到必要的衣食住行的提供和监护的儿童。

入所理由中,最多的理由是母亲放任、怠惰;其次的理由是母亲失踪、破产等(2002年度厚生劳动省统计表数字)。

关于"高年龄儿童(中学毕业)的待遇",主要有:为了强化高年龄儿童的待遇体制,在传统的指导基础上增加了体育和表现活动的指导,为了使高年龄儿童情绪安定，应配备技术职员(《关于加强儿童养护设施中高年龄儿童的待遇体制》,1998年6月25日儿发第498号);对已离开儿童养护设施等的儿童,需要对其进行家庭和工作单位的访问,并提供适当的咨询帮助,以支援该儿童更快地在社会上自立等(《关于〈儿童〉养护设施等退所儿童自立落实指导事业的实施》,1997年4月9日儿发第274号)。

作为对因缺少养护或因家庭的原因等而失学的儿童所采取的对策,规定在儿童养护设施内部设置对失学儿童进行特别指导的指定设施。此外,让受虐待儿童入所,以保护儿童离开家庭生活的矛盾,使儿童和设施的职员建立信任关系,对其进行生活训练、义工活动体验等生活指导,并提供心理咨询等心理治疗(《关于确保儿童养护设施以及婴儿院入所受虐待儿童的待遇体制》,1999年4月30日儿发第419号,2001年3月30日雇儿发第190号最新修改)。

1998年开始将儿童养护设施房间的面积提高为人均3.3平方米(《最低基准》第41条第2项)。儿童养护设施提供生活指导的目的是帮助儿童自立。为实现此目的,设施长必须根据儿童的家庭情况改善其家庭环境(《最低基准》第44条各款),还必须提供帮助儿童自立的职业指导(《最低基准》第45条各款)。

设施长必须和有关部门联系,和儿童通学的学校、儿童咨询所,以及根据需要和儿童家庭支援中心、儿童委员、公共职业安定所等有关部门保持密切的协作,以指导儿童并改善儿童的家庭环境(《最低基准》第47条)。

对于在儿童养护设施入所的儿童,为了帮助其自立,促使其回归家庭,要改善其家庭环境,对于因父母死亡或者失踪等原因长期无法预见回归家庭的儿童,应在地区内设置小规模儿童养护设施(《关于地域小规模儿童养护设施的设置和管理》,2000年5月1日儿发第489号,最新修改2001年3月30日雇儿发第191号)。还有,通过实施纲要规定了关于修复受虐待儿童等和他人关系以及完善留恋障碍儿童的小规模组织的关怀体制(《关于推动儿童养护设施关怀形态小规模化》,2004年5月6日雇儿发第506002号)。

关于入所儿童的就业支援,根据《关于对儿童养护设施等入所儿童支援》(2003年10月9日职发第1009002号),儿童养护设施应当协同学校和各都道府县职业安定所,指导、援助入所儿童,尤其是预期初中毕业或者高中毕业有就业愿望的儿童。此外,根据儿童养护设施等的要求和申请,向设施派遣职员,帮助其形成职业意识以及支援其就业(《关于对儿童养护设施等入所儿童支援》,2003年10月17日雇儿福发第1017001号)。

关于对入所儿童养护设施等各设施的受虐待儿童等的关怀,对受虐待儿童给予以自立为目的的保护、支援和康复疗养很重要,应该在对入所儿童的关怀上多动脑筋并给予自立指导等相关的援助。(《关于促进自立等事业的实施》,2004年5月11号雇儿发第511002号)。

再者,对已经离开儿童养护设施的儿童,还应提供咨询以及其他的援助(《关于儿童福利设施、养父母应有状态的重新评价》,2004年12月3日雇儿发第1203001号)。

(七)智力障碍儿童设施

智力障碍儿童设施是指,以让智力障碍儿童入所,在实行保护的同时,帮助其掌握独立生活所必须的知识和技能为目的的设施(《儿童福利法》第42条)。入所的对象为必须进入设施接受训练的智力障碍儿童,其没有保护者,或者由于性情、品行以及家庭的原因不适合由保护者监护。智力障碍儿童福利设施的积极意义在于,不只是让智力障碍儿童入所并为其提供衣食和住宿,而是积极地让其作为社会的一员学习自立生活所必需的知识和技能。按照这个目的,在设施内应进行生活指导、职业指导及教育。

此外,国立智力障碍儿童福利设施是让重度智力障碍儿童或视力有障碍不能识别物品(包括高度的弱视)、听力有障碍不能辨别声音(包括重度听力衰弱)等具有多重障碍的智力障碍儿童入所,对其给予保护和指导,并致力于提高对全国的智力障碍儿童福利设施中的智力障碍儿童的保护和指导的机关(《厚生劳动省组织令》第148条)。为了对重度智力障碍儿童进行保护和指导,在智力障碍儿童设施中可以设置重度智力障碍儿童收容楼(《关于重度智力障碍儿童收容楼的设置》,1964年3月13日儿发第39号,1999年3月31日障第156号最新修改),由于有必要对目标儿童的特性及设备管理进行特别的考虑,因此制定了《关于重度智力障碍儿童收容楼的设备及管理基准》(1964

年3月13日儿发第197号,最新修改1999年3月31日障第216号)。

根据知事的措施让儿童进入智力障碍儿童设施的,儿童的监护人和设施之间产生委托契约的关系。这是关于智力障碍儿童入所应接受监护和教育内容的准委托契约①。

2003年10月16日《关于智力障碍儿童设施的设施机能强化推进费》(1997年10月17日障障第156号)得到部分修改,在《设施机能强化推进费实施纲要》的"第三特殊事业"中创设了智力障碍儿童自立生活训练事业。

智力障碍儿童自立生活训练事业的目的是为了智力障碍儿童设施内(包括自闭症儿童设施)的入所儿童能在该社区内自立地生活,而在一定期间集中给予必要的知识、技术的个别指导,使其能顺利过渡到社区生活。事业的对象是:①智力障碍儿童设施内的入所儿童等,通过六个月的个别训练,被认为在社区内有劳动自立可能的儿童;②关于自立生活训练的实施时间,要注意结合养护学校等毕业后的去向予以设定。(《关于智力障碍儿童自立生活训练事业〈设施机能强化推进费〉的实施》,2003年10月16日障障发第1016001号)。该通知的目的在于,促进包括自闭症儿童在内的智力障碍儿童在社区内劳动自立。

(八)智力障碍儿童通园设施

智力障碍儿童通园设施是指,让智力障碍儿童每天在保护者的保护下往返于设施,保护并给予智力障碍儿童自立生活所必需的知识和技能的设施(《儿童福利法》第43条)。入所的对象原则上是满6岁、智商在25~50之间、家庭里有合适的保护者,且本人身体上和性情上没有不适合通园的显著障碍者。1974年废除了入所儿童年龄的限制,智力障碍儿童通园设施主要是年幼的智力障碍儿童的训练场所(1957年6月3日儿发第319号,1974年4月4日修改儿发第164号,1982年10月1日儿发第824号)。

目前针对智力障碍儿童通园设施入园儿童的低龄化以及智力障碍程度严

---

① 大阪高等法院判决,1980年8月26日,载于《判例时报》第997号,第121页。准委托契约是指委托法律行为以外事务的契约(《民法》第656条)。

重化的倾向,有必要增加职员并充实设备,并根据最低基准设置和管理智力障碍儿童通园设施(《最低基准》第 55 条以下)。

(九)盲聋哑儿童设施

盲聋哑儿童设施是为有视力障碍的儿童(包括高度弱视儿童)以及有听力障碍的儿童(包括高度听力衰弱儿童)设置的,以保护并提供独立生活所必要的指导和援助的设施(《儿童福利法》第 43 条之 2)。法律上虽然只有盲聋哑儿童设施一种名称,但实际上分为眼盲儿童设施和聋哑儿童设施。虽然眼盲儿童和聋哑儿童的定义并不明确,但是在儿童福利法中"盲聋哑儿童"是指,失去视力的儿童、虽然有视力但日常生活有障碍的儿童、失去听力的儿童、虽然有听力但日常生活有障碍的儿童。这些儿童中,无保护者或者不适合由保护者监护者,根据儿童咨询所的认定,可以进入盲聋哑儿童设施。

盲聋哑儿童设施的目的在于,让失去视力和听力的儿童入所,并为使其将来能独立生活而给予必需的指导和援助。所以,医学上的治疗不是盲聋哑儿童设施的本来目的。这一点不同于以医学上的治疗为目的的肢体障碍儿童设施。此外盲聋哑儿童设施也不同于盲人寄宿学校和聋哑人寄宿学校。盲人寄宿学校和聋哑人寄宿学校是以教育为目的,此类学校隶属于文部科学省管辖。而盲聋哑儿童设施是以视力和听力有障碍的儿童为对象,为了保障其福利而让其入所,使其将来能独立生活而给予保护指导的儿童福利设施。在当初制定儿童福利法时,把盲聋哑儿童设施和体弱儿童设施、肢体障碍儿童设施一起规定为医疗培育设施。但是,在儿童福利法的第三次修改中,因盲聋哑儿童福利设施并非是以医学性治疗为目的的设施,而将其设置为独立的儿童福利设施。其必须实现的目的是,让没有在盲人学校和聋哑人学校上学的学龄前儿童以及免除义务教育的儿童等入所,指导其独立生活。

盲聋哑儿童设施入所的儿童中有无固定症状但存在治疗可能性的儿童,因此入所时必须进行精密的健康诊断,对于有治疗可能的儿童必须尽可能地予以治疗(《最低基准》第 62 条)。

(十)肢体障碍儿童设施

肢体障碍儿童设施是指,以对上肢、下肢或者体干功能有障碍的儿童进行治疗,并向其提供独立生活所必需的知识和技能为目的的儿童设施(《儿童福利法》第 43 条之 3)。肢体障碍儿童设施的对象是,若利用发达的现代医学技术进行治疗,并给予适当的保护,将来有可能独立生活的儿童。通过较短的住院治疗或者通院治疗,对能够期待可以取得治疗效果的肢体障碍儿童提供培育医疗(对身体有障碍的儿童给予的为获得生活能力所必需的治疗。同法第 20 条)。所以,让因重度障碍需要长期接受住院治疗的儿童,以及需要功能训练、职能训练以及生活指导的儿童进入肢体障碍儿童设施(《最低基准》第 68 条、第 69 条、第 71 条)。

关于肢体障碍儿童设施的职员,规定需要其进行职业指导时,必须配备职业指导员(《最低基准》第 69 条第 7 款)。这是将对重度障碍儿童给予独立生活所必需的知识和技能以获得劳动机会的内容列入了事业的范围。

1. 通园疗育部门

至今,肢体障碍儿童设施的儿童疗育是以入所儿童为对象进行的。但自 1963 年开始,为了进一步加强肢体障碍儿童的疗育,在部分肢体障碍儿童设施内设置了负责通园疗育的"通园儿童疗育部门"。通园儿童疗育部门适用的对象限定为可以对其采取肢体障碍儿童设施入所措施的儿童,考虑到地理条件、肢体功能的障碍程度以及家庭状况等因素,采取通园可以得到较好疗育效果的儿童。儿童通园由专门的车接送,除了周日和节假日外每天进行疗育,其时间原则上为每天八小时(《关于对肢体不自由儿童设施的通园儿童之疗育》,1963 年 6 月 11 日儿发第 122 号,1987 年 3 月 9 日儿发第 122 号最新修改)。此后设置了只以通园疗育为目的的肢体障碍通园儿童设施(《最低基准》第 68 条第 2 款)。

2. 母子入园部门

肢体障碍儿童设施入所对象的儿童由于低龄,在进行功能训练以及疗育时,该儿童难以树立克服障碍的意志,因此,有必要设置短期内让儿童的母亲一起入所,对儿童进行合适的必要的疗育,并确保其离开设施后仍然可以受到指导训练的机构,为此,在肢体障碍儿童设施内设置了母子入园部门。其对象是可以采取肢体障碍儿童设施入所措施的儿童,这些儿童是年龄大约在 2 岁到6岁之间的低龄肢体障碍儿童,通过和母亲一同短期入园,被认为可以获得疗育效果。母子入园部门的入所儿童人数限制在大约10到20名,入园期限大约为1个月到3个月(《关于对肢体障碍儿童设施的母子入园之疗育》,1965年8月24日儿发第700号)。

3. 重症病房

肢体障碍儿童设施中为重度肢体障碍儿童附设重症病房(《关于肢体障碍儿童设施重症病房的设置》,1964年9月12日儿发第186号,1987年3月9日儿发第22号最新修改)。重症病房要和普通病房、通园疗育部门的疗育相结合,有效适当地运营。

4. 进行性肌肉萎缩症儿童的设施

进行性肌肉萎缩症是由于肌肉代谢出现异常,肌肉萎缩不断恶化,逐渐失去运动功能的疾病。长期以来,进行性肌肉萎缩症儿童的疗育都是在肢体障碍儿童设施中进行的。但是,由于这种疾病产生的障碍和一般肢体障碍儿童设施疗育对象的障碍不同,且对这种疾病没有有效的治疗方法,因此,患有这种疾病的儿童不适合在一般肢体障碍儿童设施中进行疗育。为此,从1967年开始,对其在指定疗育机构[①]进行疗育(《儿童福利法》第27条第2款)。进行性肌肉营养障碍的调查研究是疾病研究第一部所掌管的事务(《厚生劳动省组织规则》第284条,国立精神神经中心神经研究所疾病研究第一部)。

(十一)重度身心障碍儿童设施

重度身心障碍儿童设施是指,让兼有重度智力障碍和重度肢体障碍的儿童入所,以进行保护、治疗和日常生活指导为目的的设施(《儿童福利法》第43条之4,《最低基准》第72条、第73条)。重度身心障碍儿童设施的对象是兼有重度智力障碍和重度肢体障碍的儿童,只是重度智力障碍儿童或只是重度肢体障碍儿童不能入所。

"重度智力障碍"是指,由于智力障碍导致日常生活需要常时介护的状态。

---

① 国立高级专门医疗中心、独立行政法人国立医院机构设置的医疗机关,且由厚生劳动大臣指定。

"重度肢体障碍"是指,相当于身体障碍者福利法施行规则附表 5《身体障碍者障碍程度等级表》规定的一级或者二级肢体障碍。

一种障碍属于重度而另一种障碍不属于重度的儿童,原则上不能进入重度身心障碍儿童设施,而应该根据措施进入智力障碍儿童设施重症病房或者肢体障碍儿童设施重症病房。儿童福利法规定,重度身心障碍儿童设施的入所对象必须是未满 18 岁的重度身心障碍儿童。但是,同法规定了作为特例的程序性措施,即"都道府县在一定期间认为必要时,对兼有重度智力障碍和重度肢体障碍的 18 岁以上的儿童,可以让其进入重度身心障碍儿童设施……委托该设施给予治疗等"(《儿童福利法》第 63 条之 3 款第 1 款)。就是说,对超过 18 岁已不是儿童者可以重新采取儿童福利设施的入所措施。

重度身心障碍儿童根据都道府县知事的委托,可以在国立高级专门医疗中心及独立行政法人国立医院机构设置的医疗机关以及由厚生劳动大臣指定的指定医疗机关中,接受和在重度身心障碍儿童设施同等的治疗(同法第 27 条第 2 款)。于此情形,超过 18 岁者若兼有重度肢体障碍和重度智力障碍,可以继续在指定医疗机关住院(同法第 31 条第 3 款)。

此外,在重度身心障碍儿童设施等可以对居家的重度身心障碍儿童,以通园的方式进行有关日常生活动作、运动机能等的训练、指导等,并提供必要的疗育。这是为了防止儿童运动机能的降低以及强化其运动机能的需要,使保护者等掌握有关家庭疗育技术,以增进居家重度身心障碍儿童的福利。该通园事业的实施主体为都道府县、指定都市、中核市,但也可以将部分事业委托给经营重度身心障碍儿童设施等的社会福利法人(《关于重度身心障碍儿童〈者〉通园事业的实施》,2003 年 11 月 10 日障第 1110001 号)。

(十二)情绪障碍儿童短期治疗设施

情绪障碍儿童短期治疗设施是指,"为了让有轻度情绪障碍的儿童短期入所,或在保护者的保护下来设施治疗其情绪障碍,并对离开设施者提供咨询及其他援助而设置的设施"(《儿童福利法》第 43 条之 5)。这是以自 1920 年开始在美国设置的"住宿制情绪障碍设施"为模型而设置的,通过 1961 年儿童福利法的第三次修改成为儿童福利法上的设施。这里所谓的轻度"情绪障碍"是指,"家庭、学校等人际关系是导致其发生障碍的成因,恐惧、喜悦等基本的感情和行动、生理等方面的不安定状态表现为一过性、可逆性的状态。处于这种状态中的儿童大多有因一点儿小事就立刻发怒,爱冲动,拒绝上学,或在家说话但在学校不说话等类似的不适当行为,但主要因智力障碍、精神障碍、脑部器质性障碍等引起的不适当行为的儿童不包括在内"[1]。也就是说,情绪障碍有恐惧、易怒、沉默等情绪方面的偏颇性。因此,在这里进行的治疗,采取的是临床心理学的疗法,主要仅以具有心因性障碍的儿童为对象。情绪障碍儿童短期治疗设施分为治疗部门和收容部门,必须致力于心理疗法、生活指导及家庭环境的协调等,以使儿童恢复适应社会的能力,保证其离开设施后能够过上健全的社会生活(《最低基准》第76条第1款)。

根据1997年法74号的修改,取消了长期以来入所儿童年龄到12岁的限制,自1998年始居室的面积也增加到每人3.3平方米以上(《最低基准》第74条第2项)。

情绪障碍儿童短期治疗设施长必须向保护者说明儿童的性情及其能力,并根据儿童的家庭状况努力调整其家庭环境(《最低基准》第76条第2款)。

情绪障碍儿童短期治疗设施长必须和儿童通学的学校、儿童咨询所,以及根据需要和儿童家庭支援中心、儿童委员、保健所、市町村保健中心等有关部门保持密切的联系,致力于儿童的指导和家庭环境的调整工作(《最低基准》第78条)。

(十三)儿童自立支援设施

儿童自立支援设施是指,"为了让有不良行为或者有不良行为倾向的儿童以及由于家庭环境或者其他环境上的原因需要生活指导的儿童入所,或者在保护者的保护下使其往返于家庭和设施之间,根据每个儿童的状况进行指导,帮助其自立,并对离开设施后的儿童提供咨询及其他援助而设置的设施"(《儿童福利法》第44条)。

---

[1] 儿童福利法规研究会编:《最新儿童福利法、母子及寡妇福利法、母子保健法的解说》,第317页。

所谓的"不良行为"是指反社会的、反伦理的行为,而不管其行为是否触犯了刑罚法令的规定。不良行为的具体内容有:恐吓、放火、伤害、猥亵、嫖娼、卖淫、持有凶器、服用药物、心理暴力(欺辱)、吸食毒品、抽烟、饮酒、离家出走、随便拿走贵重物品、乘屋内无人时盗窃、行窃、扒窃、霸占、欺诈、潜入、偷商店物品、扰乱停车场、深夜游荡以及其他有损自己和他人德性的行为。

儿童自立支援设施的职员以前被称为教护、教母,但现在分别改称为儿童自立支援福利专业员、儿童生活支援员,废除了儿童生活支援员只限于妇女的规定[①]。

有关设施的生活指导和职业指导,规定必须全部根据儿童的特性以及能力进行,目的是促进儿童作为自立的社会一员过上健全的社会生活。关于家庭环境的调整等,准用儿童养护设施的规定(《最低基准》第84条第1款、第3款)。

(十四)儿童家庭支援中心

儿童家庭支援中心是指旨在从事以下事务的设施,即:针对有关地区儿童福利的各种问题,答复儿童、母子家庭及其他家庭、地区居民以及其他居民的咨询,并提供建议;同时,对儿童咨询所所长以及都道府县要采取的措施给予指导,并联络协调与儿童咨询所、儿童福利设施等之间的关系,综合实施其他厚生劳动省令规定的援助(《儿童福利法》第44条之2第1款)。该中心根据1997年法第74号的修改而创立。其作用是为了推动地区咨询援助体制的完善等,促进承担儿童居家生活支援事业者、放学后儿童健全培育事业者以及儿童福利设施的设置者之间的相互联系,积极提供答复儿童和家庭的咨询等符合地区实情的支援。

儿童咨询所所长可以将儿童或者保护者委托给都道府县以外者设置的儿童家庭支援中心的职员进行指导(同法第26条第1款第2项)。此外,都道府县也可以委托该都道府县以外者设置的儿童家庭支援中心进行指导(同法第44条之2第1款、第27条第1款第2项)。

---

① 《最低基准》第80条,《关于施行部分修改儿童设施最低基准的厚生省令、部分修改儿童设施最低基准等的省令以及儿童福利法施行规则等部分修改的省令》,1998年2月18日障第76号、儿发第84号。

儿童家庭支援中心附设于婴儿院、母子生活支援设施、儿童养护设施、情绪障碍儿童短期治疗设施以及儿童自立支援设施（同法第44条之2第2款、《施行规则》第38条之3）。儿童家庭支援中心必须设置咨询室（最低基准88条之2），并配备负责支援工作的职员（《最低基准》第88条之3）。该职员负有保守工作中知晓的个人秘密的义务（《儿童福利法》第44条之2第3款）。

儿童家庭支援中心实施的援助采取的是访问的方法，把握儿童及其家庭的情况，制定援助计划，或对其保护者等提供必要的援助（《施行规则》第38条之2）。该中心在提供支援时，必须努力把握儿童及其保护者的意向，以诚恳为宗旨。在该中心进行与儿童咨询所、福利事务所、儿童福利设施、民生委员、儿童委员、母子咨询员、母子福利团体、公共职业安定所、妇女咨询员、保健所、市町村保健中心、精神保健福利中心、学校等有关部门的协调联络时，必须保证其他支援能够迅速并切实地进行，在和其他附设的设施保持密切联系的同时，应采取为保证支援顺利实施所必要的措施（《最低基准》第88条之4各款）。

厚生劳动省在立足于儿童和家庭环境变化的基础上，为了综合推动儿童健康出生及其成长环境的基础条件的完善，1997年开始实施以下事业：①都道府县完善儿童成长环境建设的推进机构的事业；②儿童成长环境建设的事业；③育儿等健康支援事业；④防止虐待儿童的事业（《关于完善儿童成长环境建设基础的事业的实施》，1997年6月5日儿发第396号，2005年3月31日雇儿发第331031号最新修改）。

四、儿童福利设施最低基准

厚生劳动大臣必须规定有关儿童福利设施的设备及其管理、养父母养育的最低基准。于此情形，其最低基准必须是确保儿童身体、精神以及社会的成长所必要的生活水准（《儿童福利法》第45条第1款）。儿童福利设施的设置者、养父母负有遵守最低基准的义务（同条第2款）。此外，儿童福利设施的设置者必须努力提高儿童福利设施的设备及其管理的水平（同条第3款），但是规定此内容的第3款只是训示性规定。

最低基准是指，为保障儿童健康地成长，过上具有文化意义的生活所必要的最低基准,这和《宪法》第25条规定的最低限度生活的宗旨是一致的。最低基准必须根据现实社会的经济条件予以确定。《宪法》第25条规定的维持最低限度生活的权利在儿童福利设施方面被制度化,在此基础上,最低基准首次以法令形式被具体制度化了,从这个意义上可以说,有关儿童福利设施最低基准的法令在日本社会福利法制上是具有划时代意义的。

(一)监督机关

对维持最低基准进行监督的机关是都道府县知事(《儿童福利法》第46条第1款)。市町村长、儿童咨询所所长以及福利事务所所长不享有维持最低基准的监督权。但是,指定都市、中核市的市长以及儿童咨询所所在城市的市长享有监督权(同法第59条之4第1款)。然而,指定都市、中核市市长以及儿童咨询所所在城市的市长对国立以及都道府县设置的儿童福利设施不享有监督权(同法第45条第1款、第2款),只对其管辖范围内的其他设施和养父母养育的最低基准享有监督权(《关于养父母的认定等省令》,2002年9月5日厚劳令第115号,最新修改2004年12月24日厚劳令第178号,《关于养父母制度的运营》,2002年9月5日雇儿发第905002号。)。都道府县知事对其管辖范围内的国立设施不享有监督权。厚生劳动大臣除了对国立设施有监督权外,还和指定都市、中核市市长、设置儿童咨询所城市的市长以及都道府县知事一起对非国立设施以及养父母养育的最低基准享有监督权。为了确保儿童咨询所的顺利经营,知事可以向儿童咨询所所在城市的市长提供劝告和意见,并进行援助(同法第59条之4第3款)。

(二)监督方法

都道府县知事可以要求儿童福利设施的设置者、儿童福利设施长以及养父母作出必要的报告,可以要求从事儿童福利工作的职员对有关人员进行质询,并进入设施检查设备、账簿资料以及其他物品(《儿童福利法》第46条第1款)。监督是针对儿童福利设施的设备及其管理、养父母的养育进行的。对设施的监督内容主要是设备以及财务状况的监督。在这种情况下,可以准用有关儿童居家生活支援事业中进行质询或入室检查时必须携带身份证明书,以及与犯罪搜查不同因而不具有强制力的规定(同条第2款、第34条之4第1

款第 2 款、第 18 条之 16 各款)。

　　都道府县知事于其监督的儿童福利设施的设备或管理没有达到最低基准时,可以劝告该设施的设置者进行必要的改善,若认为设置者不听从劝告并损害儿童福利时,可以命令其进行必要的改善。此外,若认为儿童福利设施的设备或管理没有达到最低基准,并明显损害儿童福利时,可以在听取都道府县儿童福利审议会的意见后,命令设施的设置者停止其事业(同法第 46 条第 3 款、第 4 款)。

　　儿童福利设施违反本法,或依本法作出的命令以及依这些命令作出的处分时,都道府县知事可以取消认可(同法第 58 条)。

　　(三) 监督内容

　　儿童福利设施最低基准虽然从职员和设备两个方面进行了规定,但因为这毕竟只是最低基准,所以设施还必须在最低基准以上充实职员及设备等(《最低基准》第 4 条第 1 款)。

　　依据最低基准而受到保障的保育所的室外游乐场之面积,因老人福利设施邻接其建筑而缩小一案,原告神户市本山保育所认为被告违反了最低基准第 4 条第 2 款以及当时最低基准的第 50 条第 6 项(现行《最低基准》第 32 条第 1 款第 6 项)的规定,请求发出禁止老人福利设施建筑施工的临时处分命令。此案中,神户地方法院认为,在保育所入所的儿童根据"作为接受保护权利的内容的儿童福利设施最低基准享有要求使用符合上述基准面积的室外游乐场的权利"。因此判决支持了临时处分命令申请的部分内容诉求[①]。

　　关于最低基准的适用,规制正在有所缓和。1969 年以后在通知中规定,"婴儿室以及匍匐室的面积合起来为平均每个婴儿 5 平方米以上"(《关于部分修改儿童福利设施最低基准的省令之施行》,1969 年 8 月 28 日儿发第 563 号)。但是,厚生劳动省另发通知指出,等待入所儿童人数多的地区不适用 1969 年的通知,仍然应当根据最低基准的要求经营管理保育所(《关于消除等待入所儿童现象的儿童福利设施最低基准有关注意事项》,2001 年 3 月 30 日雇儿保第 11 号)。该通知以消除等待入所儿童的名义,降低了平均每个婴儿

---

　　① 神户地方法院判决,1973 年 3 月 28 日,载于《判例时报》第 707 号,第 86 页。

5平方米婴儿室和匍匐室的面积,代而规定婴儿室是每个婴儿1.6平方米以上、匍匐室是每个婴儿或者幼儿3.3平方米以上(《最低基准》第32条第2项、第3项)。这使有较多等待入所儿童的地区的保育所用比以往狭小的场所进行保育成为合法。

此外,在分园方式中也可以看到有关最低基准的问题。分园是1998年根据厚生省通知引入保育所的一种新模式(《关于保育所分园的设置经营》,1998年4月9日儿发第302号)。采取分园方式的保育所不必设置厨房、医务室、嘱托医师、厨师及设施长。关于分园制度最低基准中没有作出规定,这意味着根据最低基准解释运用的变化承认了这种方式[①]。

五、儿童福利设施长的入所承诺义务

《儿童福利法》第46条之2规定:"儿童福利设施长受到都道府县知事或市町村长依法作出的措施以及有关实施保育等的委托时,无正当理由,不得拒绝。"即明确了设施长的措施或保育的实施承诺义务。由于儿童福利设施具有公共性质,该规定明确了其设施长受到知事或市町村长的措施或保育实施的委托时,原则上不得拒绝。

这里所称的"正当理由"是指,让儿童进入该设施可能会阻碍儿童的福利或者阻碍该设施的福利活动的事由。

(一)超过该设施规定的容纳人数情形

超过了最低基准规定的容纳儿童人数,无法实现健全培育儿童的目的。

(二)由于设施的特性不能接收有关儿童的情形

①该儿童和规定的该设施入所对象的年龄及性别不符的情形。例如误对满18岁以上者作出入所决定的情形就属此。但是,对兼有重度智力障碍和重度肢体障碍的重度身心障碍者,即使超过18岁也可以让其重新进入重度身心障碍儿童福利设施或者委托的指定医疗机关(《儿童福利法》第63条之3第1款)。这种情况不属于由于该设施的特性不能接收的情形。该儿童和规定

---

① 田村和之:前引《保育所的民营化》,第59页以下。

的该设施入所对象的儿童性别不符的情形是指，如错误地采取让有不良行为的男性儿童进入作为女子国立儿童自立支援设施的"绢川学院"之措施。②对该儿童采取措施的理由是需要保护，但这与该设施的目的相左。例如将情绪障碍儿童作为智力障碍儿童采取措施。

（三）该儿童有疾病的情形

该儿童患传染性疾病因而对其他入所儿童有传染之虞，负责儿童健康诊断的医师向设施长提出解除或停止入所措施等必要程序的劝告时，设施长将可以其作为正当的理由拒绝接收该儿童（《最低基准》第12条第4款）。

（四）有关系人对该儿童进入设施提出异议的情形

该儿童的监护人或者未成年人监护人对该儿童进入设施提出异议申请，且未得到家庭法院认可措施的情形即属于此（同法第27条第4款）。

（五）该设施遇到灾害的情形

这是指设施由于遭受火灾、震灾、风灾或者水灾等灾害而损失重大，造成儿童处境危险的情形。但是，灾后恢复正常的不在此限。

（六）属于厚生劳动省令规定的事业，市町村计划废止或者休止该设施而向都道府县知事申报的情形（同法第35条第6款）。

（七）辖区外的儿童需要采取措施的情形

设施接收儿童，由于要优先采取辖区内的行政机关的措施，于有需要等待入所儿童的情形，可以拒绝接收辖区外需要采取措施的儿童。但是，由于采取措施的都道府县没有合适的设施而接受措施委托的，不受此限。

过去天主教的儿童福利设施中发生过信仰能否成为拒绝入所的正当理由的问题。但是，社会福利制度由措施转变为契约的今天，关于民法上无行为能力的儿童，也应该探讨基于信仰的设施选择权的行使。

六、儿童福利设施长行使的亲权（代行）

儿童福利设施长对进入该设施但没有亲权人或者未成年人监护人的儿童行使亲权，直到该儿童有亲权人或者未成年人监护人（《儿童福利法》第47条第1款本文）。所谓的亲权是指，父母保护未成年人人身和管理未成年人财产的权利义务的总称。"没有亲权人的情形"是指,作为亲权人的父母双亡,或者由于宣告丧失亲权等而不存在行使亲权者的情形,以及由于父母长期不在、失踪、长期疗养、拘禁或者精神失常等原因,亲权人虽然存在但不可能行使亲权的情形。"没有未成年人监护人的情形"是指,对未成年人最后行使亲权的人没有在遗嘱中指定未成年人监护人而死亡的情形,以及未成年人监护人请辞(《民法》第844条),或者未成年人监护人被解除的情形(《民法》第845条)等。

(一)亲权的内容

儿童福利设施长可以行使的亲权内容和民法第820条以下规定的一般亲权的内容相同,设施长在儿童监护、教育、指定居所、惩戒、职业许可以及财产管理等方面和父母有着相同的权利义务。但是,于代理未满15岁的儿童建立养父母子女关系之情形,根据厚生劳动省令的规定必须得到作为采取措施者的都道府县知事的许可(《儿童福利法》第47条第1款但书)。这是因为养父母子女关系的建立关系到儿童身份的变更,对儿童今后的培育有重大影响,因此必须由都道府县知事承担监督的责任。虽然没有经过都道府县知事的许可而建立养父母子女关系的,只要在经过家庭法院的许可后向市町村申报即为有效。对于进入儿童福利设施且有亲权人或者未成年人监护人的儿童,儿童福利设施长不能行使亲权。但是,对于这些儿童,因为根据儿童福利法第27条第1款第3项的规定接受都道府县知事的委托,相当于对儿童进行保护,所以设施长对设施内儿童的监护、教育以及惩戒负有善良管理者的注意义务。不过,在行使惩戒时必须进行适当的照顾(《关于儿童福利设施长行使的亲权》,1951年11月8日儿发第69号,1978年9月12日发儿第16号最新修改;《关于属于惩戒权限滥用的行为》,1998年2月18日障障第16号,儿企第9号)。

对儿童福利设施长作为亲权代行人对入所儿童行使的亲权的内容是否包括财产管理权的问题存在争议。在弥荣学院案中,法院认为,"作为亲权代行人的被告领受财产并进行保管是最适当的措施"[①],判决认定儿童福利设施长

---

① 大阪地方法院判决,1963年3月19日,载于《下级法院刑事裁判例事》第5卷第3号,第272页。

作为亲权代行人对入所儿童行使的亲权的内容也包括财产管理权。但是,设施长站在具有公共性质的立场代为行使亲权时,为了确认财产管理权是否得到恰当行使,有必要设置具有公共性质的监督机关。由于不仅有可能出现设施长故意侵吞儿童财产的情况,也有可能因过失产生管理计算错误的情况,所以有必要设置另外的第三方监督机关。

(二)设施入所儿童的教育

儿童养护设施、智力障碍儿童设施、盲聋哑儿童设施、肢体障碍儿童设施、情绪障碍儿童短期治疗设施和儿童自立支援设施负责人以及养父母,运用学校教育法规定的保护者,必须让入所或者受委托的儿童就学(《儿童福利法》第48条)。

保护者负有让儿童就读于小学、盲人学校、聋哑学校或者养护学校的小学部的义务(《学校教育法》第22条第1款)。此外,保护者同样地负有让小学毕业的儿童就读中学、盲人学校、聋哑学校或者养护学校的初中部的义务(同法第39条第1款)。

学校教育法规定的保护者是指,"对子女有亲权的人,或者没有亲权人情况下的未成年人监护人"(同法第22条第1款)。由于儿童福利法第47条第1款规定儿童福利设施长是行使亲权的人,所以属于这里所称的保护者。

就读的方法包括在设施所在地的小学实行通学的就读方法以及在设施内设置的分校就读的方法。

第五节 儿童福利的措施

一、对需要保护儿童的措施

(一)需要保护儿童的通告

1. 通告义务

《儿童福利法》第25条规定,发现需要保护儿童者,必须向市町村、都道府县设置的福利事务所或者儿童咨询所通告;或者通过儿童委员向市町村、都道府县设置的福利事务所或者儿童咨询所通告。本条明确规定了所有国民对需要保护儿童负有的通告义务。另外，关于防止虐待儿童等法律还规定了发现受虐待儿童者的通告义务，以及通告人秘密泄漏罪的免责适用（《关于防止虐待儿童等法律》第6条第1款、第3款）。

如果对需要保护儿童的通告义务只由行政机关负担，在实务中由于行政机关发现需要保护儿童的能力有限，可能导致需要保护儿童未被发现而被遗漏的情况。因此，为了防止此类事态发生，把通告义务课加于全体国民，并促进行政机关行使保护措施的职权，以期实现儿童福利。通告可向福利事务所或儿童咨询所的任一方发出，之所以规定通告可向这两者发出，是为了方便国民履行义务。通告受理后，根据福利事务所或者儿童咨询所的判断，其中需要高度专业技术的案件由儿童咨询所处理，一般的案件由福利事务所负责。再者，由于本条为训示性规定，所以没有设置违反义务的罚则。但是，关于防止儿童虐待等法律规定了接受通告的儿童咨询所及福利事务所的保密义务，以及为确保儿童安全的暂时保护和入室调查等事项（同法第7条、第8条、第9条）。

2. 通告的对象

成为通告对象的儿童是没有保护者的儿童或者被认为不适合由保护人监护的儿童（《儿童福利法》第25条）。"没有保护者的儿童"是指离家出走的儿童，与父母离别、死别的儿童、弃儿，保护者失踪的儿童等目前没有人监护的儿童。"被认为不适合由保护者监护的儿童"包括三种类型：①被保护者虐待的儿童，由于保护者不理解或不关心造成衣食住等生活无法受到必要保护的儿童，由于保护者的疾病等无法得到必要监护的儿童等。即保护者本身的情况是儿童需要保护的直接原因。②盲人儿童、聋哑儿童、智力障碍儿童、肢体障碍儿童、重度身心障碍儿童等，比起在保护者的监护之下，让其进入专门的儿童福利设施，接受保护、训练、治疗更有利于该儿童的福利保障。③对于有不良行为或有作出不良行为可能的儿童，有必要让其进入儿童自立支援设施，帮助其自立。

此外，关于防止儿童虐待等法律明确规定了虐待的定义（同法第2条）。

3. 犯罪儿童的通告

关于犯罪儿童的通告,《儿童福利法》规定:"但是,对于犯罪时满 14 岁以上的儿童不在此限。于此情形,必须通告家庭法院"(《儿童福利法》第 25 条但书),以示区别于一般需要保护儿童的通告。同条明确规定,在需要保护的儿童中,对于犯罪时满 14 岁以上的儿童,发现者必须通告家庭法院,而不是儿童咨询所或福利事务所。再者,作为一般需要保护儿童而被通告到儿童咨询所者,在对本人的申诉等进行调查后,发现有犯罪事实时,儿童咨询所必须立即向家庭法院通告。但是,儿童在实施了触犯刑罚法令的行为时若未满 14 岁,则通告的受理机关是儿童咨询所而非家庭法院。关于此点,学说有分歧,平场安治认为未满 14 岁的儿童仍然应该向家庭法院通告①。但是对于没有刑事责任的未满 14 岁儿童,与其向作为司法机关的家庭法院通告,不如向作为儿童福利机关的儿童咨询所通告,优先适用福利待遇的做法更为妥当。

如果该儿童在进行触犯刑罚法令的行为时未满 14 岁,但是其行为被发现时已满 14 岁时,对其通告的受理机关应该是家庭法院还是儿童咨询所,看法不一。裾分一立认为,家庭法院能够在没有儿童咨询所所长解送的情况下进行审判②,而宫崎升认为,家庭法院不能在儿童咨询所所长没有解送的情况下进行审判③。关于这点,应解释为,审判的时候若达到 14 岁,容易让人认为没有优先适用儿童福利法上措施的根据,而且主张审判手续虽简捷、迅速,但若不正当行为是发生在没有行为能力之时,即便行为被发现时年龄超过 14 岁,仍然应该优先适用儿童福利法上的有关措施,而不能在没有儿童咨询所所长解送的情况下进行审判。

4. 电话通告

《儿童福利法》第 25 条规定的通告,原则上必须以文书形式进行,口头通告一般也予以承认。问题在于口头通告是否包含电话形式的通告。之所以有此疑问是因为一般口头通告是通告人亲自到福利事务所、儿童咨询所或家庭

---

① 平场安治:《少年法》,第 83 页。
② 《家庭裁判月报》第 5 卷第 4 号,第 20 页。
③ 《家庭裁判月报》第 5 卷第 9 号,第 48 页。

法院通告,在这种情况下可以明确通告人的住所、姓名及身份;若采取电话通告,通告的受理机关既无法确认通告人的身份,也无法直接询问通告事实的真伪。因此,如果直接采用电话通告,由于电话的简便性,容易产生骚扰、恶作剧等滥用电话通告的情况。如果受理机关基于这种电话通告进行入室调查自然就会产生侵害人权的问题。

但是现实中,国民一般缺少对福利事务所、儿童咨询所、家庭法院的职能认识,甚至有的不知道上述机关的地点。并且,还存在通告人时间不充裕,或者通告人是身体障碍者行动困难等情况,如果不承认电话通告,必将限制通告人的范围。对于在忙碌的生活中焦头烂额的现代人来说,尽管市民可以出于良知,不辞劳苦地电话通告有需要保护的儿童,但如果需要特地花费时间,寻找地点,前往通告,就会十分困难。此外,或许还有可能觉得写成文书形式很麻烦而搁置了通告。综上所述,如果不承认电话通告,就难以取得一般市民的配合,容易产生需要紧急保护的儿童被放任不管的危险。因此,问题在于是把重点放在由于错误的电话通告而造成的侵害人权的危险一面,还是放在由于不承认电话通告而造成需要保护的儿童、犯罪儿童被放任不管的危险一面。

在少年法中,电话通告也成为一个问题。《少年法》第 6 条第 1 款规定,"如果发现有应该交由家庭法院审判的少年,必须通告家庭法院",这与儿童福利法的规定相同,一般国民负有通告义务,但是对是否承认电话通告却意见不一。1959 年 11 月在会同负责少年案件法官的会议上,家庭局市村课长谈到:"……比如像大阪的处理情况,……承认口头通告,甚至是电话通告,……有的机关执行紧急同行令*状的这种措施也是值得参考的做法……考虑到实际事务上的必要性,我认为在某些场合这样做也是迫不得已的"①,即主张消极的肯定说。与此相对,森田宗一的立场是应该采用正规通告。他谈到:"……电话是否具备口头方式还存在问题,但是从立法宗旨来看,正是在这种场合才需要紧急同行。因此应该采用正规通告……"②针对这些见解,山本矩夫认为,"实

---

* 紧急同行令:指因需要实施紧急保护而由家庭法院向少年发出的要求同行的令状。——译者
① 《会同要录》,第 41 页。
② 团藤重光、内藤文质、森田宗一、四谷严:《少年法》,第 139 页以下。

践中,在夜间受理有犯罪倾向的少年的通告事件,一般立即发出紧急同行令,但这种处理方法……潜伏着极大的侵害人权的危险"[1],即主张否定说。

考虑到以上关于《少年法》第6条的通告的解释运用,在探讨儿童福利法第25条的通告是否包含电话通告时,我们认为要把对需要保护儿童的通告(本文)与对犯罪儿童的通告(但书)分别进行讨论。

首先,发现需要保护儿童的人向儿童咨询所或者福利事务所发出的通告,原则上应该解释为包括电话通告。这是因为相对于通告人的确认,应该优先考虑保护的紧急性。只是,在调查通告内容是否属实时,要充分注意不能侵害儿童及相关人员的隐私。在电话通告中,或许存在打错电话、骚扰电话、草率地打来电话的情况,但既然电话通告能够成为补充行政机关发现需要保护儿童能力的不足,有利于职能的发挥,那么承认电话通告也是妥当的。关于通告人的确认问题,日后只要采取寄送文书方式,促使通告人去受理机关或者工作人员前往通告人处等处理措施即可。另外,即便是文书通告,如果是冒名或匿名,也有歪曲事实的可能。这点与一般的口头通告相同。据此,没有必要把电话通告排除在通告方式之外。同时考虑到关于防止虐待儿童等法律要求早期发现虐待情况(同法第5条第1款)和迅速通告的规定(同法第6条第1款),也应该认可电话通告。

但是,对于儿童福利法第25条但书中规定的满14岁以上的犯罪儿童的发现人向家庭法院进行的通告,应另作考虑。这种情况是对家庭法院即司法机关进行的通告,且通告的内容是犯罪事实。此类通告很有可能因为打错电话等造成对该儿童以及相关人员的人权侵害,因此,其通告要慎重地进行,不应该采用电话通告。

(二)需要保护儿童对策地区协议会

需要保护儿童对策地区协议会是以切实保护需要保护的儿童为宗旨,根据2004年12月3日法153号而设置。关于该协议会,儿童福利法进行了如下规定。

---

[1] 《司法研修所报》第30号,第128页。

①地方公共团体单独或者共同地为切实保护需要保护的儿童，可以设置由相关机关、团体以及从事与儿童福利有关事务者及其他相关人员组成的需要保护儿童对策地区协议会；②该协议会在进行与需要保护的儿童及其保护者相关的情报交换的同时，还应进行有关需要保护儿童等的支援内容的协商；③地方公共团体负责人在设置该协议会时，必须根据厚生劳动省令的规定公布其宗旨；④设置该协议会的地方公共团体负责人应从构成协议会的各机关中，指定某一特定的机关作为协调机关；⑤需要保护儿童对策协调机关在综合负责有关该协议会的事务同时，还要确实把握针对需要保护儿童等的支援的实施状况，并根据需要与儿童咨询所及其他相关机关进行联络协调，以保证对需要保护儿童等的支援得到切实实施（《儿童福利法》第25条之2各款）。

本条所说的地方公共团体是指市町村①。

（三）市町村、都道府县对需要保护儿童的应对

针对市町村、都道府县对于需要保护儿童的职能，规定市町村、都道府县设置的福利事务所或儿童咨询所在接到需要保护儿童发现者的通告，认为有必要时，需要迅速掌握该儿童的状况（《儿童福利法》第25条之6）。虽然明确规定了各地方公共团体的职责是掌握需要保护儿童的状况，但是否必要的判断标准及"迅速"这个时间的容许范围等均由行政机关裁量，可以说行政机关对需紧急保护的儿童的应对状态还很不充分。而且，虽然写明"要掌握该儿童的状况"，但是并没有明确规定如何以及给予何种程度的掌握。这些内容应该通过政令、规则、通告、通知等具体化，最好采取例示性列举方法。

未设置福利事务所的町村之外的市町村，要切实掌握对需要保护儿童等支援的实施状况，在接受通告以及接受咨询的儿童或其保护者认为有必要时，必须采取以下的任一措施：①将需要由都道府县采取应有措施（同法第27条）者，或认为需要医学、心理学、教育学、社会学及精神保健方面的认定者，解送至儿童咨询所；②由该市町村设置的福利事务所的智力障碍者福利员或社会

---

① 厚生劳动省雇用均等、儿童家庭局：《关于今后儿童家庭咨询体制的应有状态研究会（第1回）》，2005年2月2日，总务课长助理发言。

福利主事指导通告儿童(同法第 25 条之 7 第 1 款各项)。

未设置福利事务所的町村要切实掌握对需要保护儿童等支援的实施状况,对通告的儿童、其保护者或孕产妇认为有必要时,必须采取以下任一措施:①将需要由都道府县采取应有措施者,或需要医学、心理学、教育学、社会学及精神保健方面的认定者,解送至儿童咨询所;②认为让福利事务所的智力障碍者福利员或社会福利主事进行指导的措施适当者,将其解送至该町村所属的都道府县设置的福利事务所;③认为适合实施助产或实施母子保护者,将其报告给各相关的都道府县知事(同条第 2 款各项)。

如上所述,将孕产妇作为本法对象是因为儿童福利的理念在于保证儿童健康出生,即儿童的健康成长是从胎儿时期就开始得到保障的。

(四)福利事务所所长采取的儿童福利措施及权限

1. 福利事务所所长采取措施的对象

①接受通告的儿童;②解送至福利事务所的儿童;③在福利事务所接受咨询答复的儿童、其保护者或孕产妇(《儿童福利法》第 25 条之 8)。

2. 福利事务所所长采取措施的内容

①认为需要由都道府县采取措施者,以及需要医学、心理学、教育学、社会学及精神保健方面的专门诊断者,解送至儿童咨询所(同条第 1 项)。解送是指移送案件的管理,分为同时移送该儿童和仅移送书面资料两种,可以根据具体情况选择其中一种。符合本项条件的是,问题的原因在于本人的性格、身体或智力障碍;但诸如家庭内部关系不好,或者保护者身心有障碍等这些虽是由环境引起的但需要由专家进行诊断的复杂情况也适用本项。解送的目的地是管辖需要采取措施者的居住地或者现住地的儿童咨询所。

②福利事务所的智力障碍者福利员或社会福利主事指导儿童或其保护者(同条第 2 项)。

③把认为适合实施助产、母子保护或保育者向各相关的都道府县知事(指定城市、中核市市长)、市町村长报告或者通知(同条第 3 项)。所谓的"报告"是指,通报的对方是上级行政机关,所谓的"通知"是指,通报的对方是下级行政机关或没有上下级关系的行政机关。

④关于被认为适合采取儿童居家支援措施的身体障碍儿童,向与其措施相关的市町村长报告或通知(同条第 4 项)。

(五)儿童咨询所所长采取的儿童福利措施及权限

1. 儿童咨询所所长采取措施的对象

①儿童咨询所接受通告的儿童(《儿童福利法》第 26 条第 1 款);②解送至儿童咨询所的儿童(同法第 26 条第 1 款、第 25 条之 7 第 1 款第 1 项、第 2 款第 1 项)或者没有设立福利事务所的町村解送来的儿童(同法第 25 条之 7 第 2 款第 1 项)。③家庭法院解送来的儿童(同法第 26 条第 1 款、少年法第 18 条第 1 款)。《儿童福利法》第 26 条第 1 款规定,根据少年法第 18 条第 1 款规定,接受家庭法院解送者为儿童咨询所所长,但是根据少年法第 18 条第 1 款,关于家庭法院是否享有向都道府县知事解送案件的权限,见解不一。主张能够向都道府县知事解送的是柏木千秋[①];主张受理机关仅限于儿童咨询所所长的是高田正己[②]、川山鸟三郎[③]等。根据第 5 次修改后的儿童福利法,由过去都道府县知事和儿童咨询所所长均享有受理权,修改为仅儿童咨询所所长拥有受理权。考虑到这个变化,为了避免与这种司法程序相关联的儿童福利法规定的扩张解释,应当解释为受理机关仅为儿童咨询所所长。关于儿童咨询所所长是否可以根据《少年法》第 18 条第 1 款规定,将接受解送的儿童再次解送到家庭法院,对此虽有不同见解,但较普遍接受的观点是原则上不能再解送[④]。这是为了避免使该儿童处于不安定的状态。④在儿童咨询所接受咨询答复的儿童、其保护者或者孕产妇(同法第 26 条第 1 款)。

2. 儿童咨询所所长采取措施的内容

(1)将需要采取《儿童福利法》第 27 条规定措施者向享有采取措施权的都道府县知事(指定都市和中核市市长及设置儿童咨询所的市之市长)报告(同法第 26 条第 1 款第 1 项)。"第 27 条的措施"是指,训诫、誓约、指导委托

---

① 柏木千秋:《改订新少年法概说》,第 102 页。
② 高田正己:《儿童福利法的解说与运用》,第 154 页。
③ 川山鸟三郎:《儿童福利法的解说》,第 232 页。
④ 柏木千秋:《改订新少年法概说》,第 100 页。

的措施、儿童设施入所、领养、解送家庭法院、向国立高级医疗中心及作为独立行政法人的国立医院设置的医疗机关且由厚生劳动大臣指定的医疗机关委托的措施等。"报告"的实施必须根据记载有儿童的住所、姓名、年龄、简历、品行、健康状态、家庭环境、涉及第27条措施的相关儿童及其保护者的意向等对促进儿童福利有参考意义事项的报告书(同条第2款)。

(2) 让儿童福利员或者儿童委员指导儿童或者其保护者,或是委托非都道府县设置的儿童家庭支援中心或在都道府县之外从事身体障碍儿童咨询支援的事业者进行指导(同条第1款第2项)。儿童福利员原则上是处理儿童性格等方面有问题,需要进行长期指导的案件;而儿童委员则是处理因家庭环境造成问题,可通过人际关系调整或经济援助解决的案件。

(3) 于被认为适合由福利事务所的智力障碍者福利员或社会福利主事对儿童或者其保护者进行指导之情形,应将其解送至福利事务所(同法第26条第1款第3项、第25条之7第1款第2项、第25条之8第2项)。由于通告、咨询的窗口设在福利事务所和儿童咨询所两地,因此有时在儿童咨询所也受理适合由福利事务所处理的案件。对于这类案件,儿童咨询所所长应在充分调查的基础上,在必要文件上注明参考意见并解送至福利事务所,以交付智力障碍者福利员或社会福利主事予以指导。

(4) 对于适合实施保育的儿童,要向与实施保育等相关的各都道府县知事或者市町村长进行报告或通知(同法第26条第1款第4项)。

(5) 对于适合提供儿童居家支援或为日常生活便利而采取给付、贷与用具措施的障碍儿童,应将其报告或通知该市町村长(同款第5项)。

3. 儿童咨询所所长的权限

(1) 暂时保护儿童的权限

来到儿童咨询所的需要保护儿童,有像离家出走儿童一样没有合适住所的儿童,也有像被虐待儿童一样需要立即让其离开保护者进行保护的儿童,还有具有明显违法倾向、可能危害自己或他人生命、身体、财产而必须立即予以保护的儿童。暂时保护就是为了对这些儿童进行紧急保护而规定的制度。另外,于为制定切实且具体的待遇方针而进行行为观察,通过短期入所进行心理疗法和咨询辅导等情形,也可以进行暂时保护。儿童咨询所所长认为有必要时,有权在采取第 26 条第 1 款或第 27 条第 1 款、第 2 款措施之前的短时间内对儿童进行暂时保护,或是委托"警察署、福利事务所、设施"等合适的单位进行暂时保护(同法第 33 条第 1 款、第 2 款)。其具体期限法律未进行规定,一般解释为调查诊断所需要的最少时间,但是最长不能超过一个月(同条第 3 款。例外同条第 4 款)。由于暂时保护大多数情况非常紧急,所以不用等待家庭法院的决定即可予以实施,而且即使违反儿童或保护者的意志也可以强制实施。

(2) 对儿童所持物品的暂时保管权限

在由警察解送至儿童咨询所的儿童中,由于很多儿童所持的物品是盗窃物,所以儿童咨询所所长有权在暂时保护过程中保管那些由儿童本人持有的损害儿童福利的物品(同法第 33 条之 2 第 1 款)。但是,本条是任意性规定,具体情况应由儿童咨询所所长裁量。"暂时保护过程中本人持有的损害儿童福利的物品"是指,盗窃品、用于胁迫或伤害的刀具、诱发性方面兴趣的文书等,不一定必须是儿童的所有物。保管可在违反儿童意愿的情况下进行,不过,儿童咨询所所长必须本着善良管理者的注意义务的态度进行保管。善良管理者的注意义务是指,与其职业、地位等相符的,符合社会通常观念所认为的必要程度的注意义务。在保管物品中,对于那些容易腐败、灭失等难以保管的物品,可以将其出售,保管所售货款(同条第 2 款)。当保管物品为盗窃品,并明确属于处于暂时保护下的儿童以外者所有并被要求返还的,儿童咨询所所长必须将该物品还给其所有权人和其他具有返还请求权者(同条第 3 款)。当无法确认具体的返还请求权人时,可以发出公告,公告后 6 个月内没有人提出返还的申请,所有权归都道府县所有(同条第 4 款、第 5 款)。当保管物品为儿童的所有物时,在解除暂时保护之际必须将保管物品返还儿童,但是刀具和色情杂志等损害儿童福利的物品可以交付保护者(包括领养人或设施负责人)(同条第 6 款)。如果处于暂时保护中的儿童逃逸、死亡,于逃逸之情形,必须将其遗留物品交付保护者或亲属,于死亡之情形,必须将物品交付其继承人(同法第 33 条之 3 第 1 款)。

(3) 就都道府县(知事、指定都市、中核市市长以及设置儿童咨询所之市

的市长)的行使权限发表意见、接受都道府县的委任行使都道府县权限之权限

　　都道府县虽然享有对儿童进行委托指导、让其进入设施、领养、委托住入指定医疗机关的权限,但是如果解除、停止和变更这些已行使的措施,必须听取儿童咨询所所长的意见(同法第27条第5款)。即儿童咨询所所长在知事等行使这些权限时,享有发表意见的权限。这是因为这些措施是基于儿童咨询所所长的报告而采取的。另外,知事等可以将委托指导、进入设施、委托领养人、委托住入指定医疗机关、向儿童自立生活支援事业的委托措施、就业支援的全部或者一部分委托给儿童咨询所所长(同法第32条第1款)。接受委托的儿童咨询所所长在接受委托的范围内,可以自己的名义和责任行使知事等的权限。于此情形,知事等要停止行使该范围内的权限。

　　(4) 要求宣告丧失亲权和要求选任、解任未成年人监护人的权限

　　① 儿童(未满18岁者)或儿童以外的未满20岁者的亲权者对儿童等滥用亲权或行为明显不端,损害儿童福利时,儿童咨询所所长可以向家庭法院要求宣告其丧失亲权(同法第33条之6)。《民法》第834条规定,可以向家庭法院要求宣告丧失亲权的主体是亲属和检察官。但是,儿童福利法规定,儿童咨询所所长作为与儿童福利相关的公益代表人,也可以根据自己的判断独自要求宣告丧失亲权。儿童咨询所所长首先要劝导亲权者正当地行使亲权,在亲权者不听从时才可要求宣告丧失亲权。

　　下面是儿童咨询所所长申请宣告丧失亲权的一个案例。亲权者A与妻子离婚后抚养孩子,但以身体虚弱为由不工作,靠接受生活保护度日。次女F上中学1年级后,A以暴力要求F与其发生性关系,由此被儿童咨询所暂时保护,A作为亲权者要求领回女儿。出于对该儿童福利的考虑,儿童咨询所所长作为申请人要求宣告A丧失亲权。对此法院认为,A滥用亲权,虐待F,明显损害了其福利,F不适合由A监护,因此判决A丧失亲权①。但是由于一旦判决丧失亲权,该判决将会被记录于户籍而给儿童带来不利,因此许多人提出

---

① 东京家庭法院八王子支部判决,1979年5月16日,载于《家庭裁判月报》第32卷第1号,第166页。

应用亲权的暂时停止等措施代替宣告丧失亲权。

②在缺少未成年人监护人的情况下,被监护人的亲属及其他利害关系人应申请选任未成年人监护人(民法第840条)。但儿童福利法把儿童咨询所所长也列入其中,即对那些没有亲权行使人或未成年人监护人的儿童,为了其福利,在必要时,儿童咨询所所长必须向家庭法院申请选任未成年人监护人(《儿童福利法》第33条之7)。也就是说,对于未满20岁者,儿童咨询所所长享有向家庭法院要求选任、解任未成年人监护人的请求权,这点和民法的规定相一致。

"没有亲权行使人的情形"是指,父母死亡,或父母双方都被宣告丧失亲权而导致不存在亲权行使人的情况,以及亲权者因长期疗养、住所不明而无法行使亲权的情况。"没有未成年人监护人的情形"是指,最后行使亲权者没有留下遗言指定谁为未成年人监护人而死亡的情况,以及未成年人监护人辞去或被解任等情况。要求选任未成年人监护人必须向管辖被监护儿童住所地的家庭法院提出(《家事审判规则》第82条)。

③当未成年人监护人有违法行为、明显的不正当行为及其他不适合担任未成年人监护人的理由时,未成年人监护监督人、被监护人的亲属或检察官可以向家庭法院要求其解任(《民法》第846条)。儿童福利法还规定儿童咨询所所长作为与儿童福利相关的公益代表人,有权根据自己的判断要求解任未成年人监护人(《儿童福利法》第33条之8)。原则上,请求必须向管辖该儿童住所地的家庭法院提出(《家事审判规则》第82条)。

(六)都道府县(指定都市、中核市)采取的儿童福利措施及权限

1. 都道府县(指定都市、中核市)采取措施的对象

①根据《儿童福利法》第26条第1款第1项的规定,儿童咨询所所长以都道府县知事提出报告,认为由都道府县采取措施更为适当的儿童(《儿童福利法》第27条第1款);②根据《少年法》第18条第2款,由家庭法院指示应采取强制措施而解送来的儿童(同条同款)。

2. 都道府县(指定都市、中核市)采取措施的内容

(1)训诫和誓约措施

都道府县必须对儿童或其保护者加以训诫并要求其提出誓约书(《儿童福

利法》第27条第1款第1项）。这虽然主要是为了对儿童或保护者进行心理上的强制约束，但由于是行政处分，所以必须采用书面文书形式。

（2）指导委托措施

都道府县（指定都市、中核市）要让儿童福利员、智力障碍者福利员、社会福利主事、儿童委员或该都道府县设置的儿童家庭支援中心、从事该都道府县进行的身体障碍儿童咨询支援事业的职员，指导儿童或其保护者（同款第2项），或者委托该都道府县以外者设置的儿童家庭支援中心或该都道府县以外的进行障碍儿童咨询支援事业者给予指导（同款第2项）。在交付指导委托的措施时，必须向指导者指示有关其措施的参考事项，即儿童咨询所所长在报告书中有义务记载儿童的住所、姓名、年龄、履历、品行、健康状态、家庭环境、该儿童及其保护者的意向及其他有关增进儿童福利的参考事项（同法第26条第2款）。另外，还必须向儿童或其保护者告知指导人员的住所、姓名及交付其指导的宗旨。

（3）儿童福利设施的入所措施

都道府县必须根据儿童咨询所的调查判定及家庭法院的决定，采取使儿童进入婴儿院、儿童养护设施、智力障碍儿童设施、智力障碍儿童通园设施、盲聋哑儿童设施、肢体障碍儿童设施、重度身心障碍儿童设施、情绪障碍儿童短期治疗设施或儿童自立支援设施的措施（同法第27条第1款第3项），但是不能违反该儿童的亲权者或者未成年人监护人的意愿采取措施（同条第4款）。该规定旨在尊重亲权者及未成年人监护人的权利。然而，对于根据少年法第18条第2款从家庭法院解送来的儿童，由于必须遵守家庭法院的决定指示，可以在违反亲权者或未成年人监护人意愿的情况下采取入所设施。让儿童进入儿童福利设施时，必须告知儿童或其保护者有关设施名称、所在地及所需费用的相关情况。再者，必须将记载儿童咨询所的判定结果、待遇方针等资料交付要进入的儿童福利设施长（《施行规则》第26条）。

（4）向领养人的委托

"领养人"是指，希望抚养无保护者的儿童或不适合由保护者监护的儿童，且得到知事认可者（同法第6条之3）。具体是指履行规定的程序，在领养登记簿里登记的人①。

(5) 向指定医疗机关的委托措施

都道府县可以让肢体障碍儿童及重度身心障碍儿童进入由国立高级专门医疗中心及作为独立行政法人的国立医院设置的,且为厚生劳动大臣"指定的医疗机关",可以委托肢体障碍儿童设施或重度身心障碍儿童设施进行同样的治疗(同法第 27 条第 2 款)。

指定医疗机关的前身即国立疗养所本来是结核病患者的疗养所,所以患骨关节结核或其他结核病的儿童一直以来都是在国立疗养所接受作为疗育给付的疗养。1967 年修改后的儿童福利法规定,在国立疗养所为肢体障碍儿童和重度身心障碍儿童设置专门的病房,但是根据厚生(劳动)事务次官的通知,可以委托国立疗养所治疗的肢体障碍儿童仅限于进行性肌萎缩儿童。因此,目前在作为独立行政法人的国立医院设置的医疗机关内,专门设置了进行性肌萎缩症儿童病房和重度身心障碍儿童病房(《厚生劳动省组织规则》第 284 条,《地方独立行政法人法》第 21 条第 4 项)。

(6) 解送家庭法院的措施

都道府县根据《儿童福利法》第 24 条第 1 款规定的保护处分,把需要进入儿童自立支援设施、儿童养护设施的儿童及同样有必要进入少年教养院的儿童解送至家庭法院,以交付家庭法院审判(《儿童福利法》第 27 条第 1 款第 4 项)。让儿童进入儿童自立支援设施、儿童养护设施的措施是根据《少年法》第 24 条第 1 款第 2 项的保护处分,而不是《儿童福利法》第 27 条第 1 款第 3 项的措施。这是因为,根据《儿童福利法》第 27 条第 1 款第 3 项的措施规定,不能在违反亲权行使人或未成年人监护人意愿的情况下让儿童进入儿童自立支援设施、儿童养护设施,但是,根据少年法的保护处分规定可以在违反上述亲权人或监护人意愿的情况下让有不良行为的儿童进入儿童自立支援设施、儿童养护设施。所以,虽然亲权行使人或者未成年人监护人反对让儿童进入儿童

---

① 《关于领养支援事业的实施》,2002 年 9 月 5 日雇儿发 905005 号,最新修改 2004 年 4 月 28 日雇儿发 48003 号;《关于领养制度的运营》,2002 年 9 月 5 日雇儿发 905002 号等。

自立支援设施、儿童养护设施的措施,并且上述措施不符合《儿童福利法》第28条(被虐待儿童)的要件,但若放任不管,不仅将使儿童本人的福利受到损害,还有可能扰乱公共秩序安定,于此情形,必须采取本项规定的措施(同法第27条之2第1款)。

家庭法院根据《少年法》第24条第1款第2项的保护处分决定,将《儿童福利法》第27条第1款第4项规定的受到儿童福利机关解送的儿童,判决应解送至教护院(现为儿童自立支援设施)一案,大致内容如下:在父子家庭成长的A从小学六年级开始有犯法行为,进入中学以后反复实施不良行为,多次受到警察的教导,但行为没有好转,以致被通告至儿童咨询所,受到暂时保护。父亲希望领回A自行监护。由于亲权者反对入所措施,无法实施《儿童福利法》第27条第1款第3项的措施。但是,A的行为已经超过居家保护界限,若继续放任只会使其不良行为更加严重,为了在与家庭及社区不同的环境下,给A提供安静的场所,以有助于其社会人格的形成,案件移交至家庭法院后,法院判决将其解送至教护院[①]。

(7)强制措施

当偶有必须采取限制儿童的行动自由或剥夺其自由的强制措施的情况时,知事必须将案件移送家庭法院(《儿童福利法》第27条之3)。1949年6月儿童福利法第三次修改后,调整了少年法与儿童福利法的关系,规定未满14岁触犯刑罚法令的少年必须根据儿童福利法处理,初等少年教养院不能让未满14岁的少年入所。之前因杀人、盗窃等进入少年院的未满14岁的儿童,也必须全部进入作为儿童福利设施的教护院(现为儿童自立支援设施)。为此,虽然有违儿童福利设施本来的性质,但是仍然不得不在设施内进行某种程度的强制,即创设了强制措施制度。同时,在少年法中还作出了与本条内容相同的规定(《少年法》第6条第3款)。

强制措施是将儿童收容至无法自由出入的特定场所,限制其行动自由或剥夺其自由,超出亲权范围,即使违反儿童的意愿仍可采取约束其身体自由的

---

① 旭川家庭法院判决,1978年3月23日,载于《家庭裁判月报》第31卷第5号,第143页。

措施。但是，儿童福利设施是儿童的生活场所，是尽量提供自由与爱、提高儿童自律性的场所，因此这种措施必须限定在例外情况。本条中所说的"偶有"就是这个含义。

家庭法院在接受都道府县知事或儿童咨询所所长交付的此类案件时，可以作出决定，限定强制措施的期间，指示对此应采取的保护方法及其他措施，之后再交付给都道府县知事或儿童咨询所所长（《少年法》第18条第2款）。对家庭法院再交付的案件，都道府县知事根据儿童福利法第27条第1款第3项的规定，应让该儿童进入儿童自立支援设施（对已入所的儿童要送入强制设施），但知事等在采取该措施时，必须遵守家庭法院的指示（《儿童福利法》第27条第3款、第27条之2第2款）。

不过，即使家庭法院的决定指示了强制措施的最高限度，也没有必要一定要采取最高限度的强制手段。但是，倘若家庭法院的决定明确了强制措施的期限等，并要求必须履行的，则必须遵守该决定。对于这种强制措施许可的申请，家庭法院有时许可之，有时认为采取强制措施不当而把案件再交付于儿童福利机关。

（8）关于被虐待儿童的措施

关于被虐待儿童，都道府县可以在违反亲权行使人或未成年人监护人意愿的情况下，为了该儿童的福利采取措施（《儿童福利法》第28条第1款）。本条是第27条第4款的例外规定，之所以行使本条的措施权是因为，保护者虐待该儿童或其怠于监护，已触犯刑罚法令或有触犯刑罚法令之虞，且如若要对该儿童采取《儿童福利法》第27条第1款第3项的措施，亲权者或未成年人监护人会对此表示反对。"违反意愿"是指积极地表示反对之意，于保护者把儿童送入设施没有提出异议的情形，可以根据《儿童福利法》第27条第1款第3项的规定采取措施。另外，即便保护者对儿童进行虐待，也并不意味着应立即采取本条的措施，如果对其进行必要的援助或指导更有利于儿童福利的保护，则应根据第27条第1款第2项的规定交付儿童福利员指导。但据此无法达到目的时，应采取本条的措施。

关于何种行为应被称为虐待，儿童福利法没有规定相应的定义。而关于防止儿童虐待等法律（2000年5月24日法82号，2004年4月14日法30号最新修改）第2条规定了"儿童虐待"的定义（参照同条）。

对被虐待儿童采取措施的内容有：①当目前监护儿童者是亲权行使人或未成年人监护人时，取得家庭法院的许可后采取委托领养或送入儿童设施的措施（《儿童福利法》第28条第1款第1项、第27条第1款第3项）。②当现在监护儿童者是亲权行使人或未成年人监护人以外者时，应把儿童交还亲权行使人或未成年人监护人。这种情况不需要取得家庭法院的许可。但是，如果亲权行使人或未成年人监护人的生活环境恶劣，可预见到将发生虐待、监护失职的情况，或对儿童缺乏理解或关爱等，因此认为交还会因将造成儿童福利的损害而不适当时，可以在取得家庭法院的许可后，采取让儿童进入儿童福利设施或委托领养的措施（同法第28条第1款第2项、第27条第1款第3项）。违反亲权行使人或未成年人监护人意愿让儿童进入设施是对亲权或未成年人监护内容的限制，所以应委托对于亲权的行使处于监督立场的司法机关即家庭法院作出决定。作出许可决定的是管辖该儿童住所地的家庭法院（《特别家事审判规则》第18条）。

让保护者监护儿童，或将其交由亲权行使人或未成年人监护人不利于儿童福利时，对儿童采取委托领养或让其进入婴儿院等措施的期间，从采取措施之日起不得超过两年。不过在考虑了相关指导措施的效果后，认为有必要继续采取该措施时，都道府县在取得家庭法院许可后，可以更新期间（《儿童福利法》第28条第2款）。家庭法院于有申请承认相关措施的情形，可以要求都道府县限期提出有关指导措施的报告和意见，或者要求其提交有关儿童及保护者的必要资料（同条第5款）。

对该措施进行审判时，为了调整该措施结束后的家庭及其他环境，于认为适合对该保护者采取指导措施的情形，家庭法院可以劝告都道府县应对该保护者采取指导措施（同条第6款）。关于这点，在儿童咨询所所长因受到母亲虐待的儿童所提出的"儿童福利设施入所申请案件"中，判例在采取让该儿童进入儿童咨询所进行暂时保护的入所措施的基础上，劝告儿童咨询所所长根据《儿童福利法》第28条第6款的规定进行指导援助，让母亲和孩子作阶段性的交流，以便使孩子能够安心回到家中①。

(9) 入室调查权

《儿童福利法》第 28 条的措施由于可以违反亲权者、未成年人监护人及其他保护者意愿而进行，因此其前提是有必要调查确认保护者虐待儿童等事实。可以预见到，基于此目的所进行的调查肯定会遭到保护者的拒绝，因此必须由都道府县知事行使带有强制性的入室调查权(同法第 29 条)。由于入室调查权带有强制性，所以对基于此种权限的调查询问，如果没有正当的理由而拒绝、妨碍、回避、不予回答或作虚假回答、不让儿童回答或让儿童作虚假回答者，处以 30 万日元以下的罚金(同法第 62 条第 4 项)。既然入室调查权具有强制性，那么该权限的行使仅限于儿童委员或儿童咨询所所长、所员、儿童福利员、福利事务所的社会福利主事等从事与儿童福利相关事务的且拥有一定身份资格的公务员，上述人员进行入室调查时，必须携带证明其身份的证件。能够进行入室调查的场所为儿童正在被虐待的场所，即儿童的住所、居所或儿童工作的场所(同法第 29 条)。除此之外，应认为还有可能进入相当于上述场所的设施、学校等。

(10) 措施的解除、停止、变更

都道府县知事享有如下权限：采取委托指导措施，使儿童进入设施或委托领养的措施，以及使其入住指定医疗机关接受治疗等委托措施，或者采取解除、停止、变更措施。但是在行使这些权限时，必须听取儿童咨询所所长的意见(同法第 27 条第 5 款)，或参考该儿童福利设施负责人或指定医疗机关负责人的意见(施行令第 28 条)。

"解除"是指，由于应继续采取措施的事由消灭，因此措施在今后失去效力的情形。"停止"是指，虽然继续采取措施的事由没有完全消灭，但暂时中止措施，将来有必要时再采取措施的权宜性处分。"变更"是指，改变了该措施的重要内容。所以，不仅可以将《儿童福利法》第 27 条第 1 款第 2 项的措施变更为第 3 项的措施，还可以如从进入婴儿院变更为进入儿童养护设施一样，采取其

---

① 鸟取家庭法院判决，2005 年 5 月 12 日，载于《家庭裁判月报》第 57 卷第 11 号，第 64 页。

他类型的儿童福利设施的入所变更措施以及同类型儿童福利设施的入所变更措施。

（11）权限的委任

都道府县知事可以将采取训诫及誓约的措施，委托指导的措施，设施入所及委托领养的措施，委托入住指定医疗机关接受治疗等措施，儿童自立生活援助、指导及就业支援措施的权限的全部或一部分委托给儿童咨询所所长（同法第32条第1款、《地方自治法》第153条第2款）。另外，有关辅助用具的交付、居家生活支援和特例居家生活支援及其决定和取消等权限，儿童日间服务事业措施的实施、助产、母子保护的实施等权限，于身心障碍儿童的居家支援、幼儿及儿童的保育有欠缺的情形，若保护者提出申请，或因附近没有保育所等不得已的理由时，可以将进行适当保护的权限之全部或一部分委托给福利事务所所长（《儿童福利法》第32条第2款、《地方自治法》第153条第2款）。接受委托的儿童咨询所所长及福利事务所所长不仅接受了采取这些措施的权限的委托，还接受了解除、停止、变更以上措施的权限的委托。

关于根据《儿童福利法》第32条第1款，接受同法第27条第1款第4项规定的权限委托的儿童咨询所所长是否也拥有同法第27条之3规定的家庭法院解送的权限这一点，见解不一。第一种主张是，根据《地方自治法》第153条第2款的一般规定，儿童咨询所所长也有解送的权限；第二种主张是，根据《儿童福利法》第32条第1款的扩张解释，也可以赋予儿童咨询所所长解送的权限[①]；第三种主张是，儿童咨询所所长没有解送的权限。

之所以产生这种分歧是因为，《儿童福利法》第32条第1款在字句上虽然并没有将第27条之3（解送家庭法院）的权限委托于儿童咨询所所长，但在实务中需要儿童咨询所所长进行解送的情况不在少数。

解送家庭法院虽然是儿童福利法第三次修改时的新设规定，当初，赋予了儿童咨询所所长把需要强制解送的案件移送到家庭法院的权限，但在第五次修改时已被删除。基于这点，同时也考虑到《儿童福利法》第32条第1款只规

---

① 金沢家庭法院判决，1957年6月15日，载于《家庭裁判月报》第9卷第6号，第47页。

定了将同法第27条第1款、第2款或第7款的采取措施权委托于儿童咨询所所长,而并没有在文字上规定委托同法第27条之3规定的向家庭法院解送的权限。再者,考虑到法令的前后关系,应解释为儿童咨询所所长没有《儿童福利法》第27条之3规定的解送权限。

(12)滞留设施时间延长的特例措施

① 儿童福利法规定的儿童是指未满18岁者(同法第4条),有采取措施权的都道府县、市及设置福利事务所的町村对于母子生活支援设施中的入所儿童,可以让其一直滞留到满20岁时为止(同法第31条第1款)。委托领养也可以持续到满20岁时为止。②有采取措施权的都道府县(指定都市、中核市)对于根据本法规定的入所措施而进入儿童养护设施、智力障碍儿童设施(国立除外)、盲聋哑儿童设施、情绪障碍儿童短期治疗设施或儿童自立支援设施的儿童,可以允许他们在这些设施持续滞留到满20岁时为止;允许进入国立智力障碍儿童设施的儿童可以滞留到能够适应社会生活为止;对于委托领养的儿童也可以允许其一直滞留到满20岁时为止(同条第2款)。③根据《儿童福利法》第27条第1款第3项进入肢体障碍儿童设施的儿童及根据同条第2款规定的委托进入指定医疗机关等的肢体障碍儿童,可以滞留到满20岁时为止。同样,根据都道府县的措施进入重度身心障碍儿童设施的儿童及根据同条第2款规定的委托进入指定医疗机关的重度身心障碍儿童,可以允许他们继续滞留在这些设施、机关,直到其适应社会生活为止,或根据同法第27条第2款的规定继续委托,或者交替变更这些措施(同法第31条第3款)。④根据同法第27条第7款采取儿童自立生活援助事业措施的儿童,可以允许其持续接受援助,直到其满20岁时为止(同法第31条第4款)。采取②或③的措施时,知事必须听取儿童咨询所所长的意见(同法第31条第6款)。同时必须参考实际负责该儿童保护的儿童设施负责人或指定医疗机关负责人的意见(《施行令》第28条)。

以上为采取滞留设施时间延长措施的原则,但儿童福利法还规定,在智力障碍儿童设施(国立除外)入所的儿童,若被认为障碍程度严重,即使已年满20岁,但若不继续让其留在设施将会损害其福利时,都道府县在一定的期间,可以让其继续滞留在该设施(同法第63条之2第1款)。另外,若认为目前在肢体障碍儿童设施入所的儿童或被委托在指定医疗机关的肢体障碍儿童,其障碍程度严重,即使已年满20岁,但若不继续让其留在设施会损害其福利,都道府县也可以让其继续留在肢体障碍儿童设施或继续委托,或交替变更这些措施(同条第2款)。在采取这些措施时,都道府县知事必须听取儿童咨询所所长的意见(同条第4款)。

延长滞留设施时间的目的在于,如果机械地根据儿童的年龄让其退所,有可能造成之前在设施内的保护和指导效果中断,因此在使其适应社会生活前,保证其继续在其成长的设施内接受持续的保护和指导。"适应社会生活"是指,适应周围的环境,能自理日常生活,甚至能从事简单劳动的状态。

延长滞留时间的特例措施是让已经进入儿童福利设施中的儿童,即使超过18岁仍继续留在设施的措施,都道府县对于18岁以上者,原则上不能重新采取儿童福利设施的入所措施。但是儿童福利法对这点上也作出了规定,都道府县在一定的期间认为有必要时,可以让18岁以上的兼有重度肢体障碍和重度智力障碍者重新进入重度身心障碍儿童设施,也可以委托指定医疗机关等让其住院进行治疗。此措施被视为是儿童福利法上的措施(同法第63条之3第1款、第2款)。就是说,可以让非儿童重新进入儿童福利设施。

二、对身体障碍儿童的措施

身体障碍儿童是指,有视觉、听觉、平衡机能、声音机能、语言机能或咀嚼机能障碍的儿童,有上肢、下肢、躯体机能障碍的儿童,因婴幼儿时期以前的非进展性脑病变而导致上下肢机能、移动机能等运动机能障碍以及因心脏、肾脏、呼吸器、膀胱、直肠、小肠、人体免疫不全病毒而导致免疫功能有障碍的儿童的总称。因此,身体障碍儿童比肢体障碍儿童这个概念更为广泛,但这里主要介绍的是针对肢体障碍儿童的措施。关于身体障碍儿童的等级,根据《身体障碍者福利法施行规则附表5》确定。

在古希腊的斯巴达,出于国家至上主义的观念,为了培养健壮的男子,贯彻父权国家理念,身体障碍儿童遭到杀害。罗马城的创立者罗慕洛斯(Romulus)命令市民抚养身体健康的所有男孩,抚养女孩中的长女,并以此作为"王法"。之后,在将习惯法成文化的最古老的罗马成文法典《十二铜表法》中,规定杀害障碍儿童不构成犯罪,这被查士丁尼(Justinian)法典所继承[①]。

即便在日本,基于佛教的"业"的思想,过去人们认为身体障碍儿童(者)是祖先的因果报应的结果,因而将其排斥于社会之外;同时为了断绝该因果关系,有身体障碍儿童的家庭被劝说要向寺庙捐赠,并且,身体障碍儿童被藏于家中以避开众目。在江户时代的《仕置例集》中,障碍儿童(者)因其障碍还被作为管制的对象[②]。

(一) 疗育指导

对于身体障碍儿童,保健所所长必须对其进行诊断,答复咨询,并进行必要的疗育指导(《儿童福利法》第19条第1款)。疗育指导的目的是早期发现身体障碍儿童,对其进行切实指导,去除或减轻其障碍,恢复机能。重点着眼于改善其身体机能。这里所说的身体障碍儿童,不仅包括持有身体障碍者证的儿童,或者达到持有证件障碍程度的儿童,还包括社会通常观念认为适合采取疗育指导措施的儿童。

另外,保健所所长可以对由于疾病需要长期疗养的儿童进行诊疗检查、答复咨询,并进行必要的疗育指导(同条第2款)。"进行诊疗检查"是指,对障碍的原因及程度进行诊断和检查。"答复咨询"是指,答复保护者或儿童自身提出的咨询,同时还包括让保健所的医师或保健妇进行巡视或家庭访问,积极答复咨询的情况。"进行疗育指导"是指,为了该儿童的福利,对医疗及养育提供必要的建议和指导。疗育指导并非一定要由保健所所长亲自进行医疗。

当持有身体障碍者证的儿童其障碍不符合《身体障碍者福利法施行规则附表5》的规定时,或者该儿童无正当理由却拒绝或回避保健所所长进行的诊疗检查时,保健所所长必须向都道府县知事(指定都市、中核市市长)报告(《儿童福利法》第19条第3款,《身体障碍者福利法》第16条第2款第1项、第2项)。

---

① 恒藤恭:《罗马法讲义笔记》。
② 河野胜行:《日本的障碍者——过去、现在和未来》,第34、44页。

（二）培育医疗

都道府县（指定都市、中核市）对身体障碍儿童提供培育医疗（《儿童福利法》第 20 条）。"培育医疗"是指，身体障碍儿童为获得生活的能力而接受必要的医疗。

在儿童福利法上，培育医疗的对象是患有《身体障碍者福利法施行规则附表 5》中记载程度的身体障碍儿童，或被认为若对现有疾病放任不管将来会留下与之同等程度障碍的儿童。但是，根据通知规定培育医疗适用于这些儿童中有希望获得切实治疗效果的儿童（《关于对身体有障碍儿童培育医疗的给付》，1987 年 7 月 3 日儿发 593 号，1999 年 1 月 11 日障 761 号最新修改）。"获得生活的能力"是指，除了能够经营未来生计的能力之外，还包括即便将来无法独立自己谋生但具备日常起居所必需的能力[①]。因此这些没有希望"获得生活的能力"儿童、需要长期住院治疗的儿童、治疗效果不明显的儿童不能成为培育医疗的对象。

但是真正需要培育医疗给付的却恰恰是这些儿童。若治疗期较短或有治愈希望，保护者尽力治疗是有可能的。于必要情形时保护者也能够借贷其无力支付的部分手术费，该费用的偿还也是可能的。但是，对于没有希望治愈的儿童，有时候甚至连父母都不愿意拿出治疗费用，而且长期照料对父母来说也是负担。正因为如此，公共援助才尤为必要。由于通知把这些儿童排除在培育医疗的对象之外，与前述的古代希腊和罗马一样，我们可以推想到社会福利行政对培育于国家没有用处的儿童的态度是消极的。

培育医疗的给付应在《儿童福利法》第 20 条第 3 款各项规定的范围内实施。这种提供原则上是实物给付，但是在难以进行实物给付时，可以对申请者提供看护费用和转移费用等金钱给付（同法第 20 条第 2 款）。培育医疗的给付不是义务，而是地方公共团体的权能。其理由是"国家及地方公共团体财政上的制约"[②]。但是站在保护儿童健全培育的立场上，希望能将培育医疗的给

[①] 儿童福利法规研究会编，前引解说，第 117 页。
[②] 儿童福利法规研究会编，前引解说，第 117 页。

付解释为义务,而非地方公共团体的权能。

培育医疗的给付由亲权者或未成年人监护人代替儿童,向居住地的知事(指定都市、中核市市长)提出申请(《施行规则》第7条第1款)。接受申请的知事应对是否提供培育医疗的给付迅速作出决定,于进行给付的情形,将培育医疗券交付申请者(同条第2款)。于不进行给付的情形,应通过书面形式通知申请者。

培育医疗的给付应委托厚生劳动大臣或都道府县知事指定的培育医疗机关进行(《儿童福利法》第20条第4款)。

(三) 辅助用具的交付、修理

市町村对有身体障碍者证的儿童,可以向其交付或替其修理盲人安全手杖、助听器、假肢、假肢附件、轮椅及其他厚生劳动大臣规定的辅助用具,或代之以支付辅助用具的购置费、修理费(《儿童福利法》第21条之6第1款)。"辅助用具"是指,为补偿身体机能的损伤,方便日常生活和职业活动所需的人工产品。接受辅助用具的交付或修理者必须持有身体障碍者证,并向其居住地的市町村长申请(《施行规则》第9条第1款)。支付原则上为实物给付,但在难以提供实物的情况下,可以给付金钱(同法第21条之6第2款)。辅助用具的交付或修理委托辅助用具的制造商或修理商,或由市町村自行进行(同条第3款)。委托辅助用具的制造商或修理商进行辅助用具的交付或修理时,必须将辅助用具交付券或辅助用具修理券交付申请人(《施行规则》第9条第2款)。接受委托者可以向都道府县要求支付报酬,但是其金额必须根据《关于辅助用具的项目、受托报酬的金额等基准》确定(1973年6月28日厚劳告187号,2004年10月29日厚劳告385号最新修改)。

(四) 对骨关节结核儿童等的疗育给付

骨关节结核儿童由于需要长期住院治疗,因此难以负担医疗费;并且,由于需要对发育中的儿童进行学习指导和生活指导,但这在医院却无法很好地进行。为此,对骨关节结核儿童的福利措施进行了特别规定,即:为了对患骨关节结核及其他结核病的儿童进行疗养和学习的援助,都道府县(指定都市、中核市)可以通过让其入住医院实施疗育给付(《儿童福利法》第21条之9第

1款）。疗育给付的内容为医疗、学习以及疗养生活所必需的物品的支付（同条第2款各项）。疗育给付可以委托厚生劳动大臣或都道府县知事（指定都市、中核市市长）指定的医院（指定疗育机关）进行（同条第3款）。指定疗育机关有30日以上的预告期限，也可以辞去其指定（同条第6款）。指定疗育机关必须根据厚生劳动大臣的规定承担培育医疗的责任。另外，指定疗育机关的诊疗方针和诊疗报酬应按照有关健康保险的诊疗方针和诊疗报酬的规定进行。无法依据健康保险的规定时，应根据厚生劳动大臣的规定进行。

（五）慢性疾病患儿的健全培育

为了保障对因患厚生劳动大臣规定的慢性疾病而需要长期疗育的儿童（未满18岁），或其疾病状态符合厚生劳动大臣规定的相应疾病程度，且属于政令规定的未满20岁的非儿童的健全培育，都道府县可以进行有助于改进治疗方法的相关研究及其他必要研究的医疗给付及其他政令规定的事业（《儿童福利法》第21条之9之2）。厚生劳动大臣规定的小儿慢性特定疾病是指，恶性新生物、慢性肾疾病、哮喘、慢性心脏疾病（只限内科治疗）、内分泌疾病、胶原病、糖尿病、先天性代谢异常、血友病等血液疾病、神经疾病、肌肉疾病和其他的疾病（《关于新小儿慢性特定疾病对策的确立》，2005年2月21日雇儿发221001号）。

小儿慢性疾病自1968年以后，开始作为未成熟儿童养育医疗的一个重要部分，其后小儿癌症和慢性肾炎等的治疗方法在各种医疗制度之下逐步得以解决。实施这些制度的时间已经超过了25年，针对小儿慢性疾病的实际情况和医学的进步，其应然状态需要探讨，儿童福利法对此作出规定，并进行了制度完善。1995年起作为天使计划的一环，采取了追加财源的措施以促进小儿医疗设施等的完善。再者，1996年起设立了周产期医疗协议会，规定了对综合周产期母子医疗中心的运营费补助等。今后可以期待的是，儿童福利法所谋求的儿童的健全培育，从出生前开始并包括母性保护在内，其在慢性疾病儿童的健全培育事业中将会被逐渐推进。

（六）儿童居家生活支援

① 市町村（特别区）对于日常生活有困难的身体障碍儿童及智力障碍儿

童,于有必要时,可以根据政令规定的基准,在其家庭中提供入浴、排泄、饮食的介护以及其他为日常生活所必需的且为厚生劳动省令规定的服务,或者采取委托给该市町村以外者的措施(《儿童福利法》第21条之25第1款);②相关儿童得到指定居家支援事业者的儿童居家支援时,市町村应支付所需的居家生活支援费(同法第21条之10第1款);③对于每天往返于家庭和该市町村设置的且市町村长认为是适当的设施之间的儿童,市町村应按政令规定的基准,为其提供日常生活基本动作的指导、使其适应集体生活的训练及其他厚生劳动省令规定的服务;对于每天往返于由其他人设置的且市町村长认为适当的设施的儿童,市町村应采取委托该设施提供相关服务的措施(《施行令》第26条第1款、第2款)。④若居家的身体障碍儿童、智力障碍儿童由于保护者患病等原因,暂时难以在家庭得到保护时,都道府县(指定都市、中核市)在认为有必要时,可以按照政令规定的基准,让其暂时进入肢体障碍儿童设施、智力障碍儿童设施以及其他厚生劳动省令规定的"肢体障碍儿童设施等"进行必要的保护,也可以采取委托措施让其暂时进入该都道府县以外者设置的"肢体障碍儿童设施等"进行必要的保护(同法第21条之25第1款)。⑤市町村为谋求日常生活有困难的身体障碍儿童及智力障碍儿童的福利,在认为有必要时,可以给付、贷与用于方便日常生活的,且为厚生劳动大臣规定的用具,或者可以采取委托该市町村以外者给付、贷与该用具的措施(同条第2款)。

根据《儿童福利法》第21条之25第2款的规定,为方便日常生活的用具项目有:视力障碍者使用的便携式录音机、盲文打字机、盲人使用的体温计、视力障碍者使用的扩大读书机、盲文图书、延长步行时间信号机、小型送信机、视力障碍者使用的印刷字读取器、听力障碍者使用的通信器、听力障碍者使用的收信器、浴缸、热水器、便器、个人电脑、特殊垫子、训练椅子、特殊便器、训练用床铺、特殊尿器、入浴担架、体位变换器、便携的会话辅助器、入浴辅助用具、移动升降机、步行辅助用具、重度障碍者意思传达器、居家生活动作辅助用具、透析液加温器、喷雾器、电动吸痰器、头部保护帽、火灾警报器、自动灭火器及视力障碍儿童使用的专门文字自动处理机(《基于儿童福利法第21条之25第2款的规定由厚生劳动大臣规定的为方便日常生活的用具》,1991年4月12日厚告84号,2004年3月31日厚劳告167号最新修改)。

三、助产、母子生活支援和保育的实施

(一)助产的实施

都道府县、市及设置福利事务所的市町村(都道府县等),当各自设置的福利事务所辖区内的孕产妇,尽管需要保健但由于经济原因无法接受入院助产时,在该孕产妇提出申请的情况下,必须在助产设施内对该孕产妇实施助产。但是,附近无助产设施等不得已的事由不在此限(《儿童福利法》第22条第1款)。所谓"保健上有入院助产的必要"是指,有异常分娩的危险,或住所狭小、人手不够等。"由于经济原因无法接受入院助产"是指,无法负担医院、诊疗所、助产所等分娩费用的全部或一部分。进入助产设施原则上要根据本人的申请进行(同条第1款)。本人提出申请时,只要符合入所的要件,都道府县等就必须实施助产。另外,希望实施助产者,必须根据厚生劳动省令的规定,将记载有希望进入的助产设施及其他厚生劳动省令规定的事项之申请书提交都道府县等。于此情形,助产设施可以接受该孕产妇的委托,代其提交申请书(同条第2款)。"可以拒绝入所的不得已的事由"是指,设施床位已满的情况。"附近"是指,孕产妇本人住所附近的可能入所范围。

对于那些接到未设置福利事务所的町村发出的需要实施助产的报告及通知的孕产妇,都道府县等必须鼓励其提交实施助产的申请(同条第3款)。

都道府县等为了帮助孕产妇选择助产设施和确保助产设施的合理运营,必须提供其管辖地区内有关助产设施的设置者及设备运营状况等信息(同条第4款)。

(二)关于母子生活支援设施保护的实施

都道府县等对其管辖区域内有需要进入母子生活支援设施者,当保护者提出申请时,必须让保护者及儿童进入母子生活支援设施进行保护(《儿童福利法》第23条第1款本文)。需要进入母子生活支援设施者是指,于保护者为无配偶的女子或有与此相当情况的女子,其应监护的儿童被认为福利没有得到充分实现之情形,作为保护者的女子和其应监护的儿童。只要是应监护的

儿童即可,作为保护者的女子和儿童之间并不一定存在母子关系。

但是,在附近没有母子生活支援设施等不得已的情况下,都道府县等作为使其进入母子生活支援设施的实施者,必须斡旋使其进入适当的设施,或者采取适用生活保护法等其他适当的方法(同款但书)。

在母子生活支援设施实施母子保护,要在保护者提出申请的情况下进行。希望实施母子保护者,必须根据厚生劳动省令的规定,向都道府县提交记载有希望进入的母子生活支援设施及其他厚生劳动省令规定事项的申请书。若保护者有委托,设施可以代其提交申请书(同条第 2 款)。

(三)保育的实施

市町村按照保护者的劳动时间、疾病状况以及政令规定的基准,根据条例规定的事由,在应当受到监护的婴儿、幼儿、儿童存在保育不足的情况时,经保护者提出申请,必须将这些儿童置于保育所进行保育(《儿童福利法》第 24 条第 1 款本文)。但是,若存在附近没有保育所等不得已的事由时,必须进行其他适当的保护以代替保育所入所的措施(同款但书)。"其他适当的保护"是指,日间委托养父母进行保护、委托未经认可的保育所进行保护等等。

有一案例:经市福利事务所介绍,在同市登记的家庭保育福利员将儿童委托给作为保育者的未经认可的保育所进行保育,但由于该未经认可的保育所的疏忽大意造成儿童死亡。法院最后以家庭保育福利员不能称为市公务员,且该保育事故并非可具体预见的事故为由,判决不能适用国家赔偿法[①]。

与此相对的还有一案例:法院判决认为,对"没有'不得已的事由'却不让进入保育所而作出保留处分的情况,应认为该保留处分是违法的","市町村在没有把缺乏保育的儿童送入保育所采取保育措施,并且不进行'其他适当的保护'的情况下,应解释为该市町村的不作为违反了法第 24 条但书的规定,是违法的"[②]。另外,埼玉地方法院判决认为,市町村违反基于《儿童福利法》第 24 条第 1 款但书规定的"适当的保护"义务,应承担损害赔偿责任[③]。

---

① 千叶地方法院松户支部判决,1988 年 12 月 2 日,载于《判例时代》第 691 号,第 180 页以下。
② 大阪地方法院判决,2002 年 6 月 28 日,载于《工资和社会保障》第 1327 号,第 53 页。
③ 埼玉地方法院判决,2004 年 1 月 28 日,载于《判例地方自治》第 255 号,第 78 页。

对这两个案例，田村评价指出，作为对市町村违反义务而要求支付损害赔偿的"第一次判决"，是"有意义"的[①]。

"政令规定的基准"是指施行令第 27 条规定的基准，具体如下：儿童的保护者①以日间劳动为常态；②妊娠中或分娩后不久；③有疾病、负伤或精神及身体的障碍；④平常照料同居的亲属；⑤从事灾害恢复工作；⑥被认为属于和①~⑤相类似的任一状态而无法保育，且同居的亲属及其他人无法保育，各地方公共团体以此为基准制定条例。

若因希望进入保育所者集中于特定的保育所，若让向该保育所提出申请的所有儿童入所，将难以采取适当的保育措施，以及有其他不得已的事由之情形，市町村可以用公正的方法选考进入该保育所的儿童（同法第 24 条第 3 款）。于保护者没有提出入所申请之情形，对于福利事务所所长或儿童咨询所所长认为属于应在保育所实施保育，且市町村也认为必要的儿童，市町村必须鼓励该保护者提出保育所的入所申请（同条第 4 款、第 25 条之 8 第 3 项、第 26 条第 1 款第 4 项）。保护者选择保育所时，或为确保保育所的合理运营，市町村必须将保育所的名称、设置者、设备及运营状况等厚生劳动省令规定的事项作为信息提供给保护者（同条第 5 款）。除了上述之外，"厚生劳动省令规定的事项"还包括入所规定人数、入所状况、职员的状况、保育所创办时间、方针以及其他保育所从事的事业等。另外，信息的提供必须根据地区居民可以自由利用的方法进行（《施行规则》第 25 条第 1 款各项、第 2 款）。

四、强化对未经认可的设施的监督

（一）都道府县知事对未经认可的设施权限的强化

以往，对未经认可的设施遵循"不支持、不控制"的原则，以便使上述设施能够较自由地运营事务，从而限制辖区内行政机关的介入。行政机关调整未经认可的设施的运营体制、服务内容，在出现问题时只作出命令停止、关闭的事后规制。但如今，为了儿童福利，知事可以在其认为有必要时，对未经认可

[①] 田村和之：《保育所的民营化》，第 42 页。

的设施(包括被取消认可的设施)的设置者,就其设施的设备或运营的改善及其他方面提出劝告。当受到劝告的设置者不遵守劝告时,知事可以公布劝告的意旨(《儿童福利法》第59条第3款、第4款)。

关于未经认可的设施,知事为了儿童福利,在其认为有必要时,可以听取都道府县儿童福利审议会的意见,作出停止该事业或关闭设施的命令(同条第5款)。但是,在保障儿童的生命或身体安全的紧急情况下,事先没有时间听取都道府县儿童福利审议会的意见时,也可以不经过该程序直接命令停止事业或关闭设施。知事在提出设施的设备、运营之改善劝告,或命令停止事业、关闭设施时,必须通知该设施所在地的市町村长(同条第6款、第7款)。另外,知事认为未经认可的儿童福利设施的设备及运营没有达到最低基准,明显损害儿童福利时,听取都道府县儿童福利审议会的意见,可以命令设施的设置者停止该事业(同法第46条第4款)。违反停止事业、关闭设施命令者,可被处以6个月以下的徒刑、监禁或50万日元以下的罚金(同法第61条之4)。也就是说,对于未经认可的设施,知事的监督权较前有所强化,未经认可的设施在不遵守知事的改善劝告、事业的停止或关闭命令时要承担被公布的这种不利后果。

(二)对未经认可的保育设施的特别规制

关于未经认可的保育所(包括被取消认可的保育所),设施的设置者必须从该事业开始之日(取消之日)起一个月内向知事申报以下事项。但是,以少数的婴幼儿为对象或厚生劳动省令另有规定的保育所除外。①设施的名称及所在地;②设置者的姓名、住所或名称、所在地;③建筑物及其他设备的规模和构造;④事业开始的年月日;⑤设施管理者的姓名和住所;⑥其他厚生劳动省令规定的事项(《儿童福利法》第59条之2第1款各项)。设施的设置者变更申报事项中厚生劳动省令规定的内容时,必须自变更之日起一个月以内向知事申报。废止、休止时亦同(同法同条第2款)。知事在收到未经认可的保育所的开设、变更、废止、休止的申报时,必须通知该设施所在地的市町村长(同法同条第3款)。对不进行上述申报或作出虚假申报者,可处以50万日元以下的罚款(同法第62条之2)。即根据罚则,申报义务被强制化了。

（三）关于未经认可的保育设施服务提供的情报公开

如前所述，未经认可的保育设施的设置者（以少数的婴幼儿为对象者除外）自事业开始之日起一个月以内必须向知事申报一定的事项（《儿童福利法》第59条之2第1款），且必须将下列事项公示在利用该设施服务者容易看见的地方：①设置者姓名或名称，以及设施管理者姓名；②建筑物及其他设施的设备规模和构造；③其他厚生劳动省令规定的事项（同法第59条之2之2各项）。也就是说，未经认可的保育所负有公布设置者、管理者的姓名等义务，并被要求明确责任者为谁。但是，对于其违反行为，并没有规定罚则。

未经认可的保育所的设置者于保育服务利用者提出申请之情形，必须向利用者就契约的内容、履行契约的相关事项进行说明（同法第59条之2之3），即设置者负有向服务利用者说明的义务，但是对违反该义务的行为没有规定罚则。

再者，当利用该设施提供的服务之契约成立时，未经认可的保育所的设置者必须立即向其利用者提交记载有下列事项的书面文件：①设置者的姓名、住所或名称及所在地；②利用者对该服务支付的金额；③其他厚生劳动省令规定的事项（同法第59条之2之4各项）。也就是说，设施的设置者负有提交书面文件的义务，但是对违反该义务的行为也没有规定罚则，因此不过是训示性规定。

未经认可的保育设施的设置者每年必须根据厚生劳动省令的规定向知事报告该设施的运营状况。知事根据该报告，汇总未经认可的保育所的运营状况及其他与儿童福利相关的必要事项，并将之向各设施所在地的市町村长通知和公布（同法第59条之2之5第1款、第2款）。即未经认可的保育设施负有报告其运营状况的义务，但是对违反该义务的行为没有规定罚则。

总之，尽管要求未经认可的保育设施负有申报义务等，并采取了进行严格的行政性管理以推行公共责任这种形式，但考虑到对违反义务的行为没有相应的罚则，可以认为这只是行政管理的形式化，即不支持管制（no support control）。

一个关于未经认可的保育所的虐待儿童致死案如下：原告的当时仅为1

岁零2个月的长子,于2002年2月19日遭受所在的未经认可的保育所所长的虐待而死亡。原告要求:①被告的原所长对其违法行为要承担损害赔偿责任;②并且,被告所在的县(知事部局和县警)如果对2001年11月被告的原所长伤害女孩事件采取适当的应对措施,就不会造成原告长子死亡的惨剧,但是被告却玩忽职守,因此根据国家赔偿法,被告所在的县要承担损害赔偿责任;③由于作为被告之一的解剖医生在进行本案的司法解剖之际,作出了"疑为婴幼儿突然死亡综合症"的误诊记录,导致搜查延迟等后果,对此解剖医生要承担损害赔偿责任。

法院最后作出以下判决:①认定被告原所长有故意杀害原告长子的事实,根据民法第709条被告应承担对原告的损害赔偿责任;②所在的县在实施调查时,完全地听信原所长的辩解,只对所内儿童作出表面判断,在调查或指导监督上存在不足,认定县的过失与虐待致有因果关系。因此命令原所长和所在的县共同支付原告约6400万日元赔偿金;③该判决驳回对解剖医生的赔偿请求。这是因为,虽然解剖医生作出"疑为婴幼儿突然死亡综合症(SIDS)"的记录不恰当,但也难以认定其违反法律上的注意义务。

该判决采纳原告父母的"所在的县能够预见进一步的虐待"之主张,并全部承认其对县提出的请求。在该判决中,所在的县是否能够预见对死亡儿童的虐待成为争论的焦点。所在的县就行使对未经认可的保育设施的停止事业命令等权限这一点,主张其只行使了"许可权限"。但是,判决指出县杜撰调查内容,而针对县提出的以有限的信息预见事件的发生是不可能的之主张,法院以"无视儿童福利法的宗旨"为由,认定县有过失[①]。

(四)增加实施保育所需的供给

需要增加实施保育所需供给的市町村,通过积极采取公有财产贷款及其他必要措施,促进社会福利法人以及有效利用了其他各种事业者能力的保育所的设置或运营,有效且有计划地加大因实施保育所需要的供给。国家以及都道府县对市町村采取的以上措施,应给予必要的支援(同法第56条之7第

---

① 高松地方法院判决,2005年4月20日。

1款、第2款)。

1999年7月制定了《推进导入民间资金法》。该法规定,将原先由公共部门实施的社会资源的提供推进为委托给民间进行。为了将民间资金导入公共事业,曾施行过"第三领域方式",而推进导入民间资金法承认从建筑物的建设至运营等方面均可委托民间的做法。于此情形,在发生事故等时将会产生公私负担比例各占多少的问题。公有财产毕竟是贷款,而不是给付,那么提供贷款的市町村或实施支援的国家、都道府县应承担多大程度的风险呢?至少对于在未经认可的保育所发生的事故,政府应该承担一定比例的风险[1]。

第六节　儿童福利的费用

为了充实和完善儿童福利制度,从事儿童福利行政以及儿童福利事业的职员需要接受充分的训练,与此同时,还必须有支撑该制度实施的财政支持。基于以上目的,儿童福利法在第4章第49条之2以下部分,规定了实施儿童福利服务的经费支付、负担和补助。即国家、都道府县、市町村要按以下比例负担儿童福利的费用(《儿童福利法》第49条之2以下)。

关于支付的费用,之所以首先规定市町村,是因为市町村支付的最多,因此按照费用负担比例的多少规定顺序。

一、市町村应支付的费用

市町村支付下列费用(《儿童福利法》第51条各项):①辅助用具的交付或费用的支付;②居家生活支援费或者特例居家生活支援费;③当需要儿童居家支援的障碍儿童的保护者因不得已的事由,难以接受居家生活支援费或特例居家生活支援费的支付时,根据政令规定的基准提供儿童居家支援或向该市町村以外者委托提供儿童居家支援的费用;④市町村进行的实施助产或实施母子保护所需的费用;⑤市町村设置的保育所实施保育所需的保育费用;⑥都

---

[1]　参阅田村和之:《保育所的民营化》。

道府县以及市町村以外者设置的保育所实施保育所需的保育费用；⑦实施育儿短期支援事业所需的费用；⑧市町村设置的儿童福利设施的设备及职员培训设施所需的费用；⑨市町村儿童福利审议会的费用。

其中，国库根据政令的规定，负担市町村设置的儿童福利设施的设备以及培训职员费用的二分之一。对于母子生活支援设施、保育所、智力障碍儿童通园设施、盲聋哑设施及肢体障碍儿童设施，负担其二分之一或三分之一。但是，在这些费用中，有关儿童厚生设施及儿童家庭支援中心的设备费用不在此限（同法第52条）。除此之外，国家还根据政令的规定，负担由市町村支付的以下费用（同法第53条）：①辅助用具的交付或其费用的支付；②市町村实施助产、母子保护所需的费用；③地方公共团体以外者设置的保育所实施保育的费用；④市町村设置的儿童福利设施的设备及职员培训设施所需的费用。

国库根据政令的规定，可以对市町村支付的居家生活支援费、特例居家生活支援费等相关费用以及市町村实施育儿短期支援事业的费用，在二分之一范围内予以补助。（同法第53条之2）。本条是任意性规定。

在要求国库支付保育所设置费负担金的摄津诉讼案例中，判决认为，关于市町村设置的保育所设备费用之《儿童福利法》第52条规定的国库负担金的具体请求权，若未依据与补助金相关的《预算执行合理化法》第6条规定的交付决定，就不存在[①]。

二、都道府县应支付的费用

都道府县支付的费用如下：

①都道府县儿童福利审议会的费用；②儿童福利员及儿童委员的费用；③儿童咨询所的费用；④支付培育医疗的费用；⑤支付疗育的费用；⑥需要长期疗养的慢性疾病患儿治疗方法的研究等事业的费用；⑦在都道府县设置的职

---

① 东京地方法院判决，1976年12月13日，载于《行政事件裁判例集》第27卷第11、12号，第1790页；东京高等法院判决，1980年7月28日，载于《行政事件裁判例集》第31卷第7号，第1558页。

业介绍设施或母子生活支援设施内,市町村实施助产或母子保护的费用(维持关于实施助产或母子保护的最低基准的费用);⑧都道府县设置的保育所实施保育的费用(是指维持保育实施的最低基准的费用);⑨都道府县实施助产或母子保护的费用;⑩都道府县采取儿童委托领养或送入婴儿院等措施时,送入设施或委托的费用,以及维持送入设施后的保护或委托后的养育的最低基准费用;⑪都道府县采取送入指定医疗机关住院的措施时,委托及委托后的治疗等所需的费用;⑫暂时保护的费用;⑬儿童咨询所的设备和都道府县设置的儿童福利设施的设备和职员培训设施所需的费用(《儿童福利法》第50条各项)。

另外,都道府县,①在辅助用具的交付或费用的支付中,必须负担没有设置福利事务所的市町村支付费用的四分之一(同法第53条之3、第51条第1项);②对市町村设置的儿童福利设施的设备以及职员培训设施的费用,必须负担四分之一,对母子生活支援设施、保育所、智力障碍儿童通园设施、盲聋哑设施以及肢体障碍儿童设施的设备,必须负担三分之一或四分之一(同法第51条第6项、第54条);③对于市町村实施助产或母子保护的费用,以及在公共地方团体以外者设置的保育所实施保育的费用,必须负担其四分之一(同法第51条第3项、同条第4项之2、第55条);④对于市町村支付居家生活支援费或特例居家生活支援费所需的费用,以及采取障碍儿童生活支援措施所需的费用(与属于儿童日间服务以及对障碍儿童的生活支援,且以谋求日常生活便利而给付或贷与用具或者采取将之委托给市町村以外者给付或贷与的措施相关的费用除外)和实施育儿短期支援事业相关的费用,可以给予四分之一以内的补助(同法第21条之25第2款、第51条第5项、第51条第1项之2、第55条之2)。

三、国库应支付的费用

作为都道府县应采取的措施,国库对让相关儿童进入国家设置的儿童福利设施者,支付其入所后所需的费用(《儿童福利法》第49条之2、第27条第1款第3项)。

四、费用的征收及负担

对儿童采取下列福利措施时,根据本人或其抚养义务者的负担能力,征收其费用的全部或一部分(《儿童福利法》第56条第1款、第2款)。

① 进入国立儿童福利设施的儿童入所后的费用(同法第56条第1款、第49条之2);②没有委托培育医疗和厂商,而由都道府县交付或修理辅助用具的费用(同法第56条第2款、第50条第4项);③疗育给付所需的费用(同法第56条第2款、第50条第5项);④采取儿童短期入所事业措施的费用(同法第56条第2款、第51条第1项、第2项、第21条之10第1款);⑤市町村在都道府县设置的助产设施、母子生活支援设施内实施助产和母子保护的费用(同法第56条第2款、第50条第6项);⑥都道府县实施助产和母子保护的费用(同法第56条第2款、第50条第6项之3);⑦都道府县在采取委托领养、送入儿童福利设施的措施时,委托、入所的费用及维持委托后的养育或入所后的保护之最低基准的费用(同法第56条第2款、第50条第7项);⑧都道府县在委托送入指定医疗机关住院时,委托及委托后的治疗等所需的费用(同法第56条第2款、第50条第7项之2);⑨市町村没有委托厂商而提供或修理辅助用具的费用(同法第56条第2款、第51条第1项);⑩市町村在国立和都道府县以外的助产设施或母子生活支援设施内,实施助产或母子保护的费用(同法第56条第2款、第51条第3项)。

有权征收①的是厚生劳动大臣(同法第56条第1款),有权征②至⑧的是都道府县知事(同法第56条第2款),⑨、⑩是市町村长。以本人或抚养义务者上一年度所得税等的课税率作为征收的基准。费用的征收可以委托本人或抚养义务者的居住地或财产所在地的都道府县知事或市町村长(同法第56条第8款~第10款)。另外,不在期限内缴纳征收费用者,根据国税及地方税的滞纳处分之例,可以查封其财产。征收费优先权的顺序依次为国税、地方税(同条第11款)。

已支付实施保育所需费用的都道府县或市町村,可以考虑对家庭经济带来的影响,按照实施保育的相关儿童的年龄等情形,向本人或抚养义务者征收所需费用中的一定数额(同法第56条第3款、第50条第6项之2、第51条第4项)。

进行培育医疗的给付或委托厂商交付、修理辅助用具时,本人或抚养义务者要直接向培育医疗指定机关或厂商支付根据其能力应当负担的份额。都道府县在从所需金额中扣除本人或抚养义务者应负担的份额后,把余额支付给指定机关或厂商。于本人或抚养义务者不支付应支付的负担金,而由都道府县代其支付的情形,都道府县可以向本人或抚养义务者征收该费用。本人或抚养义务者向指定培育医疗机关或厂商支付其负担份额时,该机关、厂商便失去了在其负担限度内对都道府县的请求权(同法第56条第5款～第8款)。

有关征收实施保育所需费用的收缴事务,只有在有助于确保收入以及本人或抚养义务者利益的情况下,才可以向私人委托(同条第4款)。

本人或抚养义务者应负担的份额根据地方公共团体和利用者之间的契约,由地方公共团体提供服务,向利用者征收费用,对此,法律来作出规定。

五、对于私立儿童福利设施的补助

对于新建、修理、改造、扩张、完善私立的儿童福利设施所需的费用,都道府县及市町村可以给予四分之三以内的补助。国库可以在都道府县补助智力障碍儿童设施等金额的三分之二以内进行补助(《儿童福利法》第56条之2第1款、第3款)。不过,补助仅限于以下情形,即:该设施由社会福利法人、日本红十字会或根据民法第34条设立的公益法人设置(同条第1款第1项),其地区内没有国家、都道府县、市町村设立的儿童福利设施或即便有也不充分(同条第1款第2项)。另外,新建设施仅限于社会福利法人设置的儿童福利设施,由国家和都道府县按上述的比例予以补助(同条第1款括弧内)。厚生劳动大臣、都道府县知事、市町村长拥有因补助而监督最低基准的实施,取消认可,停止事业以及变更预算,对违反法律、命令、处分的职员解职等的权限(同条第2款各项)。

第七节　阻碍培育儿童行为的管制

一、同居儿童的申报

制定同居儿童申报制度的直接契机是，1948 年作为社会问题，在报纸上报道的枥木、福岛两县的儿童人身买卖事件。该事件是某流浪者将四名流浪儿童托付给枥木县内的某农家，并获取金钱利益，由此曝光枥木县、福岛县有很多儿童被以同样的方法托付的事实，各家报纸大肆宣称这是"农奴制"、"人身买卖"，以至发展为社会问题。最终该事件被当时的联合国总部所知，进而联合国也开始关注此问题，向日本政府发出了关于禁止儿童人身买卖的劝告。

日本政府对此作出回应，于 1949 年 5 月 14 日向各都道府县知事发出了厚生次官、法务行政长官、劳动次官、文部次官的联名通知《关于保护离开父母且被他人家庭养育或雇用的儿童》（厚发儿 45 号）。接着，根据同年 6 月儿童福利法的修改，制定了对以营利为目的介绍养育儿童的行为的禁止规定（《儿童福利法》第 34 条第 1 款第 8 项）和申报同居儿童的规定（同法第 30 条）。其草案由厚生省儿童局起草。

虽然本法第 30 条的制定宗旨是必须尊重家庭的隐私，但正因为如此，使得虐待或过度使用儿童的行为常常难以被外界所知。所以，在收养儿童时要求其应进行同居申报，在此基础上社会福利机关的社会福利工作者或儿童委员必须始终关注该家庭，在发生虐待或过度使用儿童的行为时，要进行必要的监督指导以保护该儿童[①]。

让四亲等内儿童以外的儿童离开其亲权者或未成年人监护人，并打算让其在自己家里与自己同居超过三个月（婴儿为一个月）者，或者连续两个月以上（婴儿为二十日）让其与自己同居者，从开始同居之日起三个月内（婴儿为一个月内）必须经市町村长向知事申报（同法第 30 条第 1 款）。申报者在停止同

[①] 高田浩运:《儿童福利法的解说》，第 201～202 页。

居时,从停止同居之日起一个月内必须进行同样的申报(同条第 2 款)。知事为保护该儿童,可以对领养及同居申报者,作出必要的指示或要求提交报告(同法第 30 条之 2)。同居申报义务者怠于申报时,可被处以 30 万日元以下的罚金(同法第 62 条第 5 项)。保护者由于经济原因等难以将儿童放在自己身边进行抚养时,必须向市町村、都道府县设置的福利事务所、儿童咨询所、儿童福利员或儿童委员咨询(同法第 30 条第 3 款)。

二、针对成人的禁止行为

《儿童福利法》第 34 条第 1 款对成人明显妨碍儿童福利的行为作出了禁止规定。这继承了因当初制定儿童福利法而被废止的防止虐待儿童法(1933 年制定)的宗旨,由于儿童是在家庭以及社会中进行培养的,所以必须禁止在儿童身边的一般社会人员的明显妨碍儿童福利的行为,以保护儿童福利。本法第 34 条第 1 款是禁止任何人有同款各项行为的规定,并不仅仅是针对与儿童有服从等身份关系者的禁止规定[1]。另外成为该规定对象的儿童当然也包括作为外国人或无国籍人的儿童[2],而并不是仅把日本儿童作为该规定的对象。

(一)禁止将有身体障碍或形体异常的儿童展示给公众观看(同法第 34 条第 1 款第 1 项)。所谓"形体异常"是指,不管是先天的还是后天的,其身体外形上有缺陷者。"公众"是指不特定多数人的集合。"展示观看"是指把其作为展览品,不管是否收取作为对价的金钱。

(二)禁止让儿童行乞或利用儿童行乞的行为(同款第 2 项)。"让儿童行乞"是指,例如利用他人的怜悯之情,让满 4 岁的儿童收取金钱及其他物品施舍的行为[3]。"利用儿童行乞"是指,虽然未直接让儿童行乞,但是说些诸如

---

[1] 东京高等法院判决,1958 年 3 月 3 日,载于《家庭裁判月报》第 10 卷第 4 号,第 77 页〈驳回〉。

[2] 和歌山家庭法院判决,1956 年 2 月 2 日,载于《家庭裁判月报》第 8 卷第 5 号,第 111 页〈有罪〉。

[3] 名古屋家庭法院判决,1955 年 6 月 27 日,载于《家庭裁判月报》第 7 卷第 8 号,第 104 页〈有罪〉。

"这孩子可怜,请施舍点钱"之类的话,从而利用儿童行乞的行为①。

（三）禁止以公众娱乐为目的,让未满 15 岁的儿童从事危险杂技或马戏的行为(同款第 3 项)。"以公众娱乐为目的"是指,以给予公众快乐为目的之意,不问是否收费。只要以此目的进行,哪怕是单纯的练习也符合本项的规定。

（四）禁止让未满 15 岁的儿童挨家挨户或者在道路以及其他与此相当的场所,将唱歌、表演技艺及其他演出作为工作让其从事的行为(同款第 4 项)。"挨家挨户"是指,一家一家巡回地走。"道路及其他与此相当的场所"是指,道路(包括私有道路)、公园、广场、空地等容易让公众看见的场所。"作为工作让其从事"是指持续反复地让其进行之意。例如让未满 15 岁的儿童将深夜音乐演出作为工作,挨家挨户地表演②,让自己 6 岁的长女在道路、商店门口等跳舞并以此作为业务③等行为均符合此款。当把其作为营利手段让儿童表演时,哪怕是一次也必须受到处罚。

（五）禁止让儿童在晚上 10 点至凌晨 3 点的时间段内,挨家挨户或在道路及其他与此相当的场所将进行物品的贩卖、散发、展示、收集或提供服务作为其工作的行为(同款第 4 项之 2)。本项是禁止让儿童在深夜进入周边环境中令人担忧的场所,禁止让儿童在街头从事物品贩卖等行为的规定。比如晚上 10 点之后让儿童在神社内的盂兰盆会舞场"为'钓鱼的'顾客提供服务并以此为工作"④等就符合本项。"服务"是指,为他人提供劳务、服务利益或娱乐之意,擦鞋等也包括在内。"作为工作让其从事"是指,除了强制儿童从事这种行为之外,还包括默认儿童从事这种行为。

---

① 水户家庭法院判决,1960 年 11 月 16 日,载于《家庭裁判月报》第 13 卷第 2 号,第 225 页〈有罪〉。

② 东京家庭法院判决,1961 年 10 月 30 日,载于《家庭裁判月报》第 14 卷第 2 号,第 204 页〈有罪〉。

③ 佐贺家庭法院唐津支部判决,1964 年 1 月 6 日,载于《家庭裁判月报》第 16 卷第 6 号,第 214 页〈有罪〉。

④ 大阪家庭法院判决,1964 年 5 月 14 日,载于《家庭裁判月报》第 16 卷第 11 号,第 174 页〈有罪〉。

（六）禁止让以挨家挨户或在道路及其他与此相当的场所进行物品贩卖、散发、展示、收集或提供服务为工作的未满15岁的儿童，进入从事"关于色情娱乐行业等的规制及业务适当化等的法律"第2条第4款规定的饮食服务等行业（第1款第1项至第6项列举的营业）、符合同条第6款规定的店铺型色情特殊业及同条第9款规定的店铺型电话色情行业的场所（《儿童福利法》第34条第1款第4项之3）。本项也是对儿童街头劳动的禁止规定，但是本项的宗旨是禁止儿童进入对儿童身心有特别恶劣影响的场所。与前项不同，对于进入这些场所并没有时间上的禁止限制。例如，从事挨家挨户贩卖神签业务者，让自己未满15岁的长子进入饭馆贩卖神签[1]；让未满15岁的亲生孩子在酒吧贩卖物品[2]等案例均符合本项规定。"关于色情娱乐行业等的规制及业务适当化等的法律第2条第1款第1项至第6项列举的营业场所"是指，酒吧、饭馆、西餐馆、夜总会、舞厅、咖啡店、酒馆等场所。"店铺型色情特殊行业"是指，单间浴室、表演脱衣舞的剧场、情侣旅馆、成人用品店、时尚按摩、色情俱乐部、黄色茶馆等。

（七）禁止让未满15岁的儿童侍奉酒席并以此为工作的行为（《儿童福利法》第34条第1款第5项）。"侍奉酒席的行为"不仅是指在饮酒场所接待客人，而且还包括在饮酒场所为客人助兴的行为。例如，让未入学的儿童在酒吧进行节目表演[3]；让未满15岁的儿童作为艺妓在酒席上侍候客人并以此作为工作[4]等。虽然15岁以上的儿童主动要求工作的情况不在此范围内，但即使看起来该儿童的年龄似乎没有问题，而实际上若未满15岁，也符合本款规定[5]。另外，尽管主要让未满15岁的儿童从事杂务，但从店铺的营业种类、规

---

[1] 福冈家庭法院判决，1963年12月13日，载于《家庭裁判月报》第16卷第5号，第221页〈有罪〉。

[2] 大阪家庭法院判决，1960年8月23日，载于《家庭裁判月报》第12卷第12号，第145页〈有罪〉。

[3] 东京家庭法院判决，1964年1月13日，载于《家庭裁判月报》第16卷第6号，第215页〈有罪〉。

[4] 京都家庭法院舞鹤支部判决，1957年6月24日，载于《家庭裁判月报》第9卷第6号，第66页〈有罪〉。

[5] 大阪家庭法院判决，1964年7月7日，载于《家庭裁判月报》第16卷第12号，第82页〈有罪〉。

模、构造判断仍然可以认为这种行为属于让其侍奉酒席并以此为工作的行为①。此外,"让儿童侍奉酒席的行为"并不仅仅是指与儿童签订雇用契约,积极地鼓励或强制儿童从事侍奉酒席行为,也包括为儿童侍候酒席提供场所或设备的行为②。

(八)禁止让儿童从事淫乱行为(同款第6项)。"淫乱行为"不仅指男女间的性交,还包括同性恋等,广义上是指在道德上遭到非难的性行为③。由于本项规定禁止第三者让儿童从事淫乱行为,因此,将儿童作为直接对象进行性交者不构成现行法本项规定的对象④。但是《关于和儿童卖淫、儿童色情相关的行为等的处罚及儿童保护等法律》⑤第4条规定:"对从事儿童卖淫者处以5年以下有期徒刑或300万日元以下的罚金",对此作出了禁止规定。另外,即使儿童自愿进行淫乱行为,但若从淫乱行为得来的收益中收取一定的金额,也符合"让儿童从事淫乱行为"⑥。本项不要求具有胁迫等非法手段,只要有提供淫乱机会和场所的事实即可成立⑦。恰当的解释是,不仅包括通过强制或劝诱等手段让儿童从事淫乱行为的情形,还包括让有从事淫乱行为意愿的儿童住在自己家里,通过以前有关系的色情娱乐行业经营者与出租会场的经营者联系,为卖淫行为进行斡旋,使儿童的淫乱行为得以进行的情形⑧。

违反本款第6项规定的犯罪,在有多次淫乱行为的情况下并非按照各个淫乱行为分别定罪,而是综合考察全部的淫乱行为,认定其构成一个罪名。同

---

① 东京家庭法院判决,1964年7月6日,载于《家庭裁判月报》第17卷第3号,第91页〈有罪〉。
② 熊本家庭法院判决,1959年10月14日,载于《家庭裁判月报》第11卷第12号,第164页〈有罪〉。
③ 东京家庭法院判决,1964年12月7日,载于《家庭裁判月报》第17卷第6号,第264页〈有罪〉。
④ 札幌家庭法院判决,1966年9月20日,载于《家庭裁判月报》第19卷第8号,第168页〈有罪〉。
⑤ 1999年5月26日法52号,2004年106号最新修改。
⑥ 鸟取家庭法院判决,1957年1月30日,载于《家庭裁判月报》第9卷第4号,第103页〈有罪〉。
⑦ 名古屋高等法院判决,1953年12月28日,载于《高等法院刑事判例集》第6卷第13号,第1904页〈驳回〉。
⑧ 大阪高等法院判决,1956年2月21日,载于《高等法院刑事判例集》第9卷第2号,第144页〈驳回〉。

时违反儿童福利法和违反防止卖淫法的行为也属于一个行为触犯数个罪名的情况,应当按一个罪来处罚①。另外,于教唆他人,让儿童进行淫乱行为的情形,即使淫乱行为的对方是被告人自身,也属于本项规定的教唆犯②。

(九)禁止在知情的情况下,把儿童移交给可能让儿童进行淫乱行为者、其他有可能对儿童作出触犯刑罚法令的行为者;禁止明知进行该移交行为有危险,仍将儿童移交他人的行为(同条同款第 7 项)。例如,明知 A 让儿童从事淫乱行为还把儿童移交给 A 的行为,以及明知 B 会把儿童移交给有该行为的 A,还把儿童移交给 B 的行为。"移交儿童的行为"不问是否违反儿童的意愿,以及其行为者是否将该行为作为职业来进行③。另外,母亲将 16 岁的亲生孩子移交给脱衣舞女斡旋从业者的行为,也符合这里所说的在知情的情况下向他人移交儿童的行为④。"在知情的情况下,将儿童移交给进行该移交行为有危险者"的例子如下,虽明知有可能让其从事淫乱行为,但仍将儿童作为艺妓移交他人等⑤。"刑罚法令"不仅是指针对杀人伤害等将儿童作为直接侵害对象的有关犯罪的刑罚法令,广义上还包括关于色情娱乐行业等的规制及业务适当化等的法律第 4 条的规定⑥。

(十)禁止成人及儿童的非正当职业介绍机关,以营利为目的,从事斡旋儿童养育的行为(同款第 8 项)。本项是以儿童人身买卖事件为契机,在儿童福利法第三次修改时作出的规定,旨在取缔无视儿童人权的行为。"正当职业介绍机关"是指,公共职业安定所以及职业安定法认可的职业介绍机关。之所

---

① 名古屋高等法院判决,1979 年 11 月 4 日,载于《家庭裁判月报》第 32 卷第 6 号,第 90 页〈撤销自判〉。
② 名古屋高等法院判决,1979 年 6 月 4 日,载于《家庭裁判月报》第 32 卷第 9 号,第 76 页〈驳回〉。
③ 最高法院判决,1955 年 9 月 16 日,载于《最高法院刑事判例集》第 9 卷第 10 号,第 2074 页〈驳回〉。
④ 熊本家庭法院八代支部判决,1976 年 10 月 9 日,载于《家庭裁判月报》第 29 卷第 4 号,第 176 页〈有罪〉。
⑤ 福井家庭法院判决,1954 年 12 月 11 日,载于《家庭裁判月报》第 7 卷第 2 号,第 44 页〈有罪〉。
⑥ 青森家庭法院八户支部判决,1966 年 8 月 9 日,载于《家庭裁判月报》第 19 卷第 7 号,第 136 页〈有罪〉。

以将这些机关排除在外是因为,按照社会上的通常观念,这些机关没有从事以营利为目的的斡旋儿童养育行为。"以营利为目的"是指,作为斡旋的手续费是以获取金钱及其他利益为目的。在实施以此为目的的行为时,不问该行为仅是一次,还是反复持续,而且也不问是否实际上获取了金钱以及其他利益作为等价报酬。尽管反复持续地实施斡旋儿童养育行为,但若是出于好意且是无报酬而进行时,不适用本项。"养育"是指,为了让儿童在日常生活的各个方面得以健全成长而对其进行的抚养教育。

（十一）禁止以让儿童从事对其身心有不利影响的行为为目的,将其置于自己支配之下的行为（同款第9项）。本项是以管制强迫儿童与之有不正当的从属关系,并让儿童从事损害其身心的行为者为目的而规定的。

关于本项,有以下案例:在一个让未满18岁的儿童从事所谓的DailQ2的电话接听工作的案件中,被告人主张,由于让该儿童从事DailQ2业务是基于正当的雇佣关系,因此属于本项的例外事由。对此,法院认为,所谓"正当的雇佣关系"是指,根据民法或劳动法等属于正当的情形,且根据民法第4条,未成年人在签订劳动契约时需要得到亲权者的同意,但被告人并未取得其同意,因此判决其行为构成犯罪[①]。"对儿童身心有不利影响的行为"是指,像脱衣舞秀的舞女[②]、带单间的浴池的肥皂女[③]、裸体模特[④]等,客观上有恶劣影响的即属于规定的行为,不论支配者是否意识到。"置于自己的支配之下"是指,可以在心理和身体上抑制儿童的意愿,并使其处于能够按照支配者的意思行事的状态之下。即可以解释为,将儿童置于可以左右其意愿的状态之下。但是,即使实际上没有抑制儿童意愿的行为,但只要客观上显示出了抑制儿童意愿并使其处于服从支配者的状态,也足以满足事项规定。本项除了支配者的主观

---

① 福冈高等法院判决,1992年3月23日,载于《家庭裁判月报》第45卷第6号,第116页以下。
② 福冈家庭法院判决,1965年2月5日,载于《家庭裁判月报》第17卷第10号,第149页〈有罪〉。
③ 东京高等法院判决,1966年12月28日,载于《家庭裁判月报》第19卷第9号,第139页〈驳回〉。
④ 静冈家庭法院沼津支部判决,1961年11月11日,载于《家庭裁判月报》第14卷第2号,第207页〈有罪〉。

要件,只要支配者在客观上能够处于支配儿童的状态下即可成立,不需要被支配者意识到其受支配者支配①。带单间的浴池的经营者与肥皂女之间的雇佣关系符合"置于自己支配下的行为"②。"置于自己支配下的行为"是指,将儿童置于可以左右其意愿的状态之下,据此,只要承认雇用、从属关系,就应当理解为可以不考虑实际是否左右了儿童的意愿,所以,只要是以让儿童从事对其身心有不利影响的赌博等工作为目的而进行雇用,承认客观上存在可以左右儿童意愿的雇用、从属关系,即使儿童本身完全没有意识到其被支配或被约束,也不会对"支配"关系的成立与否产生影响。而且将儿童置于自己支配之下的手段不能仅限于约束性乃至压抑性的手段,为儿童提供服务,讨其欢心等行为也属于此③。将离家出走的儿童作为小吃咖啡店的住宿店员雇用,让其在设置有赌博游戏机的游戏室工作,就属于置于自己支配下的行为④。

三、针对儿童福利设施的禁止行为

在儿童养护设施、智力障碍儿童设施、智力障碍儿童通园设施、盲聋哑儿童设施、肢体障碍儿童设施或儿童自立支援设施中,有时需要对年纪大的儿童进行职业指导。于此情形,为了不让设施偏离各自的宗旨而榨取设施内儿童劳动的等价报酬,《儿童福利法》第34条第2款对禁止过度使用设施内的儿童作出规定。本款继承了《宪法》第27条第3款禁止过度使用儿童规定的宗旨。"过度使用"是指,在这些设施内,于时间上或行为样态上超过合理限度使用儿童的劳动力。具体而言,必须参照儿童福利设施最低基准(第45条、第51条、第84条等)判断是否属于合理的劳动。

在"中央学院事件"中,智力障碍儿童设施让设施内的儿童从清晨起就处

---

① 福冈高等法院宫崎支部判决,1956年12月19日,载于《高等法院刑事判例集》第9卷第12号,第1321页〈驳回〉。
② 前引东京高等法院判决,1966年12月28日。
③ 大阪高等法院判决,1980年5月15日,载于《家庭裁判月报》第33卷第4号,第85页〈撤销自判〉。
④ 最高法院判决,1981年4月8日,载于《最高法院刑事判例集》第35卷第3号,第63页〈驳回〉。

理垃圾、拾捡纸屑,并将其收益金作为学院的收益而使用。法院判决认为:"《儿童福利法》第 34 条第 2 款中的'过度使用'应解释为,在这些设施中,不仅要从一般社会常识进行判断,还要遵照儿童福利法的精神,在时间上或行为(工作)样态上,对照该儿童的性情能力等,有超过合理限度使用儿童的劳动力之意"①。

四、罚则

(一)违反禁止行为的罚则

对进行了违反《儿童福利法》第 34 条第 1 款各项及第 2 款规定行为的成年人,必须向家庭法院提起公诉(《少年法》第 37 条第 1 款第 4 项)。

1. 对违反《儿童福利法》第 34 条第 1 款第 6 项(禁止让儿童从事淫乱行为)的规定者,处以 10 年以下徒刑或 300 万日元以下的罚金,或者两者并罚(《儿童福利法》第 60 条第 1 款)。即使淫乱行为的次数只有一次该罪也成立。于其行为属于持续、反复的情形,也必须综合地考察每个儿童,宗旨是作为一罪处罚。这是因为,被侵害的法益是作为被侵害对象的儿童的福利这一专属且单一的利益,因此当让儿童进行淫乱行为时,即使淫乱行为只有一次,该罪也理所当然成立;即使其行为持续、反复进行,也不论次数如何,综合考察每个儿童的情况,作为一罪进行处罚②。之所以如此特别地对违反法第 34 条第 1 款第 6 项的行为处以重罚,是因为该行为给儿童的精神及身体带来特别强烈的影响,在人道上应该处以重罚。

关于违反禁止行为的案例是,经营卖淫俱乐部的被告雇用三名女性儿童并让其从事淫乱行为,同时将斡旋儿童卖淫作为职业进行。在本案中,关于三名儿童,违反《儿童福利法》第 34 条第 1 款第 6 项的规定罪名成立,同时这些行为与违反关于和儿童卖淫、儿童色情相关的行为等的处罚及儿童

---

① 东京家庭法院八王子支部判决,1971 年 12 月 11 日,载于《家庭裁判月报》第 24 卷第 8 号,第 107 页〈有罪〉。

② 大阪高等法院判决,1953 年 3 月 11 日,载于《高等法院刑事判例集》第 6 卷第 2 号,第 252 页〈撤销自判〉。

保护等法律第 5 条第 2 款的罪行,处于观念上的竞合关系,被作为一罪进行审理。本案判决,并不是仅仅根据儿童福利法规定的徒刑刑期,也应该并罚儿童卖淫等处罚法规定的必要刑罚,即罚金,因此处以被告人 2 年徒刑以及 150 万日元罚金,并把原审未判决前羁押天数中的 30 日折算入徒刑刑期中,当被告人无法缴清罚金时,按 1 万日元折算 1 天的方法将其拘禁在劳役场所[①]。

2. 对违反本法第 34 条第 1 款第 1 项至第 5 项,或者第 7 项至第 9 项的规定者,处以 3 年以下的徒刑或 100 万日元以下的罚金(同法第 60 条第 2 款)。在本法第 34 条第 1 款规定的禁止行为中,除让儿童从事淫乱行为的第 6 项之外,对于其他禁止行为均适用本款的罚则。

3. 对在儿童福利设施内偏离各自设施的目的过度使用设施内的儿童者,处以 1 年以上有期徒刑或 50 万日元以下的罚金(同条第 3 款)。

4. 使用儿童者不能以不知道儿童的年龄为由,免于法第 60 条第 1 款至第 3 款规定的处罚。但是无过失时不在此限(同条第 4 款)。本款是刑法第 38 条第 1 款但书的特殊规定。日本的刑法典原则上不从责任主义立场追究过失责任,但仅在有特殊规定的情况下,追究其责任(《刑法》第 38 条第 1 款)。《儿童福利法》第 60 条第 4 款就属于这种有特殊规定的情形,即对不知道儿童年龄有过失时,对该行为进行处罚。在因让同一儿童五次出演成人电影而对被告人提出上诉的案件中,原审认为,即便被告人对儿童未满 18 岁之事不知情,也很难说其没有过失[②]。高等法院在同意原审的这个判断的同时,却认为由于被告人的各个行为包含在一个罪名下,因此原审将其作为并罪处罚的判决是对法律的错误适用,为此撤销了原判[③]。

"使用儿童者"不仅指与儿童处于雇用契约关系者,还包括与儿童在身份

---

① 东京高等法院判决,2001 年 12 月 28 日,载于《判例时报》第 1792 号,第 159 页以下〈撤销自判〉。有关本案的案例评析有,辰井聪子:《对于三名儿童的违反儿童福利法第 34 条第 1 款第 6 项之罪和违反儿童卖淫等处罚法第 5 条第 2 款之罪的数罪关系、刑法第 54 条第 1 款前段〈其最重的罪〉之解释》,载于《判例时报》1861 号,第 197 页。

② 东京家庭法院判决,1989 年 12 月 21 日,载于《家庭裁判月报》第 42 卷第 12 号,第 64 页。

③ 东京高等法院判决,1990 年 6 月 20 日,载于《家庭裁判月报》第 42 卷第 12 号,第 62 页。

的或组织的关联上处于可以利用儿童行为之地位者①。关于判断在何种场合有"过失",在雇用女性作为接客妇时,是否可以仅根据本人的陈述或是单凭其身体外观的发育状况,就判断该女性已经满 18 岁？对此判例认为,作为客观资料只要没有迹象表明曾经对户籍抄本、粮食证或父兄等进行过精确调查,以确认其年龄,就不能认为使用儿童者在不知道儿童年龄的问题上没有过失②。如今,可以要求根据驾驶执照、健康保险的被保险者证等进行确认。同款的但书规定,关于使用儿童者不知道儿童年龄这一点,"没有过失"是指《刑事诉讼法》第 335 条第 2 款中所规定的"构成法律上妨碍犯罪成立理由的事实"③。

对于根据法第 60 条第 4 款对故意犯和过失犯处以同一法定刑是否违反宪法的问题,存在诸多争议。最高法院认为,"从让儿童从事淫乱行为的犯罪的实际情况看,……对过失犯处以与故意犯相同的处罚,是充分保障儿童福利所必需的。于这种为保障公共福利的必要情形,即使对故意犯和过失犯处以相同的法定刑也不违反宪法"④。

5. 法人的代表人、法人或自然人的代理人、雇员及其他从业者在法人或自然人的业务上,实施了违反本法第 60 条第 1 款或第 3 款的行为时,除了要处罚行为人,还要对其法人或自然人分别处以相同数额的罚金(同法第 60 条第 5 款)。这是两罚规定。因此,当作为行为人的从业者因故意或过失而违反法第 34 条第 1 款的罪名成立之时,经营者也无法免除本法第 60 条第 5 款规定的刑事责任⑤。当从业者对数名儿童犯下了法第 34 条第 1 款第 9 项规定的

---

① 大阪高等法院判决,1956 年 2 月 21 日,载于《高等法院刑事判例集》第 9 卷第 2 号,第 144 页〈驳回〉;同一内容,广岛高等法院松江支部判决,1951 年 10 月 22 日,载于《高等法院刑事判例集》第 4 卷第 11 号,第 1418 页〈驳回〉。
② 最高法院判决,1955 年 11 月 8 日,载于《最高法院刑事判例集》第 9 卷第 12 号,第 2382 页〈驳回〉;同一内容,福冈高等法院判决,1953 年 12 月 5 日,载于《高等法院刑事判例集》第 6 卷第 12 号,第 1776 页〈撤销自判〉。
③ 最高法院判决,1958 年 3 月 27 日,载于《最高法院刑事判例集》第 12 卷第 4 号,第 658 页〈驳回〉。
④ 最高法院判决,1956 年 9 月 11 日,载于《最高法院刑事判例集》第 10 卷第 9 号,第 1331 页〈驳回〉。
⑤ 大阪家庭法院判决,1960 年 3 月 11 日,载于《家庭裁判月报》第 12 卷第 6 号,第 223 页〈有罪〉。

罪行时,对犯该罪的法人的从业者,理所当然应每个儿童成立一罪。但是与此同时,应理解为作为业务主体的法人也应每个儿童成立一罪,因此数罪并罚是正当的①。

6. ①把身体有障碍或形体异常的儿童展示给公众观看的行为;②让儿童行乞,或利用儿童行乞的行为;③让未满15岁的儿童从事危险杂技或马戏的行为;④让未满15岁儿童挨家挨户或在道路以及其他与此相当的场所,从事唱歌、表演技艺及其他演出并以此为职业的行为;⑤让儿童在晚上10点至凌晨3点的时间段内,挨家挨户或在道路及其他与此相当的场所以物品的贩卖、散发、展示、收集或提供服务作为其工作的行为;⑥为了让未满15岁的儿童从事⑤的行为,使其进入色情娱乐行业法规定的经营餐饮服务、店铺型色情特殊行业、店铺型电话色情行业的场所的行为;⑦让未满15岁的儿童陪伴侍候酒席并以此为工作的行为;⑧为成人及儿童设立的非正当职业机关,以营利为目的,斡旋养育儿童的行为。对于实施以上行为者的犯罪,即便是在日本国外犯罪,也同样可以对其进行处罚(同法第60条第6款、《刑法》第4条之2)。

(二)违反儿童咨询所职员保密义务的罚则

在儿童咨询所接受儿童的咨询或从事调查、判定者,无正当理由泄露职务上必须保守的秘密时,要处以1年以下的徒刑或50万日元以下的罚金(《儿童福利法》第61条)。本条是《刑法》第134条第1款的特殊规定。本条中,在儿童咨询所从事咨询、调查、判定的所员虽然不是《刑法》第134条第1款秘密泄露罪的主体,但其业务的内容在很多情况下已介入个人隐私,因此要对无正当理由而泄露工作中获知的秘密的行为进行处罚,旨在保护向儿童咨询所寻求帮助者的隐私。只要是在儿童咨询所从事以上事务者,不问其职业种类为何,包括从该岗位退休的人员,都要受有关秘密泄露规定的约束。另外,当犯罪人是儿童咨询所的职员等地方公务员时,《刑法》第54条第1款和《地方公务员法》第34条第1款以及《儿童福利法》第60条第2项的规定,构成观念上的竞合关系②(1

---

① 大阪高等法院判决,1966年12月17日,载于《家庭裁判月报》第19卷第8号,第172页〈撤销自判〉。

② 观念上的竞合,就是指一个行为符合两个以上的罪名时,按最重的刑罚处罚。

年以下的徒刑或3万日元以下的罚金）。由于竞合关系应按处罚轻重的规定定罪处刑，因此适用《儿童福利法》第61条。本条中的"秘密"不仅指该儿童的秘密，还包括其家人的秘密。"泄露"是指，告知他人，并非一定要对不特定的多数人公布。"正当的理由"是指，除了法律上要求告知的情形之外，也包括社会通常观念认为正当的情形。

（三）违反保育士保密义务的罚则

保育士无正当理由，不得泄露其在工作中获知的他人秘密，即使不再担任保育士后也同样受此约束（《儿童福利法》第18条之22）。违反此规定者要处以1年以下的徒刑或50万日元以下的罚金。但是，对于保育士违反保密义务，如果没有人提出控告，就不能对其提起公诉（同法第61条之2第1款、第2款）。

就是说，虽然违反该义务属于自诉罪，但是与《刑法》第134条关于泄露秘密罪要处以6个月以下徒刑或10万日元以下罚金的规定相比较，其处罚可以说较重。

（四）考试委员等违反有关保育士考试的保密义务的罚则

保育士考试的考试委员或曾经是考试委员者，不得泄露有关保育士考试的秘密（《儿童福利法》第18条之8第4款）。另外，从事保育士考试事务的指定机关的干部、职员或曾担任这些职务者，不得泄露有关考试事务的秘密（同法第18条之12第1款）。于考试委员等违反保密义务的情形，要处以1年以下徒刑或50万日元以下罚金（同法第61条之3）。由于这不是自诉罪，所以即便没有人提出诉讼，也可以对其提起公诉。

（五）违反保育士名称使用等的罚则

保育士不得从事损害保育士信用的行为（《儿童福利法》第18条第21款）。而且也不得泄露在工作中获知的他人秘密。即使不再担任保育士后也同样受此约束（同法第18条之22）。保育士违反这些义务时，知事可以取消保育士的登记，或者限定期限，命令其停止使用保育士的名称（同法第18条之19第2款）。非保育士者不得使用保育士或者与之易混淆的名称（同法第18条之23）。

对于违反上述义务使用保育士名称者可处以 30 万日元以下的罚金（同法第 62 条第 1 项、第 2 项）。也就是说，即便违反这些义务，也不会被处以徒刑或监禁等自由刑。

（六）对虚假报告、回避答辩等的罚则

知事为确保保育士考试事务得到公正、切实的执行，在其认为必要时，可以在必要的限度内，要求指定考试机关提交报告，或让相关职员质问有关人员，或进入指定考试机关的事务所，检查账簿资料以及其他物品（《儿童福利法》第 18 条之 16 第 1 款）。

于无正当理由不提交知事所要求的报告，或提交虚假报告，不回答提问，或进行虚假回答，或拒绝、妨碍、回避其入室检查之情形，对有该违法行为的指定考试机关的干部或职员可处以 30 万日元以下的罚金（同法第 61 条之 5）。这一规定是为确保保育士考试的公正而制定的。

（七）妨碍职务或懈怠申报的罚则

对于无正当理由而拒绝、妨碍、回避《儿童福利法》第 29 条规定的入室检查，不回答提问、进行虚假回答，或不让儿童回答或让其进行虚假回答者，可处以 30 万日元以下的罚金（《儿童福利法》第 62 条第 4 项）。对于懈怠申报同居儿童者也可处以同样的处罚（同条第 5 项）。于未经认可的设施的设置者，尽管行政机关要求提交记载有其认为是必要事项的报告，但无正当理由而拒绝提交，或提交虚假报告，拒绝、妨碍、回避入室调查或对其提问不进行回答，或进行虚假回答之情形，也处以同样的罚金（同条第 6 项）。若妨碍儿童委员或执行有关儿童福利事务的公务员入室调查，并且当场采用暴力、胁迫等手段，构成妨碍公务执行罪。于此情形，本条之罪与妨碍公务执行罪产生观念上的竞合。

（八）违反停止事业、关闭设施命令的罚则

知事认为儿童设施的设备或运营达不到儿童福利最低基准，且明显危害儿童福利时，在听取都道府县儿童福利审议会的意见后，可以命令该设施的设置者停止该事业（《儿童福利法》第 46 条第 4 款）。而且，关于未经认可的设施，为了儿童福利，知事认为必要时，在听取都道府县儿童福利审议会的意见后,可以命令其停止事业或者关闭设施(同法第 59 条第 5 款)。

被命令停止事业或关闭设施者,违反该命令时,可被处以 6 个月以下的徒刑、监禁或 50 万日元以下的罚金(同法第 61 条之 4)。该罚则是针对违反停止事业、关闭设施命令的设施设置者的处罚规定。

(九) 对未经认可的保育设施的罚则

未经认可的保育设施的设置者自其事业开始之日起一个月内,必须向知事申报一定的事项(《儿童福利法》第 59 条之 2 第 1 款第 1 项～第 6 项)。在这些申报事项中,厚生劳动省令规定的事项有所变更时,必须从变更之日起一个月以内向都道府县知事申报其内容。废止、休止其事业时亦同(同条第 2 款)。

未经认可的保育设施在规定期限内没有进行事业开始申报及必要申报事项变更的申报,违反废止、休止的申报义务,或者提交虚假的申报时,处以 50 万日元以下的罚款(同法第 62 条之 2)。

倘若对未经认可的保育设施的规制发展到用罚则规定的地步,那么在此之前对其进行财政上的支持或许更有必要。

(十) 完善罚则规定的作用

在社会福利法制中,儿童福利的基本法——儿童福利法只规定了必要的最低限度的罚则。罚则规定在保障儿童福利这一名义下将不断完善,罚则的规定开始涉及未经认可的设施。这或许意味着,对于抑制儿童福利相关人员的非法受给,罚则规定能够以最低的成本取得最大的效益。换言之,或许可以说,no support no control 的原则失去作用,no support control 的时代已经来到。

第四章 母子及寡妇福利法

第一节 制定的经过和基本理念、目的

一、制定的经过

作为根据"母子福利法部分修改的法律"(1981年法79号),《母子及寡妇福利法》在对原先的"母子福利法"进行修改的基础上,于1981年6月11日制定,并从1982年4月1日起施行。

在二战后混乱的社会局势下,许多在战争中失去丈夫或父亲的家庭,生活陷入了困境。这个时期,作为遗属对策的一环,母子福利政策得到实施,但是以母子家庭为对象制定专门法律的呼声日益高涨,因此,国家于1952年12月29日颁布了《关于母子福利资金贷款的法律》(法350号),并于翌年4月1日起施行。此后,为母子而设的年金如准母子年金、母子福利年金等相继出台,1962年还创设了儿童抚养补贴制度。尽管如此,母子福利政策还是不够完善。于是,为了综合母子福利的相关政策,使其不仅仅停留在单纯的遗属支援政策上,国家应未亡人团体等的要求,于1964年7月1日制定颁布了《母子福利法》(法129号)。

在当时制定母子福利法时,有人提出应制定寡妇福利法。其理由根据的是当时的厚生省母子福利课长的说明,"起因是母子家庭的孩子成长到20岁以后,就被排除在母子福利法的对象之外,无法享受政策的优惠。不过其后,有关这些'抚养孩子长大的寡妇'之福利措施作为预算方面的措施被予以考虑。虽说如此,由于行政是依法进行的,因此希望制定作为福利措施依据的法律的呼声逐年高涨。"①

---

① 杉浦宏彰:《有关寡妇福利的母子福利法的修改》,厚生福利1981年6月20日号,第7页。

就这样,在制定"寡妇福利法"的讨论中,究竟是对寡妇福利法进行单独立法,还是在母子福利法的基础上进行修改这个问题,成了争论的焦点。支持在母子福利法的基础上进行修改的观点理由如下:①如果要将与母子福利法相同内容的政策适用于寡妇,采取扩大母子福利法的适用对象这个方法较为妥当;②关于商店的设置、专卖品贩卖的许可等福利措施,寡妇的法律地位参照母子家庭中母亲的法律地位规定即可,但若单独立法,就不得不规定两者的优先顺序;③若在母子福利法的基础上进行部分修改,就很容易地将寡妇限定在母子家庭的母亲范围内;④母子与寡妇,在社会观念上认为前者更应该受到保护,因此如果单独立法就意味着对寡妇的福利措施将不得不低于母子的待遇[1]。

根据以上理由,关于寡妇的福利,最终没有采取单独立法的形式而是采取了将其作为母子福利法的一部分进行修改这种形式,不过仍遗留了以下几点问题:①是否有必要将寡妇与一般国民区分开,在法律上给予其特别保护;②法的适用对象是否不是所有的寡妇而应是特定的寡妇,于此情形,能否根据寡妇年龄的上、下限、收入、子女的有无而进行合理的区分;③与母子家庭中的母亲不同,是否所有寡妇都负有自立的义务;④于制定了寡妇福利资金制度的情形,是否会有丧失其灵活运用之虞;⑤重新规定寡妇福利团体的定义,还是将母子福利团体的定义扩大;⑥是否有可能在儿童福利审议会的权限中增加关于寡妇的内容,等等[2]。

这些问题探讨的结果如下:"其一,成为法律对象的寡妇是过去母子家庭里的母亲。这种类型的寡妇与没有孩子的寡妇或单身妇女相比,一般收入较低,因此享受特别保障具有合理性。在这种情况下,上述类型的寡妇负有自立义务。其二,虽然预算措施比法律措施灵活,但法律措施具有更强的权利性,因此自 1982 年 4 月 1 日起将寡妇福利的相关措施法律化,并在母子福利资金贷款制度以外设置了特别会计。其三,在儿童福利审议会的权限中不包含有关寡妇的内容,而是将母子福利团体的定义扩大,把寡妇福利团体也包含在内。"[3]其结果是,根据"母子福利法部分修改的法律",母子福

---

[1] 杉浦宏彰,前引论文,第 10 页。
[2] 杉浦宏彰,前引论文,第 10～11 页。
[3] 杉浦宏彰,前引论文,第 11 页。

利法的名称被修改为"母子及寡妇福利法"。其修改的目的在于,为谋求寡妇的福利而部分修改母子福利法,关于寡妇采取了一系列措施,包括增加母子咨询员及福利事务所的咨询等事务,优先许可其经营地方公共团体设置的商店,优先指定其为香烟零售商等,同时对于寡妇福利资金的贷款事业进行规定。

根据"老人福利法部分修改的法律"(1990 年 6 月 29 日法 58 号)的修改,对母子家庭中的母亲以及寡妇,追加了为其经营居家日常生活提供必要服务的措施,并于 1991 年 3 月 1 日开始施行(1990 年 12 月 7 日政 346 号)。并且,根据 1993 年法 48 号、法 89 号、1994 年法 49 号等,对母子及寡妇福利法进行了修改。此外,根据"儿童福利法等部分修改的法律"(1997 年 6 月 11 日法 74 号),对《母子及寡妇福利法》第 19 条进行了修改。根据 1999 年法 87 号、法 103 号、法 160 号,对本法第 6 条、第 7 条、第 23 条也进行了修改。根据"为促进社会福利对社会福利事业法等部分修改的法律"(2000 年 6 月 7 日法 111 号),对本法第 8 条和第 22 条进行了修改。其后,根据"母子及寡妇福利法等部分修改的法律"(2002 年 11 月 29 日法 119 号)第 1 条和"儿童福利法部分修改的法律"(2003 年 7 月 16 日法 121 号)附则第 3 条,对本法再次进行了修改。经历了以上修改过程,形成了现行的母子及寡妇福利法。目前,取消了"父子家庭"这一名称,改为"母子家庭等"。所谓"母子家庭"是指,母子家庭和父子家庭。还有,所谓"母亲等"是指,母子家庭中的母亲和父子家庭中的父亲(《母子及寡妇福利法》第 6 条第 4 款、第 5 款)。这些规定对父子家庭用"等"这个用语,虽然表明了将其也作为本法的对象,但是不可否认,父子家庭的相关政策给人以渐被忽视之感。

二、本法的目的

本法旨在明确有关母子家庭等和寡妇福利的基本原理,即采取必要措施确保其生活的安定和生活水平的提高,谋求母子家庭等和寡妇的福利(《母子及寡妇福利法》第 1 条)。母子家庭等和寡妇的收入在很多情况下低于有父亲或有配偶的家庭,对此,要根据各种公共养老金法及儿童抚养补贴法来保障这些家庭的收入。但是,很难说根据这些法律的收入保障是很充分的,而且母子家庭等和寡妇的福利并不是仅靠经济上的保障就能充分实现,因此,本法还通过采取其他必要措施,例如自立援助的贷款、雇用之促进、为确保其拥有住宅而使优先入住公营住宅、保育所入所的特殊照顾、母子咨询员的咨询事业、母子福利设施的设置、居家介护等事业,等等,保障母子家庭等和寡妇生活的安定和生活水平的提高,以实现母子家庭等和寡妇的福利。

三、本法的基本理念

本法规定,"所有母子家庭等的儿童不论其所处环境如何,身心健康成长所需的必要诸种条件以及其母亲等的健康的、具有文化意义的生活将受到保障。对寡妇将准用母子家庭等的母亲等规定,保障其健康的、具有文化意义的生活"(同法第2条第1款、第2款),这就明确了本法的基本理念。本条明示了保障母子家庭等和寡妇过上宪法第25条规定的健康的、具有文化意义的生活。为了让母子家庭等的儿童健康成长,必须采取必要的援助措施,以保证母亲等在营造健康的、具有文化意义的生活之同时,能够担负起养育责任,即本条把母亲等与孩子的福利作为一体予以保障的宗旨作为本法的基本原理。此外,还规定,对孩子已年满20岁的寡妇,将准用母子家庭等的母亲等规定,保障其健康的、具有文化意义的生活(《母子及寡妇福利法等部分修改的法律》,2002年11月29日法119号)。

> "准用"是指,并非与作为基准之物相同,而是指在具备一定条件时视为相同。

四、朝着自立方向的努力

母子家庭的母亲及寡妇要主动争取自立,必须为家庭生活及职业生活的安定和提高而努力(《母子及寡妇福利法》第4条)。这与第3条规定的国家及地方公共团体的职责相对应,本条对母子家庭的母亲及寡妇的责任和义务进行了规定。为谋求母子家庭及寡妇福利而采取的措施,虽然对这些人的自立不可或缺，但最终母子家庭的母亲及寡妇要通过自己的努力实现自立的目标。"主动地"是指，母子家庭的母亲及寡妇争取自立的积极性。自立分为经济自立和精神自立。本法所说的"自立"是指经济上的独立。"必须努力"是指，本法所要求的努力义务。在本法的制定过程中，对是否所有寡妇都应负有自立义务这点，曾经有过争论，最终得出的结论是，作为本法对象的寡妇负有自立义务。但是，这不过是训示性规定而已。

此外，根据《母子及寡妇福利法》第11条，制定了"关于促进母子家庭及寡妇的生活安定和改善的措施的基本方针"（2003年3月19日，厚劳告102号）。该告示的适用期间为2003年至2007年的五年间。该基本方针就包括母子家庭、父子家庭在内的单亲家庭对策的开展情况向国民做了广泛的说明，同时也表明了在都道府县等策划制定促进自立计划时的方针。

据此，都道府县在策划制定"促进母子家庭及寡妇自立计划"，或需要变更该计划时，要事先采取征求母子福利团体及其他有关人员意见的必要措施，并公布其内容（同法第12条各款）。

五、扶养义务的履行

为努力保证儿童身心的健康成长，母子家庭等的儿童的父母必须负担培养该儿童所需费用及履行有关该儿童的抚养义务。另外，母子家庭等的儿童的父母必须努力确保不监护该儿童的父母对该儿童的抚养义务的履行（《关于母子及寡妇福利法等部分修改的法律等的施行》，2003年3月31日法331020号，《母子及寡妇福利法》第5条第1款、第2款）。

扶养义务包括生活保持义务和生活扶助义务。生活保持义务是指，夫妇间的扶养义务及父母对未成年子女的抚养义务，即使降低自己的生活水准也要使其过上与自己相同水准的生活之义务。生活扶助义务是指，父母对年满20岁的子女的抚养义务以及对其他亲属的扶养义务，即在维持符合自己社会地位的生活的基础上，于生活有富余的情形所承担的扶养义务。

母子家庭的母亲对子女所负有的抚养义务是生活保持义务。因此，本法把抚养义务关系中的儿童定义为未满20岁者。

第二节　对象

本法的对象是无配偶的女性、母子家庭"等"的儿童、寡妇及母子福利团体。父子家庭符合"等"的规定,因此也是本法的对象。

一、无配偶的女性

"无配偶的女性"是指,配偶(包括虽未登记结婚但处于事实婚姻关系者)死亡,且目前没有结婚(包括虽未登记结婚但处于事实婚姻关系的情形)的女性,以及与之相当者,即为以下的女性:①已离婚而目前没有婚姻关系的女性;②配偶生死不明的女性;③因丈夫失踪等被配偶遗弃的女性;④由于配偶在国外而无法得到扶养的女性;⑤配偶因精神或身体上的障碍而长期失去劳动能力的女性;⑥与以上情况相当的女性且符合政令规定的女性(《母子及寡妇福利法》第6条第1款各项、《施行令》第1条各项)。

日本民法主张法律婚主义,婚姻因登记而发生效力(《民法》第739条第1款),但是,本法主张事实婚主义,本法第6条第1款对此作出了明确规定。这是因为,本法所规定的福利措施,并不是依据法律上的婚姻,而是按照婚姻的实际状态而有必要实施的。同条第1款第6项中所规定的"政令中规定的女性"是指,根据《母子及寡妇福利法施行令》第1条的规定,以下女性也是本法的对象:①根据法令配偶长期在行刑设施中被拘禁而无法得到扶养的女性;②非因婚姻而成为母亲且目前未婚的女性。

二、儿童

作为母子及寡妇福利法对象的"儿童"是指,未满20岁者(《母子及寡妇福利法》第6条第2款)。儿童福利法所规定的儿童是指,未满18岁者(同法第4条),但本法将儿童年龄的上限规定为20岁是基于以下的理由:本法第6条第3款、第4款把没有配偶的女性与儿童的关系限定为根据《民法》第877条(对子女的生活保持义务)的规定,即母亲等现正在对子女进行抚养的情形。

如前所述,民法上规定父母对未成年子女负有生活保持义务,而未成年人是指,未满20岁者(《民法》第4条)。因此,为了与民法的规定相统一,本法中把儿童规定为未满20岁者。

三、寡妇

寡妇是指,没有配偶的女性,且作为无配偶的女性根据《民法》第877条的规定抚养过儿童者(《母子及寡妇福利法》第6条第3款)。

将寡妇作为本法的对象是基于以下的理由:①在社会福利行政实务中经常有这样的事件,即一直以来经营商店、出售专卖品等的母子家庭的母亲因子女满20岁,而被迫停止在公共设施内经营商店;②对不适用母子福利法,也无法成为老人福利法之措施对象的寡妇,没有实施福利政策,即对所养育的子女已年满20岁的母子家庭的母亲没有医疗、雇用、居住的福利措施;③对有将满20岁孩子的、已离婚的母亲,没有设置公共咨询指导机关等。长期以来,曾经是母子家庭的母亲在其子女满20岁后,被排除在福利措施的对象之外,为此,本法第6条第3款明文规定将之作为寡妇纳入本法对象。所以,成为本法对象的寡妇只限定于曾经是母子家庭的母亲,而不是所有寡妇。因为这些寡妇被解释为"具备享受特别保障权利的合理性理由"者[①]。基于此,孩子成人后成为寡妇者、无配偶且没有抚养过孩子的女性,不包括在本法所称的"寡妇"范畴内。

四、母子福利团体

母子福利团体是指,以增进《民法》第877条规定的目前正在抚养儿童的无配偶女性的福利或寡妇的福利为主要目的的社会福利法人或根据民法第34条规定设置的法人,而且其过半数的理事为无配偶的女性(《母子及寡妇福利法》第6条第6款)。

在本法的制定过程中,曾经对是重新规定寡妇福利团体,还是通过修改母

[①] 杉浦,前引论文,第11页。

子福利团体的定义以扩大其范围进行了探讨,讨论的结果是,决定扩大母子福利团体的定义,把寡妇福利团体也包括在内①。"根据《民法》第 34 条规定设置的法人"是指公益法人,即不以营利为目的的,有关祭祀、宗教、慈善、学术、技艺及其他公益的社团或财团。之所以规定"过半数的理事是无配偶的女性",是因为作为本法措施对象的母子福利团体据此可以确保其运营符合母子家庭及寡妇的福利。无配偶的女性不仅包括母子家庭的母亲还包括寡妇家庭的母亲,但是关于父子家庭的父亲是否可以成为理事没有明文规定。若不保障父子家庭的父亲成为理事的权利,运营可能有失偏颇。另外,母子福利团体这个名称本身也有问题,是否也应改为单亲家庭福利团体呢?

五、在日外国人

对于在日外国人如果也符合《母子及寡妇福利法》第 6 条的要件,能否成为本法的对象这个问题,存在着争议。母子福利法实施时,厚生省(现为厚生劳动省)针对神奈川县就母子福利资金贷款提出的"基于母子福利法的母子福利资金的贷款对象是否包括外国人"的照会的答复是:"不包括外国人。母子福利法所规定的资金贷款是根据同法第 6 条第 3 款的规定,对目前正在抚养儿童者采取的福利措施","在抚养问题上,国内法不适用于外国人,这是从法律角度否定的根据之一"(《关于寡妇福利资金贷款制度等运用上的疑义》,1969 年 10 月 28 日儿福 25 号)。对此,小川政亮批评认为,从作为基本理念规定的本法第 2 条的"'所有的母子家庭等'这一表达方式来看,不问国籍如何的原则是显而易见的","厚生省认为在抚养问题上,日本的民法不适用于外国人是否定性解释的理由之一",但是"为何……无配偶的女性和被抚养儿童之间的抚养关系以依据民法为要件,由于当局没有明文说明,这一立法理由也未必十分明确"。但是,"《民法》第 877 条等可以说是为了表明母子福利法的立足点不仅仅是单纯的事实主义,而且是法律上的抚养主义。这样解释的话,'无配偶的女性'抚养儿童时,根据该外国人的本国法律中的承担抚养义务的

---

① 杉浦,前引论文,第 11 页。

有关规定就足矣","以不适用民法第877条作为排除外国人母子的根据,从这个意义上看很难说是妥当的"①。

于在日本履行纳税义务的在日外国人家庭因为父亲死亡、离婚等原因而成为母子家庭的情形,应该实施准用本法措施的特例措施。即对在日外国人母子家庭等也应该实施行政上的特例措施。

第三节 实施机关、专业职员

一、国家及地方公共团体的职责

国家及地方公共团体负有增进母子家庭等和寡妇的福利之职责(《母子及寡妇福利法》第3条第1款)。国家及地方公共团体在采取有关母子家庭等或寡妇的福利之对策时,必须考虑到通过这些措施的实施,使本法第2条规定的基本理念能够得以具体体现(同条第2款)。

本条明确了国家及地方公共团体负有增进母子家庭等和寡妇福利的责任和义务,另外还规定,必须努力通过采取增进其福利的具体措施使基本理念付诸具体实施。所谓的"有关母子家庭等或寡妇的福利之对策",不仅指本法中规定的对策,还应解释为包括母子生活支援福利设施入所、遗属年金、儿童抚养补贴的给付、母子生活保护的合并计算、寡妇减免政策等其他法律上规定的所有有利于母子等和寡妇福利的对策。"必须考虑"是指,国家及地方公共团体要指明推进母子等和寡妇福利对策的方向,但这不过是努力义务。

关于前述的抚养义务的履行,国家及地方公共团体为了使母子家庭等儿童的身心得到健康成长,为了确保没有对该儿童进行监护的父母履行抚养义务,必须努力采取宣传及其他适当的措施(《关于母子及寡妇福利法等部分修改的法律等的施行》,2003年3月31日雇儿发331020号,《母子及寡妇福利法》第5条第3款)。

---

① 《社会事业法制》,第4版,第417~419页。

二、都道府县

母子及寡妇福利的实施机关有一般行政机关和本法规定的专门机关。一般行政机关有厚生劳动省均等雇用及儿童家庭局、相关各省厅的部局课、各都道府县、市町村的相关部局课等。尤其是,都道府县是采取母子福利资金贷款及寡妇福利资金贷款措施的重要的母子及寡妇福利行政之实施机关。但是在这里,作为母子及寡妇福利的专门实施机关,特别对本法规定的儿童福利审议会、福利事务所以及专门从事母子和寡妇福利工作者即母子自立支援员、儿童委员进行论述。

三、都道府县儿童福利审议会等

都道府县儿童福利审议会(或地方社会福利审议会)及市町村儿童福利审议会除了调查审议母子家庭福利的相关事项,还可以分别对都道府县知事、市町村长的咨询进行答复,或者向有关行政机关汇报意见(《母子及寡妇福利法》第7条)。

之所以将母子福利的相关事项划为都道府县儿童福利审议会及市町村儿童福利审议会的权限事项,是因为母子福利和儿童福利密切关联的审议事项很多,因此把同一机关作为实施机关。在本法的制定过程中,从《儿童福利法》第8条看,曾经对是否可将寡妇的相关事项纳入儿童福利审议会的权限之内进行过讨论,其结果是,都道府县儿童福利审议会及市町村儿童福利审议会的权限不包括寡妇的相关事项,儿童福利审议会仅对有关母子家庭的福利事项进行调查审议等。

四、福利事务所

关于本法的施行,福利事务所主要进行以下事务:①努力掌握有关母子家庭及寡妇福利的必要实情;②答复有关母子家庭及寡妇福利的咨询,进行必要的调查和指导,同时进行与之相关的事务(《母子及寡妇福利法》第9条第1项、第2项、《社会福利法》第14条第5款、第6款)。对于复杂且有多种需求的母子家庭及寡妇的咨询,有时需要在福利事务所工作的社会福利主事及儿童福利员予以答复,根据具体情况有时还需要送交作为专门判定机构的儿童咨询所。另外,有时也还要寻求其他相关部门的协助。

五、母子自立支援员

母子自立支援员由都道府县知事、市长(包括特别区区长)以及管理福利事务所的町村长,从有社会威望而且对从事下列事务有热情又有见识的人中委任(《母子及寡妇福利法》第8条第1款)。

母子自立支援员在本法施行时,对于无配偶且目前正在抚养儿童的女性和寡妇进行以下事务:①答复咨询、提供其自立所必需的信息和指导;②提供提高职业能力和有关求职活动的支援(同条第2款第1项、第2项)。本法规定母子自立支援员为非专职人员。但拥有社会福利主事资格者和儿童福利员这类拥有必要的学识经验者可以是专职。可以作为专职的工作人员如下:具有社会福利主事资格,人格高尚、思想成熟、对推进社会福利怀有热忱,且在大学等修过厚生劳动大臣指定的科目者;修完厚生劳动大臣指定的培训机构或讲习会课程者;通过厚生劳动大臣指定的社会福利事业从业者考试者以及厚生劳动省令中规定的具有与此同等以上能力者(同条第3款、施行令第2条、《社会福利法》第19条第1款各项、《儿童福利法》第13条第2款各项)。但是,把"社会威望"、"热忱"、"见识"等非客观条件作为任命的要件是存在问题的。

本法在制定过程中,存在着对于带有将近20岁孩子的离婚母子家庭中的母亲没有咨询机构这个问题。为了使对孩子已年满20岁的母亲提供咨询、给予指导而设置的母子咨询员制度(《关于根据母子及寡妇福利法设置母子自立支援员》,2003年6月18日雇儿发618001号)能够适用于寡妇,本法的制定就尤为必要。

母子自立支援员广泛地从民间任命适任者,非专职的母子自立支援员是特殊职位(《地方公务员法》第3条第3款第3项、第4条第2款),专职的母子自立支援员对非专职的母子自立支援员给予技术方面的帮助。专职母子自立支援员负责的事务是：①答复有关家庭纠纷、儿童养育、结婚以及其他生活伦理问题的咨询；②答复由于环境原因或母子性格造成的较难处理的案例的咨询。非专职母子自立支援员负责的事务是：①答复有关母子福利资金及寡妇福利资金的借贷、生活费、教育费、医疗费等经济方面问题的咨询；②答复有关就业、谋生、住宅等生活方面问题的咨询。母子自立支援员要针对各个母子家庭的状况，在地区内有效地组合运用上述支援措施，要在进行以母子家庭母亲的自立为目标的综合支援上，发挥其作用（前引《关于根据母子及寡妇福利法设置母子自立支援员》）。

六、儿童委员

儿童委员兼任民生委员（《民生委员法》第6条、《儿童福利法》第16条第2款）。在本法施行时，儿童委员作为熟悉地区实际情况者，协助福利事务所所长或母子自立支援员执行职务（《母子及寡妇福利法》第10条）。

第四节 福利措施

一、母子福利的措施

（一）母子福利资金的贷款

都道府县可以对无配偶且目前正在抚养儿童的女性或其抚养的儿童提供资金贷款，以帮助其经济自立，增强生活积极性，并增进其所抚养儿童的福利（《母子及寡妇福利法》第13条第1款）。贷款事务是都道府县的固有事务，因此，是否提供贷款由都道府县裁量决定。指定都市、中核市也可以执行有关资金贷款的事务（《地方自治法》第252条之19第1款第6项、第252条之22第1款）。可以接受贷款的对象是，"无配偶且目前正在抚养儿童的女性或其抚养的儿童"，只需满足该要件即可，没有收入方面的限制。

都道府县、指定都市、中核市根据本法可以用来提供贷款的资金如下：

1. 事业开始资金。无配偶的女性在创办事业之际用于购置必要的设备费、器具、材料等的资金(《母子及寡妇福利法》第 13 条第 1 款第 1 项、《施行令》第 7 条第 1 项)。

2. 事业继续资金(运转资金)。无配偶的女性为继续经营事业所需的资金(同款第 1 项、《施行令》第 7 条第 2 项)。原则上仅限贷款一次,不承认为返还债务而申请的贷款。

3. 修学资金。无配偶的女性所抚养的儿童在高中、大学等因学习需要的,直接、必要的学费、书籍费、交通费等资金(同款第 2 项、《施行令》第 7 条第 3 款)。

4. 技能学习资金。无配偶的女性为创办事业,或为就职学习必要的知识技能所必需的学费、材料费、交通费等资金(同款第 3 项、《施行令》第 7 条第 4 项)。

5. 修业资金。无配偶的女性所抚养的儿童为创办事业,或为就职学习必要的知识技能所必需的学费、材料费等资金(同款第 3 项、《施行令》第 7 条第 5 项)。

6. 就业准备资金。无配偶的女性及其抚养的儿童在就职时所需的,直接用于购置必要的衣服、日常用品等的资金(同款第 4 项、《施行令》第 3 条第 1 项、第 7 条第 6 项)。

7. 医疗介护资金。无配偶的女性或其抚养的儿童为接受医疗所需的必要资金或无配偶的女性为接受介护保险法规定的保险给付所需的必要资金(同款第 4 项、《施行令》第 3 条第 2 项、第 7 条第 7 项)。

8. 生活资金。无配偶的女性在接受技能学习资金贷款期间,或接受医疗介护资金贷款并享受医疗或介护期间为维持生活所必需的生活费;无配偶的女性从使其成为无配偶的女性之事由发生时起七年内为维持生活所需的必要资金;无配偶的女性在失业期间为维持生活所需的必要资金(同款第 4 项、《施行令》第 3 条第 3 项～第 5 项)。

9. 住宅资金。无配偶的女性为建设、购置、维修、保全、扩建或改建住宅所需的必要资金(同款第 4 项、《施行令》第 3 条第 6 项)。

10. 迁居资金。无配偶的女性为迁移住所所需的必要押金、预付金等补助金(同款第 4 项、《施行令》第 3 条第 7 项)。

11. 就学准备资金。无配偶的女性所抚养的儿童在进入小学、中学、高中、大学等时所需的必要的入学费用以及用于购置衣服、日用品等的资金（同款第 4 项、《施行令》第 3 条第 8 项）。

12. 结婚资金。无配偶的女性所抚养的儿童结婚时所需的必要资金（同款第 4 项、《施行令》第 3 条第 9 项）。

13. 特例儿童抚养资金。这是废除以前的儿童抚养资金，并作为儿童抚养补贴制度的补充而提供的贷款。从促进儿童福利的立场出发，特例儿童抚养资金是接受该贷款者抚养儿童时所需的全部必要资金，可以与其他母子福利资金贷款金并用（《关于 2002 年修改儿童抚养补贴金额的特别措施》，2002 年 4 月 1 日政令 207 号附则第 4 条第 1 项）。该措施是经过措施[*]。

另外，当接受修学资金及修业资金贷款的母子家庭的儿童由于母亲死亡，不再是本法所规定的母子家庭的儿童时，仍然可以继续得到该资金贷款（《母子及寡妇福利法》第 13 条第 3 项、《施行令》第 4 条、第 5 条）。

（二）对设置小卖部等的许可

为促进母子家庭的母亲就业，当正在抚养儿童的无配偶女性或者母子福利团体提出申请时，国家或地方公共团体设置的事务所以及其他公共设施的管理人必须许可其在公共设施内设置小卖部、理发店、美容店等（同法第 25 条第 1 款）。"公共设施"是指，国家及地方公共团体的政府机关建筑、医院，以及其他国家及地方公共团体的建造物、公园、动物园、轻轨车站等。根据本款规定，被许可设置小卖部等者除了疾病以及其他正当理由之外，必须自主地从事该职业，且母子福利团体必须让母子家庭的母亲从事该职业（同条第 2 款）。"其他正当理由"是指，迁居、家人生病、介护等。

（三）对香烟零售贩卖业的许可

正在抚养儿童的无配偶的女性依据香烟事业法（1984 年 8 月 10 日法 68

---

[*] 经过措施：即经过规定，指因新法的制定或已有法律的改废，在旧法向新法转换之际，为使其顺利转换而采取的措施。一般而言，在新法中承认一定限度的特殊，其通常在法令附则中规定，但内容复杂时也可制定单行的法令进行规定。——译者

号)的规定,申请获取零售香烟许可时,如果符合许可标准(《香烟事业法》第22条、第23条),财务大臣必须许可其申请(《母子及寡妇福利法》第26条第1款、第2款)。获得零售贩卖业许可者除了疾病以及其他正当理由之外,必须自主地从事其职业(同法第25条第2款)。

(四) 关于公营住宅供给的特别关怀

拥有住宅对母子家庭的自立而言意义重大。因此,地方公共团体在提供公营住宅时,必须给予特别关怀,以增进母子家庭的福利(同法第27条)。地方公共团体对母子家庭提供公营住宅时,要在优先入住公营住宅、建设第二种公营住宅时应确保一定户数的母子家庭用住宅,并根据情况采取减免房租措施问题等方面进行特别照顾。另外,目前,优先入住第一种公营住宅的措施也开始实施了。

(五) 关于保育所入所的特别关怀

市町村长在选考保育所入所儿童时,必须对母子家庭等给予特别关怀,以促进其福利(同法第28条,《儿童福利法》第24条第3款,《关于保育所入所等选考时母子家庭等的待遇》,2003年3月31日雇儿发331011号)。

(六) 母子家庭的母亲及儿童雇用的促进

国家及地方公共团体为了补充母子家庭的母亲和儿童的职业培训之不足,消除职业种类的制约,开拓与母子家庭生活环境相适应的职业领域,以积极地促进母子的就业,要在努力增进企业家及其他国民普遍理解的同时,采取包括对有就业愿望的母子家庭的母亲及儿童实施职业培训、介绍工作、促进其在公共设施内就业等必要措施(《母子及寡妇福利法》第29条第1款,《关于促进母子家庭的母亲之雇用等》,2005年5月18日雇儿发518002号)。因此,母子自立支援员以及其他与母子家庭福利相关的机构、儿童家庭支援中心、母子生活支援设施及母子福利团体和公共职业安定所必须互相协作(同法第29条第2款、第3款,《关于支援母子家庭的母亲就业的特别措施法》,2003年7月24日法126号)。本法第29条第2款是新增的规定,要求公共职业安定所必须支援母子家庭的母亲就业。

国家对促进母子家庭的母亲及儿童就业进行相关调查、研究及对有关人员进行进修培训,并向都道府县提供信息以及其他支援(同法第30条第1款各项)。另外,都道府县在力求与母子福利团体紧密协作的同时,还必须采取必要措施提高母子家庭的母亲及儿童的职业能力,并提供雇用信息以及其他支援(同条第2款各项)。

都道府县等为了保证正在抚养儿童的无配偶女性就业稳定并促进其就业,可以在以下几种情形提供"母子家庭自立支援给付金":①为促进求职活动和谋求职业生活稳定的情形;②为易于学习知识和技能的情形;③其他政令规定的情形(同法第31条各项,《关于母子家庭自立支援给付金事业的实施》,2003年6月30日雇儿发630009号,2005年3月31日雇儿发331020号最新修改)。

(七)居家等日常生活支援事业

根据1990年的福利八法的修改,新设置了母子家庭等日常生活支援事业。正在抚养儿童的无配偶女性,或配偶死亡且目前尚未结婚的男子,以及与之相当的符合政令规定者且根据《民法》第877条的规定目前正在抚养儿童者,因疾病或其他原因被认为日常生活有障碍时,都道府县或市町村可以为其提供住居、在厚生劳动省令规定场所的婴幼儿保育、饮食介护或有关生活或就业方面的专业性意见、指导及其他为经营日常生活所必需的厚生劳动省令规定的物品,或者可以采取委托都道府县或市町村以外者为其提供该服务的措施(《母子及寡妇福利法》第17条)。

提供的场所有:①家庭生活支援员的住所;②接受职业培训的场所;③其他可以提供适当便利的场所(《施行规则》第1条之3各项)。

提供的便利有:①婴幼儿保育(是养护内容,而不是儿童福利法中所规定的"保育");②饮食介护;③对婴幼儿母亲的入浴、排泄等方面的介护;④洗衣、扫除等家务;⑤从专业知识角度对生活及就业的意见、指导;⑥上述①~⑤所附带的服务(《施行规则》第2条各项)。

原则上接受委托提供服务的机构是母子福利团体(《关于母子家庭等日常生活支援事业的实施》,2003年6月18日雇儿发618003号,2004年3月24日雇儿发324001号最新修改)。

国家及都道府县以外者开始进行母子家庭等日常生活支援事业的,必须遵守厚生劳动省令的规定,事先向都道府县知事提交经营者的姓名、住所、基本合约、职员的定数、职务的内容、主要职员的姓名和履历、支援事业预计开始的年月日、收支预算书、事业计划书(《施行规则》第3条第1款各项、第2款、同法第20条)。另外,废止或休止事业时,也必须事前告知都道府县知事有关休、废止的年月日,理由,休止期间等必要事项(《施行规则》第5条、第21条)。

都道府县知事(指定都市、中核市市长)为保障母子家庭福利,在其认为有必要时,可以要求从事母子家庭等日常生活支援事业者提出报告,可以让其职员进行质问、入室检查(同法第22条第1款)。此时,进行入室检查的相关职员必须携带身份证件,并在有关人员提出要求时出示。但是这种权限,不得解释为属于犯罪搜查性质(同条第2款、第3款)。另外,从事该事业者违反法律、命令或依此作出处分时,或谋求不正当营利,对接受居家介护措施的母子家庭的母亲进行了不当行为时,可以命令限制或停止其事业(同法第23条)。

从事母子家庭等日常生活支援事业者接受都道府县或市町村有关措施的委托时,无正当理由不得拒绝(同法第24条)。

假设母亲等需要一日乃至数日的疗养,母子家庭等日常生活支援事业于长期或紧急的情形,适用属于儿童福利法规定的措施即儿童日间服务事业、儿童短期入所事业的利用和母子生活支援设施、儿童养护福利设施的入所措施等。知事、市町村长解除居家日常生活支援的措施时,必须提前向该措施的有关人员说明理由,并听取其意见(同法第18条)。继续实施该措施时,行政程序法第三章的有关不利益处分之规定不适用于第18条的措施解除(同法第19条)。就是说,解除居家日常生活支援措施适用的是行政程序,而继续措施的情形不提供听取意见或辩解的机会。

自修改福利八法前后开始,除母子、寡妇家庭居家介护等事业之外,父子家庭居家介护等事业也引起了社会的关注,福利行政上根据通告、通知等,其制度已经形成,发布了《关于母子家庭、寡妇及父子家庭介护人派遣事业》(1995年4月6日发儿93号)、《关于母子家庭、寡妇及父子家庭介护人派遣事业的实施》(1989年5月29日儿发405号)、《关于父子家庭等支援事业的实施》(1996年5月10日儿发493号)等谋求父子家庭福利的通告及通知。但是,这些通知因《关于母子家庭等日常生活支援事业的实施》(2003年6月18日雇儿发618003号)的出台而被废止。目前,根据《关于单亲家庭生活支援的实施》(2003年6月18日雇儿发618005号)正在对父子家庭实施支援。

(八)对母子福利团体的贷款

都道府县(指定都市、中核市)为给母子家庭的母亲提供就业场所,可以对政令上规定的、其事业主要以正在抚养儿童的无配偶女性为对象的母子福利团体等,提供母子及寡妇福利法第13条第1款第1项所列的资金贷款(同法第14条)。所谓"政令规定的事业"是指,饮食店业、咖啡店业、理发业、美容业、干洗业、物品贩卖业、物品制造业(包括加工修理)、建筑物清扫业以及其他厚生劳动大臣规定的事业等(施行令第6条第1款各项、《母子及寡妇福利法第14条规定的事业》,1964年7月1日厚告302号,1982年4月1日厚告13号)。很难说该法列举的事业能满足现代社会的全部需要。"前条(第13条)第1款第1项所列的资金"是指,事业开始资金和事业继续资金。

二、寡妇福利的措施

(一)寡妇福利资金的贷款

作为寡妇福利的措施,准用本法第13条第1款、第3款有关母子福利资金贷款的规定,寡妇也可以与母子家庭一样,获得母子福利资金贷款(《母子及寡妇福利法》第32条第1款)。在本法的制定过程中,曾出现以下疑义:"倘若把寡妇福利资金制度法律化,不就无法再按照以往的预算措施,根据具体情况灵活运用了吗?"对此有学者指出,"预算措施与法律措施相比较更为灵活,但由于法律措施的权利性强,因此将其法律化,另外设置不同于母子福利资金贷款制度的特别会计"[①]。该资金的贷款对象是寡妇以及年满四十岁且目前没有抚养儿童的无配偶女性(同法附则第6条)。也就是说,附则第6条是经过规定。

---

① 杉浦,前引论文,第11页。

（二）寡妇家庭居家介护等事业

此事业与母子家庭等日常生活支援事业一样，是根据1990年福利八法的修改而设置的制度。

都道府县或市町村认为寡妇因疾病或其他理由日常生活有障碍时，可以对其提供：①饮食介护；②入浴、排泄等方面的介护；③洗衣、扫除等家务服务；④从专业知识角度对其生活及就业的意见、指导，⑤上述①～④中附带的服务（同法第33条第1款，《施行规则》第2条第2项～第6项）。另外，地方公共团体可以采取将此事业委托给都道府县、市町村以外者的措施（同法第33条第1款）。

从事母子家庭等日常生活支援事业者只要根据厚生劳动省令的规定，事先向都道府县知事报告必要事项，就可以从事寡妇日常生活支援事业（同条第3款）。

关于该事业的废止或休止，都道府县知事提出的报告征收等、事业的停止命令，从事该事业者的受托义务，均准用母子家庭等日常生活支援事业的规定（同法第21条）。这里所说的厚生劳动省令规定的必要事项是指：①废止或休止的年月日；②废止或休止的理由；③计划休止者的预计休止期（《施行规则》第5条）。

（三）其他的措施

本法规定对寡妇亦实施小卖部等设置的许可（同法第25条）、香烟零售业的许可（同法第26条）、就业促进（同法第29条、第30条）等措施（同法第34条第1款、第2款、第35条第1款、第2款）。法第27条有关优先入住公营住宅的规定不适用于寡妇，这或许意味着孩子满20岁后，就应该靠自己的能力准备居住场所。在等待入住公营住宅期间，若因孩子超过20岁就没有入住权不是显得矛盾吗？再者，难道不应该根据收入的不同而承认某些特例吗？

第五节　母子福利设施

都道府县、市町村、社会福利法人及其他人可以设置由母子家庭的母亲及儿童利用的，目的是保持其身心健康、提高其生活水平的母子福利设施（《母子及寡妇福利法》第38条)。母子福利设施有母子福利中心和母子休养院两种(同法第39条第1款各项)。母子福利设施的设置者为都道府县、市町村、社会福利法人及其他人,虽然对设置主体没有限制性规定,但是上述主体在设置母子福利设施时,必须遵守社会福利法的规定(同法第40条)。由于运营母子福利设施的事业是第二种社会福利事业(《社会福利法》第2条第3款第3项),所以关于事业的设置、变更、废止,适用针对第二种社会福利事业的社会福利法的规定(同法第64条、第62条第1款)。另外,母子福利设施的设置者可以比照母子家庭,让寡妇利用母子福利设施(《母子及寡妇福利法》第41条)。

一、母子福利中心

母子福利中心是旨在免费或以低额费用,答复母子家庭的各种咨询之同时,综合性地提供有利于母子家庭福利的生活指导及就业指导等服务之设施(同法第39条第2款)。母子福利中心的事业内容除了母子咨询、就业指导、技能学习、副业介绍、保育之外,还包括根据需要举行集会、管理学生宿舍、住宿设施等。母子福利中心在从事这些事业时,要与儿童咨询所、福利事务所、母子咨询员、儿童委员、保健所、市町村、公共职业安定所、公共职业培训所、家庭法院、学校以及其他有关机构紧密协作,同时,在必要时可要求母子福利团体、社会福利协议会、工商会议所等予以协助(《关于母子福利设施的设备及运营》,1965年6月12日厚发儿145号,2004年1月20日发儿120002号最新修改)。

二、母子休养院

母子休养院是旨在免费或以低额费用,向母子家庭提供用于娱乐以及其他休养方面的服务之设施(同法第39条第3款)。因此,母子休养院内除了应该备有利用者能够自由利用的报纸、杂志、收音机、图书等之外,还应考虑配备围棋、象棋等娱乐用品。母子休养院的定员原则上应为50名以上(前引《关于母子福利设施的设备及运营》)。从现代社会的需求来看,除了电视、录像机之外,还有必要增设游泳池、网球场等运动设施。

第六节 大都市的特例

指定都市、中核市（市长）执行本法规定的由都道府县处理的事务或者政令规定的,属于都道府县知事及其他机关、职员权限的事务（《母子及寡妇福利法》第 46 条、《施行令》第 46 条第 1 款、第 2 款）。即,可以将母子福利资金的贷款（同法第 13 条）、对母子福利团体的贷款（同法第 14 条）作为指定都市、中核市的事务执行,将都道府县儿童福利审议会（地方福利审议会）的有关权限（同法第 7 条）作为指定都市、中核市的市长和指定都市、中核市的权限行使（《施行令》第 46 条第 1 款、第 2 款、《地方自治法》第 252 条之 19 第 6 项、第 252 条之 22 各款）。此外,可以将母子自立支援员（同法第 8 条）作为指定都市的职员进行任命。但是,即使是属于都道府县的权限事项,指定都市、中核市对于特定的事项也不具有权限（《地方自治法施行令》第 174 条之 31 第 1 款~第 3 款）。

第七节 费用

一、市町村的支付

市町村支付应由市町村负担的以下费用：①实施母子家庭等日常生活支援事业所需的费用；②支付母子家庭自立支援给付金所需的费用；③实施寡妇日常生活支援事业所需的费用（《母子及寡妇福利法》第 42 条各项）。

二、都道府县的支付

都道府县支付应由都道府县负担的以下费用：①实施母子家庭等日常生活支援事业所需的费用；②实施母子家庭就业支援事业所需的费用；③支付母子家庭自立支援给付金所需的费用；④实施寡妇日常生活支援事业所需的费用；⑤实施寡妇就业支援事业所需的费用（同法第 43 条各项）。

三、都道府县的补助

在根据法第 42 条的规定由市町村支付的费用中,实施母子家庭等日常生活支援事业所需的费用和实施寡妇日常生活支援事业所需的费用,都道府县可以补助该费用不超过四分之一的部分(同法第 44 条)。

四、国家的补助

在根据法第 43 条的规定应由都道府县支付的费用中,实施母子家庭等日常生活支援事业所需的费用、实施母子家庭就业支援事业、寡妇日常生活支援事业所需的费用、实施寡妇就业支援事业所需的费用,国家可以补助该费用不超过二分之一的部分。对支付母子家庭自立支援给付金所需的费用,国家可以补助该费用不超过四分之三的部分(同法第 45 条第 1 款、第 2 款)。

关于都道府县、国家补助的规定是任意性规定,因此即便不予补助也不违法。这里存在着盲点。

第五章 老人福利法

第一节 本法的目的

　　老人福利法在第一章总则中,除了关于老人福利的基本理念规定,关于本法的目的,另行作出了"本法在明确了有关老人福利的原理之同时,对于老人为保持其身心健康及生活安定,采取必要的措施,以谋求老人的福利为目的"之规定(同法第1条)。

　　所谓"关于老人福利的原理"是指,有关老人福利的基本理念(同法第2条、第3条)及增进老人福利的责任义务(同法第4条)。

　　所谓"为保持身心健康之必要措施"是指,主要是地方公共团体实施老人能够自主、积极地参加的事业(同法第13条第1款),对于进行以增进老人福利为目的的事业者提供援助(同法第13条第2款)。还有,设施入所措施(同法第11条第1款第1项、第2项)、对养护受托者的委托(同款第3项)、老人居家生活支援事业的实施(同法第10条之4第1款各项、第15条各款)等,既是为保持老人身心健康的措施,也是使其生活安定的措施。

　　关于老人福利的政府责任义务,本法作出了如下规定:"国家及地方公共团体有增进老人福利之责任义务。"(同法第4条第1款)法第4条第1款在已经明确了政府是老人福利的责任主体的基础上,规定了"国家及地方公共团体在采取有关老人福利的对策时,必须考虑通过其对策,使前两条规定的基本理念得以具体体现"(同条第2款),明确期待如下政策的实施:即,使高龄者作为具有丰富知识和经验者而受到敬爱,构筑保障具有生活价值的健全、安乐生活的社会。而且,直接提供老人福利服务事业者一方也有这种责任和义务,即进行了如下的规定:"经营对老人的生活有直接影响的事业者,在其事业运营时,

必须为增进老人的福利而努力。"(同条第 3 款)

像这样,本法第 4 条第 1 款将《宪法》第 25 条及《地方自治法》第 1 条之 2 第 2 款及第 2 条第 14 款的规定结合老人福利进行阐明,同条第 2 款明确规定了负有增进老人福利责任义务的国家及地方公共团体的实施政策和本法第 2 条及第 3 条的关系。所谓"有关老人福利的实施政策"并非仅限于本法的实施政策,还涉及医疗、保健、住宅、所得、交通、劳动等各领域的实施政策。同条第 3 款的所谓"经营有直接影响的事业者"是指,社会福利法人、企业、个人等,所有经营直接涉及老人生活的事业者,本款规定了其责任义务。这里所谓的责任义务是指,应履行的作为国家及地方公共团体的责任之义务。

在第一章总则中进一步对"老人日及老人周"进行了规定。这是基于敬老思想谋求老人自立的规定。"为了在国民中广泛加深对老人福利的关心和理解之同时为了促进老人努力提高自己生活的愿望,设立了老人日及老人周"(同法第 5 条第 1 款)。老人日为 9 月 15 日,老人周为从同日起至同月 21 日为止(同条第 2 款)。此外,"国家要在老人日为实施与其宗旨相适应的事业而努力,国家及地方公共团体在老人周为了使老人团体及其他人实施与其宗旨相适应的活动必须进行奖励"(同条第 3 款)。

之所以将 9 月 15 日定为老人日,其契机是,1950 年兵库县以普及敬老思想和增进老人福利为目的,将 9 月 15 日定为"老人日",全国社会福利协议会在全国进行呼吁,开始实施"老人日"和"老人福利周"。厚生省(现为厚生劳动省)认为"在这样的情况下建立最为适当"[1],因此在本法中将 9 月 15 日规定为"老人日",并从 1966 年开始将这天规定为节日。并且,根据有关国民节日的法律第 2 条,随着 2001 年法 59 号将"敬老日"改定为 9 月第三个星期一的非固定节日,除"敬老日"以外,又另行规定了"老人日"。在"敬老日"、"老人日"、"老人周",老人福利大会、敬老祝贺金及纪念品的赠呈、到老人福利设施慰问、宣传画的张贴等活动在全国各地举行。此外,电视、广播等新闻报道机关会播出特集节目。这些活动非常希望能够加深一般国民对老人福利的关

---

[1] 《老人福利法设想问答集》。

心,但是,考虑到家属介护的现状和服务的质量水准,可以说,其仍停留于暂时的启蒙推进阶段,尚未达到能够提出关于老人福利的基本问题和课题的水平。

另外,随着虐待老人事件的增加,制度性的对策开始引起讨论。关于虐待儿童,《儿童福利法》第 28 条规定了有关对被虐待儿童的措施,并且,2000 年制定了"关于防止虐待儿童等法律"。在老人福利法中,却从来没有类似的有关虐待老人的规定。此次以单独立法的形式制定了"关于对防止虐待高龄者、养护高龄者进行支援等法律"(2005 年 11 月 9 日法 124 号)。对于此法另找机会解说。

第二节 本法的基本原理

老人福利法对老人福利的基本理念进行了如下规定,即:"老人作为多年来对社会发展作出贡献者,并且,作为具有丰富的知识和经验者,在受到敬爱的同时,其具有生活价值的健全、安乐生活应得到保障。"(同法第 2 条)"老人应认识到随着年老所产生的身心变化,经常保持身心健康,并且,利用其知识和经验,努力参加社会活动。"(同法第 3 条第 1 款)"应根据老人的愿望和能力,对其提供从事适当工作的机会及其他参加社会活动的机会。"(同条第 2 款)

法第 2 条是有关老人应有姿态的规定。这既为国家和地方公共团体的实施政策之运用提供了方针,又规定了全体国民对于老人的基本态度,并且对有关老人自身的思想准备进行了表述。法第 3 条第 1 款要求老人应认识到随着年老而发生的身心变化,保持健康,利用多年掌握的知识和经验参加社会活动。同条第 2 款作为实现第 1 款规定事项之前提,体现了在适合其愿望和能力的范围内,应提供参加工作和社会活动的机会之宗旨。所谓"适当的工作"是指,除劳动外,还包括 NPO、志愿者活动等广泛的概念。

这两个条文揭示了以下的问题。第一,无论哪条都并非是针对老人权利的明确规定,而是对国家、地方公共团体、国民等具有训示性质的规定。第二,法第 3 条在法律上对"老人的生活方式"进行了要求。对于这一点,森干郎认为,"我所反对的是,国家在法律上对生活方式这样的价值观进行了规定。而且,对于具有多种选择方案者,'要求'老人从中选择一个。……人怎样度过人生,年老后怎样生活,老人每天如何度过,其作为法规范也好,社会规范也好,是不可以进行规定的。而必须由所有人个别地进行主体性选择"[①]。森或许是在批判有关法第3条以"公"权力干涉老人生活的规定。另外,第3条第2款规定向老人"提供"参加工作和社会活动的机会,从老人的尊严这个角度看,该规定并非是妥当的表达。

第三节 本法的对象

本法与其他的福利法不同,没有规定"老人"的定义。关于其理由,起草该法的厚生省(现为厚生劳动省)当局指出,在第48回通常国会上,有提案认为对于老人也应像儿童福利法那样用年龄来定义,但结论是,老人与儿童的情形不同,有着相当大的个人差异,一律用年龄来划分有欠妥当。因此,"老人"这个用语的解释应以社会通常观念来进行把握。也就是说,因老人所处的社会条件、生活环境、身心状态等脆弱化的程度有差异,不能一刀切地进行区分。而且,"所谓老人是指,身心的老化现象显著,社会上也认为其是老人,这用年龄限定是困难的,不过,勉强说来,可以认为是65岁以上者"[②]。

从上述宗旨看,老人福利法对于老人的定义未进行规定。然而,将能接受老人院的入所和居家生活支援等措施者以65岁以上者为准。这或许成为探讨老人定义时的大致基准。只是,要达到前述的"身心老化现象显著",虽有个人差异但其趋势一般可见于处于高龄期后期(75岁以上)者。因此,今后划分"老人"的年龄有提高下限的可能性。这或许将伴随着人口构成比例的变化而逐渐得到实施。

老人保健法规定的接受老人医疗者,为75岁以上,或65岁以上75岁以

[①] 森干郎:《有关老人政策的"日本特色"》,载于《老人生活研究》,1990年12月号,第24页。
[②] 前引《老人福利法设想问答集》,桥本宏子:《老人福利法的成立及其意义》,载于《现代日本的家族政策》,第258页。

下的通过障碍认定者(《老人保健法》第 25 条第 1 款各项)。

此外,所得税法规定,所谓"老年者"是 65 岁以上,作为老年者免税的对象。但是,这个条款此后被删除,按 2005 年度作为老年者的所得免税被废止。其理由是,根据税的中立性原则,应按照所得承担纳税义务,该义务与年龄无关。根据这个修改,所得税法中老人的定义消失了。也就是说,关于所得税的缴纳,对于即使到了高龄以后仍工作并有收入者,不采取优惠措施。

第四节　福利的实施机关

一、国家

国家承担推进老人福利的职责被作为义务规定了下来(《老人福利法》第 4 条),此外,国家还承担以下的责任义务:①国家必须努力推进适合老人身心特性的介护方法的研究开发、便利老人日常生活的用具、进行机能训练的用具,以及用于因身体或精神障碍而经营日常生活有困难者的用具的研究开发(同法第 13 条之 2)。②国家(及地方公共团体)对进行有助于实现市町村老人福利计划或都道府县老人福利计划的事业者,为使该事业顺利实施,必须努力提供必要的援助(同法第 20 条之 11)。③国家根据政令的规定,对于市町村支付的一定之费用,可以在其二分之一以内进行补助(同法第 26 条第 1 款、第 21 条第 2 项之 2、同条 3 项)。除此之外,国家对于都道府县或市町村,可以补助本法规定的老人福利之事业所需的部分费用(同法第 26 条第 2 款)。

也就是说,尽管在法第 4 条第 1 款明确规定了国家承担推进老人福利的责任义务,但国家对福利实施政策的具体实施没有直接的义务,没有明确规定根据国家责任执行老人福利实施政策。第一,介护方法的研究开发、日常生活用具的研究开发是努力义务。第二,对于进行有助于实现都道府县、市町村老人福利计划的事业者进行必要的援助也是努力义务。第三,对于市町村、都道府县的支付也从以前的负担变为补助的任意规定。现在,地方时代已经到来,地方分权在福利以外的税制和一般政策方面也在进行。但是,地方自治体,特别是市町村的财政规模有差异,或许随之也会出现强迫其承担人员、预算等过重的义务和负担之情形。

二、厚生劳动大臣

厚生劳动大臣作为老人福利实施机关负责人负有以下义务:①必须规定有关养护老人院及特别养护老人院的设备及运营的基准①;②指定法人的名称、住所、事务所的所在地之公示及其变更后之公示(《老人福利法》第28条之2第2款、第4款);③指定法人的事业计划之认可及事业报告书、财产目录等之承认(同法第28条之6第1款、第2款)。

此外,厚生劳动大臣可以实施以下的事项:①制定市町村在编制市町村老人福利计划时应参酌的标准目标,并根据介护保险法的实施,进行重新评价②,还有,关于都道府县老人福利计划的制定方法及其他都道府县老人福利计划制定的重要技术性事项,进行必要的建议(同法第20条之10第2款);②指定实施老人健康保持事业的法人(同法第28条之2第1款);③命令关于指定法人业务实施规定的认可及变更(同法第28条之5第1款、第2款);④命令解任指定法人的董事(同法第28条之10),对指定法人征收记载有其认为是必要事项的报告,或对该报告提出质询,进行入室检查,发出监督命令(同法第28条之12各款、第28条之13),享有命令取消指定法人及停止其业务之全部或一部分的权限,并负担公示义务(同法第28条之14第1款各项、同第2款);⑤要求收费老人院协会对于申报、报告及其他必要事项进行协力(同法第31条之3),享有对协会进行入室检查之权限(同法第31条之4第1款)。

三、都道府县

都道府县作为老人福利实施机关,为了履行其义务,进行以下事项:

---

① 《老人福利法》第17条第1款,《关于养护老人院的设备及运营基准》,1966年7月1日厚令17号,2003年12月26日厚劳令181号最新修改,《关于特别养护老人院的设备及运营基准》,1999年3月31日,厚令46号,2005年9月7日厚劳令139号最新修改。

② 《关于配合制定第二期介护保险事业的老人保健福利计划的重新评价》,2002年5月9日,老发509001号。

①对于基于本法的福利措施的实施,进行市町村间的联络调整,为市町村提供情报或其他必要的援助,以及进行与之相关的业务(同法第6条之2第1款第1项);②关于老人福利,从超越各市町村区域的广阔视角出发,努力把握实际情况(同款第2项);③为了有助于实现市町村老人福利计划,从把握各市町村情况的广阔视角出发,制定关于确保老人福利事业供给体制的计划(同法第20条之9第1款);④规定特别养护老人院的最低入所定员总数时,必须根据介护保险设施种类考虑最低入所定员总数(《介护保险法》第118条第2款第1项、第3款,《老人福利法》第20条之9第2款第1项);⑤制定或变更都道府县老人福利计划时,必须及时地向厚生劳动大臣提交该计划(同条第6款);⑥对进行有助于实现市町村老人福利计划或都道府县老人福利计划的事业者,为该事业的顺利实施必须努力提供必要的援助(同法第20条之11);⑦关于未设置福利事务所的町村进行居家介护、老人院入所措施所需的费用,在不超过四分之一以内的范围予以补助(同法第24条第1款);⑧关于无居住地或居住地不明的65岁以上者,其居家介护、老人院入所措施所需的费用,在不超过二分之一以内的范围予以补助(同款括弧内、第5条之4第1款);⑨其他关于市町村、社会福利法人进行的老人福利之事业所需的费用,补助其一部分(同法第24条第2款);⑩在其设置的福利事务所,对于接受福利事务所所长的指挥监督、主要进行专门技术事项的所员,可以将其设置为社会福利主事(同法第7条);⑪设置老人福利设施(同法第15条第1款)。

"不超过四分之一"、"不超过二分之一"这种用语没有表明最小的限度。此外,第24条第1款、第2款是任意性规定,所以,补助金的数额即使为零也不能说是违法的,这里存在着盲点。

四、都道府县知事

都道府县知事作为联络调整等事务的实施者,对于老人福利的各项事务、老人福利设施、老人福利计划、收费老人院,具有以下的权限。

知事在有关老人福利方面的权限是:①在认为有必要确保基于本法的福利措施的适当实施时,可以向市町村进行必要的建议(同法第6条之2第2

款）；②可以将根据本法规定的都道府县事务的全部或一部分委托给其管理的福利事务所所长（同条第3款）。

　　作为有关老人福利设施的权限，知事可以进行以下事项：

　　① 于有养护老人院、特别养护老人院的认可申请之情形，若该申请涉及的养护老人院或特别养护老人院所在地区的养护老人院、特别养护老人院的入所定员总数，已达到该都道府县老人福利计划中规定的该区域的养护老人院、特别养护老人院的最低入所定员总数；或者该申请涉及的养护老人院或特别养护老人院的设置会超过最低会员总数，因而，对该都道府县其他老人福利计划的实现有妨碍之虞时，可以不认可其设置（《老人福利法》第15条第4款、第6款、第20条之9第1款、第2款第1项，《介护保险法》第118条第2款第1项）。

　　② 为了老人的福利，在其认为必要时，对进行老人居家生活支援事业者或老人日间服务中心、老人短期入所设施或老人介护支援中心的设置者，可以要求报告其认为必要的事项；或让有关职员对相关人员进行质询；或进入其事务所或设施，检查设备、账簿资料及其他物品（《老人福利法》第18条第1款）。

　　③ 为维持厚生劳动大臣规定的养护老人院或特别养护老人院的设备及运营基准，要求养护老人院或特别养护老人院院长报告其认为必要的事项；或者让有关职员对相关人员进行质询；或进入其事务所或设施，检查设备、账簿资料及其他物品（同条第2款、第17条第1款）。

　　④ 进行认知症对应型老人共同生活支援事业者被认为没有采取预付款保全措施时，可以发出改善命令（同法第18条之2第1款、第14条之4）。

　　⑤ 进行老人居家生活支援事业者或老人日间服务中心、老人短期入所设施或老人介护支援中心的设置者，违反老人福利法或基于老人福利法的命令或基于上述法律或命令的处分时，或者其事业谋求不正当的营利，或对这些事业、设施的利用者的待遇进行了不当行为时，对进行该事业者或该设施的设置者，可以命令限制或停止其事业（同法第18条之2第2款）。

　　⑥ 对老人居家生活支援事业或老人日间服务中心、老人短期入所设施或老人介护支援中心命令限制或停止其事业时，事先必须听取地方社会福利审

议会的意见(《老人福利法》第18条之2第3款、《社会福利法》第7条1款)。

⑦ 养护老人院、特别养护老人院的设置者违反老人福利法或基于老人福利法的命令或基于上述法律或命令的处分；或者该设施不符合厚生劳动大臣规定的基准时，对其设置者，可以命令改善其设施的设备或运营；或停止、废止其事业；或者取消认可(《老人福利法》第19条第1款)。

⑧ 关于养护老人院或特别养护老人院，于命令废止其事业或取消设置的认可之情形，事先必须听取地方社会福利审议会的意见(同条第2款)。

作为有关老人福利计划的权限，知事就市町村老人福利计划制定方面的技术性事项可以对市町村进行必要的建议(同法第20条之10第1款)。

作为有关收费老人院的权限，知事①为实现老人福利法的目的，对于收费老人院的设置者或管理者，可以要求其报告有关其运营状况的事项及其他认为必要的事项，或者让有关职员对于其设施的设备或运营进行调查(同法第29条第6款)；②收费老人院的设置者对该收费老人院的入所者的待遇进行了不当行为，或者认为其运营侵犯了入所者利益，为保护入所者，可以在必要的限度内命令该收费老人院的设置者采取必要的改善措施(同条第8款)。

从都道府县可以设置老人福利设施来看，都道府县知事具有设施的设立认可、取消、检查、改善劝告、停止、废止等权限，但这是任意规定，因此，为保护入所者的利益，是否进行介入，这要靠知事的裁量来定。

五、都道府县福利事务所

社会福利法规定，"都道府县设置的有关福利的事务所，在生活保护法、儿童福利法和母子及寡妇福利法规定的有关援护或培养措施的事务中，将都道府县处理的事项作为其权限事项"(同法第14条第5款)。因此，都道府县福利事务所没有关于老人福利的事务实施规定。

一方面，老人福利法规定，都道府县在其设置的福利事务所中，可以设置社会福利主事，社会福利主事为接受福利事务所所长的监督，主要从事市町村间的联络调整、情报提供等业务中需要专门性技术工作的所员(同法第7条、第6条之2第1款第1项)。这表明，对于需要专门性技术的业务，可以由在都道府县福利事务所工作的社会福利主事进行。

但是,关于社会福利主事,社会福利法规定,"都道府县设置的有关福利的事务所,其职责是进行有关生活保护法、儿童福利法和母子及寡妇福利法规定的援护或培养措施事务"(同法第 18 条第 3 款)。也就是说,在社会福利法中,作为都道府县福利事务所专门职员的社会福利主事没有进行有关老人福利事务的权限。

如此一来,社会福利法和老人福利法的规定产生竞合。这是由于在社会福利法制的法领域中,各法令的形制呈马赛克状,因而造成了矛盾。但是,就社会福利法制奉行的他法他政策优先的基本原则而言,可以认为《老人福利法》第 7 条是优先适用的。

六、市町村

根据 1990 年福利八法的修改,市町村无论是否设置福利事务所,都应将居家福利和老人院的入所措施统合进行。此外,还承担了策划制定市町村老人福利计划等工作。市町村作为老人福利的实施者,要求其承担责任义务。

市町村对 65 岁以上者或其养护者采取福利措施时,其对象范围是,"65 岁以上者有居住地时,其居住地的市町村","无居住地,或其居住地不明时,其现住地的市町村"履行其责任义务(《老人福利法》第 5 条之 4 第 1 款)。

对于老人福利设施或生活保护法规定的保护设施的入所者,"65 岁以上者入所前有居住地者时,其居住地的市町村","65 岁以上者入所前无居住地,或其居住地不明时,入所前所在地的市町村"采取福利措施(同条同款)。

除此之外,关于老人福利,市町村应履行的责任义务是:①努力掌握必要的实际情况(同条第 2 款第 1 项);②提供必要的情报,回答咨询,进行必要的调查和指导,以及与之相关的业务(同条第 2 款第 1 项、第 2 项);③为了使因身体或精神障碍而经营日常生活有困难者能够过上与其身心状况、所处环境等相适应的自立的日常生活,使其能够在总体上得到最适当的支援,而积极实施与其地区实际情况相符合的细致措施(同法第10条之3第1款);④努力完善介护保险法规定的居家服务、居家介护支援、设施服务、老人俱乐部及其他以增进老人福利为目的的事业的合作及调整等与地域实际情况相适应的体制(同条同款);⑤于因身体或精神障碍而经营日常生活有困难之情形,为使其能够继续居家经营日常生活而采取的提供日常生活用具的给付、贷与等措施,或采取的将其委任的措施(同条第2款);⑥进入养护老人院的入所措施(同法第11条第1款第1项);⑦于因不得已的事由认为进入介护老人福利设施有明显困难之情形,采取进入特别养护老人院的入所措施(同款第2项);⑧无养护者,或虽有养护者但被认为由其养护不适当,而委托给养护受托者进行养护(同款第3项、施行规则第1条之6);⑨进行关于确保老人居家生活支援事业及老人福利设施事业的供给体制计划的策划制定(同法第20条之8第1款)。

> "不得已的事由"是指:①本人正在受到家属等虐待的情形;②因痴呆及其他原因意思表示能力薄弱,并且假定无代理本人的家属等情形(《关于要介护认定的实施和事前服务调整等》,1999年9月17日〈全国介护保险担当课长会议资料〉)。

市町村作为福利措施的实施者能够行使的权限如下:①因不得已的事由,在利用介护保险法规定的访问介护、通所介护、短期入所生活介护、痴呆对应型共同生活介护有困难的情况下采取的措施(同法第10条之4第1款各项);②按需要贷与、给付福利用具(同条第2款);③委托给老人福利设施或养护受托者的养护者死亡且无举行丧葬者之情形,委托老人福利设施或养护受托者举行丧葬之事(同法第11条第2款);④养护老人院、特别养护老人院的设置(同法第15条第3款);⑤于采取丧葬措施之情形,死者遗留的金钱及有价证券充当该措施所需的费用仍不足时,变卖遗留物品并将其价款充抵(同法第27条第1款)。另外,关于丧葬的费用,市町村对其遗留物品上的其他优先受偿债权人享有优先权(同条第2款);⑥关于希望接受福利措施的老人或其扶养义务者的资产或收入的状况,嘱托官公署调查,或者要求银行、信托公社、该老人或其扶养义务者、其雇主及其他关系人报告(同法第36条)。

> **优先受偿权**是指,即使某债务人有其他债权人,也仍享有优先于其他债权人受偿的权利(《民法》第 303 条)。所有的债权具有平等的效力,与其成立先后无关,原则上根据债权份额按比例分配。因此,优先受偿权在社会政策上被认为仅限于必要的情形。关于丧葬费用的支付,市町村即使对于享有优先受偿权者也可优先从变卖死者遗留物得到的价款中请求返还。

与生活保护法规定的资产调查、扶养义务者的调查、丧葬扶助具有相同宗旨的规定,在老人福利法中也有所体现。

不适用介护保险法而根据历来的市町村措施进入老人福利设施的情况被规定为不得已的事由,但是,这个条款是否具有法的依据需要研究。因为,这个基准只不过是作为介护保险全国担当课长会议资料而被介护保险事业计划的基础完善小组提出的,是一种观点,没有法的拘束力。这一点作为对老人福利法的解释是否妥当有必要进行探讨。

七、市町村福利事务所

市町村福利事务所在关于生活保护法、儿童福利法、母子及寡妇福利法、老人福利法、身体障碍者福利法及智力障碍者福利法规定的援护、培养或更生的措施事务之中,掌管由市町村处理的事务(《社会福利法》第 14 条第 6 款)。

老人福利法规定的事务中,市町村设置的福利事务所有权从事的老人福利事务如下,①努力掌握必要的实际情况;②提供必要的情报,进行咨询、调查及指导,以及进行与之相关的业务(《老人福利法》第 5 条之 5、第 5 条之 4 第 2 款各项)。

第五节 专业职务者

一、社会福利主事

市及设置福利事务所的町村,在其福利事务所内必须设置接受福利事务所所长的指挥监督,主要对福利事务所的所员进行有关老人福利的技术指导,在关于前述的市町村福利事务所的老人福利业务中进行需要专门性技术之业务的社会福利主事(《老人福利法》第6条各项、第5条之4第2款第2项)。

都道府县,在其设置的福利事务所内可以设置接受福利事务所所长的指挥监督,主要在市町村间的联络调整、对市町村提供情报和其他必要的援助及与之相关的业务中,进行需要专门性技术之业务的所员,即社会福利主事(同法第7条)。

进行这些老人福利行政的社会福利主事被称为老人福利指导主事。老人福利指导主事在市町村为必要设置,在都道府县为任意设置。

在其他法律中,有称为儿童福利员、智力障碍者福利员、身体障碍者福利员等这样的名称职务者,在本法中之所以没有称为"老人福利员",是因为进行老人福利行政的专门业务从事者只要具有社会福利主事的资格足矣。但是,随着1990年福利八法的修改,在老人福利设施的入所措施事务委让于市町村,市町村成为老人福利的综合实施机关之情势下,考虑到期待职员具有更强的专门性,有必要任用类似于社会福利士那样的具有国家资格的人员。

二、民生委员

关于本法的实施,民生委员协助市町村长、福利事务所或社会福利主事执行事务(同法第9条)。具体而言,关于需要老人福利措施的老人的通告、老人的生活实态调查、生活指导、面向老人家庭的公营住宅的入居申请及其他事务,民生委员应协助福利事务所及其他相关行政机关进行。

第六节　事业及设施

一、老人居家生活支援事业

在本法中,统合老人居家介护等事业(家庭帮助服务)、老人日间服务事业、老人短期入所事业(短期居住服务)、小规模多功能型居家介护事业及认知

262　日本社会福利法制概论

症对应型老人共同生活援助事业,将其称之为老人居家生活支援事业(《老人福利法》第5条之2第1款)。

320　　于国家及都道府县以外者进行老人居家生活支援事业之情形,事先可以向知事申报以下的事项,尔后方能从事(同法第14条):①事业的种类及内容;②经营者的姓名及住所;③条例、章程及其他基本合约;④职员的确定人数及职务的内容;⑤主要职员的姓名及履历;⑥拟进行事业的区域;⑦希望从事老人日间服务事业、老人短期入所事业或痴呆对应型老人共同生活援助事业者,用于该事业的设施或住居的名称、种类、所在地、入所定员或入居定员;⑧事业开始的预定年月日(《施行规则》第1条之7第1款各项)。

进行老人居家生活支援事业者及老人日间服务中心和老人短期入所设施的设置者,接受市町村的居家介护等委托(同法第10条之4第1款)时,只要没有无床位等正当理由,不得拒绝(同法第20条第1款)。关于养护老人院、特别养护老人院的设置者亦同(同条第2款、第11条第1款)。

国家及都道府县(指定都市、中核市)以外者开始、变更、废止或休止老人居家生活支援事业时,根据厚生劳动省令的规定,事先必须向都道府县知事(指定都市、中核市的市长)申报(同法第14条、第14条之2、第14条之3,《施行规则》第1条之7、第1条之8、第1条之9)。都道府县知事等认为对老人福利有必要时,可以要求从事本事业者,老人日间服务中心、老人短期入所设施或老人介护支援中心的设置者报告其认为必要的事项,或让有关职员对相关人员提出质询,进入其事务所或设施,检查设备、账簿资料及其他物品。还有,为维持厚生劳动大臣规定的基准,可以要求养护老人院、特别养护老人院院长提出报告,让有关职员对相关人员提出质询,进行前述的入室检查。此时,有关职员应携带表明身份的证明书,在相关者要求时必须出示。但是,入室检查

321　不得理解为是因犯罪搜查而被认可的检查(《老人福利法》第18条各款)。知事基于从前述各事业及设施所获得的报告及入室检查的结果,具有命令限制或停止其事业的权限(同法第18条之2第1款)。此时,知事必须听取地方社会福利审议会的意见(同条第2款)。但是,对于进行认知症对应型老人共同生活支援事业者,以没有采取预付款的保全措施为理由而宣告改善命令时,可

以不用听取社会福利审议会的意见而进行宣告(同法第 14 条之 4)。

(一)老人居家介护等事业

所谓老人居家介护等事业是指,65 岁以上、由于身体或精神障碍经营日常生活有困难者,因不得已的事由被认为利用介护保险法规定的访问介护等有明显困难时,按照政令规定的基准,在其住居内提供入浴、排泄、饮食等的介护及其他因经营日常生活所需要的、且符合厚生劳动省令规定的服务事业。市町村可以委托该市町村以外者提供有关服务。支付介护保险法规定的与通所介护相关的居家介护服务费,与认知症对应型通所介护相关的地区依附型介护服务费,与介护预防通所介护相关的介护预防服务费,与介护预防认知症对应型共同生活介护相关的地区依附型介护预防服务费及其他政令所规定者也是其对象(同法第 5 条之 2 第 2 款、第 10 条之 4 第 1 款第 1 项)。

所谓"政令规定的基准"是指,老人福利法施行令第 5 条规定的"关于提供居家服务等措施的基准"。所谓"厚生劳动省令规定的服务"是指,入浴、排泄、饮食的介护、烹调、洗衣、扫除等家务,关于生活等方面的咨询和建议,以及其他对因身体或精神障碍而经营日常生活有困难的 65 岁以上者提供的必要服务(《施行规则》第 1 条)。

另外,关于"介护保险法规定的访问介护",可以参照《关于指定居家服务等事业的人员、设备及运营之基准》(1999 年 3 月 31 日厚令 37 号,2005 年 9 月 7 日厚劳令 139 号最新修改)。

为谋求老人福利服务提供体制的多样化,提供满足高龄者需要的周到服务,开始实施 24 小时对应型服务员(巡回型)事业。本事业主要是针对有 65 岁以上的老人且因其身体或精神上的明显障碍,需要经常性介护者的家庭,该事业以巡回的方式派遣家政服务员进行,是包括深夜时段等 24 小时服务的事业(《关于老人家政服务事业 24 小时对应型服务员(巡回型)事业的实施》,1995 年 6 月 21 日老计 94 号)。

随着介护保险的导入,为谋求居家介护支援中心、家政服务员站、访问看护站的相互合作,完善能够提供 24 小时一体化服务的体制,制定了《居家保健福利服务综合化实验事业的实施纲要》(1997 年 4 月 1 日老计 72 号)。对于这个实验事业,以包括特别区在内的市町村为主体,①确保居家介护支援中心、家政服务员站及访问看护站的相互合作;②在居家介护支援中心同时设置的家政服务员站及访问看护站,分别进行 24 小时的家政帮助服务、访问看护事业;③于这三个设施在同一设施内同时设置之情形,进行国库补助,关于居家介护支援中心的运营事业费及访问看护站的看护师的人员费用,应进行合并计算或依推进居家福利服务等事业费进行援助。

派遣家政服务员根据希望利用者的派遣申请进行,但是,社会福利工作者制作的有关派遣申请者生活指导记录表,其中"属于有关个人的评价、诊断、判定及选考等情报,因向本人公开,当其被认为对该评价、诊断、判定及选考等有明显的不利之虞"时,是否向派遣申请者公开,有为此争讼的判例。在这个案件中,判决认为,在个别指导活动中制作必要的记录时,应进行适当的阐述,于阐述欠适当之情形,向对象者公开时,关于阐述上出现的问题,应通过补充说明的方式努力维持信赖关系,为此,法院取消了对派遣申请者要求公开所作出的不公开处分①。

关于这个判例,就服务利用者及其家属和家政服务员及社会福利工作者之间提供满意服务及保护利用者权利的方面来看,关于服务提供者的理想状态,可以认为,从是否需要派遣家政服务员这个角度而言,工作人员应对实际情况进行调查,为了避免损害与利用者的信赖关系和可能产生的矛盾,在记录"身体、精神状况"、"日常生活状况"、"介护状况"、"家属状况"、"生活环境"、"服务要求"等情报,以及工作人员在此基础上提出专业意见的生活指导记录表中,未记载必要事项时,是否可以恰当地提供公正的福利服务,就成为了问题。在这个意义上,可以说,本判决作出了记录应是积极的且准确的记载这个判断,与公正且适当地提供家政帮助服务有关。

(二) 老人日间服务事业

所谓老人日间服务事业是指,65 岁以上、由于身体或精神障碍而经营日常生活有困难者,因不得已的事由,被认为利用介护保险法规定的通所介护有

---

① 东京高等法院判决,2002 年 9 月 26 日,载于《判例时报》1809 号,第 12~16 页。

显著困难时，按照政令规定的基准，让其往返于该市町村设置的老人日间服务中心或厚生劳动省令规定的设施，并提供入浴、饮食、机能训练、介护方法的指导、有关生活等方面的咨询和建议、健康状态的确认以及其他厚生劳动省令规定的服务之事业。市町村可以让具有这些要求者往返于该市町村以外者设置的老人日间服务中心等，并委托其提供相关服务。与支付有关介护保险法规定的访问介护的居家介护服务费、有关夜间对应型访问介护的地区依附型介护服务费或有关介护预防访问介护的介护预防服务费相关的人员及其他政令规定的人员也是其对象（同法第 5 条之 2 第 3 款、第 10 条之 4 第 1 款第 2 项、《施行规则》第 1 条之 3）。

所谓"政令规定的人员"是指，施行令第 2 条各项所规定的人员。所谓"厚生劳动省令规定的设施"是指，养护老人院、特别养护老人院、老人福利中心、特定民间设施中从事通所事业的设施且同时设置服务派遣事业的设施等（《关于促进完善民间事业者设置的用于年老后的保健及福利之综合设施的法律》第 2 条第 1 款第 3 项）。在黄金计划 21 中，作为完善日间服务及日间护理的目标，虽明确了要确保 2004 年度之前提供 1.05 亿次服务、26000 个服务场所，但现在这个基准是否适当值得探讨。

根据《关于民间事业者的当日返回介护（日间服务）事业方针及短期入所生活介护（短期入住）事业方针》（1997 年 12 月 17 日障障 183 号、老振 139 号）的规定，日间服务的内容为生活指导、机能训练、介护服务、介护方法的指导、健康检查、送迎、提供伙食服务、入浴服务，"准确掌握高龄者等的身心状态，按照利用者的希望和要求提供"。

为有效地提供介护服务，应有效地利用既有的社会资源。为此，于公立学校的多余教室等转用为日间服务中心等情形、利用被废止学校的建筑物以完善特别养护老人院等老人福利设施之情形，简化了财产处分的手续。此外，从 1997 年开始，为了能够在自家附近接受必要的服务，正在实施利用公共浴池和公民馆等既有的公共设施等卫星型日间服务事业。

在此，有一个正在利用日间服务的利用者去向不明的判例。在这个案件中，患有重度痴呆症的高龄利用者爬上开着纱窗的窗户并从那里跳下，然后其去向不明。当天,利用日间服务中心的人共有九名,职员只有女舍管两名。由于一人正在进行入浴服务,另一名领着两位需要解手帮助的女性去上厕所,所以没有掌握全体情况的人。判决指出,这样的状态对于介护职员而言是过大的负担,但是不能据此认为没有回避危险的可能性,并且,只要是符合法令规定的人员在规定的提供服务的范围内,即使是成为过大负担那样的情形,也并不能减轻从事服务者的注意义务[①]。这虽是相关职员分内的服务,但对从事服务者而言,忽视了其与过重负担的矛盾,对于从事服务者是过于苛刻的法之判断。

关于遵守包括老人福利法在内的各福利法及介护保险法规定的最低基准并不直接构成违反注意义务的免除这一点,司法机关所作出的判断应值得注意。但是,这个判决尽管将靠两名职员不得不提供包括入浴帮助在内的所有介护服务状况判断为"过大的负担",却仍作出了违反注意义务的判断,对此是不能赞同的。于过度设置为防止失踪的设备之情形,反过来成为类似于拘禁的强迫待遇,容易侵害利用者的权利。关于不抑制利用者的行动,并且能够确保安全的设备,有进一步讨论的必要。

(三)老人短期入所事业

老人短期入所事业是指,65岁以上、由于养护者患病及其他理由,在家接受介护暂时有困难者,因不得已的事由,被认为其利用介护保险法规定的短期入所生活介护有显著困难时,根据政令规定的基准,让其短期内进入相关市町村设置的老人短期入所设施或厚生劳动省令规定的设施,进行养护的事业。此外,市町村让其短期内进入该市町村以外者设置的老人短期入所设施等,可以委托养护。与支付有关介护保险法规定的短期入所生活介护的居家介护服务费或有关介护预防短期入所生活介护的介护预防费相关的人员及其他政令规定的人员也是其对象(《老人福利法》第5条之2第4款、第10条之4第1款第3项)。

---

① 静冈地方法院滨松支部判决,2001年9月25日,载于《工资和社会保障》第1351号,第1129～1160页(部分认可确定)。

所谓"政令规定的基准"是指,有关是否能够按照 65 岁以上老人的身心状况及环境进行适当养护的设施的基准(参照《施行令》第 5 条第 3 款)。所谓"厚生劳动省令规定的设施"是指,特别养护老人院、养护老人院及其他与之相当的且能够适当进行短期入所养护的设施(《施行规则》第 1 条之 4)。

本事业是于因介护者介护疲劳、庆吊仪式、家属患病、分娩等理由无法依靠家属介护之情形,高龄者入所一周左右接受照顾的事业。作为关联事业,有无法受到夜间介护的高龄者仅在夜间入住的夜间照顾事业。此外,有入住期间延长到 3 个月,以提高自立程度为目的的中等居住事业、家政照顾促进事业等。这其中的大多数事业,与特别养护老人院、养护老人院同时设置,并和一般的入所服务合作实施(《关于居家介护支援中心运营事业的实施》,2000 年 9 月 27 日老发 654 号,2005 年 6 月 29 日老发 629005 号最新修改)。

实施服务时,规定了如下方针:①对服务利用者及家属说明服务内容;②遵守服务实施的基准及与服务实施相关的医师的参与以及医疗法制;③通过医师等定期观察利用者的健康状态;④通过生活指导员掌握有关利用者的住居生活环境等;⑤通过直接工作人员研究和决定服务内容;⑥关于各种服务的具体工作程序、留意事项等;⑦利用者有以上事情时的对策;⑧促进对利用者提供服务内容等记录的完善和保管(《关于民间事业者的当日返回介护事业方针及短期入所生活介护事业方针》,1997 年 12 月 17 日障障 183 号、老振 139 号)。

(四)认知症对应型共同生活援助事业

认知症对应型老人共同生活援助事业是指,65 岁以上、由于处于认知症状态而经营日常生活有困难者,因不得已的事由,被认为利用介护保险法规定的认知症对应型共同生活介护有明显困难时,根据政令规定的基准,在应经营共同生活的住居里对其进行伙食的提供及其他日常生活上的援助之事业。市町村在相关住居进行伙食的提供及其他日常生活上的援助,或者可以委托给该市町村以外者。与支付有关介护保险法规定的认知症对应型共同生活介护的地区依附型介护服务费或有关介护预防认知症对应型共同生活介护的地区依附型介护预防服务费相关的人员及其他政令规定的人员也是其对象(同法第 5 条之 2 第 5 款、第 10 条之 4 第 1 款第 5 项)。

所谓"政令规定的基准"是指,为了能够谋求因经营共同生活而改善其生活、减轻认知症的状态,按照其身体和精神的状况以及其所置身的环境进行适当的援助之基准(参照《施行令》第 4 条)。

(五)小规模多功能型居家介护事业

小规模多功能型居家介护事业是指,65 岁以上、由于身体或精神障碍而经营日常生活有困难者,因不得已的事由,被认为利用介护保险法规定的小规模多功能型居家介护等有明显困难时,根据政令规定的基准,在其住居,或让其往返于厚生劳动省令规定的服务点,或让其短期内宿泊,为进行入浴、排泄、饮食之类介护等的日常生活提供必要服务和机能训练之事业。市町村可以向该市町村以外者委托提供相关服务及机能训练的事务。与支付有关介护保险法规定的小规模多功能型居家介护的地区依附型介护服务费或有关介护预防小规模多功能型居家介护的地区依附型介护预防服务费相关的人员及其他政令规定的人员也是其对象(同法第 5 条之 2 第 5 款、第 10 条之 4 第 1 款第 4 项)。

二、高龄者生活福利中心运营事业

本事业通过向高龄者提供综合的介护支援服务、居住服务及交流服务,旨在支援高龄者能够安心过上健康、光明的生活,目的是增进其福利。

事业的实施主体为市町村,其责任的本质在于提供服务。于此情形,市町村除了决定利用者及服务内容之外,还可以按照地域的实际情况,将部分运营事务委托给老人日间服务中心等,或委托给从事通所康复事业的介护老人保健设施的经营者,且该经营者被认为能够确保事业的恰当运营。

利用对象原则上为 60 岁以上的独居者、家里只有夫妻二人及接受家属援助有困难者,以因高龄对独自生活感到不安为准。居住方面的利用定员大致为 10 名,其上限为 20 名。

具体的事业内容有:①按需要提供住居;②对居住方面利用者的各种咨询进行回答和建议的同时,提供紧急时的对策;③ 因身体虚弱,于以通所介护、访问介护等介护服务及保健福利服务为必要之情形,按需要提供利用手续的援助等;④以促进利用者和地域住民交流为目的的各种事业及提供交流用的场所(《关于高龄者生活福利中心运营事业的实施》,2000 年 9 月 27 日老发 655 号,2003 年 12 月 26 日老发 1226001 号最新修改)。

三、日常生活用具的给付、贷与

市町村对于 65 岁以上、因身体或精神障碍而经营日常生活有困难者,除了老人居家生活支援事业外,为谋求其福利,给付或贷与厚生劳动大臣规定的、按需要提供日常生活之服务的用具,或者可以采取委托该市町村以外者给付及贷与之措施(《老人福利法》第 10 条之 4 第 2 款)。所谓"厚生劳动大臣规定的用具"是指,电磁烹调器、火灾警报器、自动灭火器、老人用电话,共 4 种(《基于老人福利法第 10 条之 4 第 2 款的规定为提供日常生活便利之用具的种类》,1993 年 4 月 1 日厚告 101 号,2000 年厚告 370 号最新修改)。以前有 15 种,现削减为 4 种,主要是用于对付火灾的用具,这或许是为避免因老人的疏忽发生火灾而给社区带来损失所做的考虑。关于为老人生活上的便利所提供的必要用具,目的是要求老人努力自助生活。

国家要努力推进符合老人身心特性的介护方法的研究开发,以及旨在为因身体或精神障碍而经营日常生活有困难的老人提供日常生活便利的用具和进行机能训练的用具的研究开发(同法第 13 条之 2),即国家要承担研究开发的努力义务。

为了有助于增进身心机能低下者的福利,制定了旨在研究开发、普及福利用具,并提高产业技术的《关于促进福利用具的研究开发及普及的法律》(1993 年 5 月 6 日法 38 号,2002 年法 166 号最新修改)。厚生劳动和经济产业两大臣制定了符合此法律目的的、关于福利用具的研究开发和普及促进的基本方针(同法第 3 条)。厚生劳动大臣可以在全国指定一个从事福利用具研究开发的法人(同法第 7 条各款),此外要求新能源机构、产业技术综合开发机构援助有益于福利用具的技术提高等事项,并制定了《关于促进福利用具的研究开发及普及的法律施行令》(1993 年 9 月 27 日政 313 号,最新修改 2002 年政 131 号)、《关于促进福利用具的研究开发及普及的法律施行规则》(1993 年 9 月 27 日厚令 43 号,2000 年厚令 127 号最新修改)。

为了福利用具的研究开发及普及,制定了以与海外的研究机关共同进行研究等为内容的"关于为促进福利用具的研究开发及普及的措施之基本方针"(1993年10月1日厚通告4号,2005年6月29日厚经告1号最新修改)。对于得到经济产业大臣的认可,致力于促进福利用具的研究开发及普及者,给予其能够以比时价便宜的价格利用国立的实验研究设施等的便利。经济产业省所具有的财力对福利用具的开发是必要的。

四、民间的居家老人服务事业

随着介护保险法的施行,作为对需要援助的老人提供服务的事业,必须完善由都道府县指定的民间服务业者提供的介护服务。因此,从高龄者等的福利这个观点看,这个事业必须满足以下所示程度的要件这个最低基准,并以此作为民间的居家服务方针,在服务的类别中表示出来。

进行各服务事业者不仅都要努力确保提供安定的服务,而且,为了能够迅速、顺利地解决利用者的意见,应考虑利用者等的便利,设置意见处理窗口等,并努力处理其意见。方针明示了因对利用者提供服务而发生应赔偿事故时,对于利用者应及时进行损害赔偿。但是,意见处理机关如何发挥作用,这些服务的利用者的权利为何等,这些有关意见处理的基本问题并不明确。还有,于必须进行损害赔偿之情形,在民间事业者和利用者之间如何进行也存在着问题。为此,民间服务的利用者在明确自己应负责任的基础上与事业者缔结契约就成为前提。关于这点,要求都道府县知事等进行指导。

(一)居家介护服务或居家入浴服务

都道府县(指定都市、中核市)知事(市长)基于上述方针,以提供居家介护服务或居家入浴服务事业的企业为对象,进行适当的行政指导(《关于民间事业者居家介护服务或居家入浴服务的方针》,1988年9月16日老福27号,社更187号,1998年3月30日老发223号,障192号最新修改),以便使企业能够准确把握高龄者的身心状况,并提供以自立支援为目标的服务。

(二)福利用具借贷服务及福利用具贩卖服务

福利用具的借贷、贩卖,旨在援助高龄者自立,根据因瘫痪等需要介护的高龄者等的身体状况、介护环境等适当选定、使用福利用具。现在,民间事业者越来越多地加入到这些服务中来,都道府县(指定都市、中核市)知事(市长),基于福利用具借贷服务方针及福利用具贩卖服务方针,对民间的事业者进行适当的指导(《关于民间事业者的福利用具借贷服务及福利用具贩卖服务的方针》,1994年10月21日社援更284号,老振80号)。

(三)居家配餐服务

鉴于专门提供面向高龄者的居家配餐服务事业者日渐增多,基于有关民间事业者的居家配餐服务的方针,都道府县(指定都市、中核市)知事(市长)对这些事业者应进行适当的指导(《关于民间事业者的居家配餐服务的方针》,1996年5月13日老振46号,1997年1月16日老振6号修改)。

(四)当日返回介护及短期入所生活介护

当有多家提供当日返回介护等居家福利服务的民间事业者时,涉及提高利用者的便利程度和有效实施居家福利服务,因此,为了使之适当进行,都道府县(指定都市、中核市)知事(市长)对这些事业者应进行适当的指导(《关于民间事业者的当日返回介护(日间服务)事业方针及短期入所生活介护(短期入住)事业方针》,1997年12月17日障障183号,老振139号)。

五、老人福利设施

老人福利法所规定的老人福利设施是指,老人日间服务中心、老人短期入所设施、养护老人院、特别养护老人院、低费用老人院、老人福利中心及老人介护支援中心(《老人福利法》第5条之3)。

老人日间服务中心及老人短期入所设施被定位于老人福利设施,但是于此提供的服务,因其是居家服务的一环,所以在硬件和软件方面其范畴不同(同法第5条之2各款、《介护保险法》第7条第5款)。对于老人福利设施,因适用介护保险法及生活保护法,其适用产生了竞合。

(一)老人日间服务中心

老人日间服务中心的对象是:①由于养护者患病及其他理由,接受居家介护暂时有困难的65岁以上者,因不得已的事由,被认为利用介护保险法规定的通所介护有明显困难的(《老人福利法》第 10 条之 4 第 1 款第 2 项);②与支付有关介护保险法规定的通所介护的居家介护服务费或居家支援服务费相关的人员(同法第 5 条之 2 第 3 款、《介护保险法》第 41 条第 1 款);③与介护保险法规定的特例居家介护服务费或特例居家支援服务费的支付相关的人员(《老人福利法施行令》第 1 条第 2 项);④与有关生活保护法规定的居家介护的介护扶助相关的人员(施行令同条第 3 项、《生活保护法》第 15 条之 2 第 2 款)。

在老人日间服务中心,对于因身体或精神障碍而经营日常生活有困难的 65 岁以上者或其养护者,提供入浴、饮食、机能训练、介护方法的指导、有关生活的咨询及建议、健康状态的确认等必要的服务(《老人福利法》第 5 条之 2 第 4 款、第 20 条之 2 之 2、《施行规则》第 1 条之 3)。

关于设备的基准,除有食堂、机能训练室、静养室、咨询室及事务室之外,必须准备提供指定通所介护所必要的其他设备及物品等。关于人员的基准,必须配备以下的人员,即:生活咨询员 1 名以上;护士或准护士 1 名以上;利用者不满 15 人时配备 1 名以上的介护职员,超过 15 人时则每增加 5 名利用者即追加配备 1 名以上的介护职员;机能训练指导员 1 名以上(《关于指定居家服务等事业的人员、设备及运营基准》,1999 年 3 月 31 日厚令 37 号,2005 年 9 月 7 日厚劳令 139 号最新修改,第 93 条第 2 款各项、第 95 条第 1 款)。

(二)老人短期入所设施

属于老人短期入所设施的对象为,65 岁以上、由于养护者患病及其他理由,居家接受介护暂时有困难者,因不得已的事由,被认为利用介护保险法规定的短期入所生活介护有明显困难的(《老人福利法》第 10 条之 4 第 1 款第 3 项);与有关介护保险法规定的短期入所生活介护的居家介护服务费或居家支援服务费的支付相关的人员(《老人福利法》第 5 条之 2 第 4 款、《介护保险法》第 41 条第 1 款);其他与介护保险法规定的特例居家介护服务费或特例居家支援服务费的支付相关的人员(《老人福利法施行令》第 1 条第 2 项);与有关生活保护法规定的居家介护的介护扶助相关的人员(《施行令》第 1 条第 3 项、生活保护法第 15 条之 2 第 2 款)。

在老人短期入所设施,让老人短期内入所养护,定员为 20 名以上的,设专用的居室。必须准备包括居室、食堂、机能训练室等 15 项必要设备及物品。关于人员的基准,必须设置医师 1 名以上、生活咨询员 1 名以上(利用者每增加 100 名则追加 1 名以上)、介护职员或护士或准护士 1 名以上(利用者每增加 1 人则追加 1 名以上)、营养师 1 名以上、机能训练指导员 1 名以上、厨师及其他从业者(按实际情况配备适当人数)(前引《关于指定居家服务等事业的人员、设备及运营基准》,第 121 条第 1 款各项、第 123 条、第 124 条第 2 款)。

(三) 养护老人院

养护老人院旨在使 65 岁以上,因身体、精神、环境或经济理由居家接受养护有困难者入所,以进行养护的设施(《老人福利法》第 11 条第 1 款第 1 项、第 20 条之 4)。

作为入所要件的健康状态如下:①并非是需要入院治疗的疾病状态;②以未患传染病,无传染其他入所者之虞为前提,有日常生活的动作、精神状况、家属状况、住居状况任一种障碍时,许可其入所(《关于进入老人院的入所措施等的方针》,1987 年 1 月 31 日社老 8 号,2000 年 11 月 22 日老发 780 号最新修改)。所谓"经济的理由"是指,该老人所属的家庭正在接受生活保护;该老人及维持老人生计者上一年度作为缴纳市町村民税的所得分配额为零;因灾害及其他事由被认为老人所属家庭的生活正处于贫困状态(同法《施行令》第 6 条各项)。

养护老人院要求具有能够容纳 50 名以上入所者的规模,其建筑物为耐火建筑物或准耐火建筑物。居室的定员原则上为 2 名以内。此外,就包括静养室、食堂、集会室、浴室等 16 项应设置的设备、入所者最低人均地板面积、设施长、生活指导员、女舍管等应配置的职员,进行了具体规定。关于这点的详细内容参照《关于养护老人院的设备及运营基准》(2000 年 3 月 30 日老废 307 号,2004 年厚劳令 112 号最新修改)。

设置主体限定为都道府县、市町村、社会福利法人、日本红十字会、地方独立行政法人,但是,即使社会福利法人提出养护老人院的设置许可申请,若对都道府县老人福利计划有妨碍之虞时,例如已达到区域的养护老人院的必要入所定员总数等,都道府县知事可以不予许可(同法第15条第1款、第3款、第4款、第6款、第35条)。这些条款也适用于下述的特别养护老人院。

就宗旨而言,设施数不得超过老人福利计划的目标数,但是,其他福利法中没有关于福利设施设置的类似规定。与此同时,关于规定老人福利计划目标数的老人居家生活支援事业,也没有这样的规定,此外,老人福利计划的目标数说到底是估算的数值,因此有可能会根据需要的变化设置超过目标数值的设施。可以说,这些条款意在抑制老人福利设施的设置。

(四)特别养护老人院

特别养护老人院的对象是指,65岁以上、由于身体或精神上的明显障碍需要常时介护,并且,居家接受这种介护有困难者;因不得已的事由被认为让其进入介护保险法规定的介护老人福利设施有明显困难者;与介护保险法规定的介护福利设施服务相关的设施介护服务费的支付相关者;与生活保护法规定的设施介护相关的介护扶助之相关者;特别养护老人院旨在对上述人员进行养护(同法第20条之5)。

在需要介护的认定中,属于需要介护状态,并且,健康状态以①并非是需要入院治疗的疾病状态;②未患传染症,无传染其他入所者之虞为入所要件(《关于进入老人院的入所措施等的方针》,1987年1月31日社老8号,2000年11月22日老发780号最新修改)。

特别养护老人院应具有能够让30名以上者入所的规模,但不满30名的入所规模之设施要与老人日间服务中心等其他的社会福利设施一同设置。特别养护老人院必须是耐火建筑物。但是,充当入所者的日常生活场所没有设在二层以上和地下室时,可以为准耐火建筑物。关于设备,除了养护老人院应设置的设备外,还必须设置机能恢复训练室、介护材料室。浴室中,除了一般的浴缸,必须设置适合需要介护者入浴的特别浴缸。居室人员原则上为4名以内。此外,规定了有关职员配置等的设备的具体基准(《关于特别养护老人院的设备及运营基准》,1999年3月31日厚令46号,2005年9月7日厚劳令139号最新修改)。设置主体与前述的养护老人院相同,限定为都道府县、市町村、社会福利法人、地方独立行政法人(同法第15条第3款、第4款、第6

款)。

  关于居室的单间化问题,从 2003 年起,设置了以单间为基础并以 10 人为一生活单位进行运营的,以护理为主旨的新型特别养护院(小规模生活单位型特别养护老人院)。在这种类型的特别养护老人院,居室原则上为单间,同时设置了单个的入居者能够交流的共同生活室。共同生活室是与经营日常生活相当的场所,特别养护作为帮助入所者养成生活规律的一种护理,特别是有关饮食的事先准备及餐后的收拾等简单的家务,期待入居者发挥各自的作用[1]。此外,如前所述的《关于特别养护老人院的设备及运营基准》,根据 2003 年 3 月 14 日厚劳令 33 号的修改,追加规定了有关这种小规模生活单位型特别养护老人院的基本方针及设置和运营基准(同《基准》第 4 章)。

  关于特别养护老人院入所者的基本人权之一的选举权,有如下的判例。这个案件围绕着以下内容,即特别养护老人院的职员作为痴呆老人等的投票辅助者进行了代理投票,这种投票结果,不能认为是根据高龄者自己的意思所进行的投票,即对这种选举方法所产生的当选效力产生了争讼。法院认为,即使是痴呆老人,若其未受到禁治产宣告(现为成年监护开始决定),即具有选举权;但就算是扣除了有非自己意愿投票之虞的老人票数,对当选的结果也没有影响。以此为理由,对其申诉不予受理[2]。

  对于此判例,鹈沼宪晴认为,从积极保障作为选举人的入居者之投票权来看,将特别养护中的选民事先投票制度限定于本判例所揭示的内容的同时,还有以下应探讨的问题和课题。问题有:①投票用纸及选民事先投票用的信封的交付请求由作为投票管理者的设施长进行;②根据作为选民事先投票管理者的设施长的裁量,决定见证人、投票辅助者;③由于场所、职员均在封闭的空间进行,痴呆老人的选举权有可能被恶意利用。作为解决这些问题的课题研究,指出了如下三点,即:第一,作为投票管理者、见证人派遣具有第三者立场之人;第二,由选举人指名投票用纸等的代理请求者;第三,由选举人指名投票

---

[1] 《全国高龄者保健福利、介护保险担当课长会议资料》,2004 年 2 月 19 日。
[2] 福冈高等法院判决,1990 年 2 月 7 日,载于《判例时代》第 7335 号,第 56 页。

辅助者。为了使所有特养入居者不问其身心的脆弱程度均能够参加选举,对于实现投票方法等的实质平等有必要进行法的保障①。可以说,本判例为将探讨老人院入居者的参政权作为研究课题提供了契机。

（五）低费用老人院

低费用老人院是指,免费或以低额费用让老人入所,旨在提供饮食及其他日常生活上的必要服务的设施(《老人福利法》第20条之6)。低费用老人院有A型、B型及护理房间,利用方法全部根据利用者和设施长的契约决定。利用对象原则上为60岁以上者,A型为低收入、无依无靠或与家属同居有困难者。B型为因家庭环境、住宅情况等居家生活有困难者。护理房间为有无法自己做饭程度的身体机能低下等状况者,或是被认为因高龄而对独立生活不安者,接受家属援助有困难者(《关于低费用老人院的设备及运营》,1972年2月26日社老17号,2004年10月29日老发1029003号最新修改)。

（六）老人福利中心

是指在免费或以低额费用,解答有关老人的各种咨询的同时,为老人综合提供旨在增进健康、提高教养及娱乐服务的设施(《老人福利法》第20条之7)。另外,按照老人的希望和能力提供劳动场所的老人福利设施附设的劳动场所,也作为老人福利中心对待(《关于老人福利法之老人福利中心的设置及运营》,1977年8月1日社老48号,2003年12月26日老发1226001号最新修改)。

在老人福利中心,有特A型、A型、B型三种,根据设置的场所、目的等决定其所属的种类。特A型的运营主体是市町村,A型、B型的运营主体是地方公共团体或社会福利法人。B型从事补充A型作用的业务。

1. 特A型。从事①生活咨询、健康咨询;②关于增进健康的指导;③职业及工作的指导;④机能恢复训练的实施;⑤教养讲座的实施;⑥对老人俱乐部的援助等。

2. A型。从事①生活咨询、健康咨询;②职业及工作的指导;③机能恢复

---

① 鹈沼:《特养入居者的选举权》,载于《地域综合研究》第5号,1995年3月。

训练的实施;④教养讲座的实施;⑤对老人俱乐部的援助等。

3. B 型。从事①生活咨询、健康咨询;②教养讲座的实施;③对老人俱乐部的援助等。

(七)老人介护支援中心

是指以综合进行如下内容为目的的设施:即用访问等方法,主要是把握有关接受居家介护的老人的状况;提供有关老人福利的情报及咨询和指导;联络协调有关居家接受市町村进行的介护措施及保持老人身心健康的介护措施的老人其养护者和市町村、从事老人居家生活支援事业者、老人福利设施、医疗设施等之间的关系;进行其他的厚生劳动省令规定的援助(同法第 20 条之 7 之 2)。

所谓"其他的厚生劳动省令规定的援助"是指,用访问等方法,把握居家接受介护的老人的状况;提供关于介护支援咨询的情报及咨询、指导;联络协调接受介护的老人或养护者和市町村、从事老人居家支援事业者、老人福利设施、医疗设施、老人俱乐部及其他从事增进老人福利事业者之间的关系;对于接受其他介护的老人或养护者进行必要的援助(《施行规则》第 7 条)。

实施主体为市町村(包括特别区),但是可以将事业运营的全部或一部分委托给被认为能够确保事业适当运营的地方公共团体、社会福利法人、医疗法人(包含地域医师会)、民间事业者等。此时,市町村要制作明确记载有委托条件、遵守事项等委托内容的委托契约书,并且要妥善保管(《关于居家介护中心运营事业的实施》,2000 年 9 月 27 日老发 654 号,2005 年 6 月 29 日老发 629005 号〈2 实施主体〉最新修改)。

介护支援中心大致分为基础型和地域型。

基础型介护支援中心负责所有市町村内的介护支援中心,以举办地区护理会议,支援市町村内的地区型支援中心为目的,站在全面掌握情报的立场,汇集地区型支援中心所掌握的情报以及基础型支援中心自身掌握的需要援助高龄者等的身心状况等的情报。此外,根据市町村的情况,有的基础型支援中心本身就有自己的辖区,除了总体支援外,还合并实施地区型支援中心的业务(并用型)。基础型介护支援中心的具体作用有:①举办地区护理会议;②汇集地区型支援中心等掌握的情报；③提供对于各支援中心居家福利服务的利用情报；④提供各种保健福利服务的情报并积极对其开发利用；⑤进行有关居家介护等各种咨询；⑥通过和地区型支援中心的合作进行访问咨询等；⑦利用协调各种保健福利服务；⑧进行地区内需要援助高龄者等或其家属等的保健福利服务的利用协调；⑨进行福利用具的展示、介绍、选定、利用方法的建议（同《实施纲要》5）。但是，⑧和⑨是任意性作用。

地区型介护支援中心，以中学校区为标准规定其辖区，以居住在其辖区内的需要援助高龄者及家属等为对象，与并设的特别养护老人院、老人保健设施、医院等合作，进行关于居家介护等24小时制的咨询、建议和指导。具体的作用有：①掌握地区内需要援助高龄者及家属等的实际情况；②制作有助于市町村的公共福利服务的基本服务总账；③制定介护预防计划；④提供各种保健福利服务的情报并积极对其开发利用；⑤进行有关居家介护等各种咨询；⑥指导、建议依访问等居家介护的方法等；⑦协调服务利用申请等公共保健福利服务之适用；⑧进行有关咨询协助员的培训、联络协调；⑨进行福利用具的展示、介绍、选定、利用方法的建议；⑩建议有关面向高龄者住宅的扩建、修建及其他事项（同实施纲要 5）。但是，关于③⑨⑩及以下三项的作用为任意性实施事项。⑪将痴呆高龄者的家属咨询的事例提交地区护理会议讨论，向专业医生咨询等，向预定实施面向高龄者的既有服务设施事业者提供情报、进行培训，开办地区居民启蒙学习班；⑫开办介护预防学习班、摔倒骨折预防学习班等；⑬于有专业介护员请求社会福利工作进行援助之情形，要努力予以满足。

作为职员配置，在基础型支援中心，必须设置①一位社会福利士等社会福利专职人员或一位保健师；②一位护理师或一位介护福利士。还有，在①和②的基础上，可以配置理学疗法士、作业疗法士、精神保健福利士。地区型支援中心，必须在社会福利士等社会福利专职人员、保健师、护理师、介护福利士、专业介护支援员中任意设置一名。此外，设置二名以上的职员时，最好将与福利相关的职业种类和与保健医疗相关的职业种类编组设置①。

---

① 同《实施纲要》8；职员的配置等。

市町村为了使市町村内的所有支援中心顺利运营，必须在基础型支援中心设置居家介护支援中心运营协议会。该运营协议会一年召开一次以上会议，旨在对支援中心的事业研究计划及事业实施中的诸种问题进行协议。组成人员为市町村负责老人福利、保健、医疗等各部门长、保健所的代表、地区医师会代表、市町村社会福利协议会代表、老人福利设施负责人、介护老人保健设施负责人、民生委员的代表、各支援中心负责人及其他被认为是推进地区高龄者保健福利的必要人员[①]。老人介护支援中心的作用，如前所述，一直是收集情报、制定计划、咨询、建议、指导等，尽管没有实施有助于高龄者和家属生活的具体性服务，但配置上述人员，就各地方公共团体的设置一事而言是否正确必须进行研究。

> **地区护理会议**　从介护预防、生活支援的观点出发，提供介护保险以外的服务以有需要的高龄者为对象，是综合协调有效的介护预防、生活支援服务及地区护理的机关。

第七节　老人福利计划

根据1990年福利八法的修改，制定老人福利计划是市町村及都道府县的义务。

市町村老人福利计划——《关于根据地方自治法的基本构想确保老人居家支援事业和老人福利设施的供给体制之计划》(《老人福利法》第20条之8第1款)，规定了在相关市町村区域内应确保老人福利事业的"量"之目标；为确保老人福利事业的"量"之方策；以及其他为确保老人福利事业的供给体制所必要之事项(同条第2款各项)。

在制定事业的目标时，必须考虑按介护保险给付等服务的种类进行量的估计(同条第3款)。厚生劳动大臣规定市町村在制定目标时应参酌的标准

---

① 同实施纲要9：居家介护运营协议会的设置。

（同条第 4 款）。所谓"应参酌的标准"是指，《关于配合制定第二期介护保险事业计划的老人保健福利计划的重新评价》（2002 年 5 月 9 日老发 509001 号）中规定的标准。该通知规定了计划期间、高龄者的状况、服务提供的状况、服务的目标量、服务提供体制的确保等应纳入计划中的项目和目标量的计算方法等。

都道府县老人福利计划为有助于实现市町村老人福利计划，在所有市町村范围内从广域的角度规定了关于确保老人福利事业的供给体制计划（同法第 20 条之 9 第 1 款）。在都道府县老人福利计划中规定了以下内容，即基于介护保险法的规定，按该都道府县规定的区域，有关其区域内老人福利设施的最低入所定员数及其他老人福利事业的量的目标；老人福利设施的完善及设施间的合作方法；为确保从事老人福利事业者正常运营的措施及其他必要的事项（同条第 2 款各项）。必须考虑按介护保险设施的种类规定最低入所定员总数（同条第 3 款）。

市町村老人福利计划、都道府县老人福利计划中的任一种计划都必须与老人保健计划统一制定（同法第 20 条之 8 第 6 款、第 20 条之 9 第 4 款，《老人保健法》第 46 条之 18 第 5 款、第 46 条之 19 第 4 款）。可以说在围绕着老人的社会基础的完善与高龄者自身的健康问题之间有一种不可分割的关系。

都道府县知事可以向市町村，厚生劳动大臣可以向都道府县分别进行老人福利计划方面的建议（《老人福利法》第 20 条之 10 第 1 款、第 2 款）。但是，这归根结底是"建议"，并非是包含经济保障的支援。所以，很难说地方公共团体特别是市町村的负担被减轻了。

这种有着地区特性的老人福利计划并非是停留于一刀切的、形式上的计划，而且，本来就不允许有让外部的顾问公司承办计划制定那样的事情发生。但是，由于有些自治体让顾问公司承办计划的制定，因此可能存在着没有充分反映该市町村居民意见等问题。这些问题也存在于伴随着介护保险法实施的市町村介护保险计划中。

以 1999 年度为目标年度制定的老人保健福利计划，根据介护保险法的施行，有必要与介护保险事业计划整合制定。因此，在将两计划期间统一的同时,老人保健福利计划应与介护保险计划一体制定。关于第二期介护保险事业计划(从2003年度到2007年度)的制定,要与老人保健福利计划的重新评价相配合进行①。

第八节 指定法人

指定法人是指,通过促进从事老人健康保持事业者正常运营的活动等,旨在保持老人身心健康的公益法人。该法人由厚生劳动大臣在全国范围内依申请指定(《老人福利法》第28条之2第1款、民法第34条)。目前,指定的是财团法人长寿社会开发中心。指定法人必须被认可符合以下的基准,即:关于职员、业务方法及其他事项的业务实施计划是适当的,并且为确保实行其计划有足够的知识、能力及经营管理基础(《老人福利法》第28条之2第1款第1项),应适当且真实地进行业务的运营,以有助于促进老人健康保持事业及保持老人身心健康(同款第2项)。

指定法人的业务是:①启发普及老人健康保持事业;②实施老人健康保持事业;③对实施老人健康保持事业者进行援助;④进行有关老人健康保持事业的调查研究及从业者培训;⑤在社会福利、医疗事业团进行的对社会福利振兴事业者进行援助的业务中,被认为对老人健康保持事业的振兴有必要的一部分或全部业务;⑥其他为谋求事业发展所必要的业务(同法第28条之3各项)。

指定法人在开始业务前,必须制作有关援助对象事业的选定方法、援助业务的援助申请及决定程序、援助业务的监查等业务规定,并接受厚生劳动大臣的认可。变更时亦同(同法第28条之5第1款,《施行规则》第9条各项、第16条)。此外,应在每个事业年度制定事业计划书及收支预算书,并接受厚生劳动大臣的认可(同法第28条之6第1款,《施行规则》第12条、第13条)。事业年度结束后必须向厚生劳动大臣提交事业报告书、借贷对照表、收支决算书

---

① 前引《关于配合制定第二期介护保险事业计划的老人保健福利计划的重新评价》。

及财产目录,并接受认可(同法第28条之6第2款,《施行规则》第19条、第20条)。

对于指定法人董事的解职和指定的取消,厚生劳动大臣有权在监督方面作出必要的命令,要求指定法人提交必要的报告,以及让相关职员入室检查等(同法第28条之10、第28条之12各款、第28条之13、第28条之14)。

从事指定法人业务的董事及职员,被认为与公务员有同等的地位,关于刑法及其他罚则的适用,依据法令被视为从事公务的职员(同法第28条之11)。

第九节 收费老人院

收费老人院是指,虽并不是老人福利设施,但旨在平时让10名以上的老人入所,并提供伙食及其他日常生活上的必要服务的设施。希望设置收费老人院者,对于以下事项,即:①设施的名称、拟定的设置地点;②设置者的姓名、住所或名称、所在地;③条例、章程及其他基本约款;④预计事业开始的年月日;⑤设施管理者的姓名及住所;⑥在设施中所提供的服务内容;⑦其他厚生劳动省令规定的事项,必须事先向拟设置其设施地的都道府县知事申报(《老人福利法》第29条第1款各项)。所谓"其他厚生劳动省令规定的事项"是指,施行规则第20条之3所规定的14个项目。

此外,这些申报的事项有变更时,必须从当日起一个月以内向都道府县知事报告。休止、废止其事业时亦同(同法第29条第2款)。

收费老人院的设置者关于该收费老人院的事业,必须根据厚生劳动省令的规定制作和保管账簿(同条第3款)。设置者必须向该收费老人院的入居者或希望入居者公开该收费老人院提供的介护内容及其他有关厚生劳动省令规定的信息事项(同条第4款)。收费老人院的设置者,为统一收领作为预付款的、关系到入居者终身应收领的房租及其他厚生劳动省令规定的事项之全部或一部分,必须书面明示预付款的计算根据,并且采取必要的保全措施以防备用预付款偿债之情形(同条第5款)。都道府县知事可以要求收费老人院的设置者、管理者或被委托提供介护者提交有关运营状况及其他记载有其认为是必要事项的报告,或者让有关职员对相关者进行质问及进入事务所检查设备、账簿资料及其他物品(同条第 6 款)。都道府县知事认为收费老人院的设置者对于入所者的待遇进行了不当行为,或者对于其运营进行了损害入所者利益的行为,及为保护入所者而有必要时,可以命令该收费老人院的设置者采取必要的改善措施(同条第 8 款)。

到 1990 年福利八法修改前为止,设置的申报是自设置起一个月以内的事后申报。关于监督也不过是在听取地方社会福利审议会意见的基础上由都道府县知事进行劝告。法修改的理由是,"交由营利法人经营时由于其本质是追求利润,从维护高龄者安定生活的权利的观点看,会产生不少问题,如此一来,在贯彻利用民间的资金和劳力政策上也会产生问题"[①]。

并且,基于维护收费老人院利用者的权利,同时又有助于收费老人院健全发展之目的,可以设立以收费老人院的设置者为会员、带有收费老人院协会这个名称的公益法人(同法第 30 条第 1 款)。该协会的业务是:①为使加入协会的收费老人院遵守本法及其他法令而对会员进行指导、劝告及其他业务;②为谋求契约内容的正当化及对其他入所者的保护而进行的必要指导、劝告及其他业务;③对入所者就收费老人院的设备、运营提出的意见的解决;④为提高职员资质而进行的培训;⑤宣传及为实现协会之目的的必要业务(同法第 31 条之 2 第 1 款各项)。

于有入所者等提出解决意见的申请之情形,协会可以要求该会员以文书或口头的方式说明,或者要求其提出资料(同条第 2 款)。厚生劳动大臣关于收费老人院的设置、申报事项的变更、事业的休止、废止申报等,享有要求协会予以协助,让协会提出有关业务和财产的报告、资料,或让相关职员进行入室检查之权限(同法第 31 条之 3、第 31 条之 4 第 1 款)。

政府为了保护收费老人院利用者的利益,应满足最低限度的事项包括:①在计划收费老人院时的基本事项;②设置主体;③地区选定条件;④规模及构

---

① 小川政亮:《社会事业法制》,第 4 版,第 360 页。

造设备；⑤职员的配置等；⑥设施的管理、运营；⑦服务；⑧事业收支计划；⑨利用等；⑩契约内容等；⑪实行信息公开。应详细阐释上述这些指导方针，各都道府县知事应基于上述事项进行收费老人院的指导（《关于收费老人院的设置运营标准指导方针》，2002年7月18日老发718003号）。

都道府县民生部（局）长在都道府县知事指导的基础上，进一步要求收费老人院的设置、运营标准的规定必须适当，且易使老年人理解（《关于贯彻对收费老人院的指导》，2000年11月10日老振发69号）。

对于收费老人院的这种规制，之所以比对根据措施入所的老人院的规制更为严格，原因是国家在财政上不得不依赖于收费老人院。因此，完善入居者的保护组织机构，对违反规定的收费老人院适用刑罚处罚，这对国家而言，经济上的负担小；而对收费老人院及入居者而言，也并不能说一定是坏事。因为是靠这些规定发挥的作用来确保收费老人院的可信赖性。

第十节　费用

关于老人福利措施所需的费用，国家、都道府县、市町村按以下规定分别支付。

一、国家

国家可以在市町村或都道府县支付的老人设施的入所费、设备费的二分之一以内进行补助。此外，国家可以补助都道府县、市町村因老人福利事业所需的部分费用（《老人福利法》第26条第1款、第2款）。

尽管居家福利是老人福利的基本方针，关于对已支付该居家服务所需费用的都道府县、市町村的补助，是任意规定。因此，国家即使完全不予补助，也不能追究其责任。

二、都道府县

都道府县对于市町村支付的费用，于未设置福利事务所的町村就老人设施的入所措施已支付的费用及养护老人院、特别养护老人院所需的设备费用，可以在上述费用的四分之一以内进行补助，关于无居住地或居住地不明的老人可以在二分之一以内进行补助（同法第 24 条第 1 款）。此外，都道府县对市町村或社会福利法人，可以就老人福利之事业所需的部分费用予以补助（同条第 2 款）。

也就是说，支付措施需要费用的最终责任由市町村承担。因此，由于市町村财政规模不同而使老人接受服务的内容产生差别。

三、市町村

市町村应支付由市町村进行的居家老人生活支援事业所需的费用（《老人福利法》第 21 条第 1 项）；处于认知症状态但利用介护保险法规定的认知症对应型共同生活介护等有显著困难者的居家介护所需的费用（同条第 1 项之 2）；让 65 岁以上者进入养护老人院或委托入所或向养护受托者委托所需的费用；因让 65 岁以上者进入特别养护老人院而进行的入所委托的费用（同条第 2 项）；市町村设置的养护老人院及特别养护老人院的所需的设备费用等。但是，与这些措施相关者，为可以接受与介护保险法的居家服务或设施服务相关的给付，市町村可以在其义务范围内免除费用负担（同法第 21 条之 2），即与依据介护保险法进行的给付进行协调。各市町村承担着有关老人福利费用的大部分责任。

第十一节　罚则

老人介护中心的设置者（于法人之情形为其董事）、职员或处于上述职位者，无正当理由泄露其知晓的有关其业务的秘密时，应处以 1 年以下的徒刑或 100 万日元以下的罚金（同法第 38 条）。

从事认知症对应型的老人共同生活援助事业者若统一收取预付款，但未书面提出计算根据、未采取偿债保全措施，并违反都道府县知事此后提出的改善命令，以及收费老人院的设置者被认为在入居者的待遇上进行了不当的行为，或者其运营侵害了入居者的权利，并违反都道府县知事此后提出的改善命令时，对其应处以6个月以下的徒刑或50万日元以下的罚金（同法第39条）。

指定法人未提出厚生劳动大臣要求的报告，提出虚假报告，或不答复其质问，进行虚假答复，或拒绝、妨碍、回避入室检查等时，应处以30万日元以下的罚金。收费老人院的设置者或介护等受诺者不提出都道府县知事要求的报告，或提出虚假的报告，或不答复其质问，或进行虚假的答复，或拒绝、妨碍、回避入室检查等时，亦同（同法第40条第1项）。回避本来是指老法官和具体的案件有特殊关系，根据当事者的申请排除该法官对此案的审理。但是，在这里的意思是拒绝排斥。

希望设置收费老人院者，必须向都道府县知事申报设施的名称及拟定设置地、希望设置者的姓名、住所、基本约款等事项。并且，提出设置申报者变更申报事项时，必须向都道府县知事报告。休止或废止其事业时亦同（同法第29条第1款、第2款）。不按规定提出申报，或者提出虚假申报时，应处以30万日元以下的罚金（同法第40条第2项）。

没有加入收费老人院协会者，在其名称中使用了收费老人院协会会员之文字时，处以30万日元以下的罚金（同条第3项）。

收费老人院协会未提出厚生劳动大臣要求的报告、资料，或提出虚假报告、资料，或不答复质问，或进行虚假答复，或拒绝、妨碍、回避入室检查等时，处以30万日元以下的罚金（同条第4项）。

于法人的代表人、代理人、雇员及其他从业者进行了上述（同法第39条、第40条）违规行为时，应对行为人和本人双方均予处罚（同法第41条），即为两罚规定。

收费老人院协会必须将协会加盟设施的名簿供公众阅览，违反者处以50万日元以下的罚款（同法第42条）。罚款虽说是行政处罚，但对加盟设施名簿不公开的行为适用更多金额的处罚，这是否可以说加盟收费老人院协会对收费老人院的可信赖性有着担保作用？此外，协会以外者，在其名称中使用了"收费老人院协会"之文字时，处以10万日元以下的罚款（同法第

43条)。

> **罚款** 为维持行政上的秩序而对违反行政法规义务的行为征收少额金钱的罚则。在行政法学上将其归为"行政上的秩序罚"。罚款不是刑罚,因此不适用刑法和刑事诉讼法。与之相对应,"罚金"、"科料＊"为刑罚,适用刑事法。

＊ 科料:主刑中最轻的一种,通常指 1000 日元以上、10000 日元以下的罚款。与罚金、没收共同构成财产刑。——译者

第六章　身体障碍者福利法

第一节　本法的目的

一、本法的目的

本法的目的是为了促进身体障碍者自立和参加社会经济活动，援助身体障碍者，并根据需要予以保护，以增进身体障碍者的福利（《身体障碍者福利法》第1条）。

本法制定的最初目的是为了实现"更生"，即职业上、经济上的自立这个目标，因此有关难以自立的重度身体障碍者的措施规定不够完善。之后，1967年法第113号新增加了"有利于生活的安定"这个目的，"更生"概念的含义逐渐扩展为日常生活的自立援助。

随着正常化理念的渗透，在1990年法第58号中，删除了"更生"一词，修改为上述第1条规定的目的。因此，这里所说的"自立"，不仅是职业上、经济上的自立，还应理解为包括了以日常生活中的自立为首的参加各种社会活动的"主体性生活的实现"这个含义。

二、朝着自立的努力与机会的确保

所有的身体障碍者，必须主动克服自身障碍，利用自己的能力努力参加社会经济活动。同时，作为社会成员之一的所有身体障碍者，应被给予参加社会、经济、文化及其他所有领域活动的机会（《身体障碍者福利法》第2条第1款、第2款）。

在这里，要求身体障碍者努力自立并积极参加各项社会生活的原因是，本法规定的各种福利服务是以身体障碍者自立生活的意愿为前提。并且，明确规定了有这种意愿的身体障碍者作为社会一员,其参加各项社会生活的机会应该得到保障。

从这个意义上说,"应被给予……机会"这个被动句表达并不贴切。应该修改文字表达,明确他们作为社会成员之一,是开拓自己人生的主体。

三、国家、地方公共团体及国民的责任和义务

国家及地方公共团体应考虑如何实现前条规定的理念,必须为综合实施促进身体障碍者的自立及对其参加社会经济活动的援助和必要的保护等而努力(本法第3条第1款)。

虽然本法规定了厚生劳动省、都道府县、市町村有责任和义务对身体障碍者自立和参加社会生活给予充分的援助,但这一表达是理念性、训示性的规定,不能说其反映了身体障碍者的真实情况。

此外,国家及地方公共团体为提高国民对因疾病或事故导致身体障碍的预防及身体有障碍者的早期治疗等的关心,并普及关于身体有障碍者的福利思想,必须努力地、广泛地指导和启发国民(同法第13条)。这是说明国家及地方公共团体进行引导、启发的必要性规定。在此可以注意到,本法并非把对象限定为第4条的"身体障碍者",而是理解为"身体有障碍者"这一宽泛的概念上。就是说不问是否接受了身体障碍者证的交付。

厚生劳动大臣应对身体有障碍者的状况亲自进行调查,或要求都道府县知事及其他相关行政机关提交调查报告,并以这些研究调查的结果为基础,为完善对身体有障碍者提供充分福利措施的体制而努力(同法第14条)。

另一方面,市町村要积极提供更生援护及其他福利服务,为使身体障碍者得到与其身心状况、所处环境相适应的最适当的综合性援助,必须努力完善谋求联合和协调福利服务提供者或参与策划者的活动等符合地域实情的体制(同法第14条之2第1款)。

虽然国家、地方公共团体有上述的责任和义务,但仅限于此是不充分的。为实现身体障碍者的自立,每个国民都应克服对身体障碍的偏见,因而对地区内的身体障碍者能够自立生活的理解和协助是不可或缺的。为此本法规定,

国民基于社会连带的理念,对身体障碍者克服自身的障碍,参加社会经济活动的努力,必须给予协助(同法第3条第2款)。即规定了促进国民意识的改革也是国家、地方公共团体的责任和义务。

第二节　本法的对象和定义

本法中的"身体障碍者"是指,附表中所列的18岁以上身体上有障碍,且接受了都道府县知事交付的身体障碍者证者(《身体障碍者福利法》第4条)。

"18岁以上"这个年龄区分的根据是儿童福利法以未满18岁的全体儿童为对象的规定。之所以规定"接受身体障碍者证交付者",是因为若每次利用福利服务都要对其进行甄别,并对照附表确认是否适用本法在程序上过于繁杂,为使公平且迅速地应对成为可能,采用了以持有证件来证明适用本法的方法。

但是,由此会产生这样的问题,即:不符合附表规定的身体障碍的有障碍者,或虽符合附表规定的身体障碍,但没有接受身体障碍者证交付者,就不是本法规定的"身体障碍者",不能成为本法规定的更生援护的对象。

本法第4条是针对被置于某一制度范围之外者是否适用该制度的问题而进行规定的。这从对障碍者来说是生活保障基础的障碍年金制度上可窥一斑。"无年金身体障碍学生诉讼第一审判决①"说明了这一点。判决认为,修改后的国民年金法(1985年法34号)对20岁以后由于伤病导致身体有障碍的学生没有采取救济措施这点,以及对修改之前有身体障碍但不能享受障碍福利年金的无年金身体障碍学生没有采取任何救济措施这点,均违反宪法第14条的规定,同时也违反了国家赔偿法有关违法的立法不作为规定,支持原告要求国家赔偿的诉讼请求②。即法院承认了本应成为障碍年金制度的对象但被置于制度范围之外者的诉讼请求。

---

① 东京地方法院判决,2004年3月24日。
② 载于《判例时报》第1852号,第3页。

第三节 实施机关和专业职务者

一、市町村

对本法规定的身体障碍者或其介护者的援护,身体障碍者有居住地时,由其居住地所在的市町村进行;身体障碍者有无居住地不明或者其居住地在何处不明时,由身体障碍者现在地的市町村进行(《身体障碍者福利法》第9条第1款)。

居住地是指,客观上具备居住事实的继续性及期待性的场所;而"现在地"则是指暂时居住的场所,即在一定期间内,此人在此地生活起居的场所。

此外,对于接受设施训练等支援费,并根据入所措施进入身体障碍者疗护设施的身体障碍者,以及根据《生活保护法》第30条第1款但书的规定而入所的身体障碍者,其在进入身体障碍者疗护设施或同款但书规定的救护设施、更生设施等之前,若有居住地,由其居住地所在的市町村负责进行本法规定的援护;若有无居住地不明或者居住地在何处不明时,由入所前其所在地的市町村负责进行本法规定的援护(同条第2款)。

市町村就实施本法必须进行如下事务:①发现身体障碍者,或者答复其咨询,为增加其福利进行必要的指导;②提供有关身体障碍者福利的必要信息;③答复身体障碍者的咨询,调查其生活的实际情况、环境等,判断是否有必要进行更生援护以及援护的种类,直接或者间接地对本人指导社会性更生的方法,以及进行与之相关的事务等(同条第3款各项)。但是,市町村长可以将本法规定的市町村的事务之全部或者一部分委任给属于其管理的行政机关(同条第7款)。还有,市町村可在信息的提供、建议及指导事务中,主要将与居家的身体障碍者及其介护者相关的事务委托给从事身体障碍者咨询支援事业者(同法第4条之2第9款、第9条第4款)。

福利事务所中未设置身体障碍者福利员一职的市町村长及未设置福利事务所的町村长,对于咨询、调查、指导等事务(同法第9条第3款第3项)中需要专业性知识和技术的事务,必须向身体障碍者更生咨询所寻求技术方面的援助及建议(同条第5款)。

市町村长在进行咨询、调查、指导等事务时,尤其是于需要医学、心理学及职能性评估之情形,必须请求身体障碍者更生咨询所予以评估(同条第6款)。

二、都道府县

都道府县就本法实施必须进行如下事务:①市町村相互间的联络协调、对市町村信息的提供及其他必要援助和与之相关的事务;②综合掌握各市町村的实际情况;③咨询及指导中需要专业性知识和技术的事务;④医学、心理学及职能性评估;⑤辅助用具的适用及适宜与否的判断(同法第10条第1款各项)。

都道府县知事为确保市町村援护的适当实施,在其认为必要时,可以向市町村提出必要的建议(同条第2款)。另外,都道府县知事可以将市町村之间的联系协调、对市町村信息的提供或对援护的实施给予必要建议这些都道府县事务的全部或部分委任给属于其管理的行政机关(同条第3款)。

三、身体障碍者更生咨询所

身体障碍者更生咨询所是指,为了对身体障碍者的更生援护提供便利,使市町村的援护得到适当实施,都道府县在必要的地方所应设置的行政机关(同法第11条第1款)。身体障碍者更生咨询所接受都道府县委托,主要进行以下事务:①市町村之间的联络协调、对市町村信息的提供及与之相关的业务;②咨询、指导中需要专业性知识和技术的事务;③医学、心理学及职能性判定;④辅助用具的适用与适宜与否的判断等事务(同条第2款)。此外,身体障碍者更生咨询所可根据需要巡回进行上述事务(同条第3款)。

之所以设置身体障碍者更生咨询所是因为,对身体障碍者提供自立援助,特别是更生医疗的给付、辅助用具的适用与适宜与否的判断时,需要医学、心理学及职能性的判定,这类专业性判定若由一般的行政机关处理显然很困难。

身体障碍者更生咨询所的职员有:所长、事务职员、身体障碍者福利员、进行医学评估的医师、进行心理学评估的心理评估员、进行职能评估的职能评估员、答复咨询和进行生活经历及其他调查的社会福利工作者、作为医生助理进行医学评估的保健师或看护师等。但是，职能评估员也可兼任心理评估员。而其他职员，在不妨碍更生咨询所事务的情况下，也可兼任其他咨询所、更生援护设施等的职务。于必要之情形，物理疗法士、作业疗法士、假肢安装士、语言听觉士等，在医生的指示下可从事医学性评估等事务（《关于身体障碍者更生咨询所的设置及运营》，2003年3月25日障发325001号）。

有关身体障碍者更生咨询所的事务在该通知中也作了规定。

四、身体障碍者福利员

身体障碍者福利员是都道府县在其设置的身体障碍者更生咨询所内必须配置的专业职员，身体障碍者福利员接受该所所长的命令，在都道府县的职权内，从事有关市町村实施的援护中需要专业性知识及技术的事务，以及咨询及指导中需要专业性知识及技术的事务（同法第11条之2第1款、同条第3款各项）。

至于市及町村，在其设置的福利事务所内设置身体障碍者福利员是任意性规定（同条第2款），身体障碍者福利员接受该市町村的福利事务所所长的命令，在有关身体障碍者的福利方面：①对福利事务所的所员进行技术性指导；②从事有关本法施行时市町村必须进行的事务中需要专业性知识及技术的事务（同条第4款各项）。

未设置身体障碍者福利员的市的福利事务所所长，必须向市身体障碍福利员寻求技术性援助及建议。市身体障碍者福利员必须予以协助。于此情形，尤其是身体障碍者福利员认为需要专业性知识及技术时，必须提出建议，以使身体障碍者更生咨询所能够获得该技术性援助及建议（同法第9条之2第2款、第11条之2第5款）。

身体障碍者福利员是事务公务员或技术公务员，必须从以下人员中任用：①社会福利法规定的拥有社会福利主事资格者，且有两年以上从事身体障碍者更生援护及其他相关福利工作经验者；②大学在校期间修过厚生劳动大臣指定的有关社会福利的科目并毕业者；③医师；④在身体障碍者更生援护事业职员培训学校及其他设施中通过厚生劳动大臣指定科目考试者；⑤相当于上述者，且拥有作为身体障碍者福利员所必需的学识及经验者（同法第 12 条）。

五、其他专业职务者

民生委员在施行身体障碍者福利法时，应协助市町村长、福利事务所所长、身体障碍者福利员或社会福利主事执行事务（本法第 12 条之 2）。

身体障碍者咨询员是为了增进身体有障碍者的福利，答复其咨询，并为了身体有障碍者获得自立和给予其必要的援助，由都道府县委任设置的。身体障碍者咨询员进行此事务时，应尊重个人的人格，保守其秘密（同法第 12 条之 3 各款）。即：从事社会福利的实际工作者有义务尊重服务对象的人格，并严守秘密。

第四节　更生援护

一、身体障碍者证

（一）身体障碍者证的申请

身体有障碍者，可以携带都道府县知事指定医师的诊断书，向其居住地（没有居住地时，以其现在地为准）的都道府县知事申请身体障碍者证的交付。但是，本人未满 15 岁时，应由其保护者（行使亲权者及未成年人监护人、儿童福利法规定的养父母或儿童福利设施负责人）代为申请（《身体障碍者福利法》第 15 条第 1 款）。

知事指定的医师（指定医师）在交付身体障碍者证的诊断书时，必须附带有关其障碍是否属于附表中所列的障碍之意见书（同法第 15 条第 3 款）。

申请时，在申请书中应附带该诊断书、意见书及身体有障碍者的照片，相关事宜由市町村福利事务所所长办理；未设置福利事务所的町村，相关事宜由町村长进行（《施行令》第 4 条、《施行规则》第 2 条）。

都道府县知事指定医师必须依照厚生劳动大臣的指定，并且，指定时必须听取地方社会福利审议会的意见(《关于身体障碍者福利法第 15 条第 2 款规定的医师的指定基准》,2000 年 3 月 31 日障 275 号,同法第 15 条第 2 款)。

都道府县知事在身体有障碍者等申请的基础上进行审查,确认其身体障碍与附表上所述障碍相符合时,必须经由受理申请的福利事务所所长或町村长,向申请者交付身体障碍者证(同法第 15 条第 1 款、第 4 款、同施行令第 8 条第 1 款)。若审查结果判定其障碍与附表所述障碍不符时,都道府县知事必须附上理由将情况通知申请者(同法第 15 条第 5 款)。

附表是指有关障碍的种类、程度、等级的规定,其中包括:① 视力、听力、平衡机能障碍;②音声机能、语言机能以及咀嚼机能障碍;③肢体障碍;④心脏、肾脏以及呼吸器官的机能障碍;⑤其他政令规定的情况。以上任何一种都必须是永久性的身体障碍(附表第 4 条、第 15 条、第 16 条的相关内容)。

政令上规定的障碍包括:①膀胱或直肠的机能障碍;②小肠的机能障碍;③免疫不全病毒导致的免疫机能障碍(《施行令》第 36 条)。

关于障碍的种类、程度、等级的详细情况,请参照《身体障碍者福利法施行规则附表 5》"身体障碍者程度等级表"。

(二) 身体障碍者证的交付

身体障碍者证应记载本人姓名、原籍、现住所、出生年月日、障碍名称、障碍级别、辅助用具交付修理的相关事项。身体障碍者为未满 15 岁的儿童时,应记载保护者的姓名、关系、现住所等(《施行规则》第 5 条第 1 款各项)。障碍名称是指,上述施行规则附表 5"身体障碍者障碍程度等级表"所列的视力、听力或平衡机能障碍;音声机能、语言机能或咀嚼功能障碍;肢体障碍;心脏、肾脏或呼吸器官的机能障碍;膀胱或直肠的机能障碍;小肠的机能障碍;免疫不全病毒导致的免疫机能障碍。障碍级别是指,根据上述"身体障碍者障碍程度等级表"判定,分别有 1 级(最严重)到 6 级(轻度)。"肢体障碍"分为 7 级,其中有不只一项 7 级障碍者作为 6 级对待。

持有身体障碍者证者,可以利用本法规定的福利服务,并享受公交车、铁路、飞机的票价打折,收费道路的通行费打折等优惠。此外,由于身体障碍者证是个人专属之物,因此接受交付者不得将身体障碍者证向他人转让或出借

（同法第15条第6款）。

接受身体障碍者证交付者，或持有其身体障碍者证的亲属、同居的利害关系人，当其本人不再有附表中所列的障碍时，或其死亡时，必须尽快地将身体障碍者证返还给都道府县知事（同法第16条第1款）。

都道府县知事于下列情形，可以命令接受身体障碍者证交付者返还身体障碍者证：①认定本人的障碍不符合附表中所列障碍；②接受身体障碍者证交付者无正当理由拒绝或回避诊疗检查；③接受身体障碍者证交付者将身体障碍者证向他人转让或出借（同法第17条之2第1款、《儿童福利法》第19条第1款、《身体障碍者福利法》第16条第2款各项）。

市町村长认为身体障碍者有上述的返还理由时，必须将其情况通知都道府县知事（同法第16条第4款）。而都道府县知事在作出返还命令处分时，必须书面说明其理由（同条第3款）。

二、支援费制度

关于身体障碍者对福利服务的利用，本制度作为取代原有措施制度的新的利用规定，于2003年4月开始实施。支援费制度是指，身体障碍者自主选择服务，与服务事业者和福利设施在平等的地位上签订契约，并在自主决定的基础上利用福利服务的制度。

支援费制度大致区分为居家生活支援费（居家服务）和设施训练等支援费（设施服务）。支援费制度的对象不包括辅助用具交付、日常生活用具交付、手语翻译、培育医疗、障碍儿童设施、福利院、小规模通所职业介绍设施等方面的服务。

在支援费制度中，接受支付决定的障碍者，选择福利设施和事业者，出示"接受支付者证"，签订契约享受服务。还有，身体障碍者利用服务所需要的费用在扣除利用者负担额之后（与本人及抚养义务人的负担能力相应的负担金额），其余额作为支援费，由市町村代替利用者向服务事业者或设施支付。

（一）居家生活支援费

1. 居家生活支援费的支付

本法中的"身体障碍者居家生活支援"是指，身体障碍者居家介护（家务帮助、导盲服务）、身体障碍者日间服务以及身体障碍者短期入所（短期入住）（同法第4条之2第1款）。

身体障碍者想要获得居家生活支援费时，必须按身体障碍者居家支援的种类，根据厚生劳动省的规定，向市町村提出申请（同法第17条之5第1款）。

受理此申请的市町村应结合身体障碍者的障碍种类、程度及其他身心状况、介护人员的状况、居家生活支援费的领取状况、设施训练等支援费的领取状况、保健医疗服务及福利服务等的利用状况、有关身体障碍者本人利用居家支援的意向的具体内容、身体障碍者所处的环境、提供居家支援体制的完善状况及其他厚生劳动省规定的事项，决定是否支付居家生活支援费（《施行规则》第9条之3各项、同法第17条之5第2款）。

市町村在执行上述支付决定（居家支付决定）时，必须规定：①提供居家生活支援费的时间（居家支付决定期间）；②按居家支援的种类，以月为单位提供的居家支援费的数额（支付额）（同法第17条之5第3款各项）。

市町村作出居家支援决定时，必须向符合居家支付条件的身体障碍者交付接受支付者证（同条第5款）。符合居家支付决定的身体障碍者，在居家支付决定期间内，接受由都道府县知事指定的居家支援事业者的居家支援时，对于该指定居家支援所需要的费用，向其支付居家生活支援费（同法第17条之4第1款）。居家生活支援费的金额为，按居家支援的种类，从厚生劳动大臣规定的基准中扣除与身体障碍者或抚养义务者的负担能力相当的自身负担金额后的余额（同条第2款各项）。

2. 特例居家生活支援费的支付

若符合居家支付条件的身体障碍者，接受了指定居家支援以外的身体障碍者居家支援，即"符合基准的居家支援"，则市町村可以根据厚生劳动省的规定，就其所需费用支付特例居家生活支援费（同法第17条之19第1款、第2款、第17条之6）。

符合居家支付条件的身体障碍者，在需要变更支付额时，根据厚生劳动省的规定，可以向市町村申请变更该支付额（同法第17条之7第1款）。

市町村认定为有必要时，可以根据身体障碍者的申请或依职权，决定支付额的变更(同条第 2 款)。于决定变更之情形,应在居家受给证上记载变更后的支付额后,将该证予以返还(同条第 3 款)。不过,第 2 款所规定的职权主义为训示性规定。

3. 居家支付决定的取消

执行居家支付决定的市町村,于以下情形,必须取消该居家支付决定:①认为符合居家支付条件的身体障碍者不再需要指定居家支援时;②认为符合居家支付条件的身体障碍者,于决定期间内,在其他市町村拥有居住地时(同法第 17 条之 8 第 1 款各项)。

取消居家支援的市町村,应要求返还居家接受支付证(同条第 2 款)。

4. 与介护保险法给付规定之间的协调

若身体上的障碍状况根据介护保险法的规定,可以接受与居家生活支援费和特例居家生活支援费的给付相当的给付时,则在该限度内不执行本法的上述给付(同法第 17 条之 9)。即介护保险法规定的给付优先进行。

(二)设施训练等支援费

1. 设施训练等支援费的支付

接受设施支付决定的身体障碍者,在设施支付决定期间内,申请进入都道府县知事指定的身体障碍者更生设施、身体障碍者疗护设施或特定身体障碍者职业介绍设施,接受该设施的身体障碍者设施支援时,市町村应对接受该设施支付决定的身体障碍者支付有关该设施支援所需的设施训练等支援费(同法第 17 条之 10 第 1 款)。

与居家支援费相同,设施支援所需的费用为,在不低于厚生劳动大臣规定的基准范围内,从根据市町村长规定的基准计算出的金额中,扣除市町村长按照身体障碍者或其抚养义务者的负担能力计算出的自负金额后的余额(同条第 2 款),即要求与本人或抚养义务者的负担能力相对应。

2. 设施训练等支援费的接受支付程序

本程序基本上与居家支援费的接受支付程序相同。接受设施训练等支援费的支付时,必须按设施支援的种类向市町村申请。市町村受理申请并决定是否给付设施训练等支援费。此时,市町村应结合身体障碍者的身体障碍种类及程度、介护人员的状况、设施训练等支援费的领取状况及其他厚生劳动省规定的事项予以决定(同法第 17 条之 11 第 1 款、第 2 款、《施行规则》第 9 条之 17 第 1 项~第 3 项)。

市町村在决定设施训练支援费的支付时,必须规定:①给付期间(作出支付决定日起三年以上的期间);②身体障碍程度的区分(同法第 17 条之 11 第 3 款各项、施行规则第 9 条之 19 第 1 款、第 2 款)。

3. 设施接受支付者证的交付及出示

市町村作出设施支付决定时,必须向接受支付决定的身体障碍者交付设施接受支付者证,其中记载支付设施训练等支援费的期间、身体障碍程度的区分及政令规定的事项(同法第 17 条之 11 第 5 款、第 6 款)。

接受设施支付决定的身体障碍者在指定的身体障碍者福利设施中接受设施支援时应出示设施接受支付者证。但是,有紧急情况或其他不得已的事由时,不受此限(同条第 7 款)。

4. 身体障碍者程度区分的变更

接受设施支付决定的身体障碍者,认为有必要变更其身体障碍程度区分时,可以向市町村提出变更该身体障碍程度区分的申请(同法第 17 条之 12 第 1 款)。即身体障碍程度区分的变更基于申请主义原则进行。

市町村根据申请或依据职权,结合法第 17 条之 11 第 2 款规定的事项,认为有必要时,可以决定变更其身体障碍者程度区分(同第 17 条之 12 第 2 款)。市町村变更身体障碍程度区分时,应要求出示设施接受支付者证,记载与该决定相关的身体障碍程度区分后,并将该证返还(同条第 3 款)。

5. 设施支付决定的取消

作出设施支付决定的市町村,于以下情形,必须取消该设施支付决定:①认为身体障碍者没有必要再接受指定设施支援时;②于设施支付决定期间内,在其他市町村拥有居住地时。市町村在取消设施支付决定时,应要求与相关的身体障碍者返还设施接受支付者证(同法第 17 条之 13 第 1 款各项、同条第 2 款、第 3 款)。

但是,作为特例,进入身体障碍者疗护设施时,即使身体障碍者在该市町村以外拥有居住地,也不取消设施支付决定(《施行令》第 17 条)。即:对在设施入所的身体障碍者,不作出因居住地的变更而导致的不利益处分。

6. 更生训练费的支付

市町村认为有必要作出努力,以便与设施支付决定相关的身体障碍者能有效地接受设施中的训练时,可以支付更生训练费。此外,于有特殊情况时,也可以提供物品代替支付(同法第 17 条之 14)。即为了更生训练,承认实物给付。

(三) 指定事业者及设施

1. 居家支援事业者的指定

都道府县知事根据从事身体障碍者居家生活支援事业者的申请,按居家支援的种类及居家支援的事业所,指定有关居家生活支援的事业者(同法第 17 条之 4 第 1 款、第 17 条之 17 第 1 款)。

都道府县知事于有前款申请之情形,并符合以下情况之一时,不得指定居家支援事业者:①申请者不是法人时;②事业所的从业人员的知识、技能及员工人数未达到厚生劳动省规定的基准时;③认为按照有关指定居家支援事业的设备及运营基准,居家生活支援事业的运营无法适当地进行时(同法第 17 条之 17 第 2 款各项)。

此外,指定的居家支援事业者,必须提供与身体障碍者的身心状况等相适应的、适当的居家支援,同时通过采取对服务质量的自我评价及其他措施,经常站在接受居家支援者的立场,努力提供这些服务(同法第 17 条之 18)。本条具体规定了从事居家支援事业者就保护身体障碍者的权利和确保其生活质量所必须遵守的事项。即规定了居家支援事业者应承担的责任义务。

指定的居家支援事业者必须在每个事业所按照厚生劳动省令规定的基准配备从业人员,并且必须按照省令规定的有关指定居家支援事业的设备及运营的基准,提供指定居家支援(同法第 17 条之 19 第 1 款、第 2 款)。

指定的居家支援事业者,在其事业所的名称、所在地及其他厚生劳动省令规定的事项有变更,或者废止、休止、重新开始事业时,必须在 10 日之内将该情况向都道府县知事申报(同法第 17 条之 20)。也就是说,由于指定的居家支援事业具有公共性,因此其废止、休止或重新开始需要政府进行管理①。

都道府县知事根据需要,可以命令指定的居家支援事业者等提交报告或出示账簿资料;或要求指定的居家支援事业者等到场,并让相关职员进行质询;或让相关职员检查事业所的设备或账簿资料及其他物品(同法第17条之21第1款)。而都道府县知事,若符合以下情形之一,可以取消居家支援事业者的指定:①事业所从业人员的知识、技术或员工人数已不符合厚生劳动省令规定的基准时;②在设备及运营方面,事业的运营无法适当地进行时;③关于居家生活支援费的请求有非法行为时;④不服从提交报告或出示账簿资料的命令,或者提交虚假报告时;⑤从业人员拒绝到场,不回答质询,或进行虚假答辩,拒绝、妨碍或回避检查时;⑥通过非法手段得到居家支援事业者的指定时(同法第17条之22第1款各项)。

另外,上述的要求提交报告、传唤到场、入室检查等权限,归根结底是以提高福利服务的质量为目的,因此不得解释为属于犯罪搜查的需要(同法第17条之21第3款)。由于在实践中实行准用犯罪搜查的规制,因此有必要作出上述说明。

2. 身体障碍者更生设施等的指定

根据厚生劳动省令的规定,身体障碍者更生设施、身体障碍者疗护设施或特定身体障碍者职业介绍设施的设置者提出申请后,都道府县可以指定与设施训练等支援费相关的设施(同法第17条之24第1款)。指定的申请必须向都道府县知事提出,该申请书应记载设施的名称及设置的场所等12项内容(《施行规则》第11条之5各项)。

于符合以下之一情形,都道府县知事不得进行设施的指定:① 申请者不是地方公共团体或社会福利法人时;②认为申请者无法按照指定身体障碍者更生设施等的设备及运营的相关基准适当运营设施时(同法第17条之24第

---

① 关于具体的申报事项,参照《施行规则》第11条之4第1款各项,有关事业的废止、休止或重新开始,参照同条第3款各项。

2款各项)。

　　指定的身体障碍者更生设施等的设置者必须根据入所者的身心状况等，提供适当的身体障碍者设施支援，同时通过采取对服务质量的自我评价及其他措施，经常站在接受指定设施支援者的立场考虑，努力提供服务(同法第17条之25)。这是为保障服务质量而作出的规定。另外，设置者必须按照厚生劳动省令规定的有关指定身体障碍者更生设施等的设备及运营基准，提供指定设施支援(同法第17条之26)。也就是说设置者有义务遵守运营基准，必须按基准提供服务。

　　指定的身体障碍者更生设施等的设置者，在设置者的住所及其他厚生劳动省令规定的事项发生变更时，应在10日之内向都道府县知事报告(同法第17条之27、《施行规则》第11条之6)。

　　关于设施训练等支援费的支付，都道府县知事于有必要之情形，可以命令设施的设置者或设施长及其他的从业人员提交报告或出示账簿资料，或要求相关人员到场，向其质询，并检查设施的设备、账簿资料或其他物品(同法第17条之28第1款)。

　　若符合以下情形之一，都道府县知事可以取消身体障碍者更生设施等的指定：①无法按照指定身体障碍者更生设施等的设备及运营的相关基准适当运营设施时；②关于设施训练等支援费的请求有非法行为时；③指定设施的设置者不服从提交报告或出示账簿资料的命令，或者提交虚假报告时；④设置者被要求到场而拒绝到场，不回答质询，或进行虚假答辩；拒绝、妨碍、回避同款规定的检查；对质问不作申辩或作虚假申辩；拒绝、妨碍或回避本款规定的检查时；⑤通过非法手段得到身体障碍者更生设施等的指定时(同法第17条之30第1款各项)。

三、居家介护、设施入所等的措施

(一) 居家介护的措施

　　引入支援费制度之后，原来的措施制度仍保留，并规定了于以下情形市町村实施措施的宗旨。市町村认为需要居家支援的身体障碍者，由于不得已的事由，接受居家生活支援费或特例居家生活支援费的支付有明显困难时，可以根据政令规定的基准，对其提供身体障碍者居家支援，或者向该市町村以外者委托提供身体障碍者居家支援(《身体障碍者福利法》第 18 条第 1 款)。关于各类服务的具体措施的基准，由施行令规定(同令第 18 条、第 19 条、第 20 条)。

(二)日常生活用具给付的措施

市町村对日常生活有困难的居家重度身体障碍者，为了实现其福利，根据需要，可以给付或出借厚生劳动大臣规定的为方便日常生活而使用的用具，或者委托该市町村以外者给付或出借用具(《身体障碍者福利法》第 18 条第 2 款)。

厚生劳动大臣规定的用具包括 39 种：(1)视力身体障碍者使用的便携式收音机；(2)盲人使用的手表；(3)盲文打字机；(4)电磁烹调器；(5)盲人使用的体温计；(6)盲文图书；(7)盲人使用的体重计；(8)视力障碍者使用的放大读书器；(9)延长步行时间信号所使用的小型发信机(用手里的发信装置可以延长信号器时间的装置)；(10)盲文显示器；(11)视力障碍者使用的印刷字读取器；(12)听力障碍者使用的室内信号装置(可以用视觉、触觉等确认声音)；(13)听力障碍者使用的通信装置(接在电话上，可以用文字等代替声音进行通信)；(14)听力障碍者使用的情报收集装置(文字播放记录器)；(15)浴缸；(16)热水器；(17)便器；(18)特殊便器；(19)特殊垫子；(20)特殊床铺；(21)个人电脑；(22)特殊尿器；(23)入浴担架；(24)体位变换器；(25)重度障碍者使用的意志传达装置(配有眨眼、肌电感应等特殊输入装置)；(26)便携式对话辅助装置；(27)入浴辅助用具；(28)移动升降器；(29)步行辅助用具；(30)居家生活动作辅助用具；(31)透析液加温器(加温透析液并保持在一定温度)；(32)氧气罐/瓶搬运车；(33)呼吸器(用喷雾吸入支气管扩张剂等帮助呼吸的装置)；(34)火灾警报器；(35)自动灭火器；(36)电动吸痰器(依靠电力装置吸出咳痰困难者的痰)；(37)福利电话(出借)；(38)传真机(出借)；(39)视力障碍者使用的专用文字处理机(公用)(《基于身体障碍者福利法第 18 条第 2 款的规定厚生劳动大臣规定的为方便日常生活的用具》,1991 年 4 月 12 日厚告 82 号,2004 年 3

月31日厚劳告166号最新修改）。

（三）进入身体障碍者更生设施等的入所措施

市町村认为有进入身体障碍者更生设施等之必要者，因不得已的事由，接受设施训练等支援费的支付或进入国立福利设施有明显困难时，必须让其进入该市町村设置的身体障碍者更生设施，或者委托国家、都道府县、其他的市町村、其他的社会福利法人设置的身体障碍者更生设施让其入所（同法第18条第3款）。

（四）措施的要件

如上所述，在本法第18条各款规定中，关于居家生活支援、日常生活用具的利用、身体障碍者更生设施等的入所，规定以"不得已的事由"、"日常生活的不便"等要件作为实施措施的宗旨。所谓"不得已的事由"，就家政服务员的利用而言，只不过是"接受居家生活支援费等的支付明显困难"这样抽象的规定。而关于同法第18条第3款中有关设施入所的措施要件，查不到具体规定有关"不得已的事由"的条文、省令、规则等。

但是，在福利实务中，必须实施措施的情况是，可以预见到拒绝服务或虐待等侵害身体障碍者的身心安全的紧急事态。因此，需要制定比现行法更具体的措施基准。基于这样的实际状况，无论是否向市町村提出支援费的申请，为确保身体障碍者身心安全和权利，积极运用措施成为当然之要求。

（五）有关解除措施的说明等

市町村长若要解除措施，必须事先向与该措施相关者说明解除该措施的理由，同时听取正在接受措施适用者的意见。如此一来，虽规定了市町村长有说明和听取意见的义务，但于该身体障碍者提出解除措施的申请之情形或其他厚生劳动省令规定的情形，不在此限（同法第18条之3）。

关于身体障碍者本人提出的解除措施申请，没有课以说明和听取意见的义务。这或许可以说是对本人自主决定的尊重，但若考虑到身体障碍者的身体障碍，能否说是其本人真实意思的表示存有疑问。因此，即使是本人提出解除措施的申请，也有必要听取意见。

四、国立设施的入所

符合厚生劳动大臣规定基准的身体障碍者,根据厚生劳动省令的规定,可以附上下文规定的意见书,申请进入国家设置的身体障碍者更生设施等(《身体障碍者福利法》第 17 条之 32 第 1 款)。

国立设施与都道府县知事指定的设施不同。具体有:①国立光明寮[①];②国立保养所[②];③国立身体障碍者更生中心[③](《厚生劳动省组织令》第 146 条、第 147 条、第 149 条)。

欲申请进入国立设施的身体障碍者,必须根据厚生劳动省令的规定,向市町村长交付是否要进入国立设施的相关意见书,提出申请(《身体障碍者福利法》第 17 条之 32 第 2 款)。

对于申请进入国立设施的身体障碍者,该国立设施负责人根据厚生劳动省令的规定同意接收时,该身体障碍者应向国家支付使用国立设施的费用(同条第 4 款)。使用费的金额为根据厚生劳动大臣规定的基准计算出的金额(同条第 5 款)。国立设施负责人可以支付已进入设施的身体障碍者的更生训练费,或以实物替代(同条第 6 款)。

之所以将国立设施与指定的身体障碍者更生设施等进行分别规定,是由于国立设施不符合《身体障碍者福利法》第 17 条之 24 中第 2 款第 1 项规定的由地方公共团体或社会福利法人设立这个指定要件,因此无法成为支援费制度的对象。

五、更生医疗、辅助用具等

(一)更生医疗

更生医疗的给付是指,市町村为身体障碍者更生所进行的必要的医疗给

---

① 国立视力障碍中心。为视力障碍者的更生提供必要的知识、技能及进行训练使其回归社会,设置于函馆市、栃木县那须郡盐原町、神户市、福冈市四处。

② 国立重度障碍者中心。接收有重度肢体不自由的障碍者,在医学的管理下,进行各种康复指导,使其回归社会。设置于伊东市及别府市两处。

③ 努力提高有关康复的技术,致力于增进身体有障碍者的福利。设于埼玉县。

付(《身体障碍者福利法》第 19 条第 1 款)。更生医疗的目的在于,消除、减轻身体障碍者的身体障碍,开发、恢复其剩余的能力,以便其进行日常生活和从事职业活动等的身体性能得到改善。

更生医疗的给付内容包括:①诊察;②药剂或治疗材料的提供;③医学性处置、手术和其他的治疗及施术;④对居家疗养的管理及与疗养同时进行的照料及其他看护;⑤入住医院或诊所及与其疗养同时进行的照料或其他看护;⑥移送(同条第 3 款各项)。

对因免疫不全病毒引起的免疫机能障碍者,也提供抗 HIV 疗法、免疫调节疗法等医疗(《关于对因免疫不全病毒引起的免疫机能障碍者更生医疗的给付》,1998 年 4 月 8 日障 230 号)。

更生医疗原则上为实物给付,但于医疗给付有困难的情形,可以对更生医疗所需的费用进行金钱给付(同法第 19 条第 1 款、第 2 款)。更生医疗的给付委托给由厚生劳动大臣或都道府县知事指定的医院、诊所、药房,健康保险法规定的指定访问看护事业者,介护保险法规定的进行访问看护的指定居家服务事业者等医疗机构进行(同条第 4 款、第 19 条之 2 第 1 款、《施行令》第 21 条,《关于担当更生医疗之医疗机构的指定》,2001 年 3 月 30 日障精发 19 号、2001 年 9 月 6 日障精发 47 号最新修改)。

指定医疗机关也担当儿童福利法中的培育医疗、战争伤员特别援护法中的更生医疗(同法第 19 条之 2 第 2 款)。指定医疗机关必须根据厚生劳动大臣的规定,认真切实地进行更生医疗(同法第 19 条之 3)。

接受更生医疗的程序,从有意向的身体障碍者向市町村提出更生医疗给付申请书开始。市町村受理申请后应尽快作出是否给付医疗的决定,于决定给付之情形,应向该身体障碍者交付更生医疗券。该身体障碍者向指定医疗机关窗口出示更生医疗券后,接受治疗(《施行规则》第 13 条之 2 各款)。关于诊疗方针及诊疗报酬,依健康保险进行(同法第 19 条之 4 第 1 款)。支付的更生医疗费用,是从按诊疗报酬计算的金额中,扣除与作为更生医疗受给者的身体障碍者本人或其抚养义务者之负担能力相应的负担金额后所余的金额(同法第 19 条之 7、第 38 条第 1 款)。

（二）辅助用具

身体障碍者提出申请后，市町村应交付或修理盲人安全拐杖、助听器、假肢、假肢附件、轮椅及其他厚生劳动大臣规定的辅助用具，若认为交付、修理有困难，可以用支付购买、修理的费用予以代替（同法第20条第1款、第2款）。辅助用具的交付或修理，应委托专业制造者、维修者进行，或者由市町村自己进行（本条第3款）。

辅助用具是指，弥补身体机能损伤本身的人工产品。现有如下16种：(1)假肢；(2)假肢附件；(3)座位固定装置；(4)盲人安全拐杖；(5)假眼；(6)眼镜；(7)盲文器；(8)助听器；(9)人工咽喉；(10)轮椅；(11)电动轮椅；(12)步行器；(13)头部保护帽；(14)收尿器；(15)人工肛门用附件；(16)步行辅助拐杖（《关于辅助用具的种类、受托报酬的金额等基准》，1973年6月16日厚告171号，2004年10月29日厚劳告386号最新修改）。

希望交付、修理辅助用具的身体障碍者，应向市町村提交辅助用具交付（修理）申请书。受理申请的市町村应尽快作出决定，若决定委托制造者、修理者交付或修理的情形，应向该身体障碍者交付辅助用具交付（修理）券。于市町村自行交付或修理的情形，应直接交付、修理。得到辅助用具交付（修理）券的身体障碍者，向辅助用具的制造、修理业者出示此券后，接受交付、修理（《施行规则》第14条各款）。

辅助用具制造者、修理者的受托报酬金额，是从《关于辅助用具的种类、受托报酬的金额等基准》规定的金额中，扣除与得到辅助用具交付、修理的身体障碍者或其抚养义务者的负担能力相应的负担金额后所余的金额（同法第21条之2、第38条第1款）。

（三）导盲犬等的出借

都道府县在收到有视力、肢体、或听力障碍的身体障碍者的申请时，为了谋求其福利，根据需要，可以出借在导盲犬训练设施受过训练的导盲犬、受过从事介助犬训练事业者训练的介助犬或受过从事助听犬训练事业者训练的助听犬，或者委托该都道府县以外者出借（同法第21条之3）。用于帮助身体障碍者的身体障碍者辅助犬，除了导盲犬，还有介助犬、助听犬（《身体障碍者辅助犬法》第 2 条各款,2002 年 5 月 29 日法 49 号)。

六、社会参与的促进等

(一) 促进社会参与事业的实施

地方公共团体必须实施有视力障碍和听力障碍的身体障碍者意思沟通支援事业;身体障碍者使用导盲犬、介助犬或助听犬的支援事业;身体障碍者参加体育活动的促进事业;身体障碍者参加社会、经济、文化及其他所有领域活动的促进事业(《身体障碍者福利法》第 21 条之 4)。

本条根据 2000 年法 111 号的修改而创设,是对本法第 2 条规定的确保身体障碍者有机会参与社会这个理念的具体表述。

(二) 小卖部的设置

这是以优先让身体障碍者在公共设施内设置小卖部为目的的制度。国家或地方公共团体设置的事务所及其他的公共性设施的管理者,于身体障碍者提出申请时,必须尽力许可其在该公共设施内设置小卖部,出售报纸、书刊、香烟、办公用品、食品及其他商品(同法第 22 条第 1 款)。

但是,公共设施的管理者并非一定要积极地允许身体障碍者设置小卖部。因此市町村为使小卖部的设置与经营顺利进行,应与其区域内的公共设施管理者协商,只要不妨碍该设施执行公务,就有义务增加身体障碍者的工作岗位。同时,还必须采取措施调查在公共设施内可以设置小卖部的场所及所售商品的种类等,并将其结果通知身体障碍者(同法第 23 条)。得到设置小卖部许可的身体障碍者,除了有疾病及其他正当理由的情形之外,必须亲自从事该工作(同法第 22 条第 3 款)。

虽然为了让身体障碍者在职业上、经济上获得自立而让其就职于一般企业或个体经营户,但实际上身体障碍者很少能得到雇用的机会。而且身体障碍者自身要在激烈的竞争中设立、经营中小企业并非易事。因此本法规定公共设施的管理者有义务许可身体障碍者在比较有利的场所开办小本经营的小卖部。此外,虽法令中未规定,但关于开店时的资金调度、经营方法等方面的指导,市町村也应尽力给予帮助。

(三) 烟草零售业的许可

于身体障碍者按烟草事业法的规定申请零售业许可之情形,不符合烟草事业法第 23 条各项的规定时,财务大臣必须尽力给予许可(《身体障碍者福利法》第 24 条第 1 款)。得到销售许可的身体障碍者,除了有疾病及其他正当理由的情形之外,必须亲自从事该工作(同条第 2 款、第 22 条第 3 款)。本条文也是帮助身体障碍者在职业上、经济上自立的对策之一。

(四) 产品的购买

由厚生劳动大臣指定的、以援护身体障碍者为目的的社会福利法人,可以要求国家或地方公共团体的行政机关购买其援护的身体障碍者生产的政令规定的物品(同法第 25 条第 1 款)。政令规定的物品包括:扫帚、掸子、抹布、拖把、清洁刷、信封(施行令第 27 条)。此处列举的物品让人感到已落后于时代发展,在现代社会,通过专门的技能训练,身体障碍者可以掌握电脑、喷墨打印机的组装等技术,因此施行令第 27 条有必要重新进行探讨。

国家或地方公共团体的行政机关,若被要求购买该类物品,其认为价格适当且能够在自己指定的期限内购买的,国家或地方公共团体的行政机关必须在自用的范围内按社会福利法人的要求购买(同法第 25 条第 2 款)。同法第 22 条、第 24 条是有关就业劳动保障的规定,而本条是关于通过保障身体障碍者所生产物品的销售,支持其经济独立的条款。厚生劳动大臣指定的社会福利法人有:北海道拓明兴社、北海道康复院、东京疗养区等。

社会保障审议会认为有必要时可以就第 25 条规定的事务(产品的购买)之运营,向国家或地方公共团体的行政机关提出劝告(同条第 4 款)。

(五) 娱乐、出版物等的推荐等

社会保障审议会为谋求身体障碍者的福利,可以推荐娱乐、出版物等,或者对制作、演出、销售者给予必要的劝告(同法 25 条之 2)。以前这是身体障碍者福利审议会实施的措施,后来成为统合了该审议会及中央社会福利审议会的社会保障审议会的业务。

第五节 事业及设施

国家和都道府县以外者,根据厚生劳动省令的规定,事先将厚生劳动省令规定的事项向都道府县知事申报后,可以从事身体障碍者居家生活支援事业、身体障碍者咨询支援事业、身体障碍者生活训练等事业,以及介助犬训练事业或助听犬训练事业(《身体障碍者福利法》第26条第1款)。这些身体障碍者居家生活支援事业等是指,以支援居家身体障碍者的生活为目的的福利服务事业,该事业有如下分类。

一、身体障碍者居家生活支援事业

本事业是指身体障碍者居家介护等事业(家政服务员、导盲员)、身体障碍者日间服务事业及身体障碍者短期入所事业(短期入住)(同法第4条之2第5款)。从事身体障碍者居家生活支援事业者,若无正当理由不得拒绝接受市町村的委托措施(同法第28条之2)。

(一)身体障碍者居家介护等事业

本事业是指,对因重度身体障碍而日常生活无法自理的身体障碍者,为其派遣家政服务员,提供入浴、排泄、进食等身体介护,从事烹饪、洗衣、打扫等家务,提供与生活相关的咨询、建议之事业,以及对重度视力障碍者、重度身体障碍者等提供外出时的移动介护帮助(导盲员)等之事业(同法第4条之2第2款,《施行规则》第1条)。

(二)身体障碍者日间服务事业

本事业是指,身体障碍者福利中心及其他厚生劳动省令规定的设施,提供用升降车等接送身体障碍者的服务,或提供入浴、进食、手工制作及其他创作性活动训练、技能训练、社会适应训练、更生咨询、娱乐等服务,或向居家进行介护的家属指导介护方法、技术等之事业(同法第4条之2第3款,《施行规则》第1条之3)。

第六章　身体障碍者福利法

（三）身体障碍者短期入所事业

本事业是指,于主要的居家介护者因疾病、生育、婚丧喜事、事故、灾害、出差等原因,暂时无法介护之情形,短期内让身体障碍者进入身体障碍者疗护设施及其他厚生劳动省令规定的设施,并为其提供必要保护的事业(同法第 4 条之 2 第 4 款、《施行规则》第 1 条之 4)。入所期间原则上为七天以内,但于不得已之情形可以延长。

二、身体障碍者咨询支援事业

本事业是指,主要是就地区内有关身体障碍者福利的各种问题,答复居家经营日常生活的身体障碍者或其介护者的咨询,提供必要的信息及建议,同时,综合进行与从事居家生活支援事业者、身体障碍者更生援护设施、医疗机构等的联络、协调及其他援助的事业(同法第 4 条之 2 第 9 款)。从事身体障碍者咨询支援事业的职员,在执行其职务时,必须保守有关个人身世的秘密(同法第 26 条之 3)。但是,由于不适用罚则,有关从事该职业的职员保密义务的规定仅为训示性规定,只要求承担道义上的义务。

三、身体障碍者生活训练等事业

本事业是指,向身体障碍者提供盲文、手语的训练以及其他身体障碍者为经营日常生活或社会生活所需的厚生劳动省令规定的援助之事业(同法第 4 条之 2 第 10 款、《施行规则》第 1 条之 6)。

四、介助犬训练事业、助听犬训练事业

介助犬训练事业是指,在进行身体障碍者辅助犬法第 2 条第 3 款规定的介助犬训练的同时,对有肢体障碍的身体障碍者进行利用介助犬的必要训练之事业。助听犬训练事业是指,在进行身体障碍者辅助犬法第 2 条第 4 款规定的助听犬训练的同时,对有听力障碍的身体障碍者进行利用助听犬的必要训练之事业(《身体障碍者福利法》第 4 条之 2 第 12 款)。虽然分别规定了介助犬、助听犬训练事业与导盲犬训练设施,但由于其同是为了人类的介护而利

用犬类的事业设施,因此最好予以统一规定。

五、手语翻译事业

国家及都道府县以外者,根据社会福利法的规定,可以从事手语翻译事业(同法第26条之2)。手语翻译事业是第二种社会福利事业(《社会福利法》第2条第3款第5项)。

手语翻译事业是指,为因听力、语言机能或音声机能的障碍而导致用音声、语言进行意思沟通有障碍的身体障碍者提供手语翻译(通过手语、速记等为听力障碍者等与正常人之间进行意思沟通)等相关服务的事业(《身体障碍者福利法》第4条之2第11款、《施行规则》第1条之7)。

六、身体障碍者更生援护设施

身体障碍者更生援护设施是指本法规定的身体障碍者福利设施,包括:身体障碍者更生设施,身体障碍者疗护设施,身体障碍者福利院,身体障碍者职业介绍设施,身体障碍者福利中心,辅助用具制作设施,导盲犬训练设施及视、听障碍者信息提供设施等八个种类(同法第5条第1款,《关于身体障碍者更生援护设施的设备及运营基准》,2003年3月12日厚劳令21号,2004年厚劳令112号最新修改)。

国家必须设置身体障碍者更生援护设施。都道府县可以设置同种设施。市町村事先向都道府县申报厚生劳动省令规定的事项后,可以设置同种设施(同法第27条第1款~第3款)。社会福利法人及其他人根据社会福利法的规定,也可以设置身体障碍者更生援护设施(同条第4款)。

身体障碍者更生援护设施可以附设从事身体障碍者更生援护事务者的培训设施(同条第5款)。

(一)身体障碍者更生设施

该设施是指,让身体障碍者入所,为其更生进行必要的治疗、指导及训练的设施(同法第29条)。身体障碍者更生设施包括:肢体障碍者更生设施;视力障碍者更生设施;听力、语言障碍者更生设施;内脏机能有障碍者更生设施

（对象为内脏机能有障碍者）（前引《基准》第13条以下）。

（二）身体障碍者疗护设施

该设施是指，让因身体障碍而有必要经常接受介护者入所，对其进行治疗及养护的设施（同法第30条）。其定员为30人以上，一个房间不超过四人，人均建筑面积为除去收纳设备所占面积后在9.9平方米以上（前引《基准》第36条以下）。

（三）身体障碍者福利院

该设施是指，收取低额费用，让因身体障碍而居家日常生活有困难的身体障碍者入所，使其利用适合日常生活的居室及其他设备，同时提供日常生活所需的必要服务的设施（同法第30条之2）。其规模应达到可以供5人以上使用，原则上为单间，人均建筑面积为除去浴缸等所占的面积后在9.9平方米以上（前引《基准》第43条以下）。

（四）身体障碍者职业介绍设施

该设施是指，让难以被雇用的或经济贫困的身体障碍者入所，对其进行必要的训练，介绍工作，以提供自食其力机会的设施（同法第31条）。其中包括身体障碍者入所职业介绍设施、身体障碍者通所职业介绍设施、身体障碍者小规模通所职业介绍设施三种（前引《基准》第50条以下）。

（五）身体障碍者福利中心

该中心是指，免费或收取低额费用，答复有关身体障碍者的各种咨询，为身体障碍者综合提供以机能训练、教养提高、促进与社会的交流及娱乐为目的的服务的设施（同法第31条之2）。根据规模和功能将其分为：A型（综合实施事业）、B型（实施日间服务和志愿者培训等事业）、居家障碍者日间服务设施（仅实施日间服务事业）、障碍者更生中心（为身体障碍者或其家属提供住宿、娱乐等休养的便利）（前引《基准》第65条以下）。

（六）辅助用具制作设施

该设施是指，免费或收取低额费用，进行辅助用具的制作或修理的设施（同法第32条）。除设施长之外，还配备有负责假肢及其附件的技术员、训练指导员（前引《基准》第74条以下）。

（七）导盲犬训练设施

导盲犬训练设施，是根据2000年法111号规定，作为身体障碍者福利设施被认可，免费或收取低额费用进行导盲犬的训练，同时对视力障碍者进行使用导盲犬的必要训练的设施（同法第33条、前引《基准》第78条以下）。

（八）视、听障碍者信息提供设施

视、听障碍者信息提供设施的事务是：免费或收取低额费用，制作盲文刊物、视力障碍者使用的录音物、听力障碍者使用的录像物等记录各种信息且专供视、听障碍者使用之物，或将这些物品提供给视、听障碍者使用，或进行盲文或手语翻译等的培训、派遣，盲文刊物等的普及促进，信息机器的出借、咨询等（同法第34条、《施行规则》第22条之4）。

为此，设立了从事盲文刊物及视力障碍者使用的录音物的出借等盲文图书馆，从事与出版盲文刊物相关事业的盲文出版设施，从事听力障碍者使用的录像物制作、出借等听力障碍者信息提供的设施（前引《基准》第83条以下）。

第六节 费用

身体障碍者福利法规定的更生援护所需要的费用，由市町村、都道府县、国家各自负担。

一、市町村的支付

市町村支付下列事项所需的费用：①市町村设置的身体障碍者福利员的设置和运营所需的费用；②指导启发、有关身体有障碍者状况的调查、诊断检查及更生咨询、居家介护、福利设施入所等措施所需的费用，市町村采取的更生医疗、辅助用具的交付等行政措施所需的费用（若对国立设施进行入所委托，应扣除该国立设施支付的费用）；③市町村支付居家生活支援费或特例居家生活支援费或设施训练等支援费所需的费用；④市町村支付更生训练费或物品所需的费用；⑤市町村向指定医疗机关委托有关诊疗报酬的支付事务所需的费用；⑥市町村设置的身体障碍者更生援护设施及培训设施的设置和运营所需的费用(《身体障碍者福利法》第 35 条各项)。

二、都道府县的支付

都道府县支付下列事项所需的费用：①都道府县设置的身体障碍者福利员的设置和运营所需的费用；②都道府县设置的身体障碍者更生咨询所的设置和运营所需的费用；③都道府县委托身体障碍者咨询员所需的费用；④指导启发、有关身体障碍者状况的调查、身体障碍者证的交付、指定医疗机关医疗费的审查及支付、导盲犬等的出借等都道府县知事采取的行政措施所需的费用；⑤都道府县设置的身体障碍者更生援护设施及培训设施的设置和运营所需的费用(同法第 36 条各项)。

此外，对于市町村的支付，都道府县负担以下费用，即：在上述市町村支付的②的相关费用中，对于未设置福利事务所的町村负担其所支付费用的四分之一；对于无居住地或居住地不明的身体障碍者，负担市町村支付设施训练等支援费所需费用的十分之五；在市町村支付的⑥的费用中，设置除身体障碍者福利院、身体障碍者福利中心、导盲犬训练设施以外的设施所需费用的四分之一(同法第 37 条第 1 款各项)。此外，都道府县对于第 35 条第 1 款第 2 项规定的由市町村支付的行政措施所需费用、第 35 条第 1 款第 2 项之 2 规定的支付居家生活支援费所需费用，可以在不超过四分之一的范围内[①]予以补助(同法第 37 条第 2 款各项)。

三、国家的支付

国家支付身体障碍者进入国立设施后所需的费用(同法第 36 条之 2)。在市町村及都道府县支付的有关身体障碍者更生援护设施及培训设施费用中，国家负担设置和运营除身体障碍者福利院、身体障碍者福利中心、导盲犬训练设施等之外的设施所需费用的十分之五(同法第 37 条之 2)。

---

① 关于市町村对无居住地或居住地不明者采取行政措施所需的费用，在十分之五范围内予以补助。

此外，都道府县设置的身体障碍者更生咨询所运营所需费用的十分之五，由国家承担（同条之2第1款第2项、第36条第1款第2项）。国家还负担除市町村采取行政措施所需费用之外的法第35条第2项（前引市町村的支付②）规定事业的所需费用、市町村支付居家生活支援费或设施训练等支援费所需的费用（前引市町村的支付③）、除都道府县知事采取行政措施所需费用之外的法第36条第3项规定的都道府县事业所需费用的十分之五（同法第37条之2第1款第3项）。

国家可以在法第35条关于市町村支付的同条第2项及同条第2项之2的费用中，对市町村支付的居家生活支援费或特例居家生活支援费，在不超过十分之五的范围内予以补助（同法第37条之2第2款）。

市町村设置的有关身体障碍者更生支援设施的费用中，设置除身体障碍者福利院、身体障碍者福利中心、导盲犬训练设施等以外的设施所需费用的十分之五，由国家负担。再者，关于除居家生活支援事业之外的法第35条第2项规定的相关措施费用，由国家负担十分之五（同法第37条之2第1款第1项、第3项）。

四、费用的负担命令及征收

身体障碍者福利法规定的福利服务及行政措施，不是为了经济上的原因而是为了身体障碍者的自立而予以实施的，所以接受该法规定的福利服务和行政措施者，也应当负担其费用。即：于进行更生医疗的给付、修理和交付辅助用具之情形，应支付采取行政措施所需费用的市町村长，根据按能力负担的原则，按照其负担的能力可以命令该身体障碍者或其抚养义务者向指定医疗机关或专业人员支付全部或部分费用（同法第38条第1款）。

身体障碍者或其抚养义务者支付该费用的，市町村的支付义务在该费用额度内可予以免除，医疗机关、专业人员对市町村的请求权也在该费用额度内消灭（同条第2款）。若身体障碍者或其抚养义务者不支付该费用时，市町村必须支付。但于此情形，市町村长可以向该身体障碍者或其抚养义务者征收该费用（同条第3款）。

提供或委托提供身体障碍者居家支援时,给付、出借、委托给付或委托出借日常生活用具时,进入或委托进入身体障碍者更生设施等时(除国立设施),交付或修理辅助用具时(除委托专业人员),支付费用的市町村长可以根据身体障碍者或其抚养义务者的负担能力,向其征收全部或部分费用(同条第 4 款)。

若由市町村长委托进入国立设施,厚生劳动大臣可以根据身体障碍者或其抚养义务者的负担能力向其征收全部或部分费用(同条第 5 款)。市町村长用提供更生医疗及给付、修理辅助用具的方法代替支付费用时,可以根据身体障碍者或其抚养义务者的负担能力减少其支付金额(同法第 19 条之 7 但书、第 20 条第 1 款、第 21 条之 2 但书)。

综上,关于费用的征收允许市町村裁量处理。可以说,在措施制度下实施的按能力负担原则,即使转变为支援费制度也没有改变。

第七节 罚则

一、附则——报告的征收、质询、入室检查及事业的限制、停止

本法在前述的第 17 条之 21 及第 17 条之 22 中规定了关于事业者的报告及指定的取消,但在同法第 39 条至第 41 条中对这些内容作了更详细的规定。

都道府县知事为了身体障碍者的福利,在认为有必要时,可以要求从事身体障碍者居家生活支援事业者等提交必要事项的报告,或让相关职员质询有关人员,或进入其事务所或设施,检查设备、账簿资料及其他物品(《身体障碍者福利法》第 39 条第 1 款)。

都道府县知事对事业所等征收报告及入室检查的规定同样适用于市町村设置的身体障碍者更生援护设施(同条第 2 款)。另外,进行质询、入室检查的职员有义务携带身份证件并在被要求时出示(同条第 3 款)。这些质询、入室检查以福利服务的适当实施运行为目的,不得解释为犯罪搜查(同条第 4 款)。

此外,若从事身体障碍者居家生活支援事业者等违反本法或命令及处分

时,或者谋取了不正当营利,或对与该事业相关者的待遇作出了不正当行为时,都道府县知事可以命令限制或停止其事业(同法第40条)。

这一规定亦适用于身体障碍者更生援护设施和培训设施。若认为该设施的设备或运营不符合本法第28条规定的"设施的基准",或者认为违反法令的规定时,都道府县设置的设施可由厚生劳动大臣,市町村设置的设施可由都道府县知事命令停止或废止其事业(同法第41条第1款)。

二、罚则规定

本法从第46条到第48条之2,对罚则进行了规定。罚则是有关身体障碍者证与支援费受给者证的规定。①对违反禁止转让或出借身体障碍者证,以及违反身体障碍者证返还义务的,处以10万日元以下的罚金(同法第46条第1项、第2项、第15条第6款、第16条第1款)。②对通过造假及其他不正当手段,领取或使其领取身体障碍者证者,处以6个月以下的徒刑或20万日元以下的罚金(同法第47条)。③对违反都道府县知事作出的返还身体障碍者证命令者,处以3个月以下的徒刑或10万日元以下的罚金(同法第48条、第16条第2款)。④对于支付额变更后不按要求提交居家受给者证;或在居家支付决定期间内,虽已搬迁至该市町村区域外但不按要求提交或返还居家受给者证;或者在身体障碍程度区分变更后不按要求提交设施受给者证;或在设施支付决定期间内虽已于搬迁至该市町村区域外但不按要求提交或返还设施受给者证者,市町村可以在条例中规定"处以10万日元以下的罚款"(同法第48条之2)。即各市町村可以酌情在条例中制定有关罚款的规定。

完善和充实罚则规定,可以说是不花成本地预防违法的最大对策。

三、不正当接受与获利的征收

市町村可以向通过造假以及其他不正当手段接受居家生活支援费等的人征收全部或部分支付额(同法第43条之4第1款)。但并不一定要求不正当接受的身体障碍者全额返还。

但是,指定的居家生活支援事业者及指定的身体障碍者更生设施的事业体，通过造假及其他的不正当行为接受居家支援费、设施训练费等支援费时，市町村应要求该事业体返还全部金额。于其不正当手段性质恶劣之情形，还可以另外要求其支付支付额乘以百分之四十所得的金额（同条第 2 款），即可以要求多返还该支付额四成的金额。

第七章 智力障碍者福利法

目前,有关日本障碍者福利的状况发生了较大的变动。2004年10月,厚生劳动省公开发行《今后关于障碍者保健福利的对策(改革的大设计案)》,明确了障碍者对策改革的主旨。2005年2月10日,向国会提交了作为实施改革重大方略的"障碍者自立援助法案"。制定本法案的目的是:①统合三种类型障碍(身体、智力、精神)的福利服务;②利用者按利益承担障碍者福利服务利用费和精神障碍者经常或定期住院费等;③重新评估、整顿设施功能。法案如果实施,将会改变智力障碍者福利的体制。该法案曾一度在国会成为废案,后再次被提交,2005年11月7日作为法123号获得通过,从2006年4月1日(部分于10月1日)起施行。据此,特别是对有关智力障碍者福利法的措施等部分进行了大篇幅的修改。

第一节 本法的目的、理念

一、本法的目的

本法的目的是援助智力障碍者,并给予其必要的保护,以此促进智力障碍者自立与参加社会活动,为智力障碍者谋福利(《智力障碍者福利法》第1条)。

根据1960年3月31日法37号,本法以弱智者福利法的名称制定公布,并于同年4月1日起施行。其后,根据"为整理弱智的用语而对相关法律作出部分修改的法律"(1998年法110号)更名为《智力障碍者福利法》。这是由于"弱智"一词容易助长歧视与偏见。此外,根据"为促进社会福利而对相关法律作出部分修改等的法律"(2000年法111号),将"援助更生的同时"改为"为促进自立与参加社会经济活动而援助智力障碍者的同时"。最初制定弱智者福利法时,所谓的"更生"是指职业上、经济上的自立,其后将其解释为包括穿衣、脱衣、排泄、进食等有关日常生活的自理及社会参与。但是,若从寻求职业上和经济上自立的语气仍很强烈;作为包含智力障碍者的主体性的表达应予修改,且应实现与在法的目的中删除了"更生"这一表述的身体障碍者福利法之间的整合这些方面来看,智力障碍者福利法应以促进自立与参加社会经济活动的援助为目的。所谓"保护"是指,对智力障碍者给予全部的必要援助,也包括职业上、经济上自立的援助,日常生活上的介护等家庭环境的协调。

此外,本法是以促进智力障碍者自立及参加社会经济活动,并根据需要予以保护为目的的法律,因此本法规定的福利服务的利用者,并非是处于作为减刑理由的精神失常或精神障碍状态(《刑法》第39条)[①]。

二、本法的理念

所有智力障碍者必须利用自身拥有的能力,积极参加社会经济活动(《智力障碍者福利法》第1条之2第1款)。此外,所有智力障碍者作为社会的一员,应被给予参加社会、经济、文化及其他所有领域活动的机会(同条第2款)。本条是根据2000年法111号新增的规定,宗旨与身体障碍者福利法第2条相同。

在本条中之所以要求智力障碍者本人努力自立和积极参加社会生活,是因为本法规定的各种福利服务以智力障碍者拥有自主生活的意志为前提。此外,明确了有此意志的智力障碍者作为社会的一员,其参加所有社会生活方面的机会应得到保障。

本条第2款关于法的理念中使用了"被给予……机会"这个表达被动地位的规定,这点与以智力障碍者自身的主体性、能动性为前提的第1款规定相矛盾,有必要进行修改。

---

① 东京高等法院判决,1967年10月3日,载于《判例时报》第218号,第248页。

尽管本法规定了上述理念,但在现实中,智力障碍者在社会生活的各种场合仍受到不公平的待遇。特别是,明显侵害智力障碍者权利的判例,如"水户虐待智力障碍者事件"①。该判例是茨城县水户市某纸箱加工有限公司"阿卡丝纸产品"公司的经营者,强制有智力障碍的员工在恶劣的劳动环境中劳动,还经常施以暴力和性虐待。该案三名有智力障碍的女性原告要求经营者按旧《有限公司法》第30条之3及《民法》第710条的规定赔偿损失。判决认定了经营者虐待员工的事实,以及经营者怠于履行完善员工能够安全且稳定地劳动生活的环境义务,判处其向各位原告支付500万日元赔偿金。

近年,屡次曝光了有关社会福利设施和雇用场所虐待智力障碍者的事例。但是,只有一部分作为案件被追查,可以推定实际上还有很多潜在的虐待智力障碍者的情况。尤其是,智力障碍者因自身的障碍,在司法程序上有诸多困难,像前述案件那样,在司法上智力障碍者的主张被认可的案例很少。本判例在认可智力障碍者证言的可信性这点上可以说具有划时代的意义。今后,有必要完善制度,预防和解决虐待智力障碍者的问题。

三、国家、地方公共团体及国民的责任和义务

国家及地方公共团体应致力于实现智力障碍者朝着自立方向努力与机会确保的理念,加深国民对智力障碍者福利的理解,同时必须努力实施为促进智力障碍者自立和参加社会经济活动的援助与必要的保护(《智力障碍者福利法》第2条第1款)。本款前段规定了国家及地方公共团体必须为国民提供促进有关智力障碍的启蒙及理解的信息、机会;后段则与宪法第25条第2款相对应,明确规定援助智力障碍者自立及提供必要服务等是国家及地方公共团体的责任和义务。

但是,智力障碍者的自立和融入地区生活的问题,仅靠国家和地方公共团体的措施对策是无法实现的。因此,每位国民,包括邻居、地区居民、超市及百货店的经营者、店员、雇主和职场同事等,应努力消除对智力障碍者的偏见和

---

① 水户地方法院判决,2004年3月31日,载于《判例时报》第1858号,第118～134页。

歧视，并互相协作。因此，法第 2 条第 2 款中规定了国民的责任和义务，即："国民应在加深理解智力障碍者福利的同时，基于社会连带的理念，努力协助智力障碍者参加社会经济活动"。

第二节　本法的对象

一、对象

本法对作为适用对象的智力障碍者没有进行定义。通常，于依据法令决定采取何种措施之情形，均应对适用对象作出定义，以明确其对象范围。如生活保护法中的"被保护者"及"需要保护者"(《生活保护法》第 6 条)、儿童福利法中的"未满 18 岁者"(《儿童福利法》第 4 条)、身体障碍者福利法中的"附表规定的身体上有障碍的 18 岁以上，持有都道府县知事颁发的身体障碍者证者"(《身体障碍者福利法》第 4 条)等。但是在本法中，首先，关于智力障碍，其定义及判定方法、判定基准都未确定；其次，由于本法是为谋求智力障碍者的福利而提供服务，并非违反智力障碍者意愿使其进入福利设施或提供现金给付补贴等，因此关于对象暂不进行规定，仅按社会通常观念理解。与其设定严格的判定方法、基准，限制更生援护的对象，不如尽量放宽支援、保护的范围，这样即使多少有些滥救也不至于漏救。

根据厚生劳动省的《智力身体障碍儿童(者)基础调查》，智力障碍者的一般定义是指，"智力机能障碍在发育期(大致到 18 岁)出现，因无法自理日常生活而处于需要某些特殊援助的状态者"。

此外，在"关于精神保健及精神身体障碍者福利的法律"中，将"精神障碍者"定义为："本法中的'精神身体障碍者'是指，患有精神分裂症、精神作用物质引起的急性中毒或其依赖症、智力障碍、精神病质及其他的精神疾患者"(同法第 5 条)，其范畴包括"智力障碍"。但是，根据智力障碍者的相关法律等，国家对智力障碍者已经实施了福利服务及其他的对策，所以智力障碍者不能再以"智力障碍"为理由，享受精神障碍者保健福利法规定的服务。

智力障碍者福利法中的所谓"智力障碍者"这一概念,包含了未满18岁的智力障碍儿童,但本法与儿童福利法有同旨规定时,在各条文中规定"18岁以上的",以避免儿童福利法和本法的竞合。对15岁以上18岁以下的智力障碍儿童,于儿童咨询所所长认为其适合进入智力障碍者更生设施或智力障碍儿职业介绍设施之情形,可以通知更生援护的实施者(《儿童福利法》第63条之5)。更生援护的实施者,可以在该通知基础上采取相关入所措施(《智力障碍者福利法附则》3、5)。

老年人福利法与本法一样,不对法律对象进行定义,而是依据社会通常观念理解。

二、服务的定义

本法规定的对智力障碍者的福利服务,大致分为"居家服务"与"设施服务"。本法中,所谓"智力障碍者居家支援"是指,智力障碍者居家介护(家政服务)、智力障碍者日间服务、智力障碍者短期入所(短期入住)及智力障碍者地区生活援助(家庭小组)(智力障碍者福利法第4条第1款)。所谓"智力障碍者援护设施"是指,智力障碍者日间服务中心、智力障碍者更生设施、智力障碍者通勤寮及智力障碍者福利院(同法第5条第1款)。关于各种服务的内容将在后面阐述。

第三节 实施机关与专业职务者

一、市町村

由市町村对智力障碍者或其介护者实施的更生援护,对于有居住地的智力障碍者,由其居住地的市町村实施。对于无居住地或居住地不明的智力障碍者,由其现住地的市町村实施(《智力障碍者福利法》第9条第1款)。但是,根据生活保护法的规定,对于进入更生设施等的智力障碍者,其在进入该设施之前有居住地时,由该居住地的市町村实施本法规定的更生援护;其在进入该设施之前无居住地或居住地不明时,则由入所之前其所在地的市町村实施本法规定的更生援护(同条第 2 款、《生活保护法》第 30 条第 1 款但书)。

关于本法的施行,市町村必须从事下列事务:①掌握有关智力障碍者福利的必要的实情;②提供有关智力障碍者福利的必要信息;③答复有关智力障碍者福利的咨询,进行必要的调查和指导,以及从事与之相关的事务(《智力障碍者福利法》第 9 条第 3 款各项)。

未设置智力障碍者福利员但设置了福利事务所的市町村长及未设置福利事务所的町村长,在上述市町村的事务中,对于 18 岁以上智力障碍者需要专业知识及技术的相关事务,必须该向智力障碍者更生咨询所寻求技术性援助及建议(同条第 4 款)。再者,市町村长进行有关 18 岁以上智力障碍者福利的咨询、调查及指导等事务时,尤其是需要医学、心理学及职能性评估时,必须请求智力障碍者更生咨询所作出评估(同条第 5 款)。

2003 年 4 月起,有关智力障碍者福利的权限由都道府县委托给市町村。社会福利法规定,市町村设置的社会福利事务所的事务为"智力障碍者福利法规定的有关援护、培养或更生措施之事务",但并未规定都道府县设置的福利事务所应从事这些事务(《社会福利法》第 14 条第 5 款、第 6 款)。因此,目前与智力障碍者福利措施有关的市町村的权限与作用开始增大,可以说是对市町村的行政工作人员提出了有关智力障碍者福利的更高的专业性要求。

二、市町村福利事务所

市町村设置的福利事务所或其所长,主要从事上述市町村及市町村长的事务。另外,在进行有关 18 岁以上的智力障碍者的事务中,若"需要专业性知识及技术",应向智力障碍者更生咨询所寻求技术性援助及建议;若"需要医学、心理学及职能性评估",应请求智力障碍者更生咨询所作出评估(《智力障碍者福利法》第 10 条各款)。

三、都道府县

关于智力障碍者福利法的施行,都道府县作为联络协调者,必须进行以下事务:①就市町村更生援护的实施,进行市町村间的联络协调,向市町村提供信息及其他必要的援助,进行与之相关的事务;②从统览各市町村区域情况的广域视角出发,努力掌握有关智力障碍者福利的实际情况;③在进行有关智力障碍者的咨询及指导的过程中,给予必要的专业性知识及技术;④进行18岁以上的智力障碍者医学、心理学及技术上的必要事务(《智力障碍者福利法》第11条第1款各项)。此外,都道府县在上述事务③中,对与经营居家日常生活的智力障碍者及其介护者相关的事务,可以将其委托给该都道府县以外的从事智力障碍者咨询支援事业者(同条第2款)。

如上所述,自2003年4月起,有关智力障碍者福利的权限由都道府县转移至市町村,可以说都道府县作为所辖区域较大的行政机关,有责任致力于地区范围内的联络协调和专业性指导等事务,以增进智力障碍者的福利。

四、智力障碍者更生咨询所

智力障碍者更生咨询所是指,都道府县必须设置的咨询机构(《智力障碍者福利法》第12条第1款)。其事务包括:①就市町村更生援护的实施,进行市町村相互间的联络协调;向市町村提供信息及其他必要的援助;进行与之相关的事务;②在进行有关智力障碍者的咨询及指导的过程中,提供必要的专业性知识及技术;③进行18岁以上的智力障碍者医学、心理学及技术上的必要事务(同条第2款、第11条第1项、第2项2、3)。该所的任务基本上是答复来访者的咨询等,但也可以根据需要巡回进行前款事务(同法第12条第3款)。

智力障碍者更生咨询所所长在进行上述事务中,于进行第③项规定的,需要专业性知识及技术的咨询、指导之情形,若智力障碍者本人、其保护者、市町村设置的福利事务所所长或町村长要求,为谋求该智力障碍者的福利,必须交付记载必要事项的评估书(同条第4款、《施行令》第2条)。

智力障碍者更生咨询所职员包括:所长及事务职员、智力障碍者福利员、医师(有丰富的精神科诊疗经验者)、心理评估员、职能评估委员、社会福利工作者、保健师或看护师、物理学疗法士等专业职员(《关于智力障碍者更生咨询所的设置及运营》,2003年3月25日障发325002号)。

五、智力障碍者福利员

都道府县必须在其设置的智力障碍者更生咨询所配备智力障碍者福利员[①]。

都道府县的智力障碍者福利员接受智力障碍者咨询所所长的命令，进行如下事务：①关于市町村的更生援护的实施，进行市町村相互间的联系及协调，为市町村提供信息及其他必要援助，并进行与之相关的事务中需要专业性知识及技术的事务；②进行有关智力障碍者的咨询及指导中需要专业性知识及技术的事务（同条第3款各项）。

市町村可以在其设置的福利事务所内配备智力障碍者福利员（任意设置。同条第2款）。市町村的智力障碍者福利员接受福利事务所所长的命令，主要进行如下事务：①对福利事务所职员进行技术指导；②答复有关智力障碍者福利的咨询，进行必要的调查及指导，以及进行与之相关的事务中需要专业性知识和技术的事务（同条第4款各项）。

智力障碍者福利员作为事务职员或技术职员，要从符合以下条件之一者中选任：①拥有社会福利主事资格、从事有关智力障碍者福利工作2年以上；②在大学修完厚生劳动大臣指定的社会福利相关科目并毕业者；③医师；④毕业于国立秩父学园附属保护指导职员培训所培训部儿童指导员专业者；⑤相当于从①到④各项者，且拥有作为智力障碍者福利员之必要的学识经验者（同法第14条第1款各项，《培训基于智力障碍者福利法第14条第4项规定的从事有关智力障碍者福利事业职员设施的指定》，1964年10月31日厚告517号，1999年3月8日厚告28号最新修改）。条件②中的"社会福利相关科目"，与社会福利主事资格的相关科目相同。条件③的"医师"，最好是精神科专业的医师。

未设置智力障碍者福利员的福利事务所所长，对于与18岁以上的智力障碍者有关的福利咨询、必要的调查、指导及与之相关的事务，必须向其他设有

[①] 该福利员是智利障碍者更生咨询所的必要设置。《智力障碍者福利法》第13条第1款。

智力障碍者福利员的福利事务所的智力障碍者福利员寻求技术性帮助和建议（同法第 10 条第 2 款）。此时，其他福利事务所的智力障碍者福利员有义务给予协助（同法第 13 条第 5 款）。

六、智力障碍者咨询员、民生委员

智力障碍者咨询员是指，受都道府县委托，为增进智力障碍者的福利，答复其保护者①的咨询及为智力障碍者的更生而给予必要援助者②。（《智力障碍者福利法》第 15 条之 2 第 1 款、第 2 款）。智力障碍者咨询员在执行受委托的工作时，有义务尊重个人人格，保守有关其身世的秘密（同条第 3 款）。

民生委员在本法施行过程中，对市町村长、福利事务所所长、智力障碍者福利员或社会福利主事的工作给予协助（同法第 15 条、《民生委员法》第 14 条第 1 款第 5 项）。

七、相关职员的协助义务

履行本法及儿童福利法规定的更生援护的实施与监督职责的国家及地方公共团体的职员必须相互协助，以便对智力障碍者的更生援护能够从儿童到成年有机地进行（《智力障碍者福利法》第 3 条）。对未满 18 岁的智力身体障碍儿童的福利措施，根据儿童福利法实施。本法对象主要为 18 岁以上的智力障碍者。本条是基于智力障碍者从儿童到成年的更生援护和福利措施的一贯性理念设置的训示性规定，以避免由于以 18 岁为界分别适用两个法律而导致更生援护及福利措施产生矛盾与欠缺的情况。

本条中的"职员"是指，市町村、福利事务所、智力障碍者更生咨询所、都道府县及厚生劳动省之负责部局的职员。当然，儿童福利设施与智力障碍者更生援护设施的职员等负责福利服务的职员之间的协作也是必要的。

关于智力障碍者的援护，与"国家、地方公共团体的责任义务"、"相关职员

---

① 指配偶、行使亲权人、成年监护人等现正在保护智力障碍者的人。
② 指有社会威望且对智力障碍者的更生援护与必要保护有热忱与见识者。

的协助义务"相关的司法判例有"太阳小组案件"①。该案件发生在位于滋贺县的长期雇用多位智力障碍者的垫肩加工公司"太阳小组"。有智力障碍的员工在长达 14 年的时间中,被强制在恶劣的劳动环境中工作,遭受经营者的暴力等虐待,养老金与存款被诈骗,甚至有员工受到经营者的极端虐待致死。本案中,原告智力障碍者要求被告经营者赔偿损失,同时,认为县更生援护的实施者与劳动基准监督署没有进行必要调查和指导的行为违法,因此将滋贺县、国家也列为被告,要求根据国家赔偿法赔偿损失。判决认为,经营者应承担赔偿责任;更生援护的实施者滋贺县在让智力障碍者进入太阳小组工作后怠于调查,且问题暴露后也不予重视,因此应承担赔偿责任。再者,国家本应将智力障碍者从太阳小组恶劣的劳动环境中解救出来,但劳动基准监督署未作出适当调查与指导,因此其也应承担赔偿责任。本案当事人人数与争论焦点虽然很多,但最后不仅判决经营者在劳动条件方面承担责任,还判决国家及地方公共团体亦有过失②,即肯定了行政机关预防危险的责任。

第四节 支援费制度

一、支援费制度

本法规定的有关智力障碍者的福利服务与身体障碍者福利服务、障碍儿童的居家服务相同,自 2003 年 4 月起,开始根据支援费制度提供服务。支援费制度是指,由障碍者自主选择服务,与服务事业者和设施站在对等的立场上签订契约,从而推进服务利用的制度。这个制度是从障碍者在利用需要的服务时所需的费用之中,扣除由利用者负担的金额(与本人或抚养义务人的负担能力相应的金额),其余额由市町村代替利用者作为"支援费"向服务事业者、设施支付。

---

① 大津地方法院判决,2003 年 3 月 24 日,载于《判例时报》第 1831 号,第 3 页。
② 桥本宏子:《太阳小组案件诉讼与行政的危险防止责任》,载于《神奈川法学》第 36 卷第 3 号,第 911 页以下。

支援费制度规定的福利服务，大致分为居家服务与设施服务，但有关对象者日常生活用具的给付，障碍儿童设施、福利院、福利工厂、小规模职业介绍设施等的服务不在此列。此外，根据现行制度，对精神障碍者的福利服务不能成为支援费制度的对象。

二、居家生活支援费的支付

本法中的"智力障碍者居家生活支援事业"是指，智力障碍者居家介护等事业（家政服务）、智力障碍者日间服务事业、智力障碍者短期入所事业（短期入住）及智力障碍者地域生活援助事业（家庭小组）（同法第4条第6款）。

得到居家支付决定的智力障碍者在居家支付决定期间内，接受都道府县知事指定的居家支援事业者的居家支援时，该指定居家支援所需费用及智力障碍者地区生活援助所需费用中的日常生活费用，由市町村支付（同法第15条之5第1款）。智力障碍者地区生活援助以外的、与智力障碍者居家生活支援相关的居家生活支援费，是按智力障碍者居家支援的种类，从按市町村规定的基准计算出的金额中扣除智力障碍者或其抚养义务者按其负担能力支付的金额后所得的差额（同条第2款各项）。此外，与智力障碍者地区生活援助相关的居家生活支援费是指，对于智力障碍者地区生活支援中通常需要的费用，根据市町村规定的基准计算出的金额（同条第3款）。

（一）居家生活支援费领取的程序

智力障碍者需要得到居家生活支援费时，必须按智力障碍者居家支援的种类，向市町村提出申请（同法第15条之6第1款）。受理该申请的市町村，应综合考虑该智力障碍者的障碍程度、介护者的情况、居家支援费的领取情况及其他厚生劳动省令规定的事项，决定是否给付居家生活支援费（同条第2款）。

此外，智力障碍者提出要求时，市町村应就居家生活支援事业及其他事业或援护设施的利用进行斡旋或协调，同时根据需要，向从事居家生活支援事业者及其他事业者或援护设施的设置者，提出让该智力障碍者利用的要求（同法第15条之4第1款）。而从事居家生活支援事业者及其他事业者或援护设施的设置者,对于前款的斡旋、协调及要求,应尽力协助(同条第 2 款)。

作出居家支付决定时必须确定:①居家支援费的支付期间;②按智力障碍者居家生活支援的种类,以月为单位支付居家支援费的金额(同法第 15 条之 6 第 3 款)。决定支付居家支援费后,市町村必须向该智力障碍者交付接受支付者证(居家接受支付证)(同条第 5 款)。

居家支援费的支付期间,不能超过厚生劳动省令规定的期间(同条第 4 款)。再者,智力障碍者居家介护、智力障碍者日间服务、智力障碍者短期入所的最长支付期限为作出居家支付决定之日起至该月月末再加上此后一年的期间;智力障碍者地区生活援助的最长期限为作出居家支付决定之日起至该月月末再加上此后三年的期间(《施行规则》第 11 条第 1 款～第 3 款)。此期间可以通过再次申请予以延期。

(二) 支付金额的变更

智力障碍者认为有必要变更支付金额时,可以向市町村提出变更申请(同法第 15 条之 8 第 1 款)。市町村认为有必要时,可以根据智力障碍者的申请或依据职权决定变更支付金额。于此情形,市町村应要求与该居家支付决定有关的智力障碍者提交居家接受支付者证(同法第 15 条之 8 第 2 款、《施行规则》第 17 条各项)。本法第 15 条之 8 第 2 款不仅规定可以根据智力障碍者的"申请",还规定可以根据市町村的"职权",结合省令规定的事项考虑变更支付金额。考虑事项有:"介护者的情况"、"所处的环境"、"与该申请有关的居家支援的完善情况"等(《关于支援费支给决定》,2004 年 3 月 28 日障发 328020 号,2005 年 6 月 23 日障发 623002 号最新修改)。该通知要求市町村有必要适当运用支付金额的变更,避免以服务不完善或亲属可以介护为理由,作出对利用者不利的支付金额的变更决定。

市町村于作出支付金额变更决定的情形,应在居家接受支付者证上记载与该决定相关的支付金额,并予以返还(同法第 15 条之 8 第 3 款)。

(三) 特例居家支援费的支付

于接受居家支付决定的智力障碍者在决定期间内,接受特定居家支援以外的智力障碍者居家支援之情形(限于被认为符合满足了厚生省令规定条件的事业所执行的居家支援基准),市町村认为有必要时,可以根据厚生劳动省令的规定,支付特例居家生活支援费(同法第15条之7第1款)。

(四)居家支付决定的取消

作出居家支付决定的市町村在以下情形下,必须取消居家支付决定:①认为智力障碍者没有必要再接受指定居家支援时;②认为智力障碍者在居家支付决定期间内,在其他市町村拥有居住地时(同法第15条之9第1款各项)。以上情形市町村必须要求智力障碍者返还居家接受支付者证(《施行规则》第19条第1款)。

三、与介护保险法规定的给付之间的协调

关于该智力障碍的状态,根据介护保险法的规定可以接受与居家支援费及特例居家支援费相当之给付时,在上述给付额范围内不提供本法规定的费用支付(《智力障碍者福利法》第15条之10)。

四、设施训练等支援费的支付

本法中的"智力障碍者援护设施"是指,智力障碍者日间服务中心、智力障碍者更生设施、智力障碍者职业介绍设施、智力障碍者通勤寮及智力障碍者福利院(同法第5条第1款)。而"智力障碍者设施支援"是指,智力障碍者更生设施、智力障碍者职业介绍设施、智力障碍者通勤寮及作为独立行政法人的国立重度智力障碍者综合设施——希望之园设置的设施所提供的支援(同条第2款)。不过,智力障碍者福利院不是支援费的支付对象。

得到设施支付决定后的智力障碍者在接受上述智力障碍者设施支援时,市町村就该指定设施支援所需费用,向该智力障碍者给付设施训练等支援费(同法第15条之11第1款)。

设施训练等支援费的金额与上述居家支援费相同,从根据市町村长规定的基准计算的金额中,扣除与智力障碍者或其抚养义务者的负担能力相应的金额后所余的金额(同条第2款第1项、第2项)。

此外,厚生劳动大臣在确定上述基准时,应按智力障碍者的障碍程度,考

量厚生劳动省令规定的区分(智力身体障碍程度区分)(同条第3款)。

(一)设施训练等支援费的领取程序

此程序与前述的居家支援费的领取程序基本相同。要领取设施训练等支援费时,智力障碍者必须按设施支援的种类向市町村提出申请(同法15条之12第1款)。市町村在受理设施支援费的领取申请时,应结合提出该申请的智力障碍者的身体障碍程度、介护者的情况、该智力障碍者的设施训练等支援费的领取情况,以及其他厚生劳动省令规定的事项,决定是否支付设施训练等支援费(同条第2款)。

市町村在作出设施支付决定时必须确定:①设施训练等支援费的支付期间;②该智力障碍者的智力障碍程度区分(同条第3款各项)。设施训练等支援费的支付期间,最长为从作出设施支付决定之日起至该月月末再加上此后三年的期间(同条第4款、《施行规则》第24条第1款、第2款)。

市町村在作出了设施支付决定时,必须向得到支付决定的智力障碍者,交付记载有设施训练等支援费的支付期间、智力障碍程度区分及政令规定事项的接受支付者证(设施接受支付者证)(同法第15条之12第5款)。

> **障碍程度区分** 接受设施支援服务时,根据障碍状况对进行支援的必要性的程度所作出的区分。按每种服务的种类,按入所、通所的区分进行设定。市町村向设施支付的支援费金额,根据此障碍程度区分而定。

想要得到指定设施支付决定的智力障碍者,应向指定智力障碍者更生设施等出示设施接受支付者证,接受该指定设施支援。但是,于紧急情形及有其他不得已事由之情形,不受此限(同法第15条之12第7款)。

(二)智力障碍程度区分的变更

设施支给决定的智力障碍者,认为有必要变更其智力障碍程度区分时,可以向市町村提出该智力障碍程度区分的变更申请(同法第15条之13第1款、《施行规则》第28条)。

市町村根据前款规定的申请或依职权,结合厚生劳动省令规定的事项,在认为有必要时,可以对接受设施支付决定的智力障碍者作出变更其智力障碍程度区分的决定。于此情形,市町村应要求该智力障碍者提交设施接受支付者证(同条第2款)。市町村作出障碍程度区分的变更时,应在设施接受支付者证上记载与该决定相关的智力障碍程度区分,并予以返还(同条第3款)。

(三)设施支付决定的取消

作出了设施支付决定的市町村于以下情形,必须取消该支付决定:①认为智力障碍者不再有必要接受指定设施支援时;②智力障碍者在设施支付决定期间内,在其他市町村已拥有居住地时(同法第15条之14第1款各项)。

作出了取消设施支给决定的市町村,应要求与该取消决定相关的智力障碍者返还设施接受支付者证(同条第2款)。

五、指定事业者及指定设施

(一)居家支援事业者的指定

都道府县根据厚生劳动省令的规定,依据从事智力障碍者居家支援事业者的申请,按照智力障碍者居家支援的种类在从事智力障碍者居家支援的事业所中进行指定(同法第15条之17第1款)。

于有前款申请的情形,都道府县知事对符合以下任一情形者,不得进行居家支援事业者的指定:①申请者不是法人时;②与该申请相关的事业所的从业人员的知识、技能及员工数未达到厚生劳动省令规定的基准时;③认为申请者无法按照指定居家支援事业的设备及运营的相关基准,从事适当的智力障碍者居家支援事业时(同条第2款各项)。

此外,指定的居家支援事业者的责任义务是,必须努力按照智力障碍者的身心状况等提供适当的居家支援,同时,通过对提供的指定居家支援的质量进行自我评价及采取其他的措施,经常站在接受指定居家支援者的立场提供支援(同法第15条之18)。这是为保障服务质量而作出的规定。

指定居家支援事业的基准是指,指定的居家支援事业者必须在每个与该指定相关的事业所里,配备符合厚生劳动省令规定的基准并从事该指定居家支援的从业人员。还有,指定的居家支援事业者必须按厚生劳动省令规定的指定居家支援事业的设备及运营的相关基准,提供指定居家支援(同法第15条之19第1款、第2款)。

指定的居家支援事业者于变更与该指定相关的事业所的名称、所在地及其他厚生劳动省令规定的事项时,或者废止、休止、重新开始该指定居家支援事业时,必须根据厚生劳动省令的规定,在10日之内向都道府县知事申报(同法第15条之20)。

都道府县知事根据需要,可以要求指定的居家支援事业者等提交报告、账簿资料或要求其到场,或者让相关职员检查事业所的物品(同法第15条之21第1款)。执行此工作的职员需携带身份证明,并在相关人员要求时出示(同条第2款)。这个身份证明为附表3规定的证明书。此权限不得解释为犯罪搜查(同条第3款)。

(二)居家支援事业者指定的取消

都道府县知事对符合以下任一情形者,可以取消与该居家支援事业者相关的指定:①指定的居家支援事业者或与该指定相关的事业所职员的知识、技能或从业人员人数,不能达到厚生劳动省令规定的基准时;②指定的居家支援事业者已无法按设备及运营的相关基准,适当地运营指定居家支援事业时;③关于居家生活支援费的申请有不正当行为时;④指定的居家支援事业者不服从提交报告或账簿资料的命令,或提交虚假报告时;⑤指定的居家支援事业者或与该指定相关的事业所的从业人员拒绝到场,不回答质询,进行虚假回答,或拒绝、妨碍或回避同款规定的检查时;⑥指定的居家支援事业者通过不正当手段得到指定时(同法第15条之22第1款各项)。

(三)智力障碍者更生设施等的指定

有关设施训练等支援费的设施的指定,根据厚生劳动省令的规定,在智力障碍者更生设施、特定智力障碍者职业介绍设施或智力障碍者通勤寮的设置者提出申请时进行(同法第15条之24第1款)。都道府县知事于有申请指定之情形,对符合以下任一情况者,不得进行智力障碍者更生设施等的指定:①申请者不是地方公共团体或社会福利法人时;②认为申请者无法按照第15条之26规定的指定智力障碍者更生设施等的设置及运营的相关基准,适当地运营智力障碍者更生设施时(同条第 2 款各项)。

此外,作为更生设施设置者的责任义务,指定的智力障碍者更生设施等的设置者必须努力根据入所者的身心状况等,适当地提供智力障碍者设施支援,同时通过对提供的指定设施支援的质量进行自我评价及采取其他措施,经常站在接受指定设施支援者的立场提供支援(同法第 15 条之 25)。但是,此规定仅为训示性规定,只不过是要求努力的义务。

指定的智力障碍者更生设施等的设置者,必须按厚生劳动省令规定的设置及运营的相关基准,提供指定设施支援(同法第 15 条之 26)。

设置者于住所及其他厚生劳动省令规定的事项有变更时,必须根据厚生劳动省令的规定,在 10 日之内向都道府县知事申报(同法第 15 条之 27)。

都道府县知事根据需要,可以要求指定的智力障碍者更生设施等的设置者、负责人及其他的从业人员等提交报告或账簿资料,或要求其到场,或让相关职员检查事业所的物品(同法第 15 条之 28 第 1 款)。此规定涉及的权限不得解释为犯罪搜查(同条第 2 款)。

(四)智力障碍者更生设施等指定的取消

都道府县知事对符合以下任一情形者,可以取消与该智力障碍者更生设施等相关的指定:①指定设施等的设置者不能按照智力障碍者更生设施等的设备及运营的相关基准,适当地运营该设施时;②关于设施训练等支援费的请求有不正当行为时;③指定设施的设置者不服从提交报告或出示账簿资料的命令,或者提交虚假报告时;④指定设施的设置者就设施训练等支援费的支付,被要求到场而不到场,不回答质询,或进行虚假回答,或拒绝、妨碍或回避同款规定的检查时;⑤指定设施等的设置者通过不正当手段得到指定时(同法第 15 条之 30 第 1 款各项)。

第五节　居家介护、设施入所等的措施

虽然自 2003 年 4 月起开始根据支援费制度提供障碍者福利服务,但在本法中,根据行政措施提供的服务仍继续实施。具体有以下几种情况。

一、居家介护等

市町村认为需要智力障碍者居家支援者，由于不得已的事由接受居家生活支援费或特例居家生活支援费有显著困难时，可以根据政令规定的基准，提供智力障碍者居家支援，或者委托该市町村以外者提供智力障碍者居家支援（《智力障碍者福利法》第15条之32第1款、《施行令》第8条～第11条）。

此外，市町村根据需要，对经营日常生活有困难的18岁以上的智力障碍者，可以给付或出借方便其日常生活的、属于厚生劳动大臣规定的用具，或者委托该市町村以外者给付或出借（同法第15条之32第2款）。用具的品种包括：特殊垫子、特殊便器、头部保护帽、电磁烹调器、火灾警报器及自动灭火器（《基于智力障碍者福利法第15条之32第2款的规定厚生劳动大臣规定的为方便日常生活的用具》，1991年4月12日厚告83号，2003年4月1日厚劳告157号最新修改）。

二、设施入所等的措施

市町村为增进18岁以上的智力障碍者的福利，必须根据需要采取以下措施：①使智力障碍者或其保护者接受智力障碍者福利员或社会福利主事的指导（同法第16条第1款第1项）；②认为由于不得已的事由，接受设施训练等支援费有明显困难时，使其进入该市町村设置的智力障碍者更生设施等接受更生援护，或者委托使其进入都道府县、其他市町村及社会福利法人设置的智力障碍者更生设施等，或者使其进入由作为独立行政法人的国立重度智力障碍者综合设施——希望之园设置的设施，并对其进行更生援护（同款第2项）；③将智力障碍者的更生援护委托给职亲*（同款第3项），关于职亲制度以后述之。

三、解除措施的相关说明等

市町村于解除居家介护及设施入所等措施时，必须事先向与该措施相关

---

* 职亲：指希望接收智力障碍者以对其更生进行必要指导训练者，但须经市町村长认定。——译者

者或其保护者,就解除该措施的理由进行说明,同时听取其意见。但是,若与该措施相关者或其保护者提出解除该措施的申请,或有其他厚生劳动省令规定之情形,不受此限(同法第17条)。"厚生劳动省令规定之情形"是指,与该措施相关者在市町村或其所辖区域内变更居住地的情形[①](《施行规则》第40条)。

第六节 事业及设施

一、疗育证制度

疗育证制度是旨在对智力障碍儿童(者)进行长期指导和咨询的同时,为方便其利用各种援助、措施,而交付证件,以增进福利的制度。交付的对象是儿童咨询所或智力障碍者更生咨询所判定其为智力障碍者的人。疗育证中记载智力障碍者本人的姓名、住址、出生年月日、性别、障碍程度(原则上分为重度A、其他为B两种程度)、保护者的姓名、住址、亲缘关系以及指导、咨询的记录。疗育证的交付程序为:智力障碍者本人或其保护者应向其居住地的福利事务所所长提交附有照片的申请书,福利事务所所长经由儿童咨询所所长或智力障碍者更生咨询所所长,上交都道府县知事,都道府县知事根据判定结果决定是否交付,之后由申请机关交付。"身体障碍者证"依据的是身体障碍者福利法的规定,"精神障碍者保健福利证"依据的是精神障碍者保健福利法的规定,但"疗育证"在智力障碍者福利法中并无规定,而是在有关社会福利行政机关的通知、通告中有所规定。

对疗育证持有者的援助措施有:特别儿童抚养补贴支付事务的简化、身心障碍者扶养互助、国税和地税的各种扣除及减免、公营住宅的优先入住、NHK接收费的免除、火车和航空旅客票价打折等(《关于疗育证制度》,1973年9月27日儿发725号,2003年8月27日障发827007号最新修改)。

---

① 无居住地或居住地不明时,以现在地为准。

二、智力障碍者居家支援

在本法中,所谓"智力障碍者居家支援"是指,智力障碍者居家介护、智力障碍者日间服务、智力障碍者短期入所及智力障碍者地区生活援助(同法第4条第1款)。这些服务应根据前述的支援费制度向利用者提供。

但是,市町村认为需要智力障碍者居家支援者,由于不得已的事由接受居家生活支援费或特例居家生活支援费有明显困难时,可以根据政令规定的基准,对其提供智力障碍者居家支援,或者委托该市町村以外者提供智力障碍者居家支援(同法第16条第1款第2项)。

(一)智力障碍者居家介护

"智力障碍者居家介护"(家政服务)是指,对18岁以上、经营日常生活有困难的智力障碍者,在其家中提供厚生劳动省令规定的入浴、排泄、进食等介护,以及其他日常生活所必需的服务(同法第4条第2款、施行规则第1条)。近年来,为实现智力障碍者"在地区生活"的倡导,上述服务可以说是很重要的。对智力障碍者的支援不仅是身体上的帮助,还要求促进精神交流、提高生活能力的支援等各种要素。这就要求从事家政服务者对智力障碍有一定的理解并掌握一定的相关知识。

"经营日常生活所必需的服务"是指,入浴、排泄及进食等介护,烹饪、洗衣及打扫等家务,与生活等相关的咨询和建议,以及外出活动时的介护及其他的生活各方面的援助(施行规则第1条)。这些事业称为"智力障碍者居家介护事业"(同法第4条第7款)。其中"外出活动时的介护"即所谓的向导帮助,可以说是促进智力障碍者外出或消遣、参与社会生活的重要服务。

(二)智力障碍者日间服务

"智力障碍者日间服务"是指,使18岁以上的智力障碍者或其介护者往返于智力障碍者日间服务中心或其他厚生劳动省令规定的设施,提供手工制作及其他创造性活动、适应社会生活的必要训练、介护方法的指导等(同法第4条第3款、《施行规则》第3条)。这些向利用者提供的服务事业称为"智力障碍者日间服务事业"(同法第4条第8款)。

日间服务中心根据事业的内容,分为基本型、重介护型、小规模型三个种类,每日的利用者人数为:基本型、重介护型大概15人以上;小规模型为5人以上(《关于居家智力障碍者日间服务事业的实施》,1991年9月30日儿发832号,2000年障453号最新修改)。

(三)智力障碍者短期入所

"智力障碍者短期入所"(短期入住)是指,由于介护者患病等原因,居家接受介护暂时有困难的18岁以上的智力障碍者,短期内进入智力障碍者更生设施、智力障碍者职业介绍设施及其他的厚生劳动省令规定的设施,并得到必要的保护(同法第4条第4款)。这些向利用者提供的事业称为智力障碍者短期入所事业(同条第9款)。这一制度的利用不仅可以缘于介护者患病等社会性理由,也有可能是缘于旅行、为缓解介护疲劳而看戏等私人理由。该制度也有所谓的"缓压关怀"的功能。

从事智力障碍者短期入所事业的设施有:智力障碍者更生设施、特定智力障碍者职业介绍设施、儿童福利设施、身体障碍者更生设施、身体障碍者疗护设施、特定身体障碍者职业介绍设施,以及其他可以适当进行短期入所的保护设施(《施行规则》第4条)。

> **缓压关怀** 旨在使日常介护身体障碍儿童(者)的父母或亲属等,暂时从该介护中解放出来,缓解身心疲劳,恢复精力的援助。

(四)智力障碍者地区生活援助

"智力障碍者地区生活援助"(家庭小组)是指,对在地区内经营共同生活没有困难的智力障碍者,在他们经营共同生活的住居提供进食、咨询及其他日常生活上的援助(同法第4条第5款)。上述这些向利用者提供的事业被称为智力障碍者地区生活援助事业(同条第10款)。这是为实现智力障碍者"地域生活"的主要服务之一。

入住的对象为年满15岁、有必要进入家庭小组的智力障碍者(除需要入所治疗者外)。以前还要求"有足够维持日常生活的收入"等入住条件,现在已废除。家庭小组的定员为4名以上7名以下,原则上配备单间。另外,还有能够进行相互交流的客厅、食堂等。运营主体对入住者提供伙食、健康管理、金钱管理的援助，以及对闲暇时间如何利用的建议等日常生活的必要援助。此外，还要进行有关入住者的生活情况、饮食内容等的记录，向入住者收取负担金并进行适当处理，完善相关的各种账簿等事务。运营主体可以将这些工作的全部或部分交给负责人进行。房租、饮食费、水电费及其他共用经费由入住者与负责人分担(《关于智力障碍者地域生活援助事业的实施》，1989年5月29日儿发397号，2002年5月14日障发514002号最新修改)。

三、智力障碍者设施支援

"智力障碍者援护设施"是指，智力障碍者日间服务中心、智力障碍者更生设施、智力障碍者职业介绍设施、智力障碍者通勤寮及智力障碍者福利院(《智力障碍者福利法》第5条第1款)。"智力障碍者设施支援"是指，智力障碍者更生设施支援、智力障碍者职业介绍设施支援及智力障碍者通勤寮支援，以及作为独立行政法人的国立重度智力障碍者综合设施——希望之园设置的设施所提供的支援(同条第2款)。

设施训练等支援服务原则上按支援费制度提供。但是，市町村认为因不得已的事由接受设施训练等支援费有明显困难时，必须对18岁以上的智力障碍者，根据需要，作出进入智力障碍者援护设施的入所措施或利用该设施的决定(同法第16条第1款第2项。关于以下各设施，请参考《智力障碍者援护设施的设备及运营的相关基准》，2003年3月12日厚劳令22号)。

(一) 智力障碍者日间服务中心

智力障碍者日间服务中心，必须配备静养室兼咨询室、洗手间、日常生活训练室兼社会适应训练室、作业室、更衣室、办公室或指导员室等设备。但若通过利用其他的社会福利设施等的设备可以达到更好的运营效果，且不影响对利用者的支援时，上述部分设备可以不配备。此外，还须配备设施长、指导员以及运营必需的其他职员(同法第21条之5、前引《基准》第13条以下)。

(二) 智力障碍者更生设施

智力障碍者更生设施是指，接收18岁以上的智力障碍者并予以保护，同时对其更生进行必要的指导及训练的设施(同法第21条之6)。其中,通所更生设施的定员为20名以上,入所更生设施的定员在30名以上。入所更生设施的标准是四人一间,根据需要也设置单间和双人间。设施中配备有保障作业员安全的设备作业指导室或作业指导场(前引《基准》第22条以下)。

(三) 智力障碍者职业介绍设施

智力障碍者职业介绍设施是指,接收18岁以上,有受雇困难的智力障碍者,对其进行自立生活所必需的训练,同时为其介绍职业使其自立生活的设施(同法第21条之7)。通所职业介绍设施的定员为20名以上,入所职业介绍设施的定员为30名以上。职业介绍设施在考虑地区实际情况、产品的供求状况等后选定其准备介绍给智力障碍者的职业种类。此外,必须注意避免从业者的作业时间和作业量负担过重。由于该设施以自立生活为目的,因此,必须将从事业收入中扣除事业所需经费之后的余额作为工资支付给从业者(前引《基准》第46条以下)。

(四) 智力障碍者通勤寮

智力障碍者通勤寮是指,旨在让正在工作的智力障碍者利用居室及其他设备的同时,给予其自立生活所需的建议及指导的设施(同法第21条之8)。该设施定员为20名以上,标准居室的定员为4名以下。该设施配备2名以上的生活指导员,进行人际关系、金钱管理、闲暇时间的利用及其他自立生活所需的生活指导。该设施的利用对象为退出智力障碍儿童设施和智力障碍者更生设施等,已经有可能自立生活,且在一定期间内通过通勤寮的指导能够期待其独立生活的15岁以上的智力障碍者(前引《基准》第61条以下,《关于智力障碍者通勤寮及智力障碍者福利院的运营》,1990年12月28日儿发992号,2000年障889号最新修改)。

(五) 智力障碍者福利院

智力障碍者福利院是指,旨在收取低额费用接收目前需要住居的智力障碍者,使其在利用居室及其他设备的同时,为其提供日常生活所需的服务的设施(同法第21条之9)。定员为10名以上,平均每人拥有23.3平方米以上的建筑面积。该设施配备了为管理、运营福利院,进行咨询、建议,联络相关福利机关的管理人员。利用的对象为由于家庭环境、住宅问题等而与家人同居有困难者[1]。智力障碍者福利院与其他的智力障碍者援护设施不同，是自支援费制度实施之前就按事业者与利用者的契约运营至今的设施，因此没有成为支援费的对象。

都道府县可以设置智力障碍者援护设施（同法第 19 条第 1 款）。市町村、社会福利法人及其他人根据社会福利法的规定，可以设置智力障碍者援护设施（同条第 2 款）。智力障碍者援护设施的设置者在受到入所或利用的措施委托时，无正当理由，不得拒绝（同法第 21 条之 4）。

市町村长解除设施入所或利用的措施时，必须事先向与该措施相关的智力障碍者本人或其保护者说明解除理由，同时听取其意见。但是，上述者提出解除该措施的申请或智力障碍者本人移居至其他辖区时，不受此限（同法第 17 条、《施行规则》第 40 条）。

在本法中，将厚生劳动大臣规定的前述《关于智力障碍者援护设施的设备及运营》视为社会福利法规定的"设施的最低基准"。因此，都道府县知事在许可国家、都道府县、市町村、社会福利法人以外者提交的智力障碍者援护设施的设置申请时，要审查其是否符合《关于智力障碍者援护设施的设备及运营》所规定的基准。而设施设置者有义务遵守该基准。并且，都道府县知事认为智力障碍者援护设施不符合该基准时，有权命令该事业经营者应采取必要的措施（同法第 21 条第 1 款、第 2 款，《社会福利法》第 65 条第 1 款、第 62 条第 4 款、第 65 条第 2 款、第 71 条）。

（六）智力障碍者福利工厂

智力障碍者福利工厂并非本法所说的智力障碍者援护设施，而是作为智力障碍者工作的场所而设置的，基本上是具有企业性质的设施，原则上由社会福利法人经营。从业人员（对象）是在智力障碍者援护设施等接受指导训练、拥有能够在一般企业工作的能力，但由于人际关系和健康管理等事由而无法在一般企业工作的 15 岁以上的智力障碍者。该设施的定员为 20 名以上，根

---

[1] 前引《关于智力障碍者通勤寮及智力障碍者福利院的运营》。

据定员人数确定管理员人数(《关于智力障碍者福利工厂的设置及运营》,1985年5月21日儿发104号,1999年障156号最新修改)。

四、其他的更生援护

(一)智力障碍者咨询支援事业

智力障碍者咨询支援事业主要是指综合提供如下服务的事业,即:对居家经营日常生活的18岁以上的智力障碍者或其介护者的咨询事业,必要信息的提供及建议,有关智力障碍者福利的咨询、指导,智力障碍者及其介护者与市町村、智力障碍者居家生活支援事业者、智力障碍者援护设施、医疗机关等之间的联络、协调,与智力障碍者及其介护者相关情况的掌握,以及其他必要的援助(《智力障碍者福利法》第4条第11款、《施行规则》第5条)。

从事智力障碍者咨询支援事业的职员,在执行其职务时,有保守秘密的义务(同法第18条之2)。

市町村或社会福利法人等民间事业者,若经营智力障碍者居家生活支援事业或智力障碍者咨询支援事业,必须事先将记载有事业种类、内容,经营者的姓名、住址、条例、章程及其他基本条款,职员的定数,职务内容等的文件向都道府县知事申报(同法第18条、《施行规则》第41条)。此外,申报事项有变更时,应自变更之日起一个月以内向都道府县申报;于要废止或休止事业之情形,必须事先将记载有年月日和理由等的文件向都道府县知事申报(同法第20条第1款、第2款,《施行规则》第42条)。

都道府县知事为保障智力障碍者的福利,在认为有必要时,有权要求从事智力障碍者居家生活支援事业或智力障碍者咨询支援事业者报告其认为必要的事项,或让携带有身份证明书的负责职员质询相关人员,或进入其事业所或设施检查设备、账簿资料及其他物品(同法第21条之2第1款、第2款,《施行规则》第43条第3款)。此外,智力障碍者居家生活支援事业或智力障碍者咨询支援事业的经营者违反本法或基于本法的命令或基于本法及命令所作出的处分时,或对其事业谋求不正当营利,或对智力障碍者的待遇有不正当行为时,都道府县知事可以向该事业经营者发出限制或停止其事业的命令(同法第21条之3)。

（二）职亲

职亲是指,提出希望接收智力障碍者并对其更生进行必要指导训练的申请,经由市町村长认可的私人事业经营者(同法第16条第1款第3项、《施行规则》第39条)。

作为促进智力障碍者回归社会的方法,对职亲的委托措施是与设施入所等措施同样有效的方法。其对象为在智力障碍者更生咨询所中被判定适合委托给职亲的智力障碍者(同法第16条第2款)。另外,援护的实施者承担采取对职亲的委托措施的责任后,要让智力障碍者福利员或社会福利主事访问职亲的家庭或事业所,并进行必要的联络指导工作。

第七节　费用

有关根据智力障碍者福利法进行的更生援护所需的费用,由市町村、都道府县、国家分别负担。

一、市町村

市町村支付下列事项的费用:①市町村设置的智力障碍者福利员所需的费用;②市町村支付的居家生活支援费或特例居家生活支援费;③市町村支付的设施训练等支援费;④对因不得已的事由接受居家生活支援费或特例居家生活支援费有明显困难者提供智力障碍者居家支援,或者委托该市町村以外者提供智力障碍者居家支援所需的费用,以及市町村采取对18岁以上的智力障碍者给付、出借日常生活用具等行政措施所需的费用;⑤市町村采取的对智力障碍者福利员或社会福利主事进行指导的措施、针对智力障碍者更生设施等的措施,以及委托职亲等行政措施所需的费用;⑥市町村设置的智力障碍者援护设施的设置及其运营所需的费用(《智力障碍者福利法》第22条第1款各项)。

二、都道府县

都道府县支付下列事项的费用:①都道府县设置的智力障碍者更生咨询

所所需的费用；②都道府县设置的智力障碍者福利员所需的费用；③由都道府县设置的智力障碍者援护设施，其设置和运营所需的费用（同法第 23 条第 1 款各项）。

此外，都道府县对于市町村支付的费用负担如下：①市町村支付的设施训练等支援费；因不得已的事由接受设施训练等支援费有明显困难，而使其进入智力障碍者更生设施等或作为独立行政法人的国立重度智力障碍者综合设施——希望之园设置的设施进行更生援护，或者委托上述设施进行更生援助所需的费用，对于未设置福利事务所的町村进行的支付，都道府县应负担四分之一；②对于"居住地不明的智力障碍者"，都道府县应负担十分之五；③对市町村设置的智力障碍者援护设施的设置和运营费用，设置智力障碍者更生设施或特定智力障碍者职业介绍设施所需的费用，应由都道府县负担其四分之一（同法第 25 条第 1 款各项）。

都道府县对于市町村支付的费用可以进行如下补助：①市町村支付的居家生活支援费或特例居家生活支援费（智力障碍者地域生活援助除外），以及对因不得已的事由接受居家生活支援费或特例居家生活支援费有明显困难者提供智力障碍者居家支援，或者委托该市町村以外者提供智力障碍者居家支援所需的费用（有关智力障碍者地域生活援助及日常生活用具的给付、出借除外），在不超过四分之一的范围内予以补助（同法第 25 条第 2 款第 1 项）；②对居住地不明的智力障碍者，市町村支付的居家生活支援费或特例居家生活支援费（智力障碍者地域生活援助除外）；以及对因不得已的事由接受居家生活支援费或特例居家生活支援费有明显困难者提供智力障碍者居家支援，或者委托该市町村以外者提供智力障碍者居家支援所需的费用（智力障碍者地域生活援助除外）；以及给付、出借日常生活用具所需的费用，在不超过十分之五的范围内予以补助（同款第 2 项）。

三、国家

国家对于市町村或都道府县支付的费用，负担以下费用的十分之五：①市町村支付的设施训练等支援费（智力障碍者通勤寮支援除外）；②因不得已的事由接受设施训练等支援费有明显困难,而使其进入智力障碍者更生设施等或作为独立行政法人的国立重度智力障碍者综合设施——希望之园设置的设施进行更生援护,或者委托上述设施进行更生援护所需的费用(与智力障碍者通勤寮相关的事项除外);③市町村设置的智力障碍者援护设施,其设置及运营所需的费用,设置智力障碍者更生设施或特定智力障碍者职业介绍设施所需的费用;④都道府县设置的智力障碍者援护设施,其设置及运营所需的费用,设置智力障碍者更生设施或特定智力障碍者职业介绍设施所需的费用(同法第26条第1款各项)。

此外,关于市町村支付的居家生活支援费或特例居家生活支援费,以及对因不得已的事由接受居家生活支援费或特例居家生活支援费有明显困难者提供智力障碍者居家支援,或者委托该市町村以外者提供智力障碍者居家支援所需的费用,国家可以在不超过上述费用二分之一的范围内进行补助(同条第2款)。就是说,国家即使不支付亦不违法。

四、费用的征收

对因不得已的事由接受居家生活支援费或特例居家生活支援费有明显困难者提供智力障碍者居家支援,或者委托该市町村以外者提供智力障碍者居家支援,就上述费用负有支付义务的市町村长,可以根据该智力障碍者或其抚养义务者的负担能力,向其征收该行政措施所需费用的全部或部分(同法第27条)。

第八节　附则

一、审判的请求

为谋求智力障碍者福利,市町村长在认为特别有必要时,可以请求《民法》第7条、第11条、第13条第2款、第15条第1款、第17条第1款、第876条之4第1款或第876条之9第1款规定的审判(《智力障碍者福利法》第27条之

3)。这是根据1999年民法修改创设的"成年监护制度"而作出的新规定。成年监护制度是指,为了使判断能力不足者(有认知症、智力障碍、精神障碍者)免受损害而对其权利进行保护的制度。家庭法院选任的成年监护人等(成年监护人、保佐人、辅助人)应在综合考虑判断能力不足者的精神、身体和生活状况的前提下,代替本人进行法律行为,以帮助其过上免遭利益损害的生活。在支援费制度下,障碍者本人在利用福利服务时应与事业者签订利用契约。于障碍者本人判断能力不足的情形,为帮助其签订契约,应适当运用成年监护人的审判请求制度。

二、不正当获利的征收

若有人通过造假及其他不正当手段获得居家生活支援费、特例居家生活支援费或设施训练等支援费的,市町村可以在其所得的限度内收征全部或部分费用(《智力障碍者福利法》第27条之4第1款)。

此外,指定居家支援事业者及指定智力障碍者更生设施等,通过造假及其他不正当手段接受居家生活支援费或设施训练等支援费时,市町村除可以要求该指定居家支援事业者等返还其已支付的金额,还可以要求其支付返还额乘以百分之四十所得的金额(同条第2款)。

三、根据条例的罚款

市町村可以在条例中规定,对不按要求提交或返还居家受给者证者处以10万日元以下的罚款(同法第32条)。在身体障碍者福利法中除规定了关于支援费受给者证的罚则外,还规定了有关交付和返还身体障碍者证的严厉罚则。但是,在智力障碍者福利法中没有出现其他的福利法中可见的有关"罚则"的规定。

图书在版编目(CIP)数据

日本社会福利法制概论/〔日〕桑原洋子著;韩君玲,
邹文星译.—北京:商务印书馆,2010
(法学译丛)
ISBN 978-7-100-06582-5

I.日… II.①桑…②韩…③邹… III.社会福利一
行政法一研究一日本 IV.D931.321

中国版本图书馆 CIP 数据核字(2009)第 024834 号

所有权利保留。
未经许可,不得以任何方式使用。

法 学 译 丛
日本社会福利法制概论
〔日〕桑原洋子 著
韩君玲 邹文星 译
韩君玲 校

商 务 印 书 馆 出 版
(北京王府井大街36号 邮政编码100710)
商 务 印 书 馆 发 行
北京民族印务有限责任公司印刷
ISBN 978-7-100-06582-5

2010年1月第1版　　开本 787×960　1/16
2010年1月北京第1次印刷　印张 23¼
定价 38.00 元